LA
COTE
DES
VINS

Je dédie cette sixième édition de La Cote des vins *à mes six petits-enfants : Alexandre, Grégory, Maude, Garance, Jérémy et Mélanie.*

D1717560

L'AUTEUR

Expert en vins et champagnes auprès des commissaires-priseurs, des investisseurs, des compagnies d'assurances et des banques, Arthur CHOKO, dont la réputation n'est plus à faire, possède une grande expérience des ventes publiques. Il est aussi l'auteur de « L'Amour du Vin » paru aux éditions Fernand Nathan et réédité aux éditions de l'Amateur.

Révision et coordination : Sabine Cerboni

En couverture:
Romanée Conti, 1989, n° 04329
Le vin le plus rare du monde n'a pas de prix.
La production annuelle varie de 3 000 à 9 000 bouteilles.
1989 : merveilleuse année de longue garde ;
6 723 bouteilles produites seulement.

© Les Éditions de l'Amateur, 1995
25, rue Ginoux, 75015 Paris
ISBN : 2-85917-198-3

A. CHOKO

LA
COTE
DES
VINS

1996

MINORATION DU PRIX

Très légèrement bas :	− 10 à − 20 %
Légèrement bas :	− 20 à − 30 %
Bas :	− 30 à − 60 %
Vidange :	− 60 à − 100 %

Normal

Très légèrement bas

Légèrement bas

Bas

Vidange

Normal

Très légèrement bas

Légèrement bas

Bas

Vidange

(Ces appréciations de niveau peuvent varier avec l'âge des bouteilles.)

LES COTES SONT INDIQUÉES EN FRANCS FRANÇAIS

AVANT-PROPOS

*C*omme je le laissais entendre dans la précédente édition, les chiffres sont venus confirmer mes prévisions optimistes. Tous les indicateurs, tant sur le marché français qu'à l'exportation, sont au beau fixe. La reprise concerne la quasi-totalité des catégories de vins et spiritueux. Les exportations françaises, qui ont dépassé les plus grands espoirs, ont permis de réaliser un excédent de plus de 45 milliards de francs dans la balance commerciale des échanges agro-alimentaires. Dans ce chiffre, figurent pour près de 19 milliards les vins et alcools, faisant ainsi apparaître clairement l'importance primordiale de ce secteur dans l'économie française. A l'examen détaillé des chiffres, on constate que les vins français, dans cette orientation favorable, réalisent une progression de 7 % du chiffre d'affaires à l'exportation. Globalement, toutes les catégories de vins profitent de cette hausse, mais il faut signaler que le champagne se distingue par une augmentation d'environ 10 %, tant en volume qu'en valeur. Distinguons aussi le cognac, qui reste le produit leader dans le domaine des spiritueux, dont le volume de facturation s'est accru de 9 %. Il faut aussi signaler l'apparition importante de vins de qualité de la région Languedoc-Roussillon tant sur le marché national qu'à l'exportation. Je pense que, dans quelques années, nous verrons rivaliser des vins de haute qualité produits dans cette région avec ceux des vignobles traditionnels les plus réputés. Je me propose d'ailleurs d'ouvrir, dans mes éditions suivantes, une nouvelle section de cotations concernant ces appellations ainsi que celles de Provence-Corse. L'apparition de nouveaux vins réputés dans les ventes aux enchères permettra d'établir des cotations qui en surprendront plus d'un par leur montant.

Dans le domaine des vacations aux enchères, je me dois de mentionner que, partout dans le monde, et ce malgré le faible taux de change du dollar, les records sont battus. Certaines bouteilles rares ont atteint des sommets inimaginables il y a peu. L'explication de ce phénomène est faible. La finalité de chaque bouteille de vin, quel que soit son âge, est d'être bue et ne peut plus être remplacée. Chaque année, on voit disparaître d'importantes quantités de vieux vins, ce qui augmente ainsi leur rareté. J'invite donc, avec insistance, les amateurs, et aussi pourquoi pas les investisseurs, à se mettre en chasse pour trouver dans les nombreuses ventes aux enchères, de France et d'autres pays, les bouteilles qui leur font envie. A l'aide de cet ouvrage, ils pourront facilement se rendre compte de la cotation des bouteilles présentées et soutenir des enchères jusqu'à des prix limités. J'espère ainsi que vous réaliserez de bons achats et que vous dégusterez des vins de qualité à des prix raisonnables.

A. C.

Les méconnus

Dans mes deux précédentes éditions, j'ai créé cette rubrique dans laquelle je signalais quelques réalisations particulières et essayais d'attirer l'attention des amateurs sur quelques vins qui me paraissaient dignes d'intérêt.
Pour certains, ce paragraphe semblait utile et leur a permis, sans doute, quelques découvertes. Mais, pour d'autres, ma sélection privée constituait un favoritisme outrageant qui laissait sous-entendre une publicité rémunérée. Désireux de préserver ma totale indépendance et ma liberté, je m'abstiens donc cette année de signaler les vins qui ont attiré plus particulièrement mon attention et dont je voulais vous faire part. Bien entendu, lorsque les esprits seront calmés et que ma bonne foi ne sera plus remise en cause, je reprendrai cette rubrique qui me semblait utile.

CAPACITÉS

DEMI-BOUTEILLE	0,375 litre	
BOUTEILLE	0,75 litre	
MAGNUM	1,5 litre	2 bouteilles
DOUBLE MAGNUM	3 litres	4 bouteilles
JÉROBOAM (Bourgogne et Champagne)	3 litres	4 bouteilles
JÉROBOAM (Bordeaux)	4,5 litres	6 bouteilles
MATHUSALEM (Bourgogne et Champagne)	6 litres	8 bouteilles
IMPÉRIALE (Bordeaux)	6 litres	8 bouteilles
SALMANAZAR	9 litres	12 bouteilles
BALTHAZAR	12 litres	16 bouteilles
NABUCHODONOZOR	15 litres	20 bouteilles
MARIE-JEANNE (surtout pour les alcools)	2 litres env.	3 bouteilles
DAME-JEANNE	3,87 litres env.	

BORDEAUX

NOTES

BORDELAIS

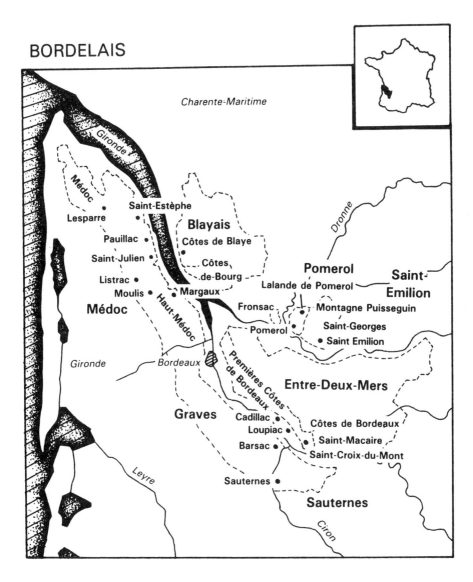

LES CLASSEMENTS
DES VINS DE BORDEAUX

1855

58 MÉDOC

1 GRAVES

21 SAUTERNES ET BARSAC

1932

CRUS BOURGEOIS SUPÉRIEURS « EXCEPTIONNELS »

CRUS BOURGEOIS SUPÉRIEURS

CRUS BOURGEOIS

(Depuis 1990, en vertu des décrets européens, seule
la mention « cru bourgeois » est applicable.)

1959

13 GRAVES EN ROUGE

9 GRAVES EN BLANC

16 CHÂTEAUX CLASSÉS EN VINS ROUGES ET/OU BLANCS

Décret du 7 août 1953 et du 16 février 1959.

1969

2 SAINT-ÉMILION : PREMIER GRAND CRU CLASSÉ A

9 SAINT-ÉMILION : PREMIER GRAND CRU CLASSÉ

70 SAINT-ÉMILION : GRAND CRU CLASSÉ

MÉDOC : CRUS BOURGEOIS

Soumis à Révision décénale

1978

18 CRUS GRANDS BOURGEOIS « EXCEPTIONNELS »

CRUS GRANDS BOURGEOIS

CRUS BOURGEOIS

(Depuis 1990, en vertu des décrets européens, seule
la mention « cru bourgeois » est applicable.)
Il n'y a pas de classement des vins de POMEROL à ce jour.
Seul le Château Pétrus est autorisé à mettre
la mention « cru exceptionnel ».

LES SECONDS VINS

PREMIERS CRUS

Château LAFITE ROTHSCHILD :   Moulin des Carruades
Château LATOUR :   Les Forts de Latour
Château MARGAUX :   Pavillon rouge du Château Margaux
Château HAUT BRION :   Bahaus Haut Brion

DEUXIÈMES CRUS

Château BRANE CANTENAC :   Notton
Château COS d'ESTOURNEL :   Marbuzet
Château DUCRU BEAUCAILLOU :   La Croix
Château DURFORT VIVENS :   Domaine de Cure-Bourse
Château GRUAUD LAROSE :   Sarget de Gruaud Larose
Château LASCOMBES :   Segonnes
Château LÉOVILLE POYFERRÉ :   Moulin Riche
Château LÉOVILLE LAS CASES :   Clos du Marquis
Château MONTROSE :   La Dame de Montrose
Château PICHON LALANDE :   Réserve de la Comtesse
Château RAUZAN GASSIES :   Enclos de Moncabon

TROISIÈMES CRUS

Château CALON SÉGUR :   Marquis de Ségur
Château DESMIRAIL :   Domaine de Fontarney
Château LA LAGUNE :   Ludon-Pomies-Agassac
Château MALESCOT ST-EXUPÉRY :   Layac
Château PALMER :   Réserve du Général

QUATRIÈMES CRUS

Château BEYCHEVELLE :   Clos de l'Amiral
Château DUHART MILON :   Moulin Duhart
Château MARQUIS DE TERME :   Domaine des Goudat
Château PRIEURÉ LICHINE :   Clairefont
Château TALBOT :   Connétable-Talbot

CINQUIÈMES CRUS

Château CANTEMERLE :   Villeneuve de Cantemerle
Château DAUZAC :   Labarde
Château Grand Puy DUCASSE :   Artigues-Arnaud
Château Grand Puy LACOSTE :   Haut Bages Averous
Château PONTET CANET :   Les Hauts de Pontet
Château HAUT BATAILLEY :   La Tour l'Aspic

GRAND CRU CLASSÉ

Château PAPE CLÉMENT :   Le Clémentin

Il faut signaler qu'à partir de 1986 les Graves ont adopté le nom de Pessac-Léognan.

Un marché actif pour
le vignoble le plus étendu du monde

*D*urant la dernière campagne 1994, la progression de la commercialisation des vins de Bordeaux a été de 6 % par rapport à l'année précédente. Dans cette hausse, l'augmentation des exportations a été de 10 %.

Les chiffres d'affaires réalisés sont de 9,3 milliards de francs pour le marché français, et de 4,2 milliards pour l'exportation. On constate ainsi qu'avec un montant de 13,5 milliards de francs, le total des ventes de vins de Bordeaux a doublé en valeur et a progressé de 40 % en volume durant ces dix dernières années ! J'ai tenu à commencer ce chapitre par la publication de ces chiffres afin de bien faire comprendre, à mes lecteurs, l'importance du secteur vinicole bordelais dans l'économie de notre pays.

Malgré les aléas dus aux diverses crises et perturbations politico-sociales, le commerce des vins de Bordeaux s'en est sorti sans trop de dégâts. Ce n'est pas par hasard que le prestigieux Vinexpo, qui se tient tous les deux ans, a élu domicile à Bordeaux capitale mondiale du vin. Les grands crus du vignoble, qui ont eu à subir le contrecoup de millésimes irréguliers, ont bien absorbé les fluctuations des cotes ; leur avenir s'avère prospère pour la prochaine décennie à tel point que certains châteaux ont déjà entrepris la commercialisation, avec acompte, de ce millésime qui marque le tournant du siècle. En ce qui concerne les ventes aux enchères, nous n'avons jamais constaté une quelconque baisse pour des bouteilles de bons millésimes, tant pour les bordeaux que pour les autres régions. Pourtant, on constate une préférence marquée pour les flacons de bons niveaux et portant des étiquettes en parfait état. La différence de prix entre les belles bouteilles et celles d'état moyen a d'ailleurs tendance à s'accroître et, de toute façon, les adjudications sont plus aisées pour les vins parfaits.

La notion de millésime, elle aussi, tend à s'accentuer et l'on constate des différences de plus en plus grandes pour des vins prestigieux dans les années réputées et très demandées. Par contre, certains millésimes, qui n'ont pas tenu les espoirs que l'on plaçait en eux, sont de plus en plus délaissés et leurs cotations ne cessent de baisser avec peu de chances de retour à une situation favorable.

L'amateur devra donc étudier avec soin la liste des vins proposés et ne choisir que ceux qui offrent toutes les garanties qualitatives reconnues. Il existe cependant une exception à cette règle. Il s'agit des années anniversaires, de naissance, de communion, de mariage et d'autres événements à fêter. On arrive ainsi à ce paradoxe de rendre cher des bouteilles de vins de « petits millésimes » très rares car non conservés pour leur qualité ou leur faible production, comme par exemple celles des années 1951 et 1963.

Il faut aussi évoquer ici l'esprit du collectionneur auquel il manque, pour une série complète, certains millésimes, et qui est prêt à payer n'importe quel prix pour une bouteille. L'exemple le plus marquant est constitué par les rarissimes bouteilles du Château Mouton Rothschild 1946 introuvables à moins de 20 000 francs, et dont la qualité du vin n'intervient plus dans l'estimation. Je souhaite à tous les amateurs de trouver, dans les meilleures conditions, les flacons de leurs rêves, et j'espère que mon livre vous aidera dans vos recherches.

CH. D'AGASSAC
Haut Médoc
Cru bourgeois

Particulièrement recherché aux Pays-Bas, ce vin a un goût délicatement aromatisé. Son administrateur est le même que celui du Château Capbern-Gasqueton.

1993	34
1992	32
1991	31
1990	52
1989	55
1988	58
1987	32
1986	52
1985	55
1984	27
1983	52
1982	85
1981	50
1980	25
1979	56
1978	67
1976	62
1975	69
1971	54
1970	80
1966	160
1959	152

CH. ANDRON BLANQUET
Saint-Estèphe
Cru bourgeois

Le Château Andron Blanquet appartient au propriétaire du Château Cos Labory classé 5ᵉ cru de Saint-Estèphe. Ces vins de grande qualité sont assez méconnus par la grande distribution et offrent un bon rapport qualité-prix.

1993	53
1992	50
1991	46
1990	96
1989	90
1988	76
1987	40
1986	72
1985	95
1984	41
1983	76
1982	98
1982	215 Magnum
1981	80
1980	36

1980	82 Magnum
1979	82
1979	196 Magnum
1978	93
1978	219 Magnum
1976	96
1975	110
1970	133

CH. L'ANGÉLUS
Saint-Émilion
Grand cru classé

Très recherché par de nombreux amateurs, ce Château a très sensiblement amélioré sa qualité. C'est particulièrement le cas du millésime 1990, très réussi. Lors des adjudications, les prix atteints sont parmi les plus élevés de la classification.

1994	152 Primeur
1993	135
1992	120
1991	143
1990	235
1989	218
1988	178
1987	117
1986	152
1985	163
1985	355 Magnum
1984	75
1983	145
1982	250
1982	545 Magnum
1982	1 220 Double magnum
1981	135
1981	322 Magnum
1981	705 Double magnum
1980	83
1980	350 Double magnum
1980	524 Jéroboam
1980	710 Impériale
1979	145
1979	345 Magnum
1978	170
1978	370 Magnum
1978	1 420 Impériale
1977	65
1977	138 Magnum
1977	283 Double magnum
1977	455 Jéroboam
1977	630 Impériale
1976	165
1976	760 Double magnum
1976	1 145 Jéroboam
1975	217
1975	508 Magnum

1975	1 840 Impériale
1974	70
1973	78
1971	230
1970	320
1970	684 Magnum
1970	2 320 Impériale
1969	120
1967	152
1966	370
1966	815 Magnum
1964	270
1962	247
1961	570
1959	450
1955	455
1953	438
1952	360
1950	300
1949	610
1947	635
1945	685

CH. D'ANGLUDET

Margaux
Cru bourgeois

Ce domaine est un des plus anciens du Médoc. Son vin, exporté à 90 % dans le monde entier, se distingue par sa grande finesse et sa bonne aptitude au vieillissement.

1993	50
1992	48
1991	47
1990	95
1989	112
1988	98
1987	45
1986	125
1985	105
1984	38
1983	105
1982	125
1981	102
1980	40
1979	108
1978	126
1976	120
1975	144
1971	152
1970	185
1969	54
1966	170
1964	130
1961	345

CH. DES ANNEREAUX

Lalande de Pomerol

Importante production d'environ 900 hectolitres de vins très typés dans cette appellation.

1993	30
1992	32
1991	30
1990	53
1989	55
1988	46
1987	23
1986	40
1985	42
1984	21
1983	40
1982	65
1981	37
1980	20
1979	40
1978	46
1976	50

CH. ARCHE

Haut Médoc
Cru bourgeois

Voisine immédiate du Château La Lagune, cette belle propriété de 8 hectares d'un seul tenant offre un vin de qualité grâce à un travail soigné. Des vendanges faites à la main et un élevage en barriques de chêne partiellement renouvelées chaque année assurent la production d'environ 6 000 caisses d'un très bon produit. Il faut signaler que dans l'ancienne tonnellerie du château se trouve un musée qui retrace les étapes de cette belle fabrication et le travail de la vigne.

1993	32
1992	30
1991	30
1990	50
1989	53
1988	55
1987	30
1986	50
1985	53
1984	26
1983	49
1982	86
1981	47
1980	24
1979	50
1978	64

CH. D'ARCHE
Sauternes
2ᵉ grand cru classé

On trouve encore de très anciennes bouteilles de ce vin qui constitue toujours une bonne occasion à saisir lors des adjudications, car sa qualité est étonnante pour des bouteilles de près d'un siècle.

1992	55
1991	56
1990	90
1989	81
1988	113
1988	70 Demi-bouteille
1987	91
1986	122
1985	130
1964	74
1983	128
1982	84
1981	88
1980	77
1979	108
1978	121
1976	117
1975	151
1970	164
1966	270
1955	375
1947	710
1936	440
1906	936
1893	2 400

CH. D'ARCINS
Haut Médoc
Cru bourgeois

Grâce aux propriétaires actuels de ce vignoble, depuis 1971 la surface a été portée de 10 à 88 hectares, complantés de la façon suivante : 43 hectares en Cabernet Sauvignon, autant en Merlot, et 2 hectares de Petit Verdot. Le vin, remarquable de finesse et de parfum, rappelle certains grands crus de Margaux.

1993	34
1992	30
1991	32
1990	56
1989	58
1988	50
1987	35
1986	52

1985	54
1984	32
1983	52
1982	87
1981	48
1980	27
1979	52
1978	57
1976	69
1975	73
1970	105
1966	195
1964	130
1962	145
1961	335
1959	215

CH. D'ARMAILHAC
Appellation reprise en 1989. Voir p. 146.

CH. ARNAUTON
Canon Fronsac

Produit sur l'un des points culminants du département de la Gironde, ce vin souple et bouqueté, est reconnu comme l'un des meilleurs Fronsac.

1993	33
1992	31
1991	28
1990	53
1989	49
1988	46
1987	29
1986	62
1985	70
1984	26
1983	45
1982	64
1981	47
1980	25
1979	46
1978	67

CH. D'ARRICAUD
Graves

Ce domaine de 40 hectares dont 25 de vignes d'un seul tenant, offre une gamme de vins rouges fruités et charnus, ainsi que du blanc allant des plus secs aux plus moelleux et qui obtiennent de flatteuses récompenses dans les concours.

1993	29
1992	27
1991	25

1990	37
1989	40
1988	35
1987	22
1986	36
1985	41
1984	20
1983	37
1982	53
1981	39
1979	41
1978	48

1964	233
1962	212
1961	550
1957	157
1955	350
1953	420
1952	312
1950	240
1949	500
1948	200
1947	500
1945	620

CH. L'ARROSÉE
Saint-Émilion
Grand cru classé

Profitant d'une situation privilégiée sur les coteaux de Saint-Émilion, d'un sol varié et d'un encépagement sélectionné, ce vin est puissant tout en étant fin et moelleux. Ces qualités se trouvent rarement associées, même dans les grands crus renommés.

1993	83	
1992	78	
1991	70	
1990	115	
1989	120	
1989	1 215	Jéroboam
1989	1 485	Impériale
1988	114	
1988	1 125	Jéroboam
1988	1 305	Impériale
1987	70	
1986	118	
1985	146	
1984	65	
1983	138	
1983	306	Magnum
1982	185	
1982	404	Magnum
1982	828	Double magnum
1981	98	
1981	453	Double magnum
1980	45	
1979	110	
1978	134	
1976	128	
1975	153	
1973	64	
1971	145	
1971	325	Magnum
1970	255	
1969	83	
1967	115	
1966	250	

CH. D'ARSAC
Haut Médoc
Cru bourgeois

C'est l'un des plus grands domaines d'un seul tenant du Médoc. Ce Château est le seul de la commune qui ne bénéficie pas de l'appellation Margaux. Une action est en cours pour le reclassement.

1993	34
1992	30
1991	29
1990	53
1989	55
1988	49
1987	30
1986	53
1985	53
1984	29
1983	53
1982	83
1981	44
1980	23
1979	49
1978	52
1970	89
1966	240
1964	135
1961	325
1922	185

CH. AUSONE
Saint-Émilion
1er grand cru classé A

Depuis la prise en main de ce superbe vignoble par M. Pascal Delbeck, la qualité n'a fait que s'améliorer encore et les soins apportés à tous les niveaux de la culture, de la vinification, du vieillissement, permettent d'affirmer que ce vin constitue un des fleurons de la production française. Certaines années, telle 1982 atteignent des niveaux de perfection rarement égalés. Ce vin a incontestablement gagné la première place dans l'échelle des enchères pour ce qui concerne les grands crus de Saint-Émilion. Les réussites sont si nombreuses qu'il est difficile de signaler des millésimes particuliers. On peut toutefois trouver encore, dans certaines ventes, des bouteilles âgées à des prix raisonnables.

1993	365	
1992	340	
1991	270	
1990	548	
1990	1 340	Magnum
1989	560	
1989	5 220	Impériale
1988	485	
1987	310	
1986	516	
1986	1 210	Magnum
1986	4 320	Impériale
1985	525	
1983	512	
1983	4 770	Impériale
1982	875	
1982	1 960	Magnum
1981	453	
1981	980	Magnum
1980	220	
1979	475	
1979	3 330	Impériale
1978	535	
1977	145	
1976	552	
1976	1 330	Magnum
1975	700	
1974	210	
1973	252	
1972	150	
1971	540	
1970	775	
1970	1 630	Magnum
1969	145	
1967	353	
1967	755	Magnum
1966	896	
1966	2 015	Magnum
1964	560	
1964	1 275	Magnum
1962	1 380	
1961	1 800	
1961	12 400	Jéroboam
1960	780	
1959	1 400	
1958	522	
1957	900	

1956	637	
1955	1 087	
1954	940	
1953	1 250	
1952	988	
1952	500	Mise belge
1950	966	
1949	1 875	
1947	2 170	
1945	2 375	
1943	1 750	
1942	1 250	
1937	875	
1936	1 500	
1934	1 120	
1934	2 430	Magnum
1929	3 250	
1928	3 250	
1926	3 400	
1925	875	
1924	1 250	
1923	1 000	
1921	5 750	
1920	1 240	
1919	2 020	
1918	4 250	
1916	2 150	
1914	1 900	
1913	1 840	
1912	1 910	
1905	3 000	
1902	1 500	
1900	7 500	
1899	6 250	
1894	4 000	
1879	3 500	
1877	11 250	
1848	35 600	

CH. BALAC
Haut Médoc
Cru bourgeois

Ce Château fut édifié par l'architecte qui construisit le Grand Théâtre de Bordeaux. Ce vignoble produit un vin très apprécié pour son bouquet et sa finesse, digne de figurer parmi les grands médocs.

1993	33
1992	31
1991	30
1990	53
1989	53
1988	47
1987	28
1986	48
1985	48

1984	29
1983	47
1982	80
1981	42
1980	22
1979	46

CH. BALESTARD LA TONNELLE

Saint-Émilion
Grand cru classé

Avec le Château Cap de Mourlin, du même propriétaire, il constitue un des fleurons de l'appellation grand cru classé en Saint-Émilion. Bien souvent, les qualités de leur production, grâce aux soins apportés à tous les stades, peuvent rivaliser avec celles classées à un échelon supérieur.
« De boire ce divin nectar qui porte nom de Balestard » (François Villon).

1993	63
1992	66
1991	63
1990	98
1989	103
1988	95
1987	68
1986	87
1985	128
1984	59
1983	116
1982	135
1981	78
1980	30
1979	89
1978	114
1976	113
1975	140
1971	140
1971	298 Magnum
1970	215
1962	264

CH. BARDE HAUT

Saint-Émilion
Grand cru

Située sur les coteaux de Saint-Christophe des Bardes, cette vigne donne des vins bouquetés, robustes et de belle couleur, qui s'apparentent aux grands saint-émilion.

1993	46
1992	48
1991	43

1990	72
1989	70
1988	72
1987	30
1986	64
1985	82
1984	31
1983	70
1982	130
1981	67
1980	32
1979	68
1978	81
1976	88
1970	145

CH. BARRABAQUE

Canon Fronsac

Dominant la Dordogne, sur des coteaux ensoleillés, ce Château propose un vin généreux, fin et corsé le classant comme l'un des premiers de l'appellation Canon Fronsac (60 % de Merlot, 30 % de Cabernet Franc, 10 % de Cabernet Sauvignon).

1993	34
1992	32
1991	29
1990	52
1989	49
1988	47
1987	30
1986	60
1985	69
1984	25
1983	45
1982	66
1981	46
1980	25
1979	47
1978	68

CH. DE BARRE ET BARRE-GENTILLOT

Graves de Vayres

L'appellation Graves de Vayres s'applique tant en rouge qu'en blanc. Les vins rouges sont commercialisés sous le nom de Château Barre-Gentillot. Toutefois, une partie est vendue comme Château de Barre sous l'appellation Bordeaux supérieur.

1993	16
1992	15
1991	14

1990	23
1989	22
1988	22
1987	14
1986	23
1985	28
1984	14
1983	25
1982	36
1981	26
1979	26

CH. BARREYRES
Haut Médoc
Cru bourgeois

Importante propriété de 150 hectares dont 99 de vignes se répartissant en 43 hectares de Merlot, 50 de Cabernet Sauvignon et 6 de Cabernet Franc. Elle produit un vin d'excellente qualité à l'arôme très fin.

1993	31
1992	28
1991	27
1990	45
1989	46
1988	50
1987	24
1986	39
1985	41
1984	25
1983	42
1982	73
1981	41
1980	23
1979	42
1978	56
1976	50
1975	62

CH. BASTOR LAMONTAGNE
Sauternes

Jusqu'en 1710, le domaine est la propriété du roi de France, successeur en Guyenne du roi d'Angleterre. Ce n'est qu'en 1711 que le Sieur Vincent de Lamontagne contribua au véritable démarrage viticole du Château. Les vins de 1992 et 1993 sont vendus sous le nom de « Les remparts de Bastor ».

1991	59
1990	90
1989	85
1988	85
1987	72
1986	75

1985	105
1984	68
1983	102
1982	77
1981	83
1980	71
1979	93
1978	105
1977	70
1976	107
1975	133
1970	145
1966	275
1959	330
1955	410
1925	537
1921	915

CH. BATAILLEY
Pauillac
5e grand cru classé

Une des plus anciennes et des plus importantes propriétés. Ses vins sont recherchés par les connaisseurs dans le monde entier.

1993	75	
1992	73	
1991	83	
1990	95	
1989	122	
1989	268	Magnum
1989	575	Double magnum
1989	1 250	Impériale
1988	120	
1988	265	Magnum
1988	560	Double magnum
1988	1 180	Impériale
1987	53	
1986	116	
1986	254	Magnum
1986	1 020	Impériale
1985	125	
1984	55	
1983	103	
1982	168	
1981	109	
1980	63	
1979	170	
1978	185	
1977	54	
1976	160	
1975	192	
1970	205	
1967	145	
1966	285	
1964	145	
1961	480	

1959	370
1953	405
1945	1 250

CH. BEAUMONT
Haut Médoc
Cru bourgeois

Bénéficiant d'une grande réputation parmi les meilleurs crus bourgeois du Médoc, il se distingue par une grande finesse, un bouquet suave et une belle délicatesse.

1993	35
1992	31
1991	30
1990	53
1989	56
1988	60
1987	33
1986	54
1986	125 Magnum
1985	55
1984	30
1983	55
1983	132 Magnum
1982	90
1982	205 Magnum
1982	450 Double magnum
1981	55
1980	28
1979	61
1978	72
1976	81
1975	88
1970	122

CH. BEAUREGARD
Pomerol

Sous le nom de Mille Fleurs, on trouve une réplique exacte de ce Château à Long Island, près de New York, comprenant 13 hectares d'un seul tenant (50 % de Merlot, 44 % de Cabernet Franc et 6 % de Cabernet Sauvignon). Ce vignoble produit un des meilleurs vins de l'appellation, charnu, bouqueté et de fine distinction.

1992	66
1991	62
1990	171
1989	165
1988	163
1987	63
1986	120
1985	135

1985	288 Magnum
1984	65
1984	148 Magnum
1983	120
1983	256 Magnum
1982	166
1982	348 Magnum
1982	735 Double magnum
1981	126
1981	273 Magnum
1981	570 Double magnum
1980	68
1979	123
1979	575 Double magnum
1979	1 210 Impériale
1978	140
1978	1 375 Impériale
1977	60
1976	152
1975	195
1975	430 Magnum
1971	157
1971	325 Magnum
1970	215
1970	455 Magnum
1966	315
1964	220
1961	455
1959	360

CH. BEAUSÉJOUR
Saint-Estèphe
Cru bourgeois

Environ 600 hectolitres, chaque année, d'excellents vins typés et conformes aux normes de cette appellation.

1993	45
1992	42
1991	40
1990	84
1989	80
1988	64
1987	32
1986	61
1985	82
1984	30
1983	61
1982	86
1981	65
1980	32
1979	67
1978	74
1976	83
1975	120
1970	138
1966	195
1955	225

CH. BEAUSÉJOUR BÉCOT
Saint-Émilion
Grand cru classé

Ce cru a été déclassé le 18 juin 1987. Depuis cette date, il s'efforce de revenir dans les premiers en apportant tous ses soins à la qualité. Il est d'ailleurs arrivé en tête dans certaines dégustations à l'aveugle.

1993	84	
1992	86	
1991	80	
1990	110	
1989	105	
1988	102	
1987	77	
1986	100	
1985	120	
1984	65	
1983	90	
1982	145	
1981	88	
1980	64	
1979	85	
1978	130	
1976	127	
1975	147	
1975	325	Magnum
1971	195	
1971	316	Magnum
1970	196	
1970	420	Magnum
1969	65	
1967	98	
1966	175	
1964	184	
1962	163	
1961	435	
1959	245	
1955	258	
1953	280	
1952	260	
1949	415	
1947	430	
1945	475	

CH. BEAUSÉJOUR DUFFAU
Saint-Émilion
1er grand cru classé

Cette appellation n'est pas concernée par le déclassement de la parcelle Bécot et garde son classement antérieur : 1er grand cru classé.

1993	92
1992	97
1991	84

1990	230	
1989	168	
1988	142	
1987	92	
1986	124	
1985	145	
1983	110	
1983	230	Magnum
1982	167	
1981	103	
1980	95	
1979	105	
1978	130	
1976	112	
1975	135	
1971	140	
1970	185	
1967	110	
1966	215	
1964	180	
1961	455	
1959	325	
1955	300	
1953	345	
1952	245	
1950	233	
1949	420	
1947	465	
1945	630	

CH. BEAU SITE
Saint-Estèphe
Cru bourgeois

L'une des plus anciennes propriétés de la commune produit des vins de grande classe jouissant d'une belle réputation.

1993	57	
1992	53	
1991	48	
1990	107	
1989	92	
1989	210	Magnum
1989	445	Double magnum
1988	70	
1987	53	
1986	82	
1985	103	
1985	815	Jéroboam
1984	50	
1983	87	
1982	105	
1981	90	
1980	50	
1979	93	
1978	96	
1976	102	
1975	120	

1970	145
1966	210
1961	425

CH. BEAU SITE HAUT VIGNOBLE
Saint-Estèphe
Cru bourgeois

Un vin de grande qualité réputé pour sa finesse, obtenu après une longue macération et un vieillissement de deux ans en barriques.

1993	43
1992	41
1991	38
1990	85
1989	81
1988	69
1987	33
1986	62
1985	84
1984	31
1983	63
1982	90
1981	66
1980	30
1979	68
1978	75
1977	30
1976	80
1975	114
1970	130
1966	178
1961	380

CH. LA BÉCASSE
Pauillac

Est-ce le nom ? Est-ce la qualité du vin ? Toujours est-il que ce Château est très recherché par de nombreux amateurs, parmi lesquels figurent les chasseurs.

1993	53
1992	50
1991	43
1990	90
1989	83
1988	85
1987	42
1986	88
1985	95
1984	45
1983	90
1982	150
1981	92

CH. BEGADANET
Médoc
Cru bourgeois

Ce cru bourgeois est produit à la cave coopérative de vinification de Begadan, l'une des plus importantes du Médoc. Sous cette appellation sont produits environ 900 hectolitres.

1993	33
1992	29
1991	27
1990	47
1989	50
1988	45
1987	28
1986	48
1985	47
1984	27
1983	49
1982	79
1981	45
1980	25
1979	49
1978	52
1976	50

CH. BEL AIR
Graves de Vayres

Vignoble de longue tradition, un des premiers crus de l'appellation, comprenant 13 hectares de vignes, en majorité de cépage Cabernet.

1993	15
1992	14
1991	14
1990	25
1989	23
1988	22
1987	14
1986	23
1985	29
1984	15
1983	26
1982	37
1981	26
1979	27
1978	33

CH. BELAIR
Saint-Émilion
1er grand cru classé

Il faut bien insister sur le fait que Belair s'écrit en un seul mot. Les autres appellations Bel Air (et Dieu sait s'il en existe !) ne concernent jamais un 1er grand cru classé. Gare aux confusions quant à cette dénomination. Ce cru appartenant à Mme Dubois-Challon, propriétaire du Château Ausone, a vu sa qualité évoluer d'une manière très favorable, et il est maintenant très recherché par les amateurs. Sa vinification et son vieillissement sont aussi soignés que ceux de son grand frère Ausone.

1993	95
1992	96
1991	90
1990	152
1989	158
1988	140
1987	105
1986	130
1985	135
1984	83
1983	145
1982	196
1981	130
1980	90
1979	125
1978	193
1977	85
1975	140
1975	182
1974	90
1973	90
1971	208
1970	252
1970	540 Magnum
1969	110
1967	135
1967	300 Magnum
1966	250
1966	528 Magnum
1964	236
1962	246
1961	587
1959	370
1959	840 Magnum
1958	180
1957	200
1957	435 Magnum
1956	205
1955	375
1953	400
1952	300
1950	305
1949	600
1948	300
1947	630
1945	765
1929	980

CH. BEL AIR
Lussac Saint-Émilion

Sur les 20 hectares de vignes de cette belle propriété, appartenant depuis plus d'un siècle à la même famille, est produit un vin puissant obtenu par une longue cuvaison de trois à quatre semaines.

1993	31
1992	32
1991	31
1990	54
1989	51
1988	43
1987	22
1986	40
1985	65
1984	21
1983	40
1982	67
1981	36
1980	20
1979	38
1978	45

CH. BEL AIR
Pomerol

Souplesse, moelleux et bouquet constituent les qualités de ce cru issu des meilleurs cépages et vinifié avec grand soin.

1992	63
1991	59
1990	166
1989	160
1988	163
1987	64
1986	117
1985	131
1984	63
1983	116
1982	155
1981	123
1980	62
1979	120
1978	135
1976	130
1975	168
1971	145
1970	182

Le 5e cépage le plus planté en France sur près de 10 000 hectares est le Chenin nécessaire à l'élaboration des grands vins blancs de Loire.

CH. DE BEL AIR
Lalande de Pomerol

Avec un encépagement majoritairement Merlot, ce Château produit un vin très caractérisé dans cette appellation. Se distinguant par une belle couleur et un bouquet floral, sa richesse tannique autorise un long vieillissement. Ces qualités lui permettent une large distribution dans le monde.

1993	30
1992	31
1991	30
1990	52
1989	53
1988	45
1987	25
1986	44
1985	70
1984	22
1983	42
1982	75
1981	38
1980	23
1979	42
1978	50

CH. BEL AIR MARQUIS D'ALIGRE
Margaux
Cru bourgeois

Très belle propriété réputée et connue pour la grande qualité de ses vins produits en assez petite quantité. Certains millésimes sont remarquables.

1993	53
1992	52
1991	54
1990	107
1989	120
1988	102
1987	45
1986	128
1985	100
1984	40
1983	109
1982	128
1981	105
1980	42
1979	110
1978	130
1977	40
1976	123
1975	148
1971	150

1970	181
1966	196
1964	180
1964	410 Magnum
1962	175
1962	425 Magnum
1955	1 000 Magnum

CH. BELAIR SAINT-GEORGES
Montagne Saint-Émilion

Le décret de 1972, qui transforme l'appellation Montagne Saint-Émilion en Saint-Georges Saint-Émilion permet toutefois aux producteurs qui le désirent de maintenir l'ancien nom. Le Château Belair Saint-Georges est proposé sous l'appellation Montagne pour les 500 hectolitres émanant de ses vignes.

1993	32
1992	33
1991	31
1990	55
1989	50
1988	45
1987	22
1986	42
1985	65
1984	22
1983	42
1982	72
1981	40
1980	20
1979	46
1978	50

CH. BELGRAVE
Haut Médoc
5e grand cru classé

D'importantes transformations ont eu lieu en 1979 dans ce domaine magnifique, remettant la qualité du vin aux normes correspondant à son classement.

1993	47
1992	45
1991	57
1990	68
1989	70
1988	83
1987	36
1986	72
1985	85
1984	41
1983	68
1982	115

1981	72
1980	40
1979	74
1978	83
1976	85
1975	97
1970	109
1966	235
1964	170
1961	450
1959	370
1955	380
1947	425
1945	515
1929	580

CH. BELLERIVE
CLOS VALEYRAC
Médoc
Cru bourgeois

Ce cru situé sur le territoire de la petite commune de Valeyrac nous permet de déguster des vins complets et fort intéressants.

1993	32
1992	28
1991	27
1990	50
1989	52
1988	47
1987	30
1986	48
1985	46
1984	30
1983	48
1982	78
1981	44
1980	28

CH. BELLE ROSE
Pauillac
Cru bourgeois

Situées aux environs du célèbre Château Lafite, les vignes produisent des vins recherchés par de nombreux amateurs avertis.

1993	50
1992	47
1991	39
1990	80
1989	73
1988	71
1987	35
1986	80
1985	80

1984	36
1983	78
1982	130
1981	76
1980	35
1979	75
1978	84

CH.BELLEVUE
Médoc
Cru bourgeois

Vendu en majeure partie à la clientèle particulière et aux restaurateurs, ce vin a obtenu de très nombreuses médailles dans les années 1980. Il n'est mis en bouteille qu'après un long séjour en barriques durant dix-huit à vingt-quatre mois.

1993	33
1992	30
1991	29
1990	48
1989	50
1988	47
1987	30
1986	46
1985	43
1984	30
1983	45
1982	75
1981	40

CH.BELLEVUE
Saint-Émilion
Grand cru classé

Les vignes dominent de très haut la vallée de la Dordogne. Ces vins de grande qualité, produits en faible quantité, peuvent rivaliser avec les plus grands. Encépagement de 75 % en Merlot, 15 % en Cabernet Sauvignon et 10 % en Cabernet Franc.

1993	81
1992	84
1991	78
1990	93
1989	88
1988	89
1987	53
1986	82
1985	92
1984	50
1983	62
1982	120
1981	58

1980	50
1979	56
1978	105
1976	110
1975	121
1970	156
1966	170
1964	145
1959	215
1953	235

CH. BEL ORME TRONQUOY DE LALANDE
Haut Médoc, Cru bourgeois

Ce domaine important par sa superficie produit des vins foncés, très tanniques et de longue garde. Ses propriétaires possèdent également les Châteaux Croizet Bages à Pauillac et Rauzan Gassies à Margaux.

1993	34	
1992	32	
1991	33	
1990	66	
1989	67	
1988	59	
1987	35	
1986	55	
1985	56	
1984	32	
1983	51	
1982	130	
1981	52	
1980	32	
1979	56	
1978	62	
1977	30	
1976	65	
1975	90	
1975	425	Double magnum
1975	655	Jéroboam
1975	940	Impériale
1974	40	
1974	205	Double magnum
1974	440	Impériale
1970	125	
1966	215	
1961	440	

CH. DE BENSSE
Médoc

On ne voit plus figurer dans les ventes les bouteilles de ce Château depuis assez longtemps. Un stock de millésimes anciens a été mis sur le marché par un membre de la famille. Certaines bouteilles sont remarquables.

1936	300
1934	264
1929	365
1928	429

CH. BERGAT
Saint-Émilion, Grand cru classé

D'une exposition privilégiée permettant un ensoleillement exceptionnel, ce cru, de production limitée, est très prisé par les connaisseurs.

1993	55
1992	58
1991	58
1990	90
1989	88
1988	92
1987	60
1986	88
1985	116
1984	57
1983	115
1982	127
1981	75
1980	35
1979	86
1978	112
1976	110
1975	140

CH. BERLIQUET
Saint-Émilion
Grand cru classé

Connu depuis fort longtemps, déjà réputé en 1767, ce vignoble de 9 hectares voisine avec les plus prestigieux Châteaux de l'appellation. Il produit des vins capables de satisfaire une clientèle des plus exigeantes.

1993	54
1992	55
1991	56
1990	86
1989	83
1988	90
1987	46
1986	83
1985	111
1984	42
1983	107
1982	118
1981	63

1980	40
1979	75
1978	98
1976	96
1975	122

CH. BERNONES
Haut Médoc
Cru bourgeois

Ce cru bourgeois de petite production se caractérise par la qualité de son vin de bonne garde et de grande distinction.

1993	35
1992	33
1991	32
1990	59
1989	58
1988	62
1987	33
1986	51
1985	54
1984	35
1983	50
1982	120
1981	45
1980	32
1979	49
1978	57

CH. DES BERTINS
Médoc
Cru bourgeois

Très belle propriété considérée depuis longtemps comme un des grands « bourgeois » de la région. Produit des vins de couleur soutenue se bonifiant au fil des années.

1993	32
1992	28
1991	29
1990	46
1989	48
1988	50
1987	24
1986	41
1985	42
1984	25
1983	42
1982	67
1981	42
1980	24
1979	43
1978	56
1976	54

CH. BEYCHEVELLE
Saint-Julien
4e grand cru classé

Le Versailles du Médoc ! Cette superbe propriété doit ce surnom à la splendide architecture du Château édifié au XVIIe siècle et qui, après plusieurs transformations, ressemble au palais de Versailles avec ses jardins à la française. Elle appartient aujourd'hui à la Garantie Mutuelle des Fonctionnaires (G.M.F.). Sur les 80 hectares de ce domaine est élaboré un vin dont les qualités ne correspondent à l'évidence pas à l'ancien classement de 1855, mais qui le placent dans la catégorie des « superseconds », comme le reconnaissent unanimement les plus grands amateurs au monde. Il faut aussi signaler que le Château abrite le Centre international d'Art contemporain, qui permet chaque année, à des artistes sélectionnés dans le monde entier, de s'exprimer, joignant ainsi l'art et le vin dans leurs plus belles expressions.

1993	77	
1992	65	
1991	82	
1990	137	
1990	82	Demi-bouteille
1990	303	Magnum
1989	173	
1989	95	Demi-bouteille
1989	1 395	Jéroboam
1988	155	
1988	1 170	Jéroboam
1988	1 470	Impériale
1987	80	
1986	183	
1985	207	
1985	430	Magnum
1984	86	
1983	150	
1983	335	Magnum
1983	700	Double magnum
1983	1 460	Impériale
1982	259	
1982	135	Demi-bouteille
1982	545	Magnum
1982	1 170	Double magnum
1981	135	
1981	570	Double magnum
1981	1 215	Jéroboam
1980	85	
1980	418	Double magnum
1980	960	Impériale
1979	153	

1979	645	Double magnum
1979	1 320	Impériale
1978	175	
1977	85	
1977	540	Jéroboam
1977	785	Impériale
1976	180	
1976	375	Magnum
1976	1 150	Jéroboam
1976	1 540	Impériale
1975	186	
1975	415	Magnum
1974	90	
1973	110	
1973	230	Magnum
1972	125	
1971	220	
1971	465	Magnum
1970	300	
1970	645	Magnum
1969	150	
1968	180	
1967	185	
1966	410	
1966	915	Magnum
1965	195	
1965	510	Magnum
1964	315	
1962	445	
1961	3 000	
1959	673	
1958	190	
1958	425	Magnum
1955	570	
1953	550	
1950	360	
1949	955	
1948	875	
1947	1 350	
1945	1 900	
1938	1 500	Magnum
1937	650	
1934	1 250	
1929	2 100	
1928	2 230	
1923	920	
1892	3 250	
1889	4 015	
1878	5 230	
1873	4 150	
1854	11 200	

CH. BEZINEAU
Saint-Émilion

Cette propriété de superficie moyenne produit 500 hectolitres de vins de qualité présents dans la distribution à des prix fort raisonnables.

1993	28
1992	27
1991	28
1990	44
1989	46
1988	49
1987	22
1986	40
1985	43
1984	20
1983	44
1982	75
1981	43
1980	22
1979	45
1978	56
1976	54
1975	68
1970	121
1966	175

CH. BISTON BRILLETTE
Moulis
Cru bourgeois

Bénéficiant de l'intérêt porté aux vins de Moulis, ce Château d'importante production distribue ses vins de qualité auprès d'une clientèle d'amateurs avertis à des prix très avantageux.

1993	32
1992	29
1991	30
1990	54
1989	53
1988	56
1987	25
1986	49
1985	48
1984	25
1983	51
1982	87
1981	46
1980	23
1979	48
1978	71
1976	63
1975	85

CH. BLAIGNAN
Médoc
Cru bourgeois

Situé sur les hauteurs de la commune de Blaignan, ce superbe domaine de 135 hectares, dont 74 consacrés à la vigne, fournit une importante quantité de bouteilles de vin de qualité proposées à un prix très abordable.

1993	32
1992	30
1991	28
1990	47
1989	50
1988	53
1987	25
1986	42
1985	44
1984	25
1983	46
1982	76
1981	45
1980	24
1979	48
1978	58

CH. BONNET
Saint-Émilion
Grand cru

Exploité depuis fort longtemps par la même famille, cet important domaine offre des vins de belle couleur rubis typés Saint-Émilion et de longue conservation. Le séjour de douze mois en cuves et autant en barriques, sous le contrôle d'œnologues réputés, permet de mettre sur le marché un vin parfait.

1993	45
1992	47
1991	43
1990	70
1989	70
1988	72
1987	30
1986	64
1985	76
1984	30
1983	69
1982	124
1981	66
1980	30
1979	70
1978	82
1976	88
1975	127

Pour 1994, les échanges agro-alimentaires français représentent un excédent de 45,2 milliards de francs.

CH. BONNET
Bordeaux supérieur

Déjà exploitée au XVIIe siècle, cette très importante propriété de 73 hectares de vins rouges et 40 hectares de blancs produit des vins diffusés dans le monde entier.

1993	30	
1992	28	
1991	26	
1991	45	Réserve
1990	42	
1989	37	
1988	35	
1988	50	Réserve
1987	30	
1986	34	
1985	37	
1984	21	
1983	25	
1982	45	
1981	27	
1980	20	
1979	28	
1978	31	

CH. BONNEAU LIVRAN
Haut Médoc
Cru bourgeois

Repris en 1990 par le propriétaire du Château Sociando Mallet, il produit des vins corsés et colorés après à un long vieillissement.

1993	33
1992	31
1991	31
1990	54
1989	55
1988	59
1987	28
1986	47
1985	53
1984	26
1983	46
1982	102
1981	44
1980	25
1979	46

CH. LE BON PASTEUR
Pomerol

Cette petite propriété produit des vins réputés et appréciés des connaisseurs. Très bon Pomerol typé.

1993	84
1992	63
1991	60
1990	135
1989	125
1988	118
1987	66
1986	112
1985	145
1984	60
1983	132
1982	255
1981	135
1980	65
1979	140
1978	155
1976	162

CH. LE BOSCQ
Médoc
Cru bourgeois

Ce domaine à encépagement essentiellement Cabernet Sauvignon (75 %) produit un vin très fin apte au vieillissement. La moitié de la récolte est exportée dans de nombreux pays.

1993	33
1992	28
1991	28
1990	46
1989	49
1988	51
1987	24
1986	44
1985	45
1984	25
1983	48
1982	72
1981	49
1980	25
1979	50
1978	64
1976	57

CH. LE BOSCQ
Saint-Estèphe
Cru bourgeois

Depuis fort longtemps, ce cru est très recherché pour ses vins de haute qualité et d'un bon rapport qualité-prix.

1993	45
1992	42
1991	40
1990	89
1989	83

1988	67
1987	30
1986	64
1985	85
1984	30
1983	64
1982	89
1981	67
1980	30
1979	68
1978	78
1977	30
1976	83

CH. BOURDIEU
Côtes de Blaye

Très vieille propriété dont les origines viticoles remontent au XIIIe siècle pour la production de Claret.

1993	30
1992	29
1991	28
1990	46
1989	44
1988	43
1987	26
1986	54
1985	58
1984	24
1983	41
1982	55
1981	43
1980	25
1979	42
1978	62

DOMAINE DU BOURDIEU
Bordeaux supérieur

Ce vignoble applique les préceptes de l'agriculture biologique à la totalité de son importante production de vins rouges et blancs. Il faut signaler qu'il propose aussi un vin « bio » méthode champenoise.

1993	27
1992	27
1991	25
1990	37
1989	40
1988	33
1987	21
1986	34
1985	38
1984	20
1983	34

1982	49
1981	35
1980	18
1979	37

CH. LE BOURDIEU
Haut Médoc
Cru bourgeois

Très importante production de vins rouges colorés et puissants vendus à des prix compétitifs.

1993	30
1992	28
1991	25
1990	46
1989	47
1988	42
1987	28
1986	43
1985	39
1984	27
1983	44
1982	70
1981	39
1980	24
1979	46
1978	53
1962	152

CH. DE BOURGNEUF
Pomerol

Placé au cœur de la commune de Pomerol, ce petit domaine produit un vin corsé au bouquet généreux représentatif du type Pomerol.

1993	80
1992	73
1991	68
1990	115
1989	132
1988	105
1987	65
1986	110
1985	127
1984	67
1983	115
1982	168
1981	117
1980	72
1979	122
1978	140
1977	66
1976	143
1975	170

1971	150
1970	188

CH. BOUSCAUT
Graves
Cru classé

Ce cru classé des Graves, en blanc et en rouge, produit des vins d'excellente tenue que l'on peut se procurer à de bonnes conditions.

Rouge

1993	54	
1992	50	
1991	47	
1990	90	
1989	95	
1988	103	
1987	60	
1986	77	
1985	92	
1984	56	
1983	80	
1982	138	
1981	84	
1980	59	
1979	87	
1978	93	
1976	82	
1975	109	
1974	59	
1973	75	
1972	58	
1970	140	
1966	345	
1964	600	Magnum
1963	140	
1962	225	
1962	478	Magnum
1961	635	
1959	450	
1955	435	
1953	510	
1949	750	
1949	1 790	Magnum
1947	920	
1945	1 150	
1933	460	
1925	630	
1925	1 520	Double magnum
1919	1 150	

Blanc

1992	75
1991	70
1990	103
1989	85
1988	75
1987	65

1986	77
1985	100
1984	68
1983	102
1982	96
1981	105

CH. DU BOUSQUET
Côtes de Bourg

Très important vignoble de 62 hectares plantés à raison de deux tiers en Cabernet Sauvignon et d'un tiers en Merlot, donnant plus de 3 000 hectolitres d'un bon vin solide et bouqueté.

1993	25
1992	24
1991	23
1990	37
1989	38
1988	34
1987	22
1986	34
1985	39
1984	20
1983	34
1982	50
1981	35
1980	20
1979	37
1978	43

CH. BOUQUEY
Saint Émilion
Grand cru

Petit vignoble de 6 hectares principalement plantés an Merlot, produisant des vins pleins de qualité.

1993	31
1992	30
1991	29
1990	52
1989	53
1988	48
1987	26
1986	49
1985	48
1984	25
1983	51
1982	85
1981	45
1980	25
1979	51
1978	53
1976	86

CH. BOYD CANTENAC
Margaux
3e grand cru classé

Cette très vieille propriété produit des vins très concentrés, fins et bouquetés, permettant d'apprécier les caractéristiques des margaux.

1993	55
1992	50
1991	47
1990	85
1989	95
1988	90
1987	55
1986	90
1985	117
1984	57
1983	94
1982	147
1981	96
1980	60
1979	98
1978	102
1977	65
1976	110
1975	145
1971	132
1970	157
1966	375
1961	550

CH. BRANAIRE DUCRU
Saint-Julien
4e grand cru classé

Ce vignoble classé 4e cru produit depuis fort longtemps d'excellents vins dont les prix atteignent parfois ceux des 2es crus.

1994	72 Primeur
1993	47
1992	53
1991	65
1990	107
1989	116
1989	63 Demi-bouteille
1988	107
1987	75
1986	116
1985	122
1984	77
1983	98
1983	215 Magnum
1982	187

1982	1 755 Jéroboam
1982	2 160 Impériale
1981	96
1980	75
1979	93
1979	215 Magnum
1978	105
1977	65
1976	110
1975	165
1974	65
1974	145 Magnum
1971	152
1970	210
1967	112
1966	325
1966	715 Magnum
1964	235
1964	520 Magnum
1962	345
1961	625
1959	390
1955	375
1953	415
1952	315
1949	510
1948	300
1947	645
1945	875
1943	450
1938	520
1937	605
1931	980
1926	505
1921	880
1916	1 280
1900	1 530

CH. BRANDA
Puisseguin Saint-Émilion

La restructuration du vignoble et des installations par les nouveaux propriétaires est maintenant achevée. Une longue cuvaison et une observation stricte des températures de fermentation permettent d'obtenir un vin puissant de bonne longévité.

1993	32
1992	30
1991	25
1990	48
1989	56
1988	47
1987	25
1986	44
1985	45
1984	25

1983	46
1982	80
1981	40
1980	24

CH. BRANE CANTENAC
Margaux
2e grand cru classé

Certains ne jurent que par lui ! Il existe même des collectionneurs qui recherchent tous les millésimes. La série d'une cinquantaine d'années différentes peut être constituée aujourd'hui encore pour un prix fort raisonnable. De nombreuses personnes peuvent s'amuser à collectionner ces vins qui présentent un rapport qualité-prix très attrayant.

1993	73
1992	85
1991	82
1990	128
1989	140
1988	135
1987	85
1986	126
1985	143
1985	305 Magnum
1984	75
1983	130
1983	285 Magnum
1982	198
1982	480 Magnum
1982	1 070 Double magnum
1982	2 230 Impériale
1981	133
1981	290 Magnum
1981	625 Double magnum
1980	80
1979	120
1979	530 Double magnum
1979	1 180 Impériale
1978	145
1978	740 Double magnum
1978	1 615 Impériale
1977	72
1977	650 Impériale
1976	153
1975	210
1975	445 Magnum
1975	965 Double magnum
1974	76
1973	88
1972	70
1971	175
1971	385 Magnum
1970	240

1970	515	Magnum
1969	150	
1969	330	Magnum
1967	155	
1967	350	Magnum
1966	470	
1964	310	
1964	680	Magnum
1962	400	
1962	3 720	Impériale
1961	575	
1961	4 450	Jéroboam
1959	395	
1958	260	
1955	375	
1953	425	
1952	293	
1950	270	
1950	665	Magnum
1949	640	
1947	820	
1945	1 000	
1938	460	
1928	1 130	
1926	520	
1926	1 170	Magnum
1924	725	
1913	1 100	

CH. BRETHOUS
Premières Côtes de Bordeaux

S'adressant principalement à une clientèle privée, les propriétaires de cette belle vigne de coteaux produisent un vin de très belle qualité.

1993	27
1992	25
1991	22
1990	41
1989	45
1988	40
1987	22
1986	41
1985	38
1984	21
1983	42
1982	63
1981	35
1980	20
1979	41
1978	42

En 1994, 345 000 déclarations de récolte ont été enregistrées : 10 % de moins qu'en 1993.

CH. DU BREUIL
Haut Médoc
Cru bourgeois

Intéressant particulièrement les historiens, les ruines encore importantes de ce Château rappellent que la forteresse appartenait au roi d'Angleterre. Les voisins du Château Cissac se sont rendus acquéreurs de ce vignoble rustique et exploitent avec bonheur ce superbe domaine.

1993	30
1992	29
1991	27
1990	48
1989	50
1988	45
1987	24
1986	44
1985	44
1984	24
1983	49
1982	73
1981	44
1980	22
1979	50
1978	55

CH. BRILLETTE
Moulis
Cru bourgeois

Les cailloux de son sol particulièrement graveleux offrent un reflet spécial d'où son nom de Brillette. Très recherchés ces vins sont moelleux corsés et bouquetés.

1993	53
1992	50
1991	47
1990	76
1989	70
1988	66
1987	50
1986	65
1985	70
1984	46
1983	68
1982	95
1981	67
1980	45
1979	65
1978	70
1976	70
1975	86

CH. BROUSTET
Sauternes Barsac
2e grand cru classé

Implanté dans le Haut Barsac, ce Château produit des vins de haute qualité obtenus par des vignes d'âge moyen de quarante ans et des méthodes culturales réduisant volontairement la production.

1992	84
1991	75
1990	105
1989	95
1988	102
1987	83
1986	90
1985	96
1984	82
1983	95
1982	97
1981	93
1980	80
1979	97

CH. LA CABANNE
Pomerol

La vigne est ici cultivée depuis l'époque gallo-romaine. Encépagé à 90 % en Merlot, ce domaine produit un vin de couleur sombre apte au long vieillissement. Largement diffusé dans le monde, il reste toutefois quelques caisses pour satisfaire le marché français.

1992	83
1991	75
1990	135
1989	150
1988	140
1987	80
1986	185
1985	150
1984	76
1983	145
1982	205
1981	140
1980	75
1979	152
1978	170
1976	175
1975	225
1970	244
1966	370

CH. CADET BON
Saint-Émilion
Grand cru classé déclassé en grand cru (décret du 18 luin 1987).

Situé aux abords immédiats de l'antique cité, ce vignoble propose des vins assez fins et généreux.

1993	45
1992	46
1991	45
1990	71
1989	72
1988	82
1987	38
1986	75
1985	93
1984	40
1983	103
1982	120
1981	70
1980	46
1979	83
1978	111
1976	109

CH. CADET PIOLA
Saint-Émilion, Grand cru classé

Très peu connu du public, il rencontre un grand succès auprès des amateurs. Sa vente est assurée longtemps à l'avance tant les demandes sont nombreuses.

1993	62
1992	60
1991	59
1990	109
1989	132
1988	100
1987	66
1986	98
1985	130
1984	62
1983	125
1982	145
1981	90
1980	43
1979	102
1978	127
1977	50

CH. CALON SÉGUR
Saint-Estèphe, 3e grand cru classé

Pour certains grands vins on constate, lors des ventes aux enchères, une relative hésitation de la clientèle ; pourtant le prix de ces bouteilles reste très attractif. Le vin est bon et peut être gardé fort longtemps.

1994	74 Primeur
1993	71
1992	70
1991	88
1990	105
1989	107
1989	220 Magnum
1988	125
1988	1 350 Jéroboam
1987	80
1986	140
1985	133
1984	75
1983	119
1983	265 Magnum
1982	255
1982	530 Magnum
1982	1 250 Double magnum
1981	125
1981	570 Double magnum
1980	67
1979	130
1979	290 Magnum
1978	160
1977	60
1976	170
1976	360 Magnum
1975	225
1974	80
1973	95
1973	420 Double magnum
1972	55
1971	188
1970	270
1970	570 Magnum
1969	92
1967	103
1966	375
1966	860 Magnum
1964	275
1962	230
1961	650
1960	220
1959	600
1959	1 340 Magnum
1958	260
1957	280
1955	530
1953	625
1953	4 430 Jéroboam
1952	300
1951	520
1950	340
1949	980
1949	7 550 Jéroboam

1947	1 450
1945	1 650
1945	3 720 Magnum
1943	930
1939	620
1937	555
1934	1 055
1926	1 150
1926	3 500 Magnum
1924	1 460
1924	2 980 Magnum
1923	840
1920	940
1919	950
1916	1 450
1914	1 570
1911	1 100
1911	2 350 Magnum
1904	1 680

CH. CAILLOU
Sauternes, Barsac
2e grand cru classé

Presque entièrement plantées en cépage Sémillon, les vignes de ce beau domaine de 15 hectares produisent un excellent vin aux arômes délicats et d'une grande finesse.

1992	85
1991	76
1990	105
1989	110
1988	137
1987	86
1986	135
1985	92
1984	79
1983	130
1982	100
1981	91
1980	78
1979	96
1978	105
1977	80
1976	109
1975	140
1970	154
1967	250
1966	225
1955	285
1953	252
1947	465
1934	450
1929	640

CH. LE CAILLOU
Pomerol

Ce petit domaine offre une quantité réduite de très bons vins particulièrement typés Pomerol.

1992	65
1991	57
1990	99
1989	124
1988	103
1987	60
1986	102
1985	120
1984	61
1983	106
1982	153
1981	108
1980	62
1979	116
1978	128
1976	131
1975	170
1970	190
1966	275
1961	430

CH. CALON
Montagne Saint-Émilion

Dans un site magnifique, en haut du coteau de Calon, d'où l'on dispose d'une vue panoramique sur toute la région (d'ailleurs, en grec, *Kâlon* signifie beauté !), ces vignes très âgées produisent des vins de haute qualité qui ne sont embouteillés qu'au terme d'un long vieillissement de deux ans et demi.

1993	29
1992	28
1991	23
1990	47
1989	54
1988	43
1987	22
1986	45
1985	43
1984	21
1983	45
1982	76
1981	39
1980	20
1979	45
1978	52
1961	265

CH. DU CALVAIRE
Saint-Émilion

Édifié sur les ruines d'un ancien monastère auquel il doit son nom, ce Château offre des vins colorés et tanniques permettant une belle évolution.

1993	27
1992	26
1991	24
1990	48
1989	56
1988	47
1987	22
1986	45
1985	45
1984	22
1983	47
1982	75
1981	42
1980	22
1979	44
1978	53
1976	56
1975	77

CH. CAMARSAC
Bordeaux supérieur

Ce Château est classé monument historique. Son histoire passe par le Prince Noir mais, pris par DuGuesclin, il fut démoli au XIVe siècle. Sa reconstruction débuta en 1407 sous la protection d'Henri IV d'Angleterre, et il retrouva la couronne de France en 1480. Un très vaste domaine de 150 hectares, dont 51 de vignes, entoure le Château. Ces vins, de belle qualité, sont vendus à des prix raisonnables.

1993	27
1992	28
1991	24
1990	38
1989	41
1988	34
1987	22
1986	35
1985	39
1984	20
1983	35
1982	50
1981	35
1980	20
1979	38
1978	42

CH. CAMBON LA PELOUSE

Haut Médoc
Cru bourgeois

Très importante production de ce cru bourgeois situé sur la commune de Macau.

1993	30
1992	28
1991	26
1990	47
1989	49
1988	45
1987	23
1986	44
1985	38
1984	24
1983	46
1982	70
1981	40
1980	24
1979	45
1978	46
1975	72
1970	79
1966	135
1959	125
1952	240

CH. DE CAMENSAC

Haut Médoc
5e grand cru classé

Ce 5e grand cru classé, de très grande production, s'achète à un prix très bas tant dans le commerce traditionnel que dans les ventes aux enchères. On peut ainsi, lors des dîners de gala, faire figurer sur sa table un grand cru classé de Bordeaux, et cela sans dépenser des sommes importantes.

1994	58 Primeur
1993	40
1992	41
1991	40
1990	70
1989	77
1988	76
1987	52
1986	85
1985	88
1985	195 Magnum
1984	45
1983	96
1982	116
1982	250 Magnum
1982	535 Double magnum

1981	68
1981	147 Magnum
1980	45
1979	96
1978	110
1977	35
1976	100
1975	135
1971	116
1971	250 Magnum
1970	170
1966	225
1934	240

CH. CANET

Bordeaux supérieur

Cet important domaine de 42 hectares produit une grande quantité de vins blancs sous l'appellation Entre-Deux-Mers. Ses vins rouges possèdent les qualités des bons bordeaux.

1993	26
1992	25
1991	22
1990	35
1989	37
1988	32
1987	20
1986	32
1985	37
1984	20
1983	35
1982	47
1981	35
1979	37
1978	39

CH. CANON

Canon Fronsac

Les vins de Fronsac obtiennent, à présent, un important succès auprès du public. Leur saveur fruitée et les prix pratiqués leur ouvrent la porte de bien des foyers.

1993	33
1992	33
1991	31
1990	55
1989	52
1988	48
1987	30
1986	64
1985	70
1984	27

1983	47
1982	65
1981	49
1980	25
1979	51
1978	69
1976	72
1975	82
1970	96
1964	120
1959	145

CH. CANON
Saint-Émilion
1er grand cru classé

Ce 1er grand cru classé de Saint-Émilion, d'un prix encore abordable, est très recherché par les amateurs de vins fins.

1994	96	Primeur
1993	85	
1992	81	
1990	168	
1989	195	
1989	103	Demi-bouteille
1989	1 800	Jéroboam
1988	182	
1987	110	
1986	191	
1985	220	
1985	455	Magnum
1985	1 755	Jéroboam
1983	205	
1983	430	Magnum
1983	985	Double magnum
1982	337	
1982	828	Magnum
1981	160	
1981	340	Magnum
1980	95	
1980	195	Magnum
1980	405	Double magnum
1979	182	
1978	245	
1978	1 080	Double magnum
1978	2 170	Impériale
1977	80	
1976	210	
1975	225	
1974	105	
1973	110	
1971	252	
1970	357	
1969	130	
1967	190	
1966	513	
1964	320	
1962	500	

1961	675	
1961	1 610	Magnum
1959	510	
1957	220	
1955	550	
1953	587	
1952	380	
1950	320	
1949	700	
1947	975	
1945	900	
1943	940	
1937	530	
1921	930	

CH. CANON LA GAFFELIÈRE
Saint-Émilion
Grand cru classé

La réputation de cet excellent cru donnant des vins souples et racés se trouve amplement confortée par la splendide réussite du millésime 1990.

1993	91	
1992	71	
1991	65	
1990	140	
1989	123	
1988	132	
1987	77	
1986	117	
1985	136	
1983	115	
1982	178	
1981	85	
1981	196	Magnum
1981	434	Double magnum
1980	67	
1979	110	
1978	135	
1978	120	
1975	138	
1974	70	
1973	224	Magnum
1971	160	
1970	200	
1969	90	
1967	110	
1966	210	
1964	200	
1964	450	Magnum
1962	260	
1961	455	
1961	1 120	Magnum
1959	320	
1955	350	
1953	340	
1952	270	

1950	250
1949	465
1947	470
1945	520

CH. CANTEMERLE

Haut Médoc
5e grand cru classé

Ce grand cru classé du Haut Médoc, par ses prix très compétitifs, est à la portée d'un vaste public. Des bouteilles très anciennes apparaissent de temps en temps dans les adjudications.

1993	72
1992	68
1991	62
1990	100
1989	111
1988	97
1987	72
1986	95
1985	102
1984	75
1983	98
1982	150
1981	80
1980	62
1979	97
1978	103
1977	50
1976	100
1975	127
1974	50
1973	64
1972	55
1971	137
1970	230
1969	65
1967	88
1966	230
1964	172
1962	575
1961	750
1959	375
1955	315
1952	235
1947	720
1945	1 400
1928	1 530
1928	3 300 Magnum

CH. CANTENAC BROWN

Margaux, 3e grand cru classé

Ce vin réunit tous les éléments caractérisant les margaux.

1994	66	Primeur
1993	66	
1992	60	
1991	65	
1990	107	
1989	104	
1988	111	
1987	72	
1986	115	
1985	125	
1984	77	
1983	116	
1982	140	
1981	117	
1980	63	
1979	115	
1978	136	
1977	55	
1976	132	
1975	148	
1973	55	
1971	145	
1970	250	
1967	120	
1966	335	
1961	640	
1959	500	
1945	750	
1934	420	
1926	355	
1924	615	

CH. CANTIN

Saint-Émilion, Grand cru
Référencé page 166 sous **Quentin**

CH. CAP DE MOURLIN

Saint-Émilion
Grand cru classé

L'un des plus anciens et des plus réputés saint-émilion. Ce Château appartient depuis cinq siècles à la même famille, qui produit un vin de très grande qualité recherché tant en France qu'à l'étranger.

1993	60
1992	63
1991	54
1990	93
1989	95
1988	83
1987	50
1986	74
1985	88
1984	54
1983	118
1982	120

1981	78
1980	40
1979	90
1978	115
1977	35
1976	112
1975	143
1974	45
1971	125
1971	265 Magnum
1970	150

CH. CAPBERN GASQUETON

Saint-Estèphe
Cru bourgeois

Du nom de la famille propriétaire depuis plus de dix générations. Ces vins généreux, de belle couleur et à corps puissant, sont distribués en exclusivité par une importante maison du négoce bordelais.

1993	52
1992	49
1991	55
1990	97
1989	94
1988	88
1987	40
1986	76
1985	87
1984	40
1983	75
1982	110
1981	78
1980	40
1979	81
1978	92
1976	98
1975	115
1970	137
1966	175
1959	183
1955	155
1949	364
1928	525
1916	315

CH. CARBONNIEUX

Graves
Cru classé

Le Château fut construit vers 1380 dans la paroisse de Léognan, capitale de la région des Graves. Au XVIIIe siècle, les moines bénédictins de l'abbaye de Sainte-Croix remirent le vignoble en ordre. Les vins rouges sont pleins de sève, charnus et bien bouquetés, et jouissent d'une renommée égale à celle des blancs. Ils développent, en vieillissant, de belles qualités de race et sont consommés dans le monde entier.

Rouge

1994	66 Primeur
1993	63
1992	53
1991	77
1990	90
1990	47 Demi-bouteille
1989	97
1989	50 Demi-bouteille
1988	92
1987	65
1986	95
1985	100
1984	66
1983	98
1982	130
1981	97
1980	55
1980	225 Double magnum
1979	105
1978	128
1978	805 Jéroboam
1978	1 080 Impériale
1977	53
1976	122
1975	135
1971	128
1970	165
1969	66
1967	82
1966	265
1962	210
1961	480
1953	345
1952	205
1947	620
1945	710
1928	745

Blanc

1994	68 Primeur
1993	87
1992	70
1991	75
1990	95
1989	100
1988	96
1987	68
1986	95
1985	65
1984	52
1983	66
1982	55
1981	70
1980	50

1979	72
1967	145
1954	125
1949	475

CH. CARDINAL VILLEMAURINE

Saint-Émilion
Grand cru

Situé sur l'emplacement d'un ancien camp sarrasin durant l'invasion intervenue au VIIIe siècle, ce Château doit son nom au neveu du pape Clément V qui construisit un palais dont on trouve encore les ruines. Ce vignoble de 10 hectares produit des raisins vinifiés très longtemps qui donnent des vins remarquables et de très longue garde.

1993	33
1992	32
1991	31
1990	53
1989	57
1988	57
1987	30
1986	47
1985	50
1984	28
1983	40
1982	101
1981	45
1980	26
1979	44
1978	61
1978	57
1975	90
1967	75

CH. LA CARDONNE

Médoc
Cru bourgeois

Situé sur le plus haut plateau du Médoc, le vignoble, d'environ 100 hectares d'un seul tenant, à une qualité de terre et une situation tout à fait privilégiées qui lui permettent de produire des vins de bonne qualité. Repris en 1971 par les Domaines Rothschild, il a été remis en état et a amélioré profondément la qualité des vins produits.

1993	41
1992	43
1991	39
1990	65

1989	55
1988	58
1987	40
1986	48
1985	60
1984	40
1983	65
1982	100
1981	60
1980	35
1979	66
1978	78
1976	75
1933	425

CH. LES CARMES HAUT BRION

Graves

Ayant pour voisins les Châteaux Haut Brion et Mission, ce domaine de seulement 5 hectares donne des vins souples et élégants.

1993	79
1992	81
1991	75
1990	110
1989	104
1988	110
1987	62
1986	122
1985	94
1984	60
1983	92
1982	143
1981	87
1980	60
1979	82
1978	115
1976	104
1975	125
1971	138
1970	170

CH. CARONNE SAINTE-GEMME

Haut Médoc
Cru bourgeois

Toujours recherchés en France et en Europe, ces vins sont nerveux, de couleur soutenue et de bonne garde.

1993	40
1992	42
1991	41
1990	67

45

1989	60
1988	61
1987	36
1986	63
1985	62
1984	35
1983	64
1982	100
1981	59
1980	32
1979	65
1978	82

CH. CASTERA

Médoc
Cru bourgeois

L'un des plus anciens Châteaux du pays, assiégé puis détruit par le Prince Noir au XIVe siècle et reconstruit au XVIIe. Ce vignoble, mondialement réputé, s'étend sur 50 hectares dans un domaine qui en comprend 185, l'un des plus vastes du Médoc. Une partie des vieilles vignes, ainsi qu'un élevage en fûts neufs, pour un tiers, permettent la mise sur le marché de vins de haute qualité.

1993	33
1992	33
1991	30
1990	51
1989	52
1988	54
1987	28
1986	42
1985	43
1984	27
1983	38
1982	89
1981	41
1980	28
1979	40
1978	60

CH. CHANTEGRIVE

Graves

Ce Château, qui constitue l'une des plus importantes exploitations viticoles des Graves, doit son nom au passereau, la grive musicienne, qui envahit les vignobles au moment des vendanges. Les propriétaires, M. et Mme Lévêque, ont déployé durant vingt-cinq ans des efforts pour remembrer ce domaine, qui comprend aujourd'hui 90 hectares d'un sol de qualité. Tous les soins apportés à la culture et à la vinification, dont un vieillissement de deux ans, permettent d'obtenir des vins de haute qualité appréciés dans le monde entier. Les professionnels considèrent le Chantegrive comme un cru en constant progrès qui se hisse, petit à petit, au niveau des plus grands.

Rouge

1993	32	
1992	33	
1992	18	Demi-bouteille
1992	71	Magnum
1991	47	
1991	25	Demi-bouteille
1991	115	Magnum
1990	70	
1990	35	Demi-bouteille
1990	165	Magnum
1990	80	Cuvée Édouard
1989	100	
1989	55	Demi-bouteille
1989	225	Magnum
1989	110	Cuvée Édouard
1988	78	
1988	45	Demi-bouteille
1988	175	Magnum
1987	30	
1986	82	
1985	85	
1984	35	
1983	68	
1983	142	Magnum
1982	100	
1982	235	Magnum
1981	70	

Blanc

1993	34	
1992	36	
1992	55	Cuvée Caroline
1991	27	
1991	15	Demi-bouteille
1991	52	Cuvée Caroline
1990	53	
1990	28	Demi-bouteille
1990	100	Cuvée Caroline
1989	70	
1989	110	Cuvée Caroline
1988	70	
1987	55	

CH. CERTAN GIRAUD

Pomerol

Ce vignoble, situé sur la partie la plus haute du plateau de Certan, est contigu aux célèbres Pétrus et Vieux Château

Certan. Ces vins possèdent, comme leurs voisins, ce rare nez de truffe qui confère leur noblesse aux grands crus.

1992	78
1991	74
1990	172
1989	160
1988	115
1987	68
1986	110
1985	125
1984	70
1983	130
1982	205
1981	134
1980	68
1979	131
1978	150
1976	144
1975	181
1970	213

CH. CERTAN DE MAY

Il s'agit d'une appellation impropre. Voir MAY DE CERTAN, p. 134.

CH. LA CHAPELLE LESCOURS

Saint-Émilion

La plus grande partie de la production est réalisée en Saint-Émilion, mais il existe aussi des vins rouges vendus sous l'appellation Bordeaux.

1993	30
1992	32
1991	30
1990	53
1989	53
1988	45
1987	22
1986	40
1985	37
1984	20
1983	43
1982	65
1981	37
1980	20
1979	41
1978	54
1976	50
1975	66
1970	76

CH. CHARMAIL

Haut Médoc, Cru bourgeois

Principalement exportés en Europe et en Amérique du Nord, on trouve également ces vins sur les tables de certaines chaînes hôtelières françaises.

1993	29
1992	26
1991	25
1990	38
1989	45
1988	47
1987	25
1986	43
1985	36
1984	26
1983	43
1982	71
1981	41
1980	25
1979	45
1978	62

CH. CHASSE SPLEEN

Moulis, Cru bourgeois

Ce cru bourgeois de Moulis est très recherché par les connaisseurs et si, un jour, on devait revoir le sacro-saint classement des grands crus de 1855, il est absolument certain que le Château Chasse Spleen figurerait à un niveau élevé parmi les crus classés. La qualité de ce vin assez particulier suscite l'intérêt des amateurs, et les prix enregistrés lors des ventes sont toujours à la hauteur de sa qualité. A la suite d'un accident dramatique survenu en janvier 1993, nous devons déplorer la mort des propriétaires de ce Château. Il faut espérer que la fille de M. et Mme Villars saura poursuivre l'excellent travail de ses parents.

1993	66	
1992	60	
1991	60	
1990	110	
1989	120	
1989	1 305	Jéroboam
1988	115	
1987	70	
1986	135	
1986	290	Magnum
1985	135	
1984	75	
1983	130	
1983	283	Magnum

1982	165
1982	355 Magnum
1982	770 Double magnum
1982	1 330 Jéroboam
1982	1 620 Impériale
1981	125
1981	268 Magnum
1981	570 Double magnum
1981	1 280 Impériale
1980	70
1979	122
1979	260 Magnum
1978	190
1977	65
1976	135
1976	605 Double magnum
1976	940 Jéroboam
1975	160
1975	335 Magnum
1975	1 150 Jéroboam
1970	185
1967	110
1966	280
1961	460

CH. LE CHÂTELET
Saint-Émilion, Grand cru classé

De par sa situation privilégiée, ce Château vend sa modeste production à l'exportation et à des clients particuliers en France.

1993	50
1992	52
1991	47
1990	89
1989	100
1988	91
1987	45
1986	82
1985	114
1984	48
1983	112
1982	132
1981	73
1980	35
1979	87
1978	112
1976	110
1975	130

Le Cognac représente 70 % des exportations françaises de spiritueux.

CH. LES CHAUMES
Lalande de Pomerol

Une petite production de vins floraux très fins grâce aux cépages Merlot (deux tiers) et Cabernet (un tiers).

1993	35
1992	34
1991	31
1990	54
1989	56
1988	46
1987	21
1986	43
1985	40
1984	20
1983	44
1982	65
1981	38
1980	20
1979	40
1978	52

CH. CHAUVIN
Saint-Émilion, Grand cru classé

L'un des plus beaux vignobles de la région, comprenant 13 hectares d'un seul tenant. L'exploitation est assurée par la même famille depuis cinq générations. Les soins apportés à tous les stades de la culture, de la vinification et de l'élevage permettent l'obtention de vins de haute qualité. Il faut surtout signaler le millésime 1985, particulièrement réussi.

1993	51
1992	55
1991	50
1990	94
1989	110
1988	100
1987	42
1986	75
1985	115
1984	40
1983	111
1982	136
1981	75
1980	38
1979	88
1979	180 Magnum
1978	115
1977	40
1976	115
1975	142

CH. CHEVAL BLANC
Saint-Émilion, 1er grand cru classé A

Ce vin est très différent du Château Ausone, qui a le même classement, l'un étant un vin de plaine et l'autre un vin de coteau. Tous deux constituent néanmoins les fleurons du Saint-Émilion. Il faut toutefois remarquer que, sous les millésimes anciens tels que 1947, le Cheval Blanc se distingue de tous les autres 1ers grands crus classés. D'excellente conservation, on peut trouver des bouteilles fort anciennes qui ont toujours la faveur des amateurs.

1993	245	
1992	212	
1990	565	
1990	290	Demi-bouteille
1989	445	
1989	4 950	Impériale
1988	395	
1987	270	
1986	398	
1985	512	
1985	1 120	
1984	222	
1983	513	
1982	1 233	
1982	2 640	Magnum
1982	5 480	Double magnum
1981	433	
1980	265	
1979	413	
1979	905	Magnum
1978	555	
1978	2 600	Double magnum
1977	175	
1976	469	
1976	2 240	Double magnum
1975	670	
1974	220	
1973	300	
1973	675	Magnum
1972	200	
1971	575	
1971	2 470	Double magnum
1970	833	
1970	1 840	Magnum
1969	280	
1968	315	
1967	342	
1967	790	Magnum

1966	1 025	
1966	2 250	Magnum
1964	1 050	
1962	690	
1961	2 900	
1961	6 200	Magnum
1960	475	
1959	1 696	
1958	905	
1958	2 110	Magnum
1957	600	
1955	1 360	
1955	990	Mise belge
1954	1 000	
1953	1 600	
1953	760	Demi-bouteille
1953	3 420	Magnum
1952	1 400	
1951	875	
1950	1 250	
1949	2 980	
1948	1 925	
1948	4 030	Magnum
1947	6 235	
1947	20 300	Magnum
1947	5 210	Mise belge
1946	2 350	
1945	3 475	
1943	625	
1942	580	
1941	875	
1940	2 600	
1938	750	
1937	1 400	
1936	1 400	
1934	2 250	
1933	1 350	
1931	1 150	
1930	1 400	
1929	1 750	
1928	2 700	
1926	2 000	
1925	1 800	
1924	1 500	
1923	1 370	
1921	11 750	
1919	2 500	
1918	2 600	
1917	2 500	
1916	1 500	
1915	2 450	
1914	2 750	
1908	2 480	
1905	3 000	
1899	6 250	

DOMAINE DE CHEVALIER
Graves
Cru classé

C'est certainement, actuellement, l'un des meilleurs Graves. Les blancs, très recherchés, atteignent la perfection. Peu de bouteilles au cours des ventes publiques : essayez de vous les procurer quel qu'en soit le prix.

Rouge

1993	88
1992	78
1991	96
1990	198
1989	207
1988	180
1987	126
1986	185
1985	220
1985	475 Magnum
1984	96
1984	220 Magnum
1983	175
1983	830 Double magnum
1982	265
1982	570 Magnum
1982	1 320 Double magnum
1981	186
1980	92
1979	180
1978	215
1977	85
1976	220
1975	240
1971	265
1971	2 520 Impériale
1970	358
1970	885 Magnum
1966	360
1964	280
1962	420
1961	860
1961	2 020 Magnum
1959	615
1955	440
1953	575
1949	750
1947	945
1945	1 120
1928	1 150
1925	2 720 Magnum

Blanc

1993	166
1992	225
1991	250
1990	380
1989	390

1988	360
1987	245
1986	420
1985	406
1984	125
1983	370
1982	210
1980	145
1979	220
1978	265
1970	400
1961	800
1959	500
1945	900

CH. CHEVAL NOIR
Saint-Émilion

Ce cru de Saint-Émilion appartient aux copropriétaires du Château Palmer (Margaux). Il s'agit d'un vin de très haute qualité, mais rarement présent chez les distributeurs.

1993	55
1992	57
1991	50
1990	100
1989	112
1988	107
1987	50
1986	81
1985	112
1984	45
1983	118
1982	152
1981	81
1980	42
1979	95
1976	128
1975	164

CHEVALIERS DE BELLEVUE
Bordeaux supérieur

Ces vins sont issus d'une coopérative de Lalande de Fronsac dont la production est de très haute qualité. Représentant un excellent rapport qualité-prix, ils peuvent figurer quotidiennement sur toutes les tables.

1993	28
1992	27
1991	25
1990	36
1989	35
1988	33
1988	75 Magnum

1987	25
1986	34
1986	88 Magnum
1985	45
1985	100 Magnum
1984	25
1983	38
1983	86 Magnum
1982	85
1982	185 Magnum
1981	40
1980	25
1979	42
1978	64
1977	22
1975	70
1970	104

CH. CISSAC
Haut Médoc
Cru bourgeois

Grâce aux soins qu'apporte son propriétaire à tous les stades de la production, les vins de ce Château sont très appréciés pour leur finesse et leur bouquet.

1993	66
1992	64
1991	60
1990	90
1989	95
1988	94
1987	45
1986	92
1985	85
1984	42
1983	74
1982	100
1981	75
1980	40
1979	73
1978	86
1976	88
1975	105
1970	128
1961	375

CH. CITRAN
Haut Médoc
Cru bourgeois

Vaste domaine de production abondante offrant des vins de qualité à des prix très convenables.

1993	49
1992	47

1991	65
1990	88
1989	92
1988	90
1987	68
1986	70
1985	75
1984	52
1983	60
1982	104
1981	50
1980	30
1979	53
1978	62
1961	345
1928	520

CH. LA CLARE
Médoc
Cru bourgeois

Considéré comme l'un des vins représentatifs de l'appellation. Ces vins, provenant de vignes d'âges très divers, sont puissants, tanniques, de nez agréable. Une petite partie de la récolte est élevée en barriques neuves et commercialisée sous le nom Réserve du Château.

1993	32
1992	30
1991	28
1990	52
1989	54
1988	54
1987	26
1986	40
1985	42
1984	25
1983	37
1982	83
1981	40
1980	24
1979	38
1978	67
1977	30
1975	65
1970	74

CH. CLARKE
Listrac
Cru bourgeois

Des efforts considérables sont effectués par le baron Edmond de Rothschild pour rendre ce vin accessible à tous. Mais le prix n'est pas toujours justifié. Il semble que la situation du vignoble ne permette pas un développement qualitatif suffisant pour voir figurer ce Château dans la liste des autres productions de la famille.

1993	61
1992	60
1991	62
1990	90
1989	78
1988	87
1987	53
1986	82
1985	122
1984	50
1983	110
1982	125
1981	81
1980	34
1979	92
1978	132

CH. CLAUZET
Saint-Estèphe
Cru bourgeois

Ce cru bourgeois de petite production offre des vins très agréables et de bonne garde.

1993	51
1992	47
1991	43
1990	91
1989	83
1988	70
1987	34
1986	66
1985	88
1984	32
1983	69
1982	110
1981	74
1980	30
1979	75
1978	96
1976	108

CH. CLERC MILON
Pauillac, 5ᵉ grand cru classé

Depuis 1970, ce cru appartient au groupe du baron Philippe de Rothschild. Les qualités de ce vin s'améliorent régulièrement et le rendent digne de figurer parmi les autres grands produits du groupe.

1994	74 Primeur
1993	73
1992	63
1991	68
1990	131
1989	135
1988	115
1987	82
1986	130
1985	140
1984	80
1983	96
1983	225 Magnum
1983	505 Double magnum
1982	170
1981	116
1980	65
1979	115
1978	137
1977	50
1976	135
1975	162
1974	55
1973	60
1971	125
1970	184
1969	70
1966	265

CH. CLIMENS
Sauternes, Barsac
1ᵉʳ grand cru classé

Ce 1ᵉʳ grand cru classé de Sauternes, situé sur la commune de Barsac, offre des vins prestigieux de qualité estimés par une très large clientèle.

1992	108
1991	102
1990	190
1989	252
1988	235
1987	135
1986	255
1985	194
1983	225
1983	457 Magnum
1982	145
1981	158
1980	120
1979	151
1978	180
1977	115
1976	177
1975	260
1974	120
1971	205
1970	247

1967	485
1966	330
1964	265
1961	540
1959	860
1957	320
1955	525
1953	570
1950	345
1949	1 120
1947	1 440
1945	1 360
1943	3 430 Magnum
1942	1 180
1939	880
1938	820
1937	1 220
1934	1 375
1929	1 650
1928	1 820
1927	1 840
1925	1 380
1921	2 650
1918	1 535
1916	1 620
1916	800 Demi-bouteille
1914	1 750

CH. CLINET
Pomerol

Admirablement situé, provenant de vendanges manuelles tardives, d'une vinification très longue, ce cru produit des vins colorés, riches, puissants et concentrés.

1992	135
1991	160
1990	285
1989	340
1988	280
1987	125
1986	145
1985	250
1984	120
1983	236
1982	365
1981	240
1980	126
1979	252
1978	244
1976	305
1975	335
1971	220
1970	295
1966	384
1947	1 120

CH. CLOS DU CLOCHER
Pomerol

Sur seulement 6 hectares très bien situés, proches des plus grands, ce Clos produit un vin très fin, plein de générosité, aux saveurs particulières.

1992	70
1991	65
1990	129
1989	125
1988	110
1987	80
1986	103
1985	112
1984	70
1983	128
1982	169
1981	132
1980	70
1979	146
1978	145
1976	150
1975	183
1970	205

CH. CLOS HAUT PEYRAGUEY
Sauternes
1er grand cru classé

Située au centre des grands crus de Sauternes, cette parcelle produit des vins fins et bouqueteux qui attirent la faveur des connaisseurs.

1992	98
1991	95
1990	192
1989	170
1988	167
1987	105
1986	116
1985	120
1984	86
1983	165
1982	108
1981	114
1980	92
1979	106
1978	122
1976	120
1975	143
1966	215
1924	710

CH. CLOS DES JACOBINS
Saint-Émilion
Grand cru classé

Produit par les Domaines Cordier, ce vin possède ses qualités propres grâce aux soins attentifs apportés lors de son élaboration. Ces vins sont exportés à 80 % dans le monde entier.

1993	90
1992	92
1991	86
1990	144
1989	162
1988	127
1987	85
1986	155
1985	130
1984	88
1983	135
1982	188
1981	152
1980	85
1979	150
1978	163
1977	70
1976	158
1975	193
1973	73
1971	165
1970	225
1969	80
1967	127
1966	250
1964	220
1962	235
1961	470
1959	320
1955	300
1953	345
1952	285
1949	550
1947	610
1945	650

CLOS DU MARQUIS DU CHÂTEAU LÉOVILLE LAS CASES
Saint-Julien

Ce vin a été présenté et apprécié de suite en 1904. Il continue depuis à bien honorer son célèbre aîné.

1994	68 Primeur
1993	60
1992	51

1991	40
1990	86
1989	92
1988	95
1987	65
1986	105
1985	110
1984	56
1983	101
1982	175
1981	96

CH. CLOS RENÉ
Pomerol

Un des plus anciens et meilleurs crus de Pomerol. Très caractéristique de l'appellation.

1994	62 Primeur
1993	59
1992	55
1991	60
1990	85
1989	85
1988	102
1988	218 Magnum
1987	63
1986	105
1985	103
1984	55
1983	110
1982	145
1981	90
1981	425 Double magnum
1980	55
1979	109
1978	112
1977	48
1976	118
1975	152
1973	50
1971	128
1971	270 Magnum
1970	172
1966	2 250 Double magnum
1962	175
1959	250
1945	500

CH. LA CLOTTE
Saint-Émilion
Grand cru classé

D'excellente réputation, ce vignoble totalement enclos, produit des vins très appréciés et recherchés par les amateurs qui le considèrent comme l'un des premiers.

1993	62
1992	65
1991	59
1990	96
1989	102
1988	98
1987	65
1988	97
1985	123
1984	60
1983	128
1982	155
1981	88
1980	45
1979	102
1978	130
1976	128
1975	154

CH. LA CLUSIÈRE
Saint-Émilion, Grand cru classé

Ce grand cru classé très discret produit de très bons vins distribués par le réseau Valette.

1993	62
1992	63
1991	56
1990	96
1989	93
1988	98
1987	52
1986	96
1985	124
1984	50
1983	125
1982	140
1981	87
1980	50
1979	104
1978	133
1976	125
1970	140

CH. COLOMBIER MONPELOU
Pauillac, Cru bourgeois

On peut considérer ce cru bourgeois comme un oublié du classement de 1855. Ce vignoble, magnifiquement situé sur le plateau dominant Pauillac, exploité par la même famille depuis de nombreuses générations, produit des vins en tous points remarquables.

1993	50
1992	45
1991	38

1990	69
1989	67
1988	75
1987	32
1986	72
1985	71
1984	30
1983	70
1982	125
1981	66
1980	32
1979	66
1978	79
1976	75

CH. LA COMMANDERIE
Bordeaux supérieur

Située sur la minuscule commune de Martres, cette importante propriété produit près de 1 500 hectolitres de vins rouges et plus de 700 de vins blancs.

1993	27
1992	27
1991	24
1990	37
1989	36
1988	33
1987	22
1986	27
1985	35
1984	20
1983	31
1982	64
1981	33
1979	35
1976	54

CH. LA COMMANDERIE
Pomerol

A ne pas confondre avec d'autres Châteaux portant le même nom. Il s'agit, à Pomerol, d'un très bon vin, rare et recherché par de très nombreux amateurs avertis.

1992	70
1991	72
1990	96
1989	94
1988	112
1987	62
1986	114
1985	113
1984	60
1983	118
1982	145

1981	97
1980	60
1979	115
1978	136
1976	128
1975	163
1970	182

CH. LA COMMANDERIE
Saint-Estèphe
Cru bourgeois

Le nom de ce Château provient des Templiers. On trouve seulement ce vin dans le négoce bordelais.

1993	47
1992	45
1991	43
1990	96
1989	90
1983	77
1987	25
1986	70
1985	95
1984	32
1983	70
1982	115
1981	72
1980	33
1979	74
1976	94

CH. DE LA COMMANDERIE
Lalande de Pomerol

Un des meilleurs représentants de l'appellation. Des vins racés, fins et de bonne garde.

1993	36
1992	35
1991	34
1990	57
1989	58
1988	49
1987	25
1988	45
1985	42
1984	23
1983	47
1982	83
1981	42
1980	25
1979	46
1978	75

CH. LES CONSEILLANS
Premières Côtes de Bordeaux

Petite propriété produisant environ 25 000 bouteilles d'un bon vin rouge et une toute petite quantité d'un vin blanc de bonne qualité.

1993	26
1992	26
1991	23
1990	32
1989	29
1988	28
1987	20
1986	25
1985	30
1984	18
1983	27
1982	60
1981	28
1980	18
1979	28
1978	47
1978	45
1975	52
1971	54
1970	66

CH. LA CONSEILLANTE
Pomerol

Cette propriété constitue un des fleurons du vignoble de Pomerol. Bien moins connus que le pétrus, ses vins, pourtant, atteignent parfois une égale perfection. Encore délaissés par certains amateurs, ils constituent un excellent placement tant sur le plan gustatif que financier ; enfin, ils vieillissent fort bien.

1993	145	
1992	130	
1991	170	
1990	336	
1990	180	Demi-bouteille
1990	735	Magnum
1989	367	
1988	312	
1987	150	
1986	262	
1985	298	
1985	638	Magnum
1984	130	
1983	200	
1983	435	Magnum
1982	375	
1982	815	Magnum
1982	1 800	Double magnum ...

CH. COS D'ESTOURNEL
Saint-Estèphe
2e grand cru classé

Les vins de Saint-Estèphe ne sont pas encore suffisamment connus du grand public qui ne les apprécie pas toujours à leur juste valeur. Les bouteilles de Cos d'Estournel n'atteignent pas les prix qu'elles méritent lors des ventes aux enchères, et l'on peut donc réaliser d'excellentes affaires. Il existe de très vieilles bouteilles en parfait état.

1993	94	
1992	93	
1991	128	
1990	195	
1990	104	Demi-bouteille
1990	1 890	Jéroboam
1989	200	
1989	112	Demi-bouteille
1989	1 880	Jéroboam
1988	165	
1988	1 620	Jéroboam
1987	115	
1986	238	
1985	253	
1984	110	
1984	235	Magnum
1983	192	
1983	430	Magnum
1983	910	Double magnum
1982	497	
1982	975	Magnum
1982	2 835	Double magnum
1982	4 680	Impériale
1981	190	
1981	925	Double magnum
1980	165	
1980	680	Double magnum
1980	1 170	Jéroboam
1980	1 410	Impériale
1979	175	
1979	710	Double magnum
1979	1 530	Impériale
1978	297	
1978	625	Magnum
1978	1 755	Jéroboam
1978	2 340	Impériale
1977	150	
1977	705	Double magnum
1977	1 120	Jéroboam
1977	1 480	Impériale
1976	215	
1976	440	Magnum
1975	280	
1975	595	Magnum
1975	1 235	Double magnum
1974	124	
1973	155	
1971	240	
1970	410	
1970	840	Magnum
1969	105	
1967	150	
1966	430	
1964	325	
1964	715	Magnum
1963	225	
1962	400	
1961	950	
1960	425	
1959	1 150	
1958	495	Magnum
1956	300	
1955	875	
1954	400	
1953	1 150	
1952	450	
1950	500	
1949	1 250	
1947	1 450	
1945	1 750	
1945	4 010	Magnum
1943	1 100	
1942	550	
1937	900	
1934	915	
1929	1 950	
1928	3 000	
1926	1 500	
1924	1 500	
1922	2 430	Magnum
1921	1 000	
1920	1 750	
1919	1 800	
1918	1 820	
1918	3 980	Magnum
1917	1 250	
1913	1 200	
1905	1 250	
1904	1 050	
1899	3 500	
1898	2 500	
1895	2 600	
1893	4 550	Magnum
1890	1 650	
1887	4 080	
1870	6 250	
1869	6 350	

1981	306
1980	122
1979	338
1979	740 Magnum
1978	345
1977	95
1976	378
1976	825 Magnum
1975	382
1974	100
1971	270
1970	525
1970	1 215 Magnum
1969	135
1967	185
1966	450
1964	260
1962	275
1961	780
1960	320
1959	750
1958	800 Magnum
1958	2 760 Jéroboam
1953	453
1953	1 120 Magnum
1949	850
1947	1 080
1940	380 Demi-bouteille
1934	615
1920	585

CH. CORBIN
Saint-Émilion, Grand cru classé

Un des plus anciens vignobles de Saint-Émilion, qui a appartenu autrefois au Prince Noir d'Angleterre. Des vins de haute qualité recherchés en Europe et appréciés par les amateurs français. Même propriétaire que l'excellent Pomerol Certan Giraud.

1993	55
1992	54
1991	50
1990	75
1989	86
1988	90
1987	35
1986	72
1985	93
1984	36
1983	90
1982	138
1981	84
1980	35
1979	88

1978	108
1976	112
1975	140
1970	153

CH. CORBIN MICHOTTE
Saint-Émilion, Grand cru classé

Très proche de Pomerol, ce Château faisait autrefois partie d'un domaine féodal lors de l'occupation anglaise. La grande qualité de ses vins est due aux soins attentifs apportés à toutes les phases de l'élaboration, depuis la culture jusqu'à l'embouteillage.

1993	52
1992	55
1991	52
1990	106
1989	120
1988	110
1987	45
1986	84
1985	116
1984	42
1983	120
1982	144
1981	85
1980	40
1979	98
1978	127
1977	48
1976	127
1975	147
1974	70
1973	85
1972	75
1971	125
1970	165
1966	215
1964	160
1962	183
1961	460
1955	235
1949	435
1947	475
1945	560
1933	310

CH. COS LABORY
Saint-Estèphe
5e grand cru classé

Ce 5e cru est un peu délaissé par les amateurs ; on peut se procurer ce vin à des conditions très compétitives et l'apprécier à sa juste valeur. Il surprendrait bien des convives à qui l'on révélerait son prix d'acquisition.

1993	61
1992	63
1991	66
1990	102
1989	95
1988	90
1987	60
1986	88
1985	90
1984	60
1983	95
1982	135
1981	73
1981	158 Magnum
1981	337 Double magnum
1980	45
1979	88
1979	196 Magnum
1978	112
1978	775 Jéroboam
1976	116
1975	165
1974	105 Magnum
1970	187
1970	1 680 Impériale
1966	270
1964	183
1961	395
1959	270
1958	125
1955	220
1934	285
1929	570

CH. COTE DE BALEAU
Saint-Émilion, Grand cru classé

Ce vignoble de 17 hectares, très bien situé, produit et élève durant un an et demi des vins de très bonne tenue et aptes au vieillissement.

1993	51
1992	54
1991	54
1990	94
1989	102
1988	96
1987	40
1986	86
1985	105
1984	40
1983	117
1982	145
1981	83
1980	36

1979	95
1978	124
1976	128
1975	150

CH. COUFRAN
Haut Médoc, Cru bourgeois

Cette importante propriété, plantée principalement en cépage Merlot, produit un vin charnu et étoffé.

1993	49
1992	48
1991	47
1990	73
1989	65
1988	68
1987	45
1988	75
1985	93
1984	42
1983	77
1982	125
1981	78
1980	38
1979	77
1978	100
1976	96
1975	124
1970	140
1966	215
1959	170

CH. COUHINS
Graves, Cru classé

Propriété du ministère de l'Agriculture via l'Institut national de la Recherche agronomique (I.N.R.A.), ce Château produit des vins de grande qualité.

1993	55
1992	53
1991	50
1990	82
1989	92
1988	97
1987	40
1988	76
1985	82
1984	40
1983	85
1982	122
1981	85
1980	40
1979	82
1978	95
1976	97
1975	116

CH. COUHINS-LURTON
Graves
Cru classé

A l'origine, les deux Châteaux Couhins n'étaient qu'un seul et même domaine. Aujourd'hui, la parcelle Lurton, de 6 hectares, produit uniquement de superbes vins blancs.

1993	72
1992	70
1991	68
1990	83
1989	94
1988	101
1987	73
1986	87
1985	88
1984	45
1983	92
1982	124
1981	88
1980	48
1979	87
1978	98
1976	103
1975	120

CH. COULAC
Sainte-Croix du Mont

Admirablement situé, ce vignoble, planté à 100% en cépage Sémillon, produit un vin doré de longue garde. Lorsque ces vins liquoreux ont vieilli plusieurs décennies, ils atteignent des sommes qui les rapprochent des grands Sauternes. Insistons sur le fait que les prix sont très favorables, même pour les vieux vins.

1993	27
1992	26
1991	23
1990	36
1989	33
1988	34
1987	23
1986	27
1985	36
1984	26
1983	32
1982	43
1981	33
1980	25
1979	35
1978	45

CH. LA COURONNE
Pauillac, Cru bourgeois

Entouré de très grands crus, avec un encépagement à 70 % en Cabernet Sauvignon et à 30 % en Merlot, ce Château offre des vins remarquables et complets. Les 4 hectares de la propriété ne permettent pas une production importante ; de ce fait, les rares bouteilles sont très convoitées.

1993	51
1992	53
1991	47
1990	91
1989	87
1988	88
1987	40
1986	94
1985	92
1984	40
1983	91
1982	148
1981	88
1980	40
1979	87
1978	102
1977	40
1976	100
1975	115
1971	105
1970	134

CH. LA COUSPAUDE
Saint-Émilion
Grand cru classé déclassé en grand cru (décret du 18 juin 1987)

La Couspaude a été déclassé par le décret du 18 juin 1987. Il est bien entendu que les millésimes antérieurs sont toujours considérés comme grands crus classés.

1993	52
1992	51
1991	44
1990	81
1989	81
1988	81
1987	30
1986	75
1985	83
1984	30
1983	80
1982	140
1981	78
1980	25

1979	81
1978	93
1976	97
1975	125

CH. COUSTOLLE
Canon Fronsac

Un vaste domaine comportant des vieilles vignes qui produisent de beaux vins harmonieux et parfaits.

1993	34
1992	35
1991	35
1990	56
1989	52
1988	49
1987	27
1986	66
1985	72
1984	25
1983	50
1982	88
1981	52
1980	25
1979	50
1978	73

CH. COUTET
Saint-Émilion
Grand cru classé déclassé en grand cru (décret du 18 juin 1987)

Ce cru a été déclassé par le décret du 18 juin 1987. Ne pas le confondre avec le coutet Sauternes.

1993	52
1992	52
1991	45
1990	80
1989	80
1988	82
1987	25
1986	76
1985	84
1984	25
1983	81
1982	144
1981	80
1980	25
1979	83
1978	92
1976	96
1975	130

CH. COUTET
Sauternes, Barsac
1er grand cru classé

Un vin de très bonne qualité dont le prix est nettement inférieur à certains autres Sauternes du même classement. Comme tous les liquoreux, il se conserve admirablement et accompagne avec bonheur foies gras et roqueforts.

1992	94	
1991	92	
1990	110	
1989	132	
1988	182	
1988	97	Demi-bouteille
1987	110	
1986	184	
1985	127	
1985	70	Demi-bouteille
1984	76	
1983	159	
1982	118	
1981	138	
1981	290	Magnum
1980	107	
1979	126	
1978	153	
1977	92	
1976	204	
1975	186	
1971	144	
1970	215	
1967	480	
1966	315	
1959	275	
1958	210	
1955	325	
1952	275	
1949	608	
1947	715	
1943	625	
1939	360	
1934	515	
1922	725	
1899	1 320	

CH. LE COUVENT
Saint-Émilion, Grand cru

Un très petit domaine produisant environ 6 000 bouteilles d'un bon vin.

1993	50
1992	52
1991	50
1990	92

1989	100
1988	95
1987	40
1986	83
1985	102
1984	40
1983	108
1982	128
1981	80
1980	40
1979	90
1978	118
1976	123
1975	135

CH. COUVENT DES JACOBINS
Saint-Émilion, Grand cru classé

Edifié au XIIIe siècle et exploité durant une longue période par des religieux, ce Château continue de produire des vins considérés comme très caractéristiques de Saint-Émilion.

1993	66
1992	65
1991	62
1990	108
1989	116
1988	115
1987	55
1986	112
1985	114
1984	52
1983	111
1982	153
1981	93
1980	50
1979	97
1978	132
1976	128
1975	162
1970	135

CH. LE CROCK
Saint-Estèphe, Cru bourgeois

Sur ce superbe domaine de 33 hectares de vignes, entouré de voisins prestigieux, sont produits des vins de très haute qualité qui se placent dans les tout premiers crus bourgeois supérieurs du Médoc.

1993	60
1992	61
1991	57
1990	101
1989	95

1988	92
1987	52
1986	78
1985	74
1984	44
1983	51
1982	106
1981	68
1980	42
1979	82
1978	110
1976	112
1975	140
1970	163
1966	220
1959	203

CH. LA CROIX
Pomerol

Appartenant à l'un des plus prestigieux producteurs du Bordelais, ainsi d'ailleurs que La Croix Saint-Georges et la Croix Toulifaut, ce vignoble produit des vins d'une exquise finesse. Le vin du millésime 1970 a été servi au Palais de l'Élysée lors du repas anniversaire du Débarquement du 6 juin 1944 aux présidents Clinton et Mitterrand.

1993	70
1992	65
1991	64
1990	102
1989	99
1988	106
1987	75
1986	105
1985	118
1984	53
1983	94
1982	152
1981	80
1980	50
1979	99
1978	112
1976	110
1975	139
1970	153
1964	145

CH. LA CROIX DU CASSE
Pomerol

Un vin plein de charme et de séduction. Même propriétaire que le Château Clinet.

1993	75
1992	68
1991	65

1990	98
1989	97
1988	90
1987	67
1986	88
1985	105
1984	52
1983	112
1982	152
1981	102
1980	50
1979	119
1978	117
1976	123
1975	150
1970	163

CH. LA CROIX DE GAY
Pomerol

Située sur un des secteurs les mieux exposés de l'appellation, cette exploitation familiale produit un vin parfait en appliquant les méthodes traditionnelles de culture et de vinification. Il faut signaler qu'en 1982 a été créée une cuvée prestige, « La Fleur de Gay », dont les vins proviennent d'une parcelle séparée proche de Pétrus et d'autres Châteaux prestigieux.

1994	72	Primeur
1993	69	
1991	76	
1990	115	
1989	115	
1988	122	
1987	65	
1986	107	
1985	110	
1984	50	
1983	86	
1983	215	Magnum
1982	168	
1981	84	
1980	52	
1979	104	
1979	232	Magnum
1978	137	
1978	134	
1975	152	
1971	125	
1970	178	
1970	395	Magnum
1961	525	
1945	1 850	

CH. LA CROIX DES MOINES
Lalande de Pomerol

Ce domaine de seulement 8 hectares, plantés à 80 % en Merlot, propose un vin ample à bouquet floral où domine la violette. De nombreuses médailles obtenues dans les concours viennent récompenser son exploitant.

1993	35
1992	36
1991	35
1990	60
1989	62
1988	52
1987	24
1986	46
1985	44
1984	25
1983	49
1982	85
1981	42
1980	24
1979	45
1978	85

CH. LA CROIX SAINT-GEORGES
Pomerol

Appartenant à un producteur renommé qui possède d'autres grands Châteaux prestigieux, cette belle propriété de 5 hectares, plantés à 95 % en Merlot, produit un vin de grande finesse très recherché par les amateurs.

1992	66
1991	63
1990	102
1989	103
1988	96
1987	52
1986	88
1985	106
1984	50
1983	110
1982	156
1981	104
1980	50
1979	122
1978	120
1976	125
1975	162
1970	175

CH. CROIZET BAGES
Pauillac
5ᵉ grand cru classé

Grâce à une sélection rigoureuse des cépages et aux soins apportés à la culture de ses vignes, ce Château présente des vins de haute qualité dont le prix de vente n'est jamais excessif.

1994	54	Primeur
1993	45	
1992	46	
1991	44	
1990	74	
1989	82	
1988	92	
1987	51	
1986	75	
1985	83	
1984	44	
1983	78	
1982	130	
1982	284	Magnum
1981	80	
1981	740	Impériale
1980	42	
1979	78	
1978	89	
1977	42	
1978	88	
1976	625	Jéroboam
1975	96	
1974	35	
1973	45	
1970	225	
1970	470	Magnum
1970	1 020	Double magnum
1968	115	
1966	325	
1964	205	
1962	300	
1961	510	
1961	1 380	Magnum
1959	365	
1957	145	
1953	278	
1945	750	
1929	835	

CH. CROQUE MICHOTTE
Saint-Émilion
Grand cru classé

Situé à la limite de Pomerol sur des sols de qualité, ce Château obtient des vins de haute tenue qui lui assurent une belle notoriété.

1993	58	
1992	56	
1991	53	
1990	106	
1989	94	
1988	93	
1987	60	
1986	86	
1985	95	
1984	57	
1983	85	
1982	137	
1981	88	
1980	55	
1979	85	
1978	98	
1977	50	
1976	100	
1975	112	
1974	46	
1973	55	
1971	112	
1970	150	
1969	80	
1967	115	
1966	202	
1964	161	
1962	182	
1961	437	
1961	925	Magnum
1959	280	
1955	240	
1953	260	
1952	280	
1950	200	
1949	350	
1947	450	
1945	500	

CH. CURÉ BON LA MADELEINE
Saint-Émilion
Grand cru classé

Ce petit vignoble localisé entre les grands Ausone, Belair et Canon sur le plateau de la Madeleine doit son nom au curé Bon qui y planta ses vignes au début du XIXᵉ siècle. Une exploitation parfaite assure à ce cru une des premières places de Saint-Émilion.

1993	52
1992	52
1991	46
1990	100
1989	90
1988	88

1987	50
1986	78
1985	90
1984	50
1983	84
1982	150
1981	82
1980	46
1979	84
1978	92
1977	35
1976	98
1975	115
1974	40
1971	110
1970	150
1968	185
1959	175
1958	160
1949	370
1928	560

CH. DALEM
Fronsac

Ce vignoble planté au début du XVIIe siècle jouit depuis fort longtemps d'une belle réputation dans la région. 80 % de la production sont exportés dans le monde entier.

1993	35
1992	36
1991	32
1990	65
1989	52
1988	53
1987	20
1986	57
1985	66
1984	20
1983	50
1982	77
1981	50
1980	20
1979	47
1978	72

CH. DASSAULT
Saint-Émilion
Grand cru classé

Ce Château produit une assez grande quantité de bouteilles, surtout vendues au personnel de diverses sociétés du groupe. Néanmoins, certains lots apparaissent de temps en temps dans les ventes aux enchères et permettent ainsi aux amateurs de déguster ce grand cru classé.

1993	56	
1992	55	
1991	50	
1990	105	
1989	90	
1989	47	Demi-bouteille
1989	186	Magnum
1988	87	
1987	45	
1986	82	
1985	105	
1984	41	
1983	78	
1982	140	
1981	82	
1980	40	
1979	79	
1978	94	
1976	98	
1975	110	
1970	155	

CH. DE LA DAUPHINE
Canon Fronsac

Un Fronsac de réputation mondiale distribué par des établissements de renom. Le Château fut construit en 1750 et domine les 10 hectares de vignes.

1993	34
1992	33
1991	31
1990	54
1989	53
1988	49
1987	34
1986	64
1985	69
1984	20
1983	50
1982	71
1981	52
1980	20
1979	48
1978	70

CH. DAUZAC
Margaux
5e grand cru classé

L'une des plus belles propriétés du Médoc. Ce domaine en bordure de la Gironde, de 120 hectares d'un seul tenant, dont 50 plantés de vignes, bénéficie d'une réputation remontant au XIIIe siècle. Ces vins de qualité sont exportés à 70 %.

1993	43
1992	43
1991	41
1990	80
1990	42 Demi-bouteille
1990	185 Magnum
1989	90
1989	43 Demi-bouteille
1989	188 Magnum
1988	92
1987	45
1986	90
1985	85
1984	43
1983	80
1982	142
1981	82
1980	45
1979	80
1978	96
1976	94
1975	110
1970	195
1970	430 Magnum
1970	1 400 Jéroboam
1966	340

CH. DESMIRAIL
Margaux
3e grand cru classé

Offert en dot par une demoiselle Rauzan au milieu du XVIIe siècle, ce Château eut par la suite de prestigieux propriétaires, dont un neveu du célèbre musicien Mendelssohn. L'actuel exploitant, entretenant une vieille tradition, apporte tous ses soins à la production de vins dignes de leur classement en grand cru.

1993	53
1992	48
1991	65
1990	118
1989	112
1988	106
1987	70
1986	97
1985	98
1984	60
1983	88
1982	176
1981	92

1980	50
1979	94
1978	110
1976	105
1975	155
1970	178
1928	480

CH. DILLON
Haut Médoc
Cru bourgeois

Propriété du lycée viticole de Bordeaux, ce Château est l'un des rares à exploiter des vieux cépages médocains tels Carmenère et Petit Verdot.

1993	30
1992	29
1991	28
1990	50
1989	51
1988	53
1987	26
1986	43
1985	47
1984	25
1983	41
1982	107
1981	44
1980	25
1979	43
1978	66

CH. DOISY DAËNE
Sauternes, Barsac
2e grand cru classé

Les vins de Barsac et de Haut Barsac étaient déjà très renommés depuis longtemps, et le fameux classement de 1855 officialisa Doisy en 2e cru. Peu après, pour des raisons familiales, le domaine fut divisé en trois parties portant chacune le nom de son propriétaire. Nous nous trouvons donc aujourd'hui en présence de trois Châteaux de différentes superficies, Daëne étant la plus grande et produisant environ 40 000 bouteilles par an.

1992	60
1991	58
1990	102
1989	97
1988	96
1987	73
1986	124
1985	104

1984	72
1983	129
1982	100
1981	98
1980	82
1979	102
1978	128
1976	115
1975	138
1970	154
1961	290
1959	325
1955	415
1953	350
1952	235
1937	640

CH. DOISY DUBROCA

Sauternes Barsac, 2ᵉ grand cru classé

Ce petit domaine de seulement 4 hectares appartient au propriétaire du Château Climens.

1992	60
1991	60
1990	115
1989	137
1988	113
1987	85
1986	120
1985	102
1984	75
1983	130
1982	92
1981	96
1980	80
1979	100
1978	121
1976	115
1975	135
1970	146

CH. DOISY VÉDRINES

Sauternes, Barsac, 2ᵉ grand cru classé

Bien situé, ce Château s'efforce surtout d'obtenir des récoltes de haute qualité par une très sévère sélection.Certains millésimes, jugés insuffisants, sont déclassés. Les vins de cette appellation sont donc parfaits de chaleur et de finesse, et honorent leur classement.

1992	63
1991	62
1990	126
1989	148

1988	118
1987	86
1986	167
1985	104
1984	73
1983	143
1982	90
1981	100
1980	84
1979	105
1976	125
1977	85
1976	120
1975	140
1970	153
1966	250
1962	225
1959	355
1947	620
1943	450

CH. DU DOMAINE DE L'ÉGLISE

Pomerol

Le plus ancien Château de Pomerol dont la construction remonte à 1589. Le vignoble, à 95 % planté en Merlot, produit des vins très recherchés, exportés à 70 %.

1993	66
1992	65
1991	63
1990	162
1989	148
1988	125
1987	75
1986	135
1985	142
1984	78
1983	150
1982	235
1981	152
1980	85
1979	150
1978	172
1976	168
1975	189
1970	220

CH. LA DOMINIQUE

Saint-Émilion
Grand cru classé

Ce grand cru classé proposant de très bons vins corsés et charnus n'est que très rarement présent dans les ventes publiques, où de nombreux amateurs se le disputent.

1993	95
1992	94
1991	90
1990	135
1989	153
1989	315 Magnum
1988	118
1987	87
1986	134
1986	284 Magnum
1985	132
1984	77
1983	112
1982	180
1981	97
1980	65
1979	104
1978	123
1977	60
1976	112
1975	137
1974	65
1973	75
1971	138
1970	176
1967	100
1966	223
1964	175
1962	195
1961	478
1960	165
1959	350
1955	300
1953	360
1952	300
1949	450
1947	460
1945	620

CH. DUHART MILON ROTHSCHILD
Pauillac
4e grand cru classé

Un corsaire du XVIIe siècle qui posséda ces terres donna son nom à la propriété contiguë au Château Lafite. En 1962, la famille Rothschild la racheta et depuis la même équipe en assure l'exploitation. Malgré un changement d'encépagement, les vins maintenant plus classiques, ont gardé les caractères spécifiques du terroir. Les prix sont attrayants eu égard à la qualité.

1994	70 Primeur
1993	68
1992	72
1991	70
1990	110
1989	115
1988	108
1987	80
1986	115
1985	136
1985	295 Magnum
1984	66
1984	145 Magnum
1983	132
1983	288 Magnum
1982	142
1982	325 Magnum
1981	135
1981	290 Magnum
1980	65
1979	110
1979	240 Magnum
1979	515 Double magnum
1979	140
1978	303 Magnum
1978	1 390 Impériale
1977	55
1976	144
1975	162
1974	60
1973	75
1971	150
1970	182
1970	422 Magnum
1969	90
1966	265
1964	175
1961	520
1959	360
1955	342
1952	215
1940	524
1934	375

CH. DURAND LAPLAGNE
Puisseguin Saint-Émilion

Exploité depuis des générations par la même famille, ce vignoble produit environ 80 000 bouteilles d'un très bon vin, dont 70 % sont exportées.

1993	33
1992	34
1991	31
1990	55
1989	53
1988	44

1987	20
1986	43
1985	63
1984	20
1983	44

1982	76
1981	42
1980	20
1979	48
1978	54

CH. DUCRU BEAUCAILLOU

Saint-Julien
2ᵉ grand cru classé

Certains amateurs ne consomment pas d'autre vin que celui-ci. Son prix est sensiblement inférieur à certaines vedettes du même classement. Ses qualités incontestables en font donc une valeur sûre à acheter et à déguster dans de bonnes conditions.

1993	94	
1992	82	
1991	104	
1990	165	
1990	345	Magnum
1990	1 710	Jéroboam
1989	186	
1989	1 890	Jéroboam
1989	2 340	Impériale
1988	162	
1988	1 305	Jéroboam
1988	1 620	Impériale
1987	101	
1986	191	
1986	410	Magnum
1986	1 890	Jéroboam
1986	2 250	Impériale
1985	186	
1985	384	Magnum
1985	1 800	Jéroboam
1985	2 250	Impériale
1984	116	
1984	245	Magnum
1983	177	
1983	370	Magnum
1983	785	Double magnum
1983	1 620	Jéroboam
1983	1 890	Impériale
1982	343	
1982	715	Magnum
1982	1 650	Double magnum
1982	2 790	Jéroboam
1982	3 550	Impériale
1981	197	
1981	415	Magnum
1981	855	Double magnum
1981	1 960	Impériale
1980	98	
1979	190	

1979	405	Magnum
1979	900	Double magnum
1978	262	
1978	2 250	Jéroboam
1978	2 880	Impériale
1977	83	
1977	525	Jéroboam
1977	720	Impériale
1976	245	
1976	470	Magnum
1975	250	
1975	510	Magnum
1974	92	
1973	104	
1972	79	
1971	254	
1971	555	Magnum
1970	437	
1970	985	Magnum
1969	135	
1967	205	
1967	1 440	Jéroboam
1966	402	
1964	275	
1964	644	Magnum
1964	2 720	Impériale
1962	453	
1961	1 072	
1959	833	
1958	500	
1957	397	
1955	570	
1955	290	Demi-bouteille
1955	5 800	Jéroboam
1953	867	
1950	730	
1949	1 018	
1948	640	
1947	1 840	
1945	2 118	
1934	950	
1929	1 790	
1928	1 445	
1927	1 170	
1925	1 210	
1924	1 150	
1898	2 250	
1895	4 960	
1887	2 250	
1867	4 750	

CH. DURFORT VIVENS
Margaux
3e grand cru classé

En plein cœur de l'appellation Margaux, ce vin d'une extrême délicatesse, de belle couleur et d'une remarquable longévité, fait honneur à son classement. Il est recherché par de nombreux amateurs.

1993	60
1992	57
1991	62
1990	104
1989	115
1988	143
1987	72
1986	105
1985	98
1985	220 Magnum
1984	60
1984	132 Magnum
1983	107
1982	140
1981	90
1980	55
1979	93
1978	102
1978	500 Double magnum
1977	50
1975	118
1975	154
1970	215
1966	235
1966	2 320 Impériale
1964	184
1961	480
1955	308
1947	535
1945	658
1937	305
1929	495
1925	380

CH. DUTRUCH GRAND POUJEAUX
Moulis, Cru bourgeois

Ce cru bourgeois situé au cœur du Moulis propose des vins réputés pour leur finesse. La production est importante mais la plus grande partie est exportée.

1993	37
1992	38
1991	35

1990	68
1989	73
1988	73
1987	25
1986	59
1985	63
1984	25
1983	66
1982	107
1981	68
1980	25
1979	70
1978	91

CLOS L'ÉGLISE
Pomerol

Avec une faible production, de 20 000 à 30 000 bouteilles par an, ce vignoble fournit un vin corsé mais fruité, moelleux et généreux, toujours recherché par les amateurs.

1992	70
1991	66
1990	122
1989	122
1988	118
1987	72
1986	127
1985	141
1984	73
1983	130
1982	175
1981	132
1980	70
1979	138
1978	150
1976	155
1975	183
1970	212
1966	265
1961	375
1945	1 150

CLOS DE L'ÉGLISE
Lalande de Pomerol

Les gelées de 1956 ont détruit presque complètement ce vignoble. Les vignes, replantées en cépages nobles, produisent des vins puissants de longue conservation recherchés par les connaisseurs.

1993	37
1992	38
1991	34
1990	59

1989	61
1988	53
1987	23
1986	49
1985	46
1984	25
1983	54
1982	85
1981	49
1980	25
1979	52
1978	70
1967	77

CH. L'ÉGLISE CLINET
Pomerol

Ce petit vignoble planté à 80 % en cépage Merlot offre une faible quantité de bouteilles de haute qualité, malheureusement pour la plupart exportées.

1992	75
1991	73
1990	163
1989	170
1988	180
1987	88
1986	153
1985	132
1984	80
1983	115
1982	280
1981	135
1980	72
1979	142
1978	163
1977	60
1976	165
1975	195
1971	144
1970	220
1969	85
1967	135
1966	285
1962	240

CH. L'ENCLOS
Pomerol

Vin très fin d'un bouquet puissant. A obtenu de nombreuses récompenses depuis le siècle dernier.

1993	66
1992	64
1991	59
1990	101
1989	103

1988	94
1987	62
1986	90
1985	119
1984	73
1983	106
1982	154
1981	107
1980	70
1979	114
1978	116
1976	123
1975	143
1970	160
1945	500

CH. L'ÉVANGILE
Pomerol

Situé sur une rare parcelle de terre, qu'il partage avec deux autres crus prestigieux de Pomerol, le Château l'Évangile présente des vins de qualité subtile et élégante. Figurant sur les vieux cadastres sous le nom de Fazilleau il acquiert son nom actuel au début du XIXe siècle. En 1990, les propriétaires se sont associés aux Domaines Rothschild afin d'assurer la continuité des caractères exceptionnels de ce très grand vin.

1993	215	
1992	193	
1991	176	
1990	300	
1989	291	
1988	195	
1987	122	
1986	219	
1985	365	
1985	3 780	Jéroboam
1985	770	Magnum
1984	145	
1983	232	
1983	530	Magnum
1982	570	
1982	2 515	Double magnum
1981	240	
1981	520	Magnum
1981	1 140	Double magnum
1980	126	
1979	228	
1978	345	
1977	115	
1976	295	
1975	340	
1974	140	
1971	198	

1970	360
1969	170
1967	230
1966	390
1965	162
1964	255
1962	325
1961	2 875
1959	460

CH. EYQUEM
Côtes de Bourg

Un très ancien vignoble dont les premiers plants ont été mis en terre par les Romains. Son importante production est largement présente dans le négoce bordelais. Auprès d'un public peu averti, les confusions sont fréquentes avec le célèbre Château d'Yquem, à consonance et orthographe proches.

1993	22
1992	21
1991	18
1990	34
1989	32
1988	30
1987	15
1986	30
1985	34
1984	15
1983	32
1982	50
1981	34
1980	15
1979	32
1978	41

CH. DE FARGUES
Sauternes

Ce domaine appartient au comte de Lur Saluces également propriétaire du Château d'Yquem. Les prix de ce cru, quoique non classé, sont élevés mais toujours justifiés. Il est très recherché par les amateurs ne pouvant s'offrir un Yquem aussi souvent qu'ils le souhaiteraient.

1988	375
1987	325
1986	340
1985	325
1984	160
1983	325
1982	315
1981	345

1980	185
1979	345
1966	760
1959	875

CH. FAURIE DE SOUCHARD
Saint-Émilion
Grand cru classé

Ce fleuron de Saint-Émilion dont le vignoble se trouve admirablement situé à proximité d'Ausone, est bien souvent négligé par les amateurs de bons vins. Son rapport qualité-prix est pourtant assez exceptionnel ; aussi faut-il se dépêcher de l'acquérir avant que le négoce ne s'en empare. Ne pas le confondre avec le Petit Faurie de Soutard.

1993	60
1992	63
1991	61
1990	96
1989	101
1988	91
1987	63
1986	95
1985	116
1984	60
1983	123
1982	156
1981	87
1980	56
1979	100
1978	120
1977	45
1976	126
1975	162
1970	175

CH. FAYAU
Cadillac

En bordure de la Garonne, le vignoble de Cadillac produit des vins blancs liquoreux excellents mais fort méconnus. Le Château Fayau constitue un des fleurons de l'appellation.

1993	30
1992	29
1991	25
1990	42
1989	38
1988	36
1987	30
1986	30
1985	36
1984	25

1983	35
1982	37
1981	38
1980	25
1979	43
1978	45
1977	25

CH. FERRAND
Pomerol

L'un des plus vieux vignobles de la région. Son nom provient de la spécificité de son sous-sol ferrugineux, qui donne ce goût particulier aux vins de Pomerol.

1992	45	
1991	42	
1990	78	
1990	45	Demi-bouteille
1989	80	
1989	48	Demi-bouteille
1988	82	
1987	46	
1986	76	
1985	85	
1984	45	
1983	81	
1982	155	
1981	86	
1980	45	
1979	85	
1978	98	
1976	96	
1975	118	

CH. DE FERRAND
Baron Bich
Saint-Émilion, Grand cru

Le baron Bich a acquis cette superbe propriété en 1978 et, depuis, il a été mis tout en œuvre pour que la production soit à la hauteur de sa grande réputation.

1993	53
1992	52
1991	49
1990	85
1989	87
1988	85
1987	31
1986	79
1985	93
1984	28
1983	85
1982	125
1981	83

1980	28
1979	86
1978	109
1976	113
1975	136
1970	150

CH. FERRANDE
Graves

Cette importante propriété produit des vins rouges et blancs présentant les caractères des meilleurs crus de la région.

Rouge
1993	26
1992	27
1991	25
1990	40
1989	38
1988	34
1987	20
1986	32
1985	37
1984	20
1983	35
1982	69
1981	38
1980	20
1979	39
1978	56
1976	55
1975	72
1970	85

Blanc
1993	55
1992	53
1991	50
1990	63
1989	57
1988	57
1987	42
1986	60

CH. FERRIÈRE
Margaux, 3e grand cru classé

Ce 3e grand cru classé en 1855 est, en ce moment, affermé au Château Lascombes, qui en assure l'exploitation. Certaines très vieilles bouteilles réputées apparaissent de temps en temps dans les ventes aux enchères.

1993	62
1992	59
1991	57
1990	113

1989	110
1988	102
1987	60
1986	98
1985	94
1984	56
1983	88
1982	167
1981	90
1980	50
1979	92
1978	103
1977	50
1976	97
1975	142
1970	185

CH. FEYTIT CLINET
Pomerol

Dans les dégustations à l'aveugle des vins de Pomerol, ce cru arrive souvent parmi les tout premiers. Malheureusement, sa production est très réduite et il est assez difficile de s'en procurer sur le marché.

1992	75
1991	70
1990	119
1989	116
1988	105
1987	65
1986	95
1985	88
1984	60
1983	81
1982	132
1981	84
1980	53
1979	82
1978	99
1976	95
1975	122
1970	140

LES FIEFS DE LAGRANGE DU CHÂTAU LAGRANGE
Saint-Julien

Cette dénomination a été créée en 1983 pour le second vin du Château Lagrange, acquis la même année par le groupe japonais Saintory.

1993	40
1992	37
1991	48
1990	74

1989	71
1988	66
1988	163 Magnum
1987	55
1986	70
1985	74
1984	50
1983	62

CH. DE FIEUZAL
Graves, Cru classé

Cette très ancienne propriété offre des vins qui se distinguent essentiellement par leur long vieillissement. Il faut patienter au moins dix ans pour les apprécier dans leur plénitude, et encore bien plus pour les grands millésimes. Précisons que les extraordinaires vins blancs de ce Château ne sont pas classés en grand cru, comme d'ailleurs ceux de Haut Brion !

Rouge
1994	80 Primeur
1993	73
1992	65

CH. FIGEAC
Saint-Émilion, 1er grand cru cassé

Bien que n'étant pas classé A, ce 1er grand cru classé se situe très près, de par sa qualité, des exceptionnels Ausone et Cheval Blanc. Sa vinification en tout point parfaite permet d'obtenir un vin généreux et ample, à un prix nettement inférieur à celui de ses illustres « confrères ».

1994	112 Primeur
1993	91
1992	87
1990	198
1989	195
1988	183
1987	120
1986	200
1985	228
1985	515 Magnum
1985	1 890 Jéroboam
1985	2 340 Impériale
1984	114
1984	250 Magnum
1983	217
1983	445 Magnum
1983	925 Double magnum
1982	351
1982	740 Magnum

1991	70	
1990	110	
1989	125	
1989	1 305	Impériale
1988	124	
1987	70	
1986	110	
1985	115	
1984	64	
1983	122	
1982	136	
1982	910	Jéroboam
1982	1 280	Impériale
1981	114	
1981	505	Double magnum
1980	56	
1979	107	
1978	130	
1976	135	
1975	162	
1970	185	
1969	83	
1966	315	
1964	196	
1962	205	
1961	555	

1955	330

Blanc (non classé grand cru)

1993	165
1992	161
1991	160
1990	235
1989	202
1988	204
1987	185
1986	154
1985	188

CH. FILHOT
Sauternes, 2ᵉ grand cru classé

On trouve en abondance des bouteilles de Château Filhot dans le commerce, et ce à des conditions très abordables. Ce grand cru de Sauternes se déguste même assez jeune dans de nombreux restaurants, ce qui constitue un paradoxe pour cette appellation.

1993	78
1992	75
1991	70

1982	1 650	Double magnum	1966	478	
1982	2 800	Jéroboam	1966	1 130	Magnum
1982	3 680	Impériale	1964	388	
1981	202		1962	375	
1981	425	Magnum	1961	817	
1981	910	Double magnum	1960	225	
1980	120		1959	523	
1980	250	Magnum	1958	378	
1980	515	Double magnum	1957	271	
1980	850	Jéroboam	1956	230	
1980	1 220	Impériale	1955	760	
1979	209		1953	630	
1979	470	Magnum	1952	517	
1979	1 015	Double magnum	1950	750	
1979	2 260	Impériale	1949	878	
1978	310		1948	330	
1978	2 320	Jéroboam	1947	1 642	
1978	2 820	Impériale	1945	1 280	
1977	103		1943	750	
1977	525	Double magnum	1942	625	
1977	720	Jéroboam	1939	610	
1977	1 140	Impériale	1937	600	
1976	277		1935	1 145	
1975	315		1934	830	
1974	95		1929	1 635	
1973	115		1928	1 750	
1971	350		1926	1 500	
1970	446		1924	1 370	
1970	930	Magnum	1911	1 795	
1969	115		1906	1 750	
1967	184		1905	2 150	

1990	102
1989	103
1988	97
1987	80
1986	126
1985	96
1984	71
1983	112
1982	89
1981	95
1980	60
1979	103
1978	130
1976	115
1975	150
1973	95
1971	102
1970	152
1967	215
1955	295
1953	310
1949	585
1948	325
1947	655
1944	520
1942	475
1939	495
1937	628
1936	840
1935	925
1934	880
1933	985
1929	940
1928	1 220
1926	430 Demi-bouteille
1925	1 230
1924	1 330
1922	1 280
1920	1 275
1918	1 430
1914	1 570
1911	2 115
1901	2 260
1900	2 430

CH. LA FLEUR
Saint-Émilion
Grand cru

Il ne faut pas confondre ce Château avec celui de La Fleur Pétrus et surtout Lafleur à Pomerol, très rare. Ce vin de Saint-Émilion, de très bonne qualité et de grande diffusion, se traite à des prix abordables.

1993	40
1992	39
1991	36

1990	75
1989	65
1988	62
1987	23
1986	53
1985	69
1984	22
1983	49
1982	92
1981	48
1980	20
1979	54
1978	60
1976	58
1975	75

CH. LA FLEUR CANON
Canon Fronsac

Cette propriété présente des beaux vins très typés de l'appellation Canon Fronsac, recherchés pour leur excellent rapport qualité-prix.

1993	31
1992	32
1991	29
1990	53
1989	52
1988	43
1987	20
1986	41
1985	58
1984	20
1983	42
1982	67
1981	41
1980	20
1979	47
1978	56

CH. LA FLEUR DE GAY
Pomerol

En 1982, les propriétaires du Château La Croix de Gay ont créé une cuvée « Prestige », appelée « La Fleur de Gay », élaborée pour l'essentiel à partir de vendanges provenant d'une parcelle située au lieu-dit « La Fleur » proche des vignes des grands Pomerol. Les vins sont vinifiés séparément et élevés totalement en fûts de chêne neufs.

1991	200
1990	375
1989	556
1988	285
1987	190

1986	240
1982	375

CH. LA FLEUR MILON
Pauillac
Cru bourgeois

Sur le territoire de Pauillac se trouvent les plus grands Châteaux. A côté de tous ces vins prestigieux, mais dispendieux, on peut acquérir d'excellentes bouteilles à des prix plus raisonnables, comme celles du Château La Fleur Milon.

1993	58
1992	55
1991	48
1990	90
1989	86
1988	85
1987	42
1986	86
1985	89
1984	40
1983	85
1982	144
1981	81
1980	40
1979	80
1978	100

CH. LA FLEUR PÉTRUS
Pomerol

Contigu au grand Pétrus, ce vignoble est l'un des plus estimés Pomerol. Il est recherché par les connaisseurs pour son bouquet très parfumé et l'ampleur de sa sève.

1990	279	
1989	325	
1989	680	Magnum
1988	295	
1987	157	
1986	231	
1986	480	Magnum
1985	270	
1984	155	
1983	225	
1983	475	Magnum
1982	433	
1981	245	
1981	530	Magnum
1980	140	
1979	255	
1978	315	
1976	308	

1975	365	
1970	410	
1970	880	Magnum
1969	145	
1966	610	
1964	325	
1962	460	
1959	750	Mise anglaise
1945	1 500	

CH. LA FLEUR POURRET
Saint-Émilion
Grand cru

Ce cru, dont la réputation croît régulièrement, offre des vins très typés Saint-Émilion.

1993	55
1992	53
1991	52
1990	84
1989	90
1988	87
1987	25
1986	80
1985	91
1984	25
1983	83
1982	105
1981	81
1980	25
1979	85
1978	102
1976	105
1975	125

CH. FOMBRAUGE
Saint-Émilion
Grand cru

L'origine de ce très beau Château remonte au XVIe siècle. Sur ce domaine de 75 hectares dont 50 plantés en vignes, les propriétaires actuels, d'origine danoise, obtiennent un vin parfait digne de sa longue réputation. Environ les deux tiers de la production sont exportés dans le monde entier.

1993	50
1992	49
1991	46
1990	76
1989	85
1988	63
1987	25
1986	70
1985	87

1984	25
1983	81
1982	84
1981	79
1981	180 Magnum
1980	24
1979	85
1978	100
1976	105
1975	123
1975	268 Magnum
1971	103
1970	122
1966	170
1964	122
1961	475

CH. FONBADET
Pauillac
Cru bourgeois

Ce cru est très recherché par de nombreux amateurs pour la qualité de ses vins, provenant en majorité de vieux ceps.

1993	50
1992	48
1991	40
1990	74
1989	73
1988	67
1987	35
1986	75
1985	73
1984	35
1983	76
1982	103
1981	73
1980	35
1979	73
1978	95

CH. FONPLEGADE
Saint-Émilion
Grand cru classé

Comme dans les autres propriétés de ce même producteur, la vinification est particulièrement soignée, donnant des vins aux qualités très recherchées.

1993	50
1992	50
1991	42
1990	100
1989	101
1988	80
1987	55
1986	71

1985	75
1984	36
1982	75
1982	115
1981	77
1980	38
1979	83
1978	89
1976	85
1975	110
1974	52
1970	125
1961	450

CH. FONRAZADE
Saint-Émilion
Grand cru

Contigu au Château l'Angélus, ce domaine propose des vins de qualité surtout vendus à une importante clientèle particulière, tant en France que dans la reste de la C.E.E.

1993	30
1992	32
1991	31
1990	53
1989	53
1988	46
1987	20
1986	45
1985	48
1984	20
1983	46
1982	76
1981	45
1980	21
1979	49
1978	62
1976	60
1975	71
1970	80

CH. FONRÉAUD
Listrac
Cru bourgeois

Très bien situé, ce cru bourgeois, dont le vignoble s'étend sur une quarantaine d'hectares, produit des vins sévèrement sélectionnés et de bonne conservation. Il faut aussi mentionner une petite production de vins blancs.

1993	32
1992	32
1991	30
1990	59

1989	57
1988	54
1987	35
1986	40
1985	44
1984	18
1983	45
1982	75
1981	44
1980	19
1979	48
1978	53
1993	44

CH. FONROQUE
Saint-Émilion
Grand cru classé

Ce vignoble bénéficie d'une exposition particulièrement favorable le mettant à l'abri du gel. Il est exploité par de prestigieux gérants qui produisent des vins puissants de longue conservation. Les vieux millésimes réputés sont tout à fait remarquables.

1992	45
1991	42
1990	90
1989	87
1988	85
1987	52
1986	90
1985	98
1984	50
1983	76
1982	127
1981	80
1980	46
1979	79
1978	96
1976	85
1975	123
1971	148
1970	180
1966	246
1964	160
1962	170
1961	400
1959	230
1955	200
1953	240
1952	235
1949	420
1947	400
1945	465
1943	420

CH. FONTESTEAU
Haut Médoc
Cru bourgeois

Cette propriété très ancienne, rénovée et agrandie, produit des vins de très longue garde, tanniques, mais fins et bouquetés.

1993	31
1992	30
1991	27
1990	49
1989	55
1988	51
1987	20
1986	44
1985	45
1984	20
1983	41
1982	96
1981	44
1980	19
1979	43
1978	72
1976	70
1975	80
1970	94

LES FORTS DE LATOUR DU CHÂTEAU LATOUR
Pauillac

Sous cette marque sont vendus, d'une part, les vins produits par deux parcelles séparées et, d'autre part, ceux issus des complantations du Château Latour n'ayant pas atteint huit ans. Ils se distinguent par leur grande finesse.

1994	78 Primeur
1993	78
1992	75
1991	90
1990	155
1989	141
1988	120
1987	73
1986	140
1985	202
1984	75
1983	152
1982	245
1981	155
1980	70
1979	153
1978	174
1977	60

1976	165
1975	195
1970	250

CH. FOURCAS DUPRÉ

Listrac
Cru bourgeois

Ce très beau vignoble situé sur un terroir d'exception produit des vins personnalisés qui s'affirment au fil des ans.

1993	40
1992	43
1991	41
1990	52
1989	61
1988	64
1987	43
1986	54
1985	56
1984	20
1983	56
1982	88
1981	48
1980	22
1979	50
1978	65
1976	65
1975	72
1975	168 Magnum
1974	25
1974	70 Magnum
1973	30

CH. FOURCAS HOSTEN

Listrac
Cru bourgeois

Des vins puissants vieillissant bien. Ils obtiennent de nombreuses récompenses dans les concours.

1993	42
1992	45
1991	44
1990	63
1989	59
1988	55
1987	37
1986	53
1985	55
1984	26
1983	59
1982	88
1981	50
1980	22
1979	52

1978	67
1961	295
1929	480

CLOS FOURTET

Saint-Émilion
1er grand cru classé

Le Clos Fourtet est situé en plein centre du village de Saint-Émilion. Ses vins sont offerts à des prix très abordables eu égard à son classement.

1993	82
1992	77
1991	75
1990	120
1989	118
1988	113
1987	54
1986	130
1985	114
1983	101
1982	157
1982	355 Magnum
1981	103
1980	60
1979	102
1978	113
1977	55
1976	107
1975	140
1974	58
1973	65
1971	140
1970	225
1970	460 Magnum
1969	82
1967	130
1966	276
1966	565 Magnum
1964	208
1964	445 Magnum
1962	250
1962	555 Magnum
1961	505
1961	1 380 Magnum
1959	380
1957	220
1955	333
1953	395
1952	250
1950	275
1950	680 Magnum
1949	595
1948	340
1947	520
1945	973
1943	510

1940	540
1924	760

CH. FRANC BIGAROUX
Saint-Émilion
Grand cru

Bien situé, ce vignoble propose des vins agréables dans l'appellation et à des prix très compétitifs.

1993	30
1992	29
1991	26
1990	52
1989	54
1988	64
1987	20
1986	43
1985	46
1984	20
1983	39
1982	85
1981	42
1980	20
1979	41
1978	70
1976	68
1975	75
1970	82

CH. FRANC MAYNE
Saint-Émilion
Grand cru classé

Cet authentique grand cru classé se remarque surtout par sa discrétion. Rares sont les bouteilles mises sur le marché ou présentes en ventes publiques.

1993	56
1992	53
1991	55
1990	85
1989	102
1988	76
1987	40
1986	73
1985	86
1984	32
1983	73
1982	128
1981	77
1980	35
1979	76
1978	88
1976	84
1975	125

CH. FRANC POURRET
Saint-Émilion
Grand cru

Qualité du sol et bonne orientation assurent la production de bons vins généreux qui obtiennent les faveurs d'une large clientèle.

1993	30
1992	30
1991	28
1990	54
1989	52
1988	57
1987	22
1986	44
1985	45
1984	20
1983	41
1982	88
1981	44
1980	20
1979	43
1978	63
1976	61
1975	78

CH. DE FRANCE
Graves

Par un choix judicieux des cépages sur un sol favorable, ce Château propose des vins de qualité récompensés par des médailles lors des concours. Il faut signaler aussi qu'il produit des vins blancs depuis 1987.

1993	52
1992	55
1991	53
1990	93
1989	99
1988	86
1987	42
1986	76
1985	94
1984	45
1983	78
1982	113
1981	80
1980	42
1979	82
1978	96

L'Allemagne est le premier pays du monde importateur de vins principalement français.

CH. LA FRANCE
Bordeaux supérieur

Ce domaine de grande superficie est considéré depuis la fin du siècle dernier comme l'un des plus importants en Bordelais. Il produit avec des soins particuliers des vins de qualité dont la moitié est exportée.

1993	27
1992	26
1991	23
1990	30
1989	33
1988	31
1987	15
1986	26
1985	28
1984	15
1983	26
1982	50
1981	28
1980	16
1979	27
1978	35

CH. LA FRANCE
Médoc, Cru bourgeois

Les vins de ce cru bourgeois, grâce à une puissante et active distribution commerciale, trouvent leur place dans le secteur de la restauration française et étrangère.

1993	30
1992	30
1991	26
1990	48
1989	53
1988	49
1987	20
1986	43
1985	43
1984	20
1983	39
1982	86
1981	42
1980	20
1979	41
1978	70

CH. DE FRONTENAC
Bordeaux supérieur

Un important vignoble produisant de bons vins rouges et blancs à des prix très favorables.

1993	25
1992	25
1991	21
1990	31
1989	35
1988	33
1987	15
1986	27
1985	32
1984	15
1983	26
1982	50
1981	29
1980	16
1979	28
1978	35

CH. DU GABY
Canon Fronsac

En plein cœur du célèbre Canon Fronsac, ce Château produit des vins comparables, par leur force et leur tenue, aux fameux voisins du Libournais.

1993	30
1992	31
1991	25
1990	52
1989	54
1988	48
1987	20
1986	42
1985	55
1984	20
1983	43
1982	68
1981	42
1980	20
1979	44
1978	57

CH. LA GAFFELIÈRE
Saint-Émilion
1er grand cru classé

La production de ce cru est très appréciée par les amateurs. On peut se procurer des millésimes anciens à de bonnes conditions. De grandes bouteilles telles que magnums et jéroboams apparaissent souvent lors des ventes.

1993	89
1992	76
1991	75
1990	133
1989	143

1988	139
1988	295 Magnum
1987	80
1986	136
1985	150
1984	79
1983	126
1982	210
1982	435 Magnum
1981	124
1980	73
1979	143
1979	990 Jéroboam
1978	178
1977	74
1976	167
1976	1 205 Jéroboam
1975	212
1971	188
1971	435 Magnum
1970	295
1970	640 Magnum
1970	2 320 Jéroboam
1969	130
1967	165
1966	357
1964	232
1962	269
1961	630
1959	422
1958	200
1957	230
1956	220
1955	402
1954	400
1953	445
1952	395
1950	330
1949	655
1948	350
1947	815
1945	865
1937	480
1929	895
1928	1 120

DOMAINE DE LA GAFFELIÈRE
Saint-Émilion

Ne pas le confondre avec le 1er grand cru classé. Ces vins, la plupart du temps, sont vendus après un certain vieillissement. Les prix semblent très raisonnables pour des vins de cet âge.

1985	70
1984	35
1983	52

1982	100
1981	56
1980	35
1979	58
1978	75
1976	73
1975	92
1970	125

CH. LA GARDE
Graves

Un important domaine appartenant à une très grande maison bordelaise. Les vins rouges sont raffinés et plaisants; les blancs sont secs et distingués. L'exportation concerne environ 60 % de la production.

1993	24
1992	23
1991	20
1990	33
1989	35
1988	32
1987	16
1986	28
1985	35
1984	15
1983	29
1982	60
1981	32
1980	17
1979	33
1978	43

CH. LE GAY
Pomerol

Cette petite propriété produit des vins généreux de grande réputation à caractère Pomerol très développé.

1992	100
1991	86
1990	198
1989	176
1988	148
1987	96
1986	142
1985	151
1984	90
1983	145
1982	199
1970	288

CH. GAZIN
Pomerol

Sis à proximité des plus célèbres crus de Pomerol, ce domaine propose d'excellents vins à des prix très abordables.

1992	82	
1991	85	
1990	134	
1989	140	
1988	118	
1987	71	
1986	108	
1985	117	
1984	64	
1983	112	
1982	150	
1982	785	Double magnum
1981	115	
1981	252	Magnum
1981	615	Double magnum
1980	68	
1979	120	
1978	142	
1978	980	Jéroboam
1978	1 310	Impériale
1977	65	
1976	130	
1975	190	
1974	65	
1973	75	
1973	170	Magnum
1971	140	
1970	235	
1970	560	Magnum
1969	77	
1966	295	
1966	720	Magnum
1965	100	
1965	60	Demi-bouteille
1964	170	
1964	445	Magnum
1962	280	
1961	600	
1960	135	
1959	440	
1955	320	
1945	670	
1928	845	

CH. GILETTE
Sauternes

L'antiquaire du vin ! La production se vend toujours au terme d'un vieillissement de plus de vingt ans. Quoique ce Château ne soit pas classé, les prix atteignent chaque fois des montants relativement importants, surtout dans l'appellation « tête de cuvée ». Mais il faut souligner que la qualité justifie largement le prix demandé. Fort apprécié par de nombreux connaisseurs, ce vin trouve une très large audience auprès des amateurs avisés. Il faut signaler l'existence d'un « **G de Gilette** » Graves blanc sec de 1958, tout à fait remarquable, d'une valeur de 280 francs.

1971	530	
1970	610	
1967	845	
1962	540	
1961	685	
1959	670	
1958	410	
1956	385	
1955	790	
1954	485	
1953	680	
1952	650	
1950	530	
1949	1 380	
1947	1 650	
1947	1 880	Tête de cuvée
1945	2 040	
1937	1 480	

CH. GISCOURS
Margaux
3e grand cru classé

Ce superbe Margaux produit des vins très soignés, longuement élaborés. Les prix pratiqués restent raisonnables pour un très large public.

1994	82	Primeur
1993	84	
1992	85	
1991	82	
1990	137	
1989	133	
1988	118	
1988	65	Demi-bouteille
1988	255	Magnum
1987	90	
1986	127	
1985	143	
1985	330	Magnum
1984	85	
1983	113	
1983	252	Magnum
1982	176	
1981	150	

1980	91
1979	136
1978	210
1978	455 Magnum
1976	176
1976	385 Magnum
1975	212
1974	80
1974	192 Magnum
1973	95
1971	210
1970	337
1970	715 Magnum
1969	95
1967	145
1966	360
1966	843 Magnum
1964	240
1964	532 Magnum
1962	245
1961	510
1959	315
1955	280
1953	300
1949	610
1945	815
1931	870
1928	970
1924	735
1922	695
1922	1 560 Magnum

CH. DU GLANA
Saint-Julien
Cru bourgeois

Un des plus importants vignobles de la région, produisant des vins nobles très recherchés. Un des crus bourgeois les plus cotés et demandés par les amateurs.

1993	45
1992	47
1991	44
1990	87
1989	84
1988	82
1987	40
1986	75
1985	82
1984	40
1983	81
1982	125
1982	280 Magnum
1981	83
1980	42
1979	79
1978	100

1967	65
1966	250
1964	170
1952	145

CH. GLORIA
Saint-Julien
Cru bourgeois

Ce cru bourgeois, très recherché par les connaisseurs, satisfera le plus grand nombre grâce à des prix très abordables. La qualité de ce vin justifie l'attrait qu'il exerce.

1994	66 Primeur
1993	61
1992	78
1991	70
1990	98
1989	102
1988	90
1987	55
1986	97
1985	103
1985	236 Magnum
1984	55
1983	103
1983	240 Magnum
1983	525 Double magnum
1982	170
1982	1 280 Jéroboam
1982	1 710 Impériale
1981	89
1981	430 Double magnum
1980	52
1980	440 Jéroboam
1980	595 Impériale
1979	83
1978	116
1977	50
1977	240 Double magnum
1977	435 Jéroboam
1977	640 Impériale
1976	112
1975	180
1975	1 720 Impériale
1974	65
1971	165
1970	173
1967	140
1966	272
1964	233
1964	640 Magnum
1964	1 680 Double magnum
1962	275
1961	675
1960	250
1948	375

CH. LA GORCE
Médoc
Cru bourgeois

Produisant des vins rouges séduisants, ce cru bourgeois est exporté massivement (70 %) en Amérique du Nord et dans la C.E.E.

1993	28
1992	27
1991	26
1990	48
1989	51
1988	45
1987	16
1986	45
1985	43
1984	15
1983	47
1982	78
1981	42
1980	15
1979	47
1978	55

CH. LA GRÂCE DIEU LES MENUTS
Saint-Émilion
Grand cru

Souvent médaillé dans les concours, ce vin, équilibré et bien bouqueté, satisfait les clients désireux d'obtenir un bon rapport qualité-prix.

1993	40	
1992	38	
1991	35	
1990	70	
1989	72	
1988	75	
1987	32	
1986	72	
1985	80	
1984	30	
1983	70	
1983	153	Magnum
1982	115	
1981	73	
1980	30	
1979	75	
1978	86	
1976	80	
1975	97	
1971	85	
1971	198	Magnum
1970	125	

1967	80	
1964	110	
1945	520	

CH. GRAND BARRAIL LAMARZELLE FIGEAC
Saint-Émilion
Grand cru classé

Très apprécié en France et à l'étranger. ce cru a pour devise : « Qui me goûte m'aime et ne veut que moi ».

1993	45	
1992	46	
1991	42	
1990	96	
1969	94	
1988	86	
1987	40	
1986	75	
1985	74	
1984	40	
1983	71	
1982	125	
1981	72	
1980	40	
1979	78	
1978	84	
1977	35	
1976	85	
1975	98	
1975	238	Magnum
1974	35	
1973	42	
1971	95	
1970	135	
1966	270	
1966	640	Magnum
1959	205	
1959	435	Magnum
1958	135	
1958	388	Magnum
1950	175	

CH. GRAND CORBIN
Saint-Émilion
Grand cru classé

Pour le profane, il est évident qu'il est difficile de s'y retrouver parmi toutes ces appellations Corbin : Haut Corbin, Grand Corbin, Grand Corbin Despagne (en un seul mot et non en deux, comme on le voit souvent), Corbin Michotte, Corbin tout simplement ou bien encore Grand Corbin Manuel. Ils ont pourtant ceci de commun : être des grands crus de Saint-Émilion. Leur qualité et leur prix varient de l'un à l'autre, et chacun pourra choisir celui qu'il préfère lors d'une dégustation comparative.

1993	45
1992	44
1991	40
1990	93
1989	93
1988	87
1987	36
1986	78
1985	73
1984	35
1983	74
1982	124
1981	75
1980	35
1979	80
1978	82
1977	35
1976	83
1975	96
1975	225 Magnum
1971	95
1970	132
1943	360

CH. GRAND CORBIN DESPAGNE
Saint-Émilion, Grand cru classé

Portant le nom de ses propriétaires, ce grand cru classé, souvent orthographié d'Espagne, n'a rien à voir avec la péninsule ibérique... Ce domaine, situé à proximité immédiate des meilleurs crus de Pomerol, produit des vins de haute qualité, élevés en fûts de chêne, possédant un remarquable bouquet.

1993	48
1992	47
1991	45
1990	98
1989	101
1988	93
1987	39
1986	84
1985	82
1984	40
1983	80
1982	135
1981	82
1980	40
1979	75
1978	89

1976	88
1975	109
1975	238 Magnum
1975	550 Double magnum
1975	915 Jéroboam
1971	100
1970	150
1962	245
1961	480
1945	500

CH. GRAND MAYNE
Saint-Émilion, Grand cru classé

Très bien situé sur les coteaux de Saint-Émilion, ce grand cru classé, grâce à une vinification particulièrement soignée, propose des vins très fins et bouquetés, exportés à 75 % dans le monde entier.

1993	50
1992	48
1991	47
1990	92
1989	90
1988	71
1987	35
1986	72
1985	74
1984	35
1983	72
1982	115
1981	73
1980	35
1979	79
1978	83
1976	77
1975	92

CH. GRAND MOULIN
Haut Médoc, Cru bourgeois

Avec un important encépagement à 80 % en Cabernet Sauvignon, cette propriété offre des vins fruités et plaisants.

1993	28
1992	26
1991	25
1990	48
1989	53
1988	47
1987	18
1986	47
1985	46
1984	16
1983	34
1982	83
1981	42

1980	17
1979	48
1978	59

CH. GRAND PEYRUCHET
Loupiac

Les vins liquoreux de Loupiac, ainsi d'ailleurs que ceux de Cadillac, sont fort peu connus du grand public. Ils présentent pourtant de grandes qualités pour un prix qui reste modeste. Comme leurs grands aînés du Sauternais, ils vieillissent admirablement et peuvent se déguster très vieux, dans les meilleures conditions.

1993	24
1992	25
1991	22
1990	36
1989	35
1988	35
1987	32
1986	35
1985	38
1984	27
1983	45
1982	36
1981	42
1980	25
1979	44
1978	45
1976	43
1975	68

CH. GRAND PONTET
Saint-Émilion, Grand cru classé

Belle production de vins élégants et bouquetés pour ce grand cru classé méritant bien son rang.

1993	63
1992	53
1991	47
1990	97
1989	95
1988	87
1987	40
1986	82
1985	76
1984	40
1983	78
1982	128
1981	78
1980	40
1979	85
1978	86
1976	85

1975	96	
1974	40	
1970	126	
1967	75	
1966	185	
1964	115	
1964	248	Magnum
1961	440	

CH. DU GRAND PUCH
Bordeaux supérieur

Ce Château constitue un rare exemple de l'architecture du XIIIe siècle. L'exploitation vinicole s'étend sur 175 hectares pour une production annuelle de plus de 4 000 hectolitres de vins rouges et blancs commercialisés par le négoce bordelais.

1993	23
1992	22
1991	20
1990	32
1989	29
1988	27
1987	18
1986	28
1985	30
1984	15
1983	28
1982	60
1981	30
1980	16
1979	32
1978	44

CH. GRAND PUY DUCASSE
Pauillac, 5e grand cru classé

Ces vins, très recherchés par les dégustateurs, possèdent une distinction qui atteint un complet développement après vieillissement. Les prix pratiqués sont sensiblement inférieurs au Grand Puy Lacoste.

1993	61
1992	45
1991	49
1990	82
1989	100
1988	92
1987	65
1986	95
1985	103
1984	53
1983	98
1982	213

1981	103	1966	340
1980	60	1961	650
1979	110	1961	1 560 Magnum
1978	125	1959	330
1976	127	1958	172
1975	146	1957	175
1974	60	1956	153
1973	70	1953	285
1971	145	1949	500
1970	191	1937	335

CH. GRAND PUY LACOSTE
Pauillac, 5e grand cru classé

Ce Château, qui a changé de propriétaire après la récolte de 1977, a toujours produit des vins de très grande qualité, et constitue certainement le chef de file des appellations 5e grand cru classé surclassables à la première occasion. Sa garde est excellente, le plaisir que l'on éprouve à la dégustation de très vieilles bouteilles permet de mesurer la qualité de ce grand vin.

1994	78 Primeur
1993	71
1992	54
1991	98
1990	120
1989	116
1989	1 530 Impériale
1988	110
1988	235 Jéroboam
1987	87
1986	124
1985	140
1984	75
1983	135
1982	236
1981	139
1980	75
1979	156
1978	151
1977	85
1976	165
1976	366 Magnum
1976	1 255 Jéroboam
1976	1 710 Impérale
1975	185
1975	440 Magnum
1974	85
1973	122
1971	180
1970	272
1970	685 Magnum

1969	125
1969	270 Magnum
1967	185
1967	410 Magnum
1966	403
1966	860 Magnum
1965	105
1964	180
1964	400 Magnum
1963	110
1962	290
1962	650 Magnum
1961	772
1961	2 080 Magnum
1959	430
1959	920 Magnum
1958	237
1958	585 Magnum
1957	260
1957	585 Magnum
1956	155
1955	340
1955	750 Magnum
1953	385
1953	915 Magnum
1952	230
1952	520 Magnum
1950	235
1950	530 Magnum
1949	750
1949	1 730 Magnum
1948	295
1947	980
1947	2 375 Magnum
1945	2 000
1945	4 650 Magnum
1944	380
1942	370
1941	460
1940	475
1939	513
1938	545
1937	560
1936	420
1918	720
1900	2 420

CH. LES GRANDES MURAILLES

Saint-Émilion
Grand cru classé déclassé en grand cru (décret du 18 juin 1987)

Cette petite propriété de 2 hectares ne peut échapper à la vue de toute personne entrant ou sortant de Saint-Émilion. Les vestiges de cette grande muraille d'un ancien couvent de dominicains sont connus dans le monde entier. Les vins sont élaborés au Château Côte de Baleau appartenant au même propriétaire. Il faut signaler que le millésime 1985 a obtenu la médaille d'or au concours général agricole, et que 80 % de la production sont exportés.

1993	35
1992	34
1991	32
1990	59
1989	61
1988	63
1987	25
1986	64
1985	70
1984	25
1983	61
1982	95
1981	64
1980	25
1979	70
1978	75
1976	69
1975	82
1970	122

CH. GRAVA

Premières Côtes de Bordeaux

Une production soignée de vins fins et aromatiques pour ce vignoble de 45 hectares bien situé sur les Premières Côtes.

1993	26
1992	26
1991	25
1990	45
1989	49
1988	43
1987	18
1986	44
1985	40
1984	20

1983	45
1982	68
1981	40
1980	20
1979	46
1978	50

CH. LA GRAVE TRIGANT DE BOISSET

Pomerol

Ce vin figure parmi les crus les plus anciennement connus et les plus estimés de Pomerol. Son vignoble, issu des plus grands cépages, est admirablement exposé sur un sol composé des meilleurs éléments de la particularité des Pomerol. Les vins sont d'une extrême délicatesse : veloutés, généreux, et d'une grande finesse, ils sont renommés tant en France qu'à l'étranger.

1990	140
1989	130
1988	120
1987	105
1986	145
1985	125
1982	195
1979	125
1970	225

CH. GRAVELINES

Premières Côtes de Bordeaux

Un des plus anciens Châteaux des Premières Côtes. Production importante de vins rouges, souples et ronds, et de blancs plaisants. Commercialisation directe à des prix compétitifs.

1993	26
1992	27
1991	25
1990	47
1989	50
1988	45
1987	20
1986	43
1985	42
1984	18
1983	44
1982	70
1981	40
1980	20
1979	45
1978	54

CH. GRAVET RENAISSANCE
Saint-Émilion
Grand cru

Admirablement situé au pied du versant sud de la colline de Saint-Émilion et bénéficiant d'un bel ensoleillement, ce vignoble produit des vins agréables, aptes à un long vieillissement.

1993	33
1992	32
1991	32
1990	58
1989	58
1988	55
1987	20
1986	53
1985	54
1984	20
1983	53
1982	88
1981	47
1980	25
1979	56
1978	64
1976	94
1975	115

CH. GRESSIER GRAND POUJEAUX
Moulis
Cru bourgeois

Magnifique cru bourgeois proposant des vins très typés recherchés par les connaisseurs. Il faut absolument essayer de le déguster avec des huîtres d'Arcachon accompagnées de petites saucisses.

1993	40
1992	38
1991	37
1990	69
1989	82
1988	85
1987	26
1986	78
1985	69
1984	25
1983	68
1982	102
1981	67
1980	25
1979	72
1978	86

1976	82
1975	102
1971	84
1970	133

CH. GREYSAC
Médoc
Cru bourgeois

Important domaine de grande production classé en cru bourgeois. Ses vins sont de belle couleur et d'une grande finesse. 80 % des bouteilles quittent la France pour des destinations européennes, américaines et asiatiques.

1993	31
1992	30
1991	29
1990	51
1989	50
1988	57
1987	35
1986	43
1985	44
1984	20
1983	41
1982	81
1981	40
1980	20
1979	46
1978	56
1976	52
1975	74
1970	93
1967	80

CH. GUADET SAINT-JULIEN
Saint-Émilion
Grand cru classé

Bien planté à 75 % en cépage Merlot et 25 % en Cabernet Franc, ce grand cru classé produit des vins généreux bien conformes au type de l'appellation, exportés pour les trois quarts aux États-Unis et dans la C.E.E.

1993	44
1992	43
1991	37
1990	91
1989	87
1988	79
1987	40
1986	76
1985	71

1984	40
1983	72
1982	130
1981	70
1980	40
1979	80
1978	87
1976	84
1975	95
1961	1 040 Magnum
1953	375

CH. LA GURGUE
Margaux, Cru bourgeois

Très ancien domaine mitoyen du château Margaux. La qualité des vins est due principalement à son terroir bien placé au milieu des grands crus classés. Le vin possède toutes les caractéristiques des margaux : finesse, élégance et race. Il est aromatique avec une grande longueur en bouche.

1991	85
1990	135
1989	150
1988	178
1987	65
1986	115
1985	95
1983	50
1982	120

CH. GUIRAUD
Sauternes, 1er grand cru classé

Un Château, situé comme son voisin Yquem, sur le territoire de la commune de Sauternes. Ses vins se distinguent par leur générosité et leur élégance. En vieillissant, ils s'affinent et acquièrent une extrême délicatesse.

1993	90
1992	95
1991	88
1990	135
1989	212
1988	155
1987	77
1986	184
1986	95 Demi-bouteille
1985	144
1984	111
1983	145
1982	124
1981	103

1980	92
1979	109
1978	132
1977	95
1976	134
1975	210
1971	183
1970	225
1966	305

CH. GRUAUD LAROSE
Saint-Julien
2e grand cru classé

Ce cru est très répandu tant auprès du public que des restaurateurs. Les millésimes se suivent mais leur qualité n'est pas toujours égale, d'où des différences de prix selon les années.

1993	95
1992	92
1991	98
1990	138
1989	140
1988	133
1987	86
1986	178
1986	95 Demi-bouteille
1986	376 Magnum
1985	155
1984	80
1983	152
1982	340
1981	141
1981	293 Magnum
1981	675 Double magnum
1980	97
1979	180
1978	231
1978	1 600 Jéroboam
1977	85
1976	173
1975	205
1975	434 Magnum
1974	107
1974	220 Magnum
1973	110
1971	138
1970	267
1970	590 Magnum
1969	82
1968	85
1967	165
1966	370
1966	775 Magnum
1966	1 840 Double magnum
1964	281

1962	300
1961	460
1959	520
1955	545
1953	425
1949	710
1947	1 090
1945	1 240
1923	1 130

1964	620	Magnum
1964	1 340	Double magnum
1962	392	
1962	1 715	Double magnum
1961	1 065	
1961	2 540	Magnum
1959	755	
1959	1 620	Magnum
1958	305	
1957	325	
1957	1 380	Double magnum
1955	750	
1953	700	
1952	785	
1950	870	
1949	1 138	
1947	1 425	
1945	2 400	
1943	1 000	
1937	750	
1937	1 680	Magnum
1936	870	
1934	750	
1931	1 310	
1929	2 750	
1929	26 865	Jéroboam
1928	2 500	
1926	900	
1924	1 250	Demi-bouteille
1922	730	
1921	1 250	
1920	1 500	
1919	1 920	Magnum
1918	1 500	
1917	825	
1916	940	
1907	1 275	
1906	1 680	
1905	1 230	
1899	3 000	
1893	2 500	
1887	2 000	
1878	2 500	
1872	5 009	
1865	9 000	
1844	Non cotable	
1834	Non cotable	
1819	Non cotable	

CH. HANTEILLAN
Haut Médoc
Cru bourgeois

Très loin dans le temps, on trouve l'existence de ce vignoble sous le nom d'Anteilhan. Cette très importante production de « grand bourgeois » sur 83 hectares de vignes est en totalité mise en bouteilles au Château. Une bonne moitié est principalement exportée en Europe.

1993	40	
1992	30	
1991	43	
1990	63	
1989	54	
1989	29	Demi-bouteille
1988	60	
1987	37	
1986	52	
1985	55	
1984	24	
1983	57	
1982	79	
1981	48	
1980	22	
1979	50	
1978	70	

CH. HAUT BAGES AVEROUS
Pauillac
Cru bourgeois

Cette petite propriété est intégrée au domaine du Château Lynch Bages et résulte d'une sélection de ses vins.

1993	54	
1992	56	
1991	60	
1990	91	
1989	103	
1988	88	
1987	58	
1986	89	
1985	82	
1984	52	
1983	91	
1983	205	Magnum
1982	125	
1982	270	Magnum
1981	92	
1980	46	
1979	82	
1978	100	

CH. HAUT BAGES LIBÉRAL

Pauillac
5ᵉ grand cru classé

Très bien vinifié, ce cru, eu égard à sa grande qualité, n'est pas assez largement répandu auprès du public. Il convient donc, lorsque des bouteilles sont mises aux enchères, de s'en porter acquéreur car les prix atteints sont nettement inférieurs à leur réelle valeur.

1993	58
1992	48
1991	65
1990	97
1989	93
1988	89
1987	56
1986	103
1985	121
1984	67
1983	79
1982	138
1981	82
1980	55
1979	82
1978	95
1976	97
1975	105
1970	122
1966	225
1961	475
1959	275
1957	210
1953	310
1938	255
1928	720

CH. HAUT BAGES MONTPELOU

Pauillac
Cru bourgeois

D'abord intégré au Château Duhart Milon (classé en 1855), il s'en est séparé en 1948 après acquisition par ses propriétaires actuels qui assurent la distribution de la production.

1993	46
1992	48
1991	43
1990	78
1989	80
1988	75
1987	35
1986	64

1985	70
1984	32
1983	72
1982	118
1981	74
1980	35
1979	70
1978	89
1961	340

CH. HAUT BAILLY

Graves
Cru classé

Leur distinction fait des Haut Bailly des vins de grande race, susceptibles d'occuper les premiers rangs des vins de France. Les propriétaires recherchent surtout la qualité.

1994	80	Primeur
1993	77	
1992	63	
1991	60	
1990	112	
1989	125	
1988	131	
1987	72	
1986	111	
1985	123	
1984	68	
1983	113	
1982	224	
1982	1 485	Jéroboam
1982	1 800	Impériale
1981	122	
1980	65	
1979	135	
1978	148	
1978	335	Magnum
1977	45	
1976	155	
1975	166	
1975	360	Magnum
1971	152	
1970	234	
1967	160	
1967	350	Magnum
1966	310	
1964	185	
1964	440	Magnum
1962	235	
1961	570	
1955	234	
1949	495	
1947	665	
1945	820	
1928	795	
1921	630	

1918	435
1916	455
1900	1 440

CH. HAUT BARDOULET
Saint-Émilion
Grand cru

Ce petit vignoble très bien distribué produit des vins très attractifs qui figurent assez souvent dans les ventes aux enchères.

1993	45	
1992	47	
1991	44	
1990	76	
1989	81	
1988	80	
1987	25	
1986	72	
1985	78	
1984	26	
1983	78	
1982	118	
1981	75	
1980	25	
1979	78	
1979	170	Magnum
1978	86	
1978	188	Magnum
1976	88	
1975	100	
1975	225	Magnum

CH. HAUT BATAILLEY
Pauillac
5e grand cru classé

Ce vin mérite largement son rang et serait certainement surclassé en cas de révision du tableau de 1855. Les prix paraissent encore favorables.

1993	60	
1992	62	
1991	66	
1990	96	
1990	215	Magnum
1989	101	
1988	92	
1987	62	
1986	102	
1985	110	
1985	237	Magnum
1984	53	
1984	115	Magnum
1983	106	

1983	232	Magnum
1983	490	Double magnum
1982	172	
1982	395	Magnum
1981	109	
1981	228	Magnum
1981	484	Double magnum
1980	48	
1979	107	
1979	235	Magnum
1978	135	
1978	610	Double magnum
1978	945	Jéroboam
1978	1 340	Impériale
1977	75	
1976	140	
1976	1 370	Impériale
1975	158	
1974	45	
1973	55	
1972	36	
1971	127	
1970	202	
1966	350	
1966	1 800	Double magnum
1964	195	
1961	495	
1955	300	
1953	325	
1952	230	

CH. HAUT BERGERON
Sauternes

Ses vignes contiguës au Château Yquem, illustre voisin, permettent, grâce aux méthodes culturales et à la vinification, d'obtenir un vin parmi les meilleurs Sauternes.

1992	55
1991	54
1990	96
1989	105
1988	93
1987	67
1986	95
1985	88
1984	61
1983	114
1982	80
1981	76
1980	68
1979	83
1978	97
1976	100
1975	128
1970	145

CH. HAUT BRION

Graves, 1er grand cru classé

Le premier Château en France qui produisit des vins de qualité au XVIIe siècle fut le Haut Brion, situé dans la proche banlieue de Bordeaux. Les vins proposés sont toujours de très haute qualité et trouvent aisément une audience mondiale. Certains très anciens millésimes sont offerts sur le marché. Il faut signaler la forme particulière de la bouteille, unique pour ce Château. Des collectionneurs recherchent les « petits » millésimes qui, maintenant, sont très demandés.

1994	240	Primeur
1993	253	
1992	204	
1991	252	
1990	372	
1990	1 710	Double magnum
1990	2 530	Jéroboam
1990	3 520	Impériale
1989	670	
1988	337	
1988	1 510	Double magnum
1988	2 230	Jéroboam
1987	215	
1987	1 340	Jéroboam
1986	340	
1986	720	Magnum
1985	390	
1985	205	Demi-bouteille
1985	3 465	Jéroboam
1985	4 230	Impériale
1984	236	
1984	500	Magnum
1984	1 040	Double magnum
1983	353	
1983	190	Demi-bouteille
1983	785	Magnum
1983	1 680	Double magnum
1982	558	
1982	1 290	Magnum
1982	2 750	Double magnum
1982	4 120	Jéroboam
1981	307	
1981	2 220	Jéroboam
1980	200	
1980	440	Magnum
1980	930	Double magnum
1980	1 460	Jéroboam
1980	1 980	Impériale
1979	392	
1978	493	
1978	1 210	Magnum
1977	170	
1977	710	Double magnum
1977	1 170	Jéroboam
1977	1 580	Impériale
1976	405	
1976	3 700	Jéroboam
1975	503	
1975	3 300	Jéroboam
1974	193	
1973	230	
1972	160	
1971	523	
1971	2 315	Double magnum
1970	678	
1970	1 580	Magnum
1969	240	
1969	1 120	Double magnum
1968	270	
1968	680	Magnum
1967	307	
1967	720	Magnum
1966	890	
1966	2 110	Magnum
1965	345	
1964	665	
1963	390	
1962	780	
1961	2 475	
1961	5 280	Magnum
1960	450	
1959	1 825	
1958	460	
1958	1 670	Magnum
1957	615	
1956	720	

CH. HAUT BERGEY

Graves

Du fait de sa situation privilégiée sur la commune de Léognan, la production de cette propriété est considérée comme une des meilleures en son genre. Ces vins sont charnus et de belle couleur. Les prix paraissent très favorables pour des produits de cette qualité.

1993	24
1992	22
1991	19
1990	42
1989	43
1988	46
1987	17
1986	40
1985	44
1984	15
1983	42

1955	1 230
1955	450 (Mise belge)
1955	455 Demi-bouteille
1954	735
1953	1 180
1953	2 450 Magnum
1952	690
1952	1 450 Magnum
1951	880
1950	750
1949	2 255
1949	5 050 Magnum
1948	1 200
1947	1 730
1947	900 Demi-bouteille
1947	3 610 Magnum
1945	4 250
1944	1 820
1943	2 040
1942	1 520
1941	1 740
1940	1 620
1939	2 480 Magnum
1938	1 440
1937	1 160
1935	1 250
1934	1 520
1931	1 330
1929	2 900
1929	6 550 Magnum
1928	3 330
1926	2 715
1925	2 000
1925	4 420 Magnum
1924	2 880
1923	2 760
1922	1 680
1921	3 615
1920	3 160
1918	2 760
1914	2 760
1912	2 470
1909	3 220
1908	3 980
1906	3 000
1899	8 000

1982	60
1981	44
1980	16
1979	46

CH. HAUT BRION
Graves
Blanc (non classé)

Paradoxalement, la production en vins blancs du Château Haut Brion n'est pas classée. Ce qui ne l'empêche pas, en tout point parfait et vieillissant fort bien, d'être très recherché par les amateurs. Bien entendu, son prix est assez élevé en raison de la très faible quantité produite.

1993	255
1992	260
1991	235
1990	525
1989	520
1988	377
1987	330
1986	350
1985	487
1984	320
1983	472
1982	515
1981	520
1979	535
1970	915
1950	720

CH. HAUT CANTELOUP
Médoc, Cru bourgeois

Pour ce vin de bonne qualité, un encépagement moitié Merlot, moitié Cabernet Sauvignon. Les nouveaux propriétaires, qui ont acquis ce domaine en 1988, mettent tout en œuvre pour obtenir un cru bourgeois de haute qualité.

1993	32
1992	33
1991	28
1990	61
1989	60
1988	56
1987	25
1986	44
1985	53
1984	23
1983	49
1982	75
1981	47
1980	24
1979	53
1978	60

CH. HAUT CORBIN
Saint-Émilion,
Grand cru classé

Depuis 1986, c'est un important groupe international qui est à la tête de ce grand cru classé. Les 40 000 bouteilles

97

de vin produites, rappelant parfois les Pomerol, sont pour la plupart exportées.

1993	48
1992	46
1991	38
1990	81
1989	90
1988	77
1987	43
1986	64
1985	69
1984	32
1983	66
1982	115
1981	66
1980	33
1979	73
1978	76
1976	74
1975	88

CH. HAUT MARBUZET
Saint-Estèphe, Cru bourgeois

Après un long vieillissemenl en fûts neufs, les vins, charnus et fruités, sont répartis parmi une nombreuse clientèle d'amateurs avertis.

1993	88	
1992	90	
1991	71	
1990	138	
1989	133	
1988	136	
1987	82	
1986	124	
1986	275	Magnum
1985	120	
1984	78	
1983	115	
1982	227	
1981	145	
1980	86	
1980	200	Magnum
1979	127	
1978	212	
1976	170	
1976	374	Magnum
1975	198	
1974	70	
1974	160	Magnum
1973	85	
1970	222	
1970	482	Magnum
1964	935	Double magnum
1962	300	

CH. HAUT PIQUAT
Lussac Saint-Émilion

Bénéficiant d'un bon ensoleillement, les 22 hectares de ce vignoble offrent un vin généreux, coloré et de belle finesse, destiné à une clientèle particulière et à la restauration.

1993	25
1992	27
1991	26
1990	55
1989	56
1988	53
1987	22
1986	53
1985	50
1984	20
1983	53
1982	82
1981	48
1980	20
1979	58
1978	65

CH. HAUT SAINT LAMBERT
Pauillac

Ce Château, parmi une centaine d'autres producteurs, remet sa vendange pour vinification à la cave coopérative de Pauillac dont l'appellation la plus connue est La Rose Pauillac.

1993	28
1992	30
1991	25
1990	58
1989	55
1988	53
1987	23
1986	52
1985	54
1984	21
1983	39
1982	92
1981	47
1980	22
1979	56
1978	67

CH. HAUT SARPE
Saint-Émilion
Grand cru classé

Propriété d'un des plus prestigieux producteurs de la région, bien située sur un sol privilégié, ce vin de grande classe, souple et racé, est servi depuis fort longtemps au palais de l'Élysée.

1993	53
1992	51
1991	46
1990	91
1989	87
1988	85
1987	50
1986	82
1985	85
1984	40
1983	81
1982	119
1981	80
1980	42
1979	65
1978	86
1976	90
1976	220 Magnum
1975	98
1975	218 Magnum
1974	40
1974	100 Magnum
1970	135

CH. HAUT SIMARD
Saint Émillion
Grand cru

Ce grand cru de Saint-Émilion est largement diffusé auprès d'une clientèle d'amateurs qui apprécient autant la qualité du vin que la personnalité originale de son propriétaire.

1993	45
1992	45
1991	39
1990	79
1989	83
1988	81
1987	23
1986	71
1985	78
1984	23
1983	77
1982	125
1981	75
1980	22
1979	79
1978	85
1976	85
1975	100
1970	116
1966	155
1949	375
1947	450

CH. HAUT TUQUET
Côtes de Castillon

Une vinification particulièrement soignée permet la production d'un vin agréable dont un tiers est exporté.

1993	24
1992	23
1991	19
1990	36
1989	36
1988	38
1987	15
1986	33
1985	39
1984	15
1983	35
1982	55
1981	37
1980	16
1979	36
1978	45

CH. HAUTERIVE
Médoc
Cru bourgeois

Un vaste domaine de plus de 70 hectares produisant des vins amples et généreux largement diffusés.

1993	30
1992	31
1991	25
1990	60
1989	57
1938	57
1987	24
1986	42
1985	47
1984	22
1983	46
1982	87
1981	45
1980	20
1979	49
1978	60

CH. LA HAYE
Saint-Estèphe
Cru bourgeois

Cet antique Château du XVIe siècle, rendez-vous de chasse d'Henri II et de Diane de Poitiers, a été acquis en 1988 par le propriétaire du Château Phélan

Ségur, dont on connaît la probité et le sérieux. Ces vins possèdent toutes les qualités d'un bon cru bourgeois.

1993	45
1992	46
1991	40
1990	86
1989	84
1988	75
1987	35
1986	67
1985	83
1984	32
1983	71
1982	105
1981	74
1980	27
1979	78
1978	91

CH. HOUISSANT
Saint-Estèphe
Cru bourgeois

Important vignoble de 27 hectares situé sur le point culminant de Saint-Estèphe. La qualité de sa production le place parmi les premiers crus bourgeois de l'appellation.

1993	50
1992	50
1991	45
1990	95
1989	92
1988	85
1987	26
1986	72
1985	86
1984	28
1983	75
1982	112
1981	80
1980	27
1979	79
1978	92
1976	101
1975	120
1970	142
1966	184
1964	115

CH. HOURTIN DUCASSE
Haut Médoc
Cru bourgeois

Souvent médaillé dans les concours, ce Château a encore amélioré la qua-lité de ses vins depuis la reprise en main par son nouveau propriétaire.

1993	32
1992	30
1991	26
1990	51
1989	55
1988	54
1987	22
1986	45
1985	46
1984	20
1983	43
1982	86
1981	45
1980	20
1979	46
1978	72

CH. D'ISSAN
Margaux
3e grand cru classé

Ce domaine est un des plus anciens de Margaux. Bien situé, il produit des vins moins coûteux que ceux de ses voisins.

1994	64	Primeur
1993	63	
1992	65	
1991	60	
1990	90	
1989	116	
1988	112	
1987	63	
1986	96	
1986	225	Magnum
1985	107	
1984	66	
1984	145	Magnum
1983	107	
1982	175	
1982	393	Magnum
1981	110	
1980	60	
1979	112	
1978	140	
1977	48	
1976	144	
1975	155	
1974	50	
1970	168	
1966	270	
1963	160	
1961	470	
1959	278	
1953	305	
1949	510	

1945	720
1934	370
1929	560
1928	720
1928	1 650 Magnum
1923	710

CH. JACQUES BLANC
Saint-Émilion
Grand cru classé

Outre son grand cru de Saint-Émilion, ce Château propose également un vin de prestige, « cuvée du maître », à caractère boisé.

1993	43
1992	42
1991	38
1990	90
1989	86
1988	79
1987	44
1986	60
1985	66
1984	38
1983	64
1982	90
1981	66
1980	35
1979	75
1978	81
1976	75
1975	97

CH. LA JAROUSSE
Côtes de Castillon

Bénéficiant d'un bon terroir, ce Château produit une belle quantité de vins de qualité, plaisants et fruités.

1993	25
1992	24
1991	20
1990	30
1989	35
1986	31
1987	15
1986	25
1985	30
1984	16
1983	25
1982	54
1981	28
1980	15
1979	29
1978	40

CH. JEAN FAURE
Saint-Émilion
Grand cru classé déclassé en grand cru (décret du 18 juin 1987)

Ce cru reste très apprécié des restaurateurs et de certains particuliers. Son apparition lors des ventes aux enchères est très fréquente.

1993	38
1992	40
1991	36
1990	73
1989	75
1988	71
1987	30
1986	60
1985	64
1984	30
1983	66
1982	79
1981	64
1980	30
1979	66
1978	72
1976	70
1975	86
1970	100

CH. JEANDEMAN
Fronsac

Ce vignoble de 25 hectares d'un seul tenant, très ensoleillé, planté à 80 % en Merlot et à 20 % en Cabernet, produit des vins très typés Fronsac, charnus et de belle teinte.

1993	30
1992	33
1991	30
1990	51
1989	49
1988	44
1987	20
1986	39
1985	52
1984	20
1983	39
1982	62
1981	37
1980	20
1979	45
1978	60

CH. DU JUGE
Cadillac

Les vins de l'appellation Cadillac sont surtout connus pour leurs liquoreux très agréables. Cependanl, ce Château produit également des vins rouges de belle facture.

1993	27
1992	30
1991	28
1990	38
1989	39
1988	35
1987	30
1986	32
1985	38
1984	26
1983	37
1982	34
1981	38
1980	27
1979	41
1978	44

CH. JULIAN
Haut Médoc

Ces vins sont vinifiés par la cave coopérative de Vertheuil.

1993	25
1992	24
1991	22
1990	43
1989	47
1988	43
1987	16
1986	42
1985	41
1984	15
1983	32
1982	63
1981	36
1980	15
1979	37
1978	49
1975	57
1970	70

CH. JUNAYME
Canon Fronsac

Les vins de ce Château atteignent souvent les cours des voisins de Saint-Émilion. Le vin de prestige est vendu sous le nom de Château La Tour Canon.

1993	31
1992	30
1991	28
1990	50
1989	51
1988	47
1987	22
1986	40
1985	52
1984	20
1983	41
1982	67
1981	40
1980	20
1979	48
1978	62

CH. LE JURAT
Saint-Émilion
Grand cru

De très ancienne réputation, ce Château produit quelque 40 000 bouteilles de bons vins bouquetés où l'on retrouve un peu les saveurs du Pomerol. Le même groupe international qui exploite le Château Haut Corbin commercialise la production, exportée à 80 %.

1993	33
1992	33
1991	31
1990	59
1989	62
1988	56
1987	20
1986	54
1985	55
1984	20
1983	54
1982	92
1981	48
1980	20
1979	55
1978	61
1976	90
1975	116

CH. LES JUSTICES
Sauternes

Ces vins sont vendus plus jeunes que ceux du Château Gilette du même propriétaire, et ils en possèdent les mêmes grandes qualités. Le domaine produit également un grand vin blanc sec sous appellation Bordeaux supérieur, coté ci-après.

1993	53
1992	51
1991	46
1990	111
1989	115
1988	108
1987	83
1986	113
1985	110
1984	77
1983	127
1982	89
1981	97

DOMAINE LES JUSTICES
Bordeaux supérieur

Il produit en blanc sec et en Bordeaux supérieur rouge d'excellents vins grâce à la maîtrise et l'expérience de Christian Médeville.

1993	30
1992	29
1991	27
1990	50
1989	50
1988	48
1987	20
1986	40
1985	53
1984	21
1983	42
1982	58
1981	39
1980	20
1979	47
1978	58

CH. KIRWAN
Margaux
3e grand cru classé

Il s'agit d'un des meilleurs 3es crus du Médoc. Il possède une réputation mondiale que soutient une distribution surtout dirigée vers l'exportation.

1993	55
1992	54
1991	50
1990	95
1989	108
1988	106
1987	62
1986	93
1985	105
1984	60
1983	108

1982	155
1981	106
1980	55
1979	110
1978	130
1977	142

CH. LABATUT BOUCHARD
Cadillac

Deux tiers de ce domaine sont produits en rouge et vendus comme Premières Côtes de Bordeaux. Le tiers restant, en blanc, se divise, pour moitié, en sec d'appellation Bordeaux et, pour l'autre moitié, en liquoreux sous label Cadillac, coté ci-dessous.

1993	26
1992	28
1991	26
1990	39
1989	40
1988	38
1987	30
1986	38
1985	42
1984	30
1983	41
1982	35
1981	43
1980	30
1979	47
1978	50

CH. LABEGORCE
Margaux
Cru bourgeois

Cet important vignoble d'une trentaine d'hectares produit des vins parfaits, très recherchés par les amateurs de bouteilles de qualité.

1993	52
1992	56
1991	55
1990	78
1989	84
1988	86
1987	52
1986	65
1985	72
1984	43
1983	70
1982	96
1981	72
1980	44
1979	75

1978	83
1976	80
1975	95
1970	115

CH. LABEGORCE ZEDÉ

Margaux
Cru bourgeois

Lorsqu'il lut séparé de Labegorce, son exploitation incomba à l'amiral Zedé, d'où son nom. À la suite de divers propriétaires, le gérant actuel, très réputé et également en charge de Châteaux prestigieux, propose des vins de haute tenue recherchés en France et à l'étranger. La production est exportée à hauteur de 75 %.

1993	55
1992	58
1991	57
1990	91
1989	83
1988	83
1987	53
1986	85
1985	87
1984	40
1983	81
1983	195 Magnum
1982	103
1982	225 Magnum
1982	640 Jéroboam
1982	915 Impériale
1981	83
1980	40
1980	372 Impériale
1979	85
1978	100
1977	40
1976	95
1975	110
1970	135
1964	145

CH. LABROUSSE

Côtes de Blaye

Typique du Blayais, ce Château, outre sa production de vins rouges, propose une certaine quantité de vins blancs.

1993	25
1992	25
1991	21
1990	32
1989	36
1988	32

1987	15
1986	26
1985	33
1984	15
1983	24
1982	50
1981	26
1980	15
1979	27
1978	38

CH. LACHESNAYE

Haut Médoc
Cru bourgeois

Ce beau domaine de 115 hectares dont seulement 20 de vignoble bien situé, produit des vins de qualité bouquetés et raffinés.

1993	35
1992	35
1991	34
1990	68
1989	76
1988	82
1987	40
1986	53
1985	65
1984	26
1983	59
1982	78
1981	55
1980	24
1979	54
1978	65

CH. LAFAURIE PEYRAGUEY

Sauternes
1er grand cru classé

Ce vin, considéré comme un des meilleurs crus du Sauternais, se négocie à des prix qui semblent encore intéressants.

1993	90
1992	95
1991	85
1990	157
1989	193
1988	187
1987	123
1986	142
1985	150
1985	80 Demi-bouteille
1984	106
1983	167
1982	127

1981	148
1980	98
1979	145
1978	162
1977	96
1976	165
1975	220
1970	255
1967	360
1960	205
1958	270
1953	410
1949	570
1946	335
1945	750
1938	600
1928	920

CH. LAFFITTE CARCASSET PADIRAC
Saint-Estèphe
Cru bourgeois

Devant son nom à un sieur Laffitte qui exploitait ce vignoble au XVIIIe siècle, actuellement propriété du vicomte de Padirac, ce Château commercialise des vins fins et bouquetés provenant de vieilles vignes.

1993	26
1992	29
1991	27
1990	60
1989	53
1988	55
1987	30
1986	45
1985	50
1984	25
1983	45
1982	85
1981	40
1980	23
1979	45
1978	55

CH. LAFITTE
Premières Côtes de Bordeaux

Situé sur les communes de Camblanes et Meynac, ce Château produit des vins typés riches en tanin.

1993	23
1992	24
1991	22
1990	42
1989	45

1988	41
1987	16
1986	40
1985	47
1984	18
1983	33
1982	70
1981	36
1980	15
1979	38
1978	60

CH. LAFITTE LAGUENS
Premières Côtes de Bordeaux

Du fait qu'il porte la même appellation (Premières Côtes de Bordeaux) que le Château Lafitte situé sur la commune de Camblanes, la confusion est possible. La très importante production exportée de ce Château bénéficie sans doute aussi d'une certaine similitude de nom avec le célèbre 1er grand cru classé. Il n'est donc pas inutile de rappeler que le Château Lafite Rothschild est le seul à s'orthographier avec un seul F et un seul T.

1993	23
1992	25
1991	24
1990	44
1989	46
1988	40
1987	20
1986	40
1985	42
1984	20
1983	33
1982	70
1981	37
1980	20
1979	38
1978	57

CH. LAFON ROCHET
Saint-Estèphe
4e grand cru classé

Situé dans le voisinage du grand Lafite, il possède des qualités de finesse et offre un bouquet très délicat. Les prix, très favorables, permettent l'acquisition de belles et bonnes bouteilles.

1993	56
1992	58
1991	62
1990	85

CH. LAFLEUR
Pomerol

Probablement un des plus beaux vignobles de Pomerol. Il supporte aisément la comparaison avec certains crus connus vendus à prix d'or. Cette toute petite propriété de 4 hectares surprend par la qualité de ses vins puissants et complets, de teinte très sombre, nécessitant des années de vieillissement. Rares et difficiles à trouver, même dans les ventes aux enchères. Il faut signaler que, aussi bien en 1987 qu'en 1991, les vins du Château Lafleur dont la qualité ne correspondait pas aux critères de l'appellation ont été vendus sous l'étiquette : « **Les Pensées de Lafleur** ».

1993	486	
1992	330	
1990	809	
1990	440	Demi-bouteille
1989	912	
1988	636	
1986	630	
1986	1 380	Magnum
1985	848	
1985	8 400	Impériale
1984	420	
1983	800	
1983	1 750	Magnum

1982	1 655	
1982	3 450	Magnum
1982	15 200	Impériale
1981	523	
1980	230	
1979	815	
1978	786	
1977	235	
1976	475	
1975	1 545	
1974	335	
1973	700	
1972	260	
1971	770	
1970	1 145	
1969	450	
1967	1 375	
1966	1 955	
1966	4 250	Magnum
1964	1 290	
1962	1 625	
1961	6 345	
1959	2 500	
1955	2 000	
1953	4 325	
1952	3 250	
1952	1 875	Mise anglaise
1950	10 000	
1949	10 500	
1947	11 000	
1947	7 820	Mise belge
1945	9 625	
1945	23 500	Magnum

1989	79	
1989	185	Magnum
1989	43	Demi-bouteille
1988	77	
1987	45	
1986	80	
1985	85	
1984	42	
1983	77	
1982	121	
1981	83	
1980	45	
1979	88	
1978	104	
1977	44	
1976	108	
1975	132	
1971	125	
1970	170	
1967	75	
1961	400	
1959	290	
1945	520	
1921	440	

CH. LAGAROSSE
Premières Côtes de Bordeaux

Sur 25 hectares pour le vin rouge et 6 hectares pour le vin blanc, ce très vieux Château, produit des vins rouges colorés et tanniques et des blancs secs et fruités.

1993	24
1992	25
1991	25
1990	45
1989	46
1988	42
1987	18
1986	41
1985	40
1983	35
1982	64
1981	38
1980	20
1979	39
1978	60

CH. LAGRANGE
Pomerol

Bien situé, dépendant d'un excellent administrateur, ce Château produit certaines années des vins surprenants.

1993	80
1992	72
1991	63
1990	122
1989	118
1988	107
1987	76
1986	113
1985	110
1984	74
1983	113
1982	158
1981	115
1980	82
1979	128
1978	150
1976	153
1975	184
1974	78
1970	197

CH. LAGRANGE
Saint-Julien
3e grand cru classé

Ce Château est entièrement situé sur la commune de Saint-Julien. Ses vins, distribués dans le monde entier, trouvent leur place sur toutes les bonnes tables à des prix très compétitifs.

1994	70	Primeur
1993	62	
1992	56	
1991	89	
1990	138	
1990	78	Demi-bouteille
1989	111	
1989	63	Demi-bouteille
1988	94	
1987	78	
1986	125	
1985	133	
1984	75	
1983	128	
1983	295	Magnum

CH. LAFITE ROTHSCHILD
Pauillac
1er grand cru classé

Le sol de Lafite différencie cette propriété de toutes les autres et la rend unique au monde. Miracle de la nature que d'avoir créé ce terrain idéal pour la production de vins d'exception. Reconnus dès le XVe siècle, les vins de Lafite trouvèrent une première consécration quand le Marquis de Ségur, surnommé « Le Prince des Vignes », les introduisit à la cour de Louis XV.
Le vignoble de 90 hectares se divise en trois grandes zones : les coteaux autour du château, le plateau des Carruades et environ 3 hectares sur la commune de Saint-Estèphe qui bénéficient d'une dérogation spéciale pour être incorporé sur l'appellation « Pauillac ».
Les méthodes culturales sont traditionnelles. Les vendanges s'effectuent à la main sur des vignes pouvant atteindre 80 ans. Ces vins vieillissent en barriques de chêne renouvelées chaque année et fabriquées au Château. La mise en bouteilles se fait après un séjour de 10 à 24 mois dans ces barriques. Une sélection sévère est opérée et les cuvés non retenues sont commercialisées sous le nom du second vin « Moulin des Carruades ».

1993	210	
1992	210	
1991	261	
1990	472	
1990	248	Demi-bouteille
1990	990	Magnum
1990	3 240	Jéroboam
1990	4 140	Impériale
1989	468	
1989	3 635	Jéroboam
1989	4 455	Impériale
1988	445	
1987	268	
1986	485	
1986	2 340	Double magnum
1986	4 340	Jéroboam
1986	4 960	Impériale
1986	265	Demi-bouteille
1982	164	
1982	365	Magnum
1981	132	

1985	430	1969	272
1985	915 Magnum	1969	635 Magnum
1985	2 010 Double magnum	1969	1 380 Double magnum
1984	237	1969	3 140 Jéroboam
1984	505 Magnum	1968	345
1983	381	1968	755 Magnum
1983	885 Magnum	1967	565
1983	3 825 Jéroboam	1967	305 Demi-bouteille
1983	4 590 Impériale	1967	1 380 Magnum
1982	867	1967	2 980 Double magnum
1982	1 915 Magnum	1967	7 210 Impériale
1982	4 620 Double magnum	1966	886
1982	7 020 Jéroboam	1966	475 Demi-bouteille
1981	413	1966	2 280 Magnum
1981	890 Magnum	1966	4 840 Double magnum
1981	2 120 Double magnum	1966	8 100 Jéroboam
1980	267	1965	450
1980	2 480 Impériale	1965	975 Magnum
1979	462	1965	2 100 Double magnum
1979	970 Magnum	1964	588
1979	2 240 Double magnum	1964	310 Demi-bouteille
1978	663	1964	1 320 Magnum
1978	1 440 Magnum	1964	5 220 Impériale
1978	3 600 Jéroboam	1963	267
1978	6 120 Impériale	1963	650 Magnum
1977	250	1963	1 520 Double magnum
1977	535 Magnum	1962	1 160
1977	1 110 Double magnum	1962	600 Demi-bouteille
1977	1 780 Jéroboam	1962	2 400 Magnum
1977	2 350 Impériale	1962	5 010 Double magnum
1976	843	1962	11 050 Impériale
1976	1 880 Magnum	1961	2 425
1976	3 850 Double magnum	1961	1 240 Demi-bouteille
1976	5 620 Jéroboam	1961	5 350 Magnum
1976	9 450 Impériale	1961	13 750 Impériale
1975	833	1960	498
1975	3 680 Double magnum	1960	280 Demi-bouteille
1975	8 920 Jéroboam	1960	1 240 Magnum
1974	265	1960	2 750 Double magnum
1974	575 Magnum	1960	6 120 Impériale
1973	312	1959	2 550
1973	680 Magnum	1959	5 320 Magnum
1973	1 460 Double magnum	1959	11 050 Double magnum
1973	2 330 Jéroboam	1959	17 250 Jéroboam
1973	3 520 Impériale	1959	24 500 Impériale
1972	280	1958	620
1972	150 Demi-bouteille	1958	1 310 Magnum
1972	580 Magnum	1958	2 720 Double magnum
1971	475	1958	4 120 Jéroboam
1971	1 080 Magnum	1958	5 550 Impériale
1970	822	1957	875
1970	1 860 Magnum	1957	3 860 Double magnum
1970	4 950 Double magnum	1956	1 135
1970	8 100 Jéroboam	1955	1 250

1980	78	1975	162
1979	135	1974	60
1978	145	1973	75
1977	65	1970	175
1976	148	1966	230

1955	2 610 Magnum		1911	3 000
1954	1 525		1910	2 850
1953	2 150		1909	2 500
1953	4 530 Magnum		1908	3 280
1952	1 158		1907	3 405
1952	2 430 Magnum		1906	2 535
1952	8 540 Jéroboam		1905	2 250
1951	1 135		1904	3 300
1950	1 250		1903	3 215
1950	715 Demi-bouteille		1902	4 155
1949	3 400		1901	3 500
1949	7 100 Magnum		1900	9 850
1949	16 300 Double magnum		1899	9 630
1948	2 235		1898	5 760
1947	2 450		1897	6 090
1947	5 430 Magnum		1896	4 000
1946	2 115		1895	10 250
1945	3 700		1895	24 000 Magnum
1945	8 400 Magnum		1894	12 750
1944	1 650		1893	6 050
1943	1 710		1892	12 500
1942	1 580		1891	6 450
1941	2 615		1890	5 500
1940	2 430		1889	5 775
1939	1 600		1888	7 075
1938	1 380		1887	7 650
1937	1 265		1886	5 500
1934	3 550		1883	11 500
1933	1 480		1882	6 400
1932	2 670		1881	5 775
1931	2 495		1880	7 650
1929	3 110		1879	12 400
1929	6 910 Magnum		1878	12 350
1928	3 730		1878	26 200 Magnum
1928	8 500 Magnum		1877	12 500
1927	1 640		1876	8 750
1926	1 810		1875	16 950
1926	4 140 Magnum		1874	13 500
1926	14 200 Jéroboam		1874	35 200 Magnum
1925	2 210		1870	17 350
1924	2 565		1869	14 450
1924	14 200 Double magnum		1868	17 500
1923	1 500		1865	21 000
1922	2 050		1864	27 500
1921	2 500		1858	20 000
1920	3 500		1848	42 500
1919	3 230		1846	45 000
1918	2 730		1844	32 500
1917	2 525		1841	44 620
1916	2 175		1832	45 000
1916	4 570 Magnum		1825	78 000
1914	2 640		1820	130 250
1913	3 750		1806	125 000
1912	3 780		1787	1 050 000

1961	475	1953	230
1959	215	1949	560
1959	450 Magnum	1947	685
1955	204	1937	360
1955	125 Demi-bouteille	1923	760

CH. LALANDE
Saint-Julien

Cette propriété a été séparée du Château Lagrange en 1964 pour être cédée à son propriétaire actuel qui exploite une trentaine d'hectares produisant des vins fins et bouquetés.

1993	30
1992	31
1991	28
1990	56

1989	60
1988	55
1987	20
1986	53
1985	53
1984	20
1983	52
1982	84
1981	47
1980	20
1979	55
1978	55

CH. LA LAGUNE
Haut Médoc, 3ᵉ grand cru classé

Ce Château porte le plus haut classement des vins de Haut Médoc, mais, malheureusement, il est rarement apprécié à sa juste valeur par un vaste public. Les prix sont donc relativement bas pour un vin de si grande qualité.

1993	71
1992	64
1991	65
1990	110
1989	115
1988	106
1987	76
1986	113
1986	237
1985	120
1985	1 350 Jéroboam
1985	1 620 Impériale
1984	77
1984	168
1983	119
1983	265 Magnum
1983	560 Double magnum
1983	1 345 Impériale
1982	233
1982	1 120 Double magnum
1982	1 650 Jéroboam
1981	113
1981	245 Magnum
1981	550 Double magnum
1980	70
1980	302 Double magnum
1980	475 Jéroboam
1980	660 Impériale
1979	133
1978	164

1978	1 350 Jéroboam
1978	1 730 Impériale
1977	62
1977	390 Jéroboam
1977	550 Impériale
1976	170
1976	1 750 Impériale
1975	167
1975	380 Magnum
1975	1 485 Jéroboam
1975	1 780 Impériale
1974	80
1973	115
1973	250 Magnum
1972	75
1971	245
1971	1 620 Jéroboam
1971	2 310 Impériale
1970	262
1970	560 Magnum
1969	125
1969	268 Magnum
1968	156
1967	180
1966	515
1966	1 170 Magnum
1966	2 530 Double magnum
1964	330
1962	385
1961	588
1959	410
1955	365
1954	280
1947	750
1945	940
1940	420
1928	1 530
1922	615
1921	1 550 Magnum
1920	580
1900	1 280

110

CH. LALANDE BORIE
Saint-Julien, Cru bourgeois

La famille qui élabore ce vin, propriétaire également de crus prestigieux tels que Ducru Beaucaillou, Grand Puy Lacoste et Haut Batailley, apporte tout son savoir et sa maîtrise pour lui faire obtenir la même renommée.

1993	58
1992	62
1991	60
1990	82
1990	42 Demi-bouteille
1989	75
1989	39 Demi-bouteille
1988	73
1987	55
1986	65
1985	66
1984	36
1983	60
1982	104
1981	63
1980	35
1979	64
1978	73
1976	71
1975	95
1970	102
1966	260
1962	165
1926	287

CH. DE LAMARQUE
Haut Médoc, Cru bourgeois

Une partie de ce beau Château remonte au XIe siècle et l'édifice actuel a été construit au XIVe. Conseillés par l'un des meilleurs œnologues du monde, les propriétaires proposent une grande quantité de bons vins colorés, d'arômes complexes et de longue garde. Les médailles d'or obtenues en 1988 et 1990 au Concours général agricole sont venues couronner ces belles réalisations, que l'on trouve sur la carte des bons restaurateurs. La moitié des vins est exportée dans le monde entier.

1993	45
1992	47
1991	45
1990	70
1989	88

1988	72
1987	38
1986	65
1985	74
1984	30
1983	71
1982	84
1981	73
1980	31
1979	74
1976	80
1975	95

CH. LAMOTHE
Premières Côtes de Bordeaux

Ce beau Château doit son nom au monticule sur lequel il est bâti : La Motte. Son importante production, en vins rouges comme en blancs, vendue sous appellation Bordeaux est totalement et directement livrée en bouteilles par les propriétaires ; 80 % sont destinées à l'exportation.

1993	24
1992	25
1991	20
1990	35
1989	36
1988	34
1987	18
1986	28
1985	36
1984	15
1983	25
1982	57
1981	28
1980	16

CH. LAMOTHE
Sauternes, 2e grand cru classé

Sous ce nom figurent deux propriétés, à peu de chose près de la même superficie, donnant des vins de grande classe : Lamothe Guignard et Lamothe Despujols.

1993	52
1992	53
1991	50
1990	85
1989	76
1988	99
1987	83
1986	104

1985	103
1984	71
1983	98
1982	72
1981	82
1980	75
1979	89
1978	116
1976	113
1975	140
1970	152

CH. LAMOTHE BERGERON
Haut Médoc
Cru bourgeois

Propriété de la société civile du Château Grand Puy Ducasse, cet antique Château offre des vins élégants et bouquetés dont la commercialisation est exclusivement assurée par un négociant bordelais.

1993	34
1992	35
1991	32
1990	59
1989	53
1988	58
1987	37
1986	55
1985	54
1984	37
1983	57
1982	98
1981	54
1980	33
1979	60
1978	60

CH. LAMOTHE CISSAC
Haut Médoc
Cru bourgeois

Ce très ancien cru bourgeois du Médoc offre des vins de caractère dont plus de 50 % sont exportés à travers le monde.

1993	34
1992	35
1991	33
1990	61
1989	55
1988	60
1987	37
1986	50
1985	55
1984	35

1983	56
1982	97
1981	55
1980	30
1979	62
1978	65

CH. LANDAT
Haut Médoc
Cru bourgeois

La même société civile exploite ce Château et celui de Lamothe. Un très bon technicien gère les deux domaines. A la propriété de Landat sont produits des vins très fins, fort appréciés dans les pays nordiques.

1993	35
1992	35
1991	34
1990	58
1989	55
1988	59
1987	27
1986	44
1985	52
1984	25
1983	51
1982	92
1981	50
1980	25
1979	57
1978	63

CH. LANESSAN
Haut Médoc
Cru bourgeois

Appartenant depuis des siècles à la même famille, ce domaine produit un vin de plus en plus recherché pour ses grandes qualités.

1993	45
1992	46
1991	40
1990	61
1989	72
1988	70
1987	47
1986	63
1985	73
1985	157 Magnum
1984	32
1984	70 Magnum
1983	58
1982	112
1981	55

1980	30
1979	58
1978	67
1977	32
1976	66
1976	495 Jéroboam
1976	632 Impériale
1975	80
1974	35
1974	412 Impériale
1973	420 Jéroboam
1970	142
1970	1 120 Jéroboam
1964	112
1955	265
1914	1 000

CH. LANGOA
Saint-Julien, 3e grand cru classé

Depuis 1820, la famille Barton exploite cette propriété et celle de Léoville. Les deux se différencient par leur classement en 2e et 3e grand cru. Durant l'Occupation, ces Châteaux ont eu à souffrir de mises sous séquestre, étant considérés comme biens anglais.

1993	64
1992	58
1991	71
1990	116
1989	105
1988	93
1987	66
1986	114
1985	103
1984	70
1983	108
1982	165
1981	110
1981	510 Double magnum
1981	800 Jéroboam
1980	75
1979	118
1979	490 Double magnum
1978	132
1977	62
1976	145
1975	150
1970	193
1966	230
1966	510 Magnum
1961	575
1959	275
1949	500
1947	720
1947	1 640 Magnum
1945	1 250

CH. LANIOTE
Saint-Émilion, Grand cru classé

Cette petite propriété produit une trentaine de milliers de bouteilles d'un bon vin fidèle à son titre de grand cru classé.

1993	52
1992	50
1991	50
1990	87
1989	86
1988	90
1987	42
1986	85
1985	116
1984	43
1983	113
1982	145
1981	73
1980	45
1979	89
1978	114
1976	113
1975	145

CH. LAPELLETRIE
Saint-Émilion, Grand cru

Est-ce à cause de son nom ou pour une autre raison ? On ne s'explique pas le fait que cet excellent vin, à très bas prix, ne trouve pas une audience plus large auprès d'une vaste clientèle. Il se place pourtant tout au sommet de la vaste pyramide qui regroupe environ un millier de grands crus de Saint-Émilion.

1993	38
1992	40
1991	36
1990	72
1989	70
1988	70
1987	28
1986	65
1985	66
1984	27
1983	65
1982	97
1981	66
1980	27
1979	66
1978	75
1977	25
1976	78
1975	104

CH. LARCIS DUCASSE
Saint-Émilion, Grand cru classé

Sur ces 10 hectares de vignes particulièrement bien situés, exposés au sud, s'élaborent des vins corsés et bouquetés vieillissant parfaitement.

1993	67
1992	55
1991	61
1990	100
1989	101
1988	83
1987	60
1986	93
1985	115
1984	56
1983	94
1982	120
1982	67 Demi-bouteille
1981	96
1980	50
1979	98
1978	111
1977	42
1976	106
1975	124
1973	45
1971	116
1970	135
1969	60
1969	135 Magnum
1966	225
1964	125
1962	170
1962	375 Magnum
1959	195
1959	460 Magnum
1952	370
1945	645
1937	350
1933	325

CH. LARDIER
Bordeaux supérieur

Cette propriété située sur la commune de Ruch produit un très bon vin rouge de vinification soignée rendant possible une certaine garde.

1993	28
1992	26
1991	27
1990	44
1989	38
1988	36
1987	20

1986	34
1985	37
1984	18
1983	26
1982	49
1981	28
1980	17
1978	30
1976	35
1975	52

CH. LARMANDE
Saint-Émilion
Grand cru classé

Un très ancien vignoble de Saint-Émilion dont on trouve des traces au XVIe siècle, actuellement propriété de la compagnie d'assurances La Mondiale. Ce cru, dont l'exploitation est soigneusement suivie par un éminent œnologue, offre des vins amples et complexes issus pour deux tiers de cépage Merlot et pour un tiers de Cabernet de vieilles vignes. Il faut aussi signaler le second vin : Cadet de Larmande.

1993	65
1992	62
1991	60
1990	105
1989	113
1988	100
1987	62
1986	87
1985	103
1984	54
1983	90
1982	156
1981	98
1980	52
1979	104
1978	120
1976	114
1975	142
1970	150
1970	335 Magnum

CH. LAROQUE
Saint-Émilion, Grand cru

Ce très ancien domaine féodal est célèbre dans toute la Gironde. Son Château fut reconstruit en style « Versailles » au temps de Louis XIV. Le vignoble, représentant une cinquantaine d'hectares, produit des vins de qualité distribués par l'une des plus importantes maisons de négoce bordelaises.

1993	35
1992	34
1991	33
1990	68
1989	67
1988	66
1987	23
1986	58
1985	62
1984	25
1983	58
1982	88
1981	58
1980	25
1979	55
1978	68
1976	63
1975	85

CH. LAROSE TRINTAUDON
Haut Médoc
Cru bourgeois

Ce domaine exploite 170 hectares de vignes, ce qui en fait un des plus grands producteurs du Bordelais. En raison de son abondance, ce bon vin est proposé à des tarifs extrêmement favorables et accessibles à tous.

1993	34	
1992	35	
1991	31	
1990	52	
1989	50	
1988	43	
1987	30	
1986	43	
1985	45	
1984	26	
1983	51	
1982	78	
1981	53	
1980	25	
1979	57	
1978	65	
1976	68	
1975	90	
1975	215	Magnum
1970	305	Magnum

La récolte du vignoble de Chablis a chuté de 11,5 % en 1994.

CH. LAROZE
Saint Émilion
Grand cru classé

La famille des propriétaires actuels s'occupait déjà de viticulture au début du XVIIᵉ siècle. Les vins de l'appellation sont élaborés avec les plus grands soins ce qui explique la grande faveur dont ils jouissent auprès d'une clientèle française et, pour 50 % européenne.

1993	51
1992	50
1991	51
1990	84
1989	82
1988	91
1987	35
1986	83
1985	113
1984	40
1983	110
1982	136
1981	70
1980	40
1979	87
1978	110
1976	106
1975	140

CH. LARRIVAUX
Haut Médoc
Cru bourgeois

Ce Château, appartenant à la même famille depuis plus de trois siècles, domine une proprieté de 100 hectares, dont 25 de beaux vignobles. L'excellent terroir de ce cru bourgeois permet d'obtenir des vins colorés et amples caractérisés par leur longueur en bouche. Une bonne moitié de la production est exportée dans la C.E.E.

1993	34
1992	34
1991	30
1990	53
1989	49
1988	41
1987	25
1986	42
1985	44
1984	25
1983	50
1982	80
1981	52

1980	24
1979	56
1978	66

CH. LARRIVET HAUT BRION
Graves

Il ne faut pas confondre ce vin de Graves avec le Laville Haut Brion qui, lui, est un cru classé. La majeure partie de la production du Larrivet est assurée en rouge. Les prix pratiqués sur ces deux vins ne sauraient se comparer.

Rouge

1993	55
1992	59

CH. LATOUR
Pauillac, 1er grand cru classé

Un des vins les plus célèbres dans le monde. Ce superbe vignoble produit des vins généreux, amples et de très grande garde. Les « petits » millésimes constituent d'excellentes occasions à saisir lors des ventes aux enchères car ils sont bien souvent « bradés », faute d'acheteurs suffisamment avertis.

1994	240 Primeur
1993	220
1992	217
1991	287
1991	590 Magnum
1990	628
1990	325 Demi-bouteille
1990	1 460 Magnum
1989	411
1989	230 Demi-bouteille
1989	3 780 Jéroboam
1989	4 590 Impériale
1988	382
1988	3 285 Jéroboam
1988	3 870 Impériale
1987	224
1987	472 Magnum
1986	409
1986	855 Magnum
1986	3 285 Jéroboam
1986	3 960 Impériale
1985	381
1985	830 Magnum
1985	3 375 Jéroboam
1985	4 140 Impériale
1984	264
1984	550 Magnum
1983	321

1991	54
1990	86
1989	115
1988	94
1987	45
1986	69
1985	82
1984	41
1983	71
1982	152
1982	330 Magnum
1982	690 Double magnum
1982	1 170 Jéroboam
1981	74
1980	43
1976	135

1983	695 Magnum
1983	1 680 Double magnum
1983	2 970 Jéroboam
1983	3 350 Impériale
1982	958
1982	2 120 Magnum
1982	4 420 Double magnum
1982	9 250 Impériale
1981	365
1981	820 Magnum
1981	1 780 Double magnum
1981	3 600 Impériale
1980	245
1980	540 Magnum
1980	1 280 Double magnum
1979	366
1979	810 Magnum
1979	1 740 Double magnum
1979	2 880 Jéroboam
1978	625
1978	1 360 Magnum
1977	270
1977	575 Magnum
1977	1 740 Jéroboam
1977	2 380 Impériale
1976	370
1976	785 Magnum
1975	596
1975	1 610 Magnum
1975	5 400 Jéroboam
1974	280
1974	645 Magnum
1974	1 420 Double magnum
1973	325
1973	720 Magnum
1972	180
1972	405 Magnum
1971	546
1971	1 210 Magnum
1971	2 640 Double magnum

1973	80
1949	420
1929	535
Blanc	
1993	75
1992	80
1991	70
1990	110
1989	104
1988	100
1987	78
1986	86
1985	105
1984	73
1982	104

CH. LASCOMBES
Margaux
2e grand cru classé

Le groupe Bass Charrington est propriétaire de ce superbe Château dont les vins sont très demandés dans les pays anglo-saxons et particulièrement aux États-Unis. Des installations ultra-modernes permettent la vinification des raisins récoltés sur les 92 hectares que comprend le vignoble.

1993	74
1992	72
1991	63
1990	104

Année	Prix		Année	Prix	
1970	1 212		1946	1 800	
1970	2 630	Magnum	1945	4 575	
1969	245		1945	10 100	Magnum
1969	530	Magnum	1944	1 980	
1968	330		1943	1 575	
1967	392		1942	1 725	
1967	820	Magnum	1941	1 820	
1966	1 250		1940	1 250	
1966	675	Demi-bouteille	1939	1 270	
1966	2 630	Magnum	1938	1 340	
1965	572		1938	2 910	Magnum
1964	875		1937	1 635	
1964	450	Demi-bouteille	1936	2 320	
1964	1 910	Magnum	1934	1 590	
1963	670		1933	1 060	
1962	1 072		1931	3 820	
1961	3 512		1929	9 390	
1961	8 620	Magnum	1928	7 860	
1961	42 200	Jéroboam	1926	3 900	
1960	740		1925	4 050	
1959	2 117		1924	3 750	
1959	4 520	Magnum	1923	2 760	
1958	600		1920	2 650	
1957	725		1918	2 900	
1957	1 640	Magnum	1913	2 880	
1956	918		1909	3 720	
1955	1 615		1905	4 430	
1954	1 095		1900	8 500	
1953	1 190		1899	9 500	
1953	2 430	Magnum	1893	17 500	
1952	1 160		1892	6 000	
1952	2 450	Magnum	1890	7 200	
1951	1 345		1889	7 800	
1950	1 062		1878	19 600	
1950	2 240	Magnum	1875	9 000	
1949	2 340		1874	17 500	
1949	4 910	Magnum	1870	22 500	
1948	1 665		1865	35 000	
1947	2 350		1864	50 000	
1947	5 100	Magnum	1847	90 000	

1989	98
1988	119
1987	66
1986	117
1985	121
1984	65
1983	121
1982	159
1981	120
1981	525 Double magnum
1980	62
1979	98
1978	104
1977	55
1976	102
1975	167
1975	795 Double magnum
1974	55
1973	70
1972	45
1971	152
1970	185
1966	250
1964	175
1962	230
1961	680
1961	1 530 Magnum
1955	245
1949	525
1947	680
1945	850
1938	315
1937	335
1926	620
1881	2 600

CH. LATOUR POMEROL
Pomerol

Cette propriété, d'une tenue impeccable, produit des vins qui se distinguent par leur élégance et leur finesse. En vieillissant, ils acquièrent un bouquet spécifique de truffe et de violette.

1990	239
1989	220
1988	213
1987	130
1986	169
1985	240
1984	105
1983	258
1982	407
1981	202
1980	123
1979	193
1978	295
1976	277

1975	288
1971	380
1970	416
1969	172
1966	850
1964	780
1962	960
1961	9 000
1959	1 650
1955	750
1953	1 170
1952	1 440
1949	7 300
1947	7 850
1945	7 420
1934	3 950

CH. LAUJAC
Médoc
Cru bourgeois

Ce très vaste et ancien domaine de 350 hectares, acquis par une vieille famille du Bordelais, produit une grande quantité de vins charpentés et solides dignes des crus bourgeois.

1993	31
1992	32
1991	29
1990	63
1989	70
1988	72
1987	30
1986	49
1985	57
1984	26
1983	54
1982	75
1981	50
1980	25
1979	49
1978	56
1976	67
1975	83

CH. LAURENSANNE
Côtes de Bourg

Une belle propriété de 3 hectares de vignes dont la production, particulièrement soignée, présente des vins considérés parmi les meilleurs de la catégorie.

1993	25
1992	27
1991	22
1990	34

1989	36
1988	32
1987	16
1986	27
1985	30
1984	15
1983	25
1982	50
1981	27
1980	15
1979	29
1978	40

CH. LÉOVILLE BARTON

Saint-Julien
2e grand cru classé

Nous nous trouvons face à trois Châteaux voisins, classés 2es crus à Saint-Julien, portant l'appellation Léoville, mais qu'il ne faut surtout pas confondre. Chacun d'eux possède ses caractéristiques propres et les prix de vente pratiqués sont nettement différents. Une dégustation préalable de ces trois vins s'impose avant de faire son choix.

1994	104	Primeur
1993	80	
1992	72	
1991	88	
1990	142	
1989	149	
1989	1 350	Jéroboam
1989	1 620	Impériale
1988	127	
1988	1 350	Jéroboam
1988	1 485	Impériale
1987	82	
1986	132	
1986	275	Magnum
1986	1 350	Jéroboam
1986	1 620	Impériale
1985	156	
1985	335	Magnum
1984	76	
1983	112	
1983	1 215	Jéroboam
1983	1 440	Impériale
1982	228	
1982	505	Magnum
1982	2 160	Jéroboam
1981	115	
1981	244	Magnum
1981	525	Double magnum
1981	820	Jéroboam
1980	72	
1979	340	Double magnum
1978	110	

1978	190	
1978	395	Magnum
1978	1 320	Double magnum
1978	1 680	Impériale
1977	75	
1976	175	
1975	220	
1974	90	
1973	104	
1971	225	
1970	298	
1966	385	
1964	260	
1962	355	
1961	645	
1959	515	
1958	225	
1954	275	
1953	460	
1952	270	
1950	240	
1950	535	Magnum
1949	740	
1947	850	
1945	1 315	
1938	445	
1937	320	
1937	750	Magnum
1934	795	
1929	1 550	
1918	1 220	

CH. DES LAURETS

Puisseguin Saint-Émilion

La production de ce Château est jumelée à celle du Château Malengin, d'appellation Montagne Saint-Émilion. La très importante quantité de bouteilles produites est commercialisée directement et par le canal d'un important négociant libournais.

1993	28
1992	29
1991	27
1990	53
1989	51
1988	55
1987	23
1986	41
1985	47
1984	21
1983	38
1982	78
1981	41
1980	22
1979	42
1978	65

CH. LAVILLE HAUT BRION
Graves, Cru classé

Ce vignoble de cinq hectares contigu des Châteaux La Mission Haut Brion et La Tour Haut Brion, appartient au groupe du Domaine Clarence Dillon. Il produit des vins blancs séveux, secs et d'un bouquet tout à fait particulier qui ont le privilège de s'améliorer beaucoup en vieillissant pour être à leur apogée au bout d'une dizaine d'années. Fait rare pour des vins blancs, ils conservent très longtemps leurs qualités.

1993	171
1992	156
1991	145
1990	235
1989	357
1988	241
1987	187
1986	225
1985	238
1984	190
1983	260
1982	383
1981	296
1980	212
1980	120 Demi-bouteille
1979	300
1978	345
1976	370
1975	687
1975	1 480 Magnum
1972	450
1971	542
1970	700
1970	1 530 Magnum
1969	625
1968	335
1967	645
1966	675
1965	350
1964	570
1963	340
1962	630
1961	963
1960	477
1959	1 500
1958	900
1957	498
1955	1 000
1954	732
1953	1 875
1952	1 250
1950	1 715
1949	1 780
1948	1 430
1947	1 170
1946	980
1945	1 925
1943	1 045
1942	1 240
1941	875
1940	750
1939	1 625
1938	930
1936	960
1935	975
1934	1 500
1933	1 000
1929	3 750
1928	2 500

CH. LÉOVILLE POYFERRÉ
Saint-Julien, 2e grand cru classé

De gros efforts ont été faits pour améliorer la production et les résultats obtenus viennent aujourd'hui récompenser ce travail.

1994	80 Primeur
1993	78
1992	76
1991	86
1990	120
1989	111
1989	235 Magnum
1989	1 260 Jéroboam
1988	108
1988	56 Demi-bouteille
1987	84
1986	125
1985	121
1984	90
1983	109
1983	1 350 Jéroboam
1982	208
1982	120 Demi-bouteille
1982	1 890 Jéroboam
1982	2 340 Impériale
1981	110
1981	245 Magnum
1981	625 Double magnum
1980	87
1979	115
1978	144
1977	65
1976	150
1975	315
1974	72
1973	88
1972	70
1971	165
1970	243

1969	85	1961	632	
1967	135	1960	215	
1966	325	1959	480	
1964	225	1958	245	
1962	350	1957	225	...

CH. LÉOVILLE LAS CASES
Saint-Julien
2ᵉ grand cru classé

En tête des Léoville, le domaine Las Cases a toujours justifié sa prééminence par la qualité de son vin.

1993	120		1979	2 340 Impériale
1992	112		1978	311
1991	106		1978	2 300 Jéroboam
1990	233		1978	2 910 Impériale
1990	2 340 Jéroboam		1977	80
1989	224		1977	385 Double magnum
1989	2 250 Jéroboam		1977	540 Jéroboam
1989	2 700 Impériale		1977	810 Impériale
1988	200		1976	227
1988	1 950 Jéroboam		1976	1 730 Jéroboam
1987	120		1976	2 425 Impériale
1986	235		1975	316
1986	490 Magnum		1975	680 Magnum
1985	240		1974	103
1985	595 Magnum		1973	115
1985	1 620 Double magnum		1972	85
1985	2 520 Impériale		1971	265
1984	127		1971	550 Magnum
1984	270 Magnum		1970	355
1984	990 Jéroboam		1970	880 Magnum
1983	186		1969	155
1983	100 Demi-bouteille		1969	410 Magnum
1983	420 Magnum		1967	215
1983	1 080 Double magnum		1967	475 Magnum
1983	1 845 Jéroboam		1966	455
1983	2 250 Impériale		1966	1 070 Magnum
1982	488		1966	3 350 Jéroboam
1982	250 Demi-bouteille		1964	295
1982	1 340 Magnum		1964	680 Magnum
1982	2 650 Double magnum		1964	2 160 Jéroboam
1982	4 860 Jéroboam		1962	420
1982	5 850 Impériale		1961	915
1981	198		1961	2 380 Magnum
1981	425 Magnum		1959	752
1981	930 Double magnum		1957	440
1981	2 200 Impériale		1956	325
1980	96		1955	650
1980	215 Double magnum		1953	775
1980	710 Jéroboam		1952	825
1980	910 Impériale		1950	800
1979	191		1949	1 010
1979	415 Magnum		1948	790
1979	1 215 Double magnum		1947	1 627
			1945	1 615
			1943	690
			1937	750
			1934	1 210
			1928	2 250
			1920	1 180
			1918	1 480
			1900	2 830

1955	360
1954	225
1953	315
1952	250
1950	255
1950	585 Magnum
1949	620
1947	835
1945	940
1937	325
1923	900
1911	1 830

CH. LESPARRE
Bordeaux supérieur

Un ancien très vaste domaine dont 100 hectares de vignoble plantés des meilleurs cépages. Les trois quarts de la quantité produite sont en vins rouges sous appellation Bordeaux supérieur, le reste en blancs vendus comme Bordeaux ou Entre-deux-Mers. 80 % de la production sont exportés aux États-Unis, au Japon et dans la C.E.E. Le propriétaire possède également en Champagne dont il est originaire, un très beau vignoble de 40 hectares.

1993	19
1992	18
1991	18
1990	29
1989	27
1988	24
1987	15
1986	24
1985	30
1984	15
1983	24
1982	55
1981	25
1980	15
1979	29
1978	48

CH. LESTAGE
Listrac, Cru bourgeois

Cet important vignoble produit un cru de bonne réputation pour sa constitution robuste et colorée. Il fournit toutes les grandes administrations et les ministères.

1993	39
1992	38
1991	36
1990	66

1989	72
1988	68
1987	25
1986	57
1985	69
1984	26
1983	63
1982	78
1981	64
1980	25
1979	63
1978	66

CH. LESTAGE SIMON
Haut Médoc, Cru bourgeois

Cet excellent cru bourgeois offre des vins de qualité très bien distribués.

1993	30
1992	30
1991	28
1990	48
1989	44
1988	51
1987	34
1986	48
1985	41
1984	20
1983	37
1982	71
1981	36
1980	20
1979	41
1978	50

CH. LEYSSAC
Saint-Estèphe, Cru bourgeois

Très bien exposé, ce vignoble d'encépagement noble, produit des vins harmonieux et fins.

1993	45
1992	44
1991	41
1990	80
1989	77
1988	71
1987	35
1986	62
1985	78
1984	30
1983	65
1982	92
1981	66
1980	27
1979	68
1978	82

CH. LIOT
Sauternes, Barsac

Très typé des productions du Haut Barsac, ce vignoble offre des vins fins, élégants, d'un arôme délicat, qui le placent parmi les meilleurs de la région.

1993	55
1992	55
1991	53
1990	96
1989	100
1988	93
1987	72
1986	87
1985	58
1984	63
1983	59
1982	66
1981	71
1980	65
1979	73
1978	95
1977	60
1976	100
1975	125
1970	150

CH. LIVERSAN
Haut Médoc, Cru bourgeois

Cette grande propriété de plus de 50 hectares d'un seul tenant, reprise en 1984 par les princes de Polignac, produit des vins qui lui confèrent une des toutes premières places dans les crus bourgeois.

1993	40
1992	41
1991	37
1990	72
1989	68
1988	57
1937	44
1986	58
1985	71
1984	40
1983	54
1982	100
1981	50
1980	33
1979	53
1978	65
1976	62
1975	83
1970	102
1969	45

CH. LIVRAN
Médoc, Cru bourgeois

Une très vieille propriété du Médoc produisant des vins corsés, savoureux, au bouquet original. La majeure partie de la récolte est exportée.

1993	42
1992	44
1991	41
1990	72
1989	80
1988	68
1987	26
1986	59
1985	67
1984	25
1983	64
1982	79
1981	64
1980	23
1979	66
1978	68
1978	63

CH. LOUBENS
Sainte-Croix du Mont

Au sommet de la hiérarchie de l'appellation, cette très ancienne propriété fournit des vins rares, très liquoreux et pleins de finesse.

1993	27
1992	29
1991	27
1990	36
1989	35
1988	32
1987	30
1986	33
1985	36
1984	25
1983	44
1982	37
1981	43
1980	26
1979	47
1978	47
1934	275

CH. LOUDENNE
Médoc, Cru bourgeois

Un magnifique domaine de 145 hectares dont 58 de vignes plantés de cépages nobles. Les propriétaires actuels, d'origine anglaise, exploitent avec talent ce Château ainsi que d'autres crus prestigieux du Bordelais. L'ensemble de la production est exporté dans le monde entier.

1993	44
1992	42
1991	42
1990	62
1989	50
1988	43
1987	25
1986	46
1985	50
1984	22
1983	51
1982	76
1981	52
1980	23
1979	54
1978	65
1976	63
1975	75

Blanc

1989	64
1986	55
1985	53

CH. LOUPIAC GAUDIET

Loupiac

Ce Château fut la propriété de Montaigne. Une production traditionnelle de vins de qualité obtenant des distinctions dans les concours.

1993	26
1992	28
1991	28
1990	38
1989	35
1988	35
1987	31
1986	34
1985	35
1984	25
1983	42

CH. LYNCH BAGES

Pauillac
5e grand cru classé

Ce vin très recherché par de nombreux amateurs – certains même le préfèrent à tout autre – est pourtant assez controversé. Les différences au plan de la qualité sont assez sensibles d'un millésime à l'autre.

1994	96	Primeur
1993	91	
1992	98	
1991	108	
1990	176	
1990	94	Demi-bouteille
1990	795	Double magnum
1990	1 250	Jéroboam
1990	1 620	Impériale
1989	234	
1989	513	Magnum
1989	2 700	Impériale
1988	173	
1988	370	Magnum
1988	785	Double magnum
1988	1 620	Jéroboam
1988	1 890	Impériale
1987	126	
1986	170	
1986	94	Demi-bouteille
1986	370	Magnum
1986	2 160	Impériale
1985	280	
1985	635	Magnum
1984	115	
1984	240	Magnum
1983	211	
1983	435	Magnum
1983	975	Double magnum
1983	1 890	Jéroboam
1983	2 250	Impériale
1982	412	
1982	240	Demi-bouteille
1982	875	Magnum
1982	1 860	Double magnum
1982	3 555	Jéroboam
1982	5 160	Impériale
1981	205	
1981	435	Magnum
1981	925	Double magnum
1980	106	
1980	745	Jéroboam
1980	970	Impériale
1979	202	
1979	845	Double magnum
1979	1 400	Jéroboam
1979	1 750	Impériale
1978	230	
1978	2 320	Impériale
1977	92	
1976	242	
1976	1 180	Double magnum

1982	32
1981	40
1980	26
1979	43
1978	48

CH. LOUSTEAU VIEIL
Sainte-Croix du Mont

Ce vin blanc liquoreux de haute qualité est très apprécié pour son moelleux et son aptitude au vieillissement. Une certaine quantité de vins rouges est mise sur le marché sous ce nom.

1993	28
1992	30
1991	28
1990	38
1989	36
1988	34
1987	30
1986	33
1985	35

1976	1 575	Jéroboam
1976	2 070	Impériale
1975	278	
1975	620	Magnum
1975	1 890	Jéroboam
1975	2 480	Impériale
1974	125	
1974	860	Jéroboam
1973	145	
1972	93	
1971	202	
1970	605	
1969	155	
1967	275	
1966	642	
1964	357	
1964	185	Demi-bouteille
1962	475	
1961	1 095	
1960	280	
1959	815	
1958	300	
1957	387	
1955	830	
1954	375	
1953	975	
1952	700	
1949	875	
1947	1 750	
1945	1 960	
1945	1 250	Mise danoise
1936	1 160	

1984	25
1983	43
1982	35
1981	39
1980	25
1979	46
1978	49

CH. LA LOUVIÈRE
Graves

Les propriétaires actuels de ce très vieux Château dont l'origine remonte au XVe siècle, possèdent également d'autres vignobles en Bordelais dont ils assurent l'ensemble de la distribution. L'importante quantité de vins rouges et blancs produite présente d'évidentes qualités qui lui valent les faveurs d'une très large clientèle.

Rouge

1994	68	Primeur
1993	60	
1992	59	
1991	58	
1990	101	
1990	55	Demi-bouteille
1989	91	
1988	96	
1987	60	
1986	107	
1985	120	
1984	57	
1983	110	
1982	135	
1981	112	
1980	55	
1979	110	
1978	125	
1976	116	
1975	130	

Blanc

1994	64	Primeur
1993	76	
1992	80	
1991	75	
1990	109	
1989	117	
1988	78	
1987	60	
1986	90	
1985	85	
1984	51	
1983	82	
1982	96	
1981	87	
1979	90	
1978	100	
1976	96	

CH. LYNCH MOUSSAS
Pauillac
5e grand cru classé

Ce cru produit des vins corsés et bouquetés très appréciés.

1993	62
1992	60
1991	59
1990	77
1989	74
1988	86
1987	30
1986	73
1985	72
1984	28
1983	62
1982	113
1981	64
1980	30
1979	71
1978	88
1977	40
1976	91
1975	114
1974	45
1973	55
1971	95
1970	125
1967	70
1966	150
1959	375
1955	125

CH. DU LYONNAT
Lussac Saint-Émilion

Des vins de qualité et de belle tenue recherchés par les distributeurs et les connaisseurs.

1993	44
1992	42
1991	39
1990	72
1989	73
1988	71
1987	26
1986	60
1985	73
1984	25
1983	70
1982	122
1981	68
1980	25
1979	72
1978	83
1976	81

1975	93
1971	76
1970	115
1966	190
1964	132
1955	210
1937	215
1934	335

CH. MAC CARTHY
Saint-Estèphe
Cru bourgeois

Devenu depuis peu second vin du Château Chambert-Marbuzet qui garde le classement de cru bourgeois.

1987	50
1986	91
1985	120
1984	81
1983	97
1982	150
1981	99
1980	55
1979	103
1978	111
1976	116
1975	140
1970	158
1966	225
1961	480
1957	125

CLOS LA MADELEINE
Saint-Émilion
Grand cru classé

Ce petit vignoble entouré des plus grands crus classés de Saint-Émilion, au flanc d'un coteau bénéficiant d'un long ensoleillement, produit des vins de très haute qualité activement recherchés car la production moyenne de ce Clos n'est que de 12 000 bouteilles.

1993	50
1992	51
1991	52
1990	91
1989	100
1988	92
1987	62
1986	82
1985	114
1984	56
1983	104
1982	142

1981	71
1980	40
1979	88
1978	115
1976	115
1975	152
1970	195
1900	820

CH. MAGDELEINE
Saint-Émilion
1er grand cru classé

Fort rare sur le marché et notamment lors des ventes aux enchères, ce vin de très haute qualité s'achète à des prix inférieurs aux « porte-drapeaux » des grands crus classés de Saint-Émilion.

1993	122	
1992	115	
1991	103	
1990	183	
1989	200	
1988	158	
1987	92	
1985	192	
1985	197	
1983	157	
1982	272	
1981	157	
1980	86	
1979	163	
1978	195	
1977	82	
1976	178	
1975	228	
1975	520	Magnum
1974	90	
1973	100	
1971	205	
1970	342	
1967	137	
1966	368	
1966	835	Magnum
1964	272	
1962	310	
1961	798	
1959	650	
1957	180	
1955	412	
1953	515	
1952	326	
1949	750	
1947	780	
1945	900	
1928	1 280	

CH. MAGENCE
Graves

D'origine très ancienne, ce vignoble, entièrement réorganisé, produit des vins blancs et rouges conformément à des préceptes traditionnels qui leur confèrent des qualités remarquables.

Rouge
1993	26
1992	26
1991	25
1990	41
1989	39
1988	38
1987	22
1986	32
1985	40
1984	22
1983	34
1982	73
1981	37
1980	20
1979	38
1978	54

Blanc
1993	40
1992	42
1991	40
1990	50
1989	45
1988	47
1987	33
1986	46
1985	50
1984	34

CH. MAGNAN LA GAFFELIÈRE
Saint-Émilion
Grand cru

Ces vins bouquetés et de belle couleur, élevés durant deux ans en cuves et barriques, sont recherchés pour leur bonne garde. L'encépagement est pour moitié en Merlot et Cabernet Franc.

1993	42
1992	45
1991	43
1990	83
1989	72
1988	70
1987	27
1986	65
1985	75
1984	25

1983	54
1982	95
1981	52
1980	25
1979	61
1978	69
1976	63
1975	85
1970	102
1928	435

CH. MAISON BLANCHE
Montagne Saint-Émilion

Ce magnifique domaine est situé à l'intersection des appellations prestigieuses. Sur la grande production totale, seuls 900 hectolitres sont retenus pour être élevés en barriques. Le reste est mis sur le marché, comme second vin, sous la marque Les Piliers de Maison Blanche. Depuis 1985, une dizaine de milliers de bouteilles sont sélectionnées pour être traitées comme les grands crus et diffusées sous le nom de Louis Rapin.

1993	38
1992	36
1991	34
1990	73
1989	66
1988	63
1987	22
1986	50
1985	71
1984	23
1983	48
1982	85
1981	46
1980	22
1979	52
1978	45
1947	460
1945	620

CH. MALAGAR
Pemières Côtes de Bordeaux

Les enfants du prix Nobel François Mauriac ont fait don à la région Aquitaine de ce domaine qui sert maintenant de musée.

1993	41
1992	43
1991	40
1990	63
1989	58

1988	56
1987	25
1986	51
1985	57
1984	22
1983	55
1982	79
1981	45
1980	23
1979	48
1978	70

CH. MALARTIC LAGRAVIÈRE
Graves
Cru classé

Cette superbe propriété produit de grands vins rouges et blancs très recherchés par les dégustateurs avisés. Les rouges se caractérisent par une grande finesse et un riche bouquet. Les blancs sont très séveux et typiques des grands vins secs du Bordelais.

Rouge

1993	50	
1992	48	
1991	45	
1990	87	
1989	95	
1988	116	
1987	63	
1986	106	
1985	97	
1984	60	
1983	85	
1982	114	
1981	89	
1980	54	
1980	125	Magnum
1979	92	
1978	115	
1978	257	Magnum
1977	50	
1976	121	
1975	147	
1974	76	
1970	153	
1967	88	
1966	365	
1964	245	
1961	530	
1959	335	
1955	306	
1953	385	
1949	485	
1937	370	

1929	657
1928	870
1920	435
Blanc	
1993	125
1992	134
1991	120
1990	178
1989	170
1988	163
1987	137
1986	145
1985	145
1984	128

CH. MALESCASSE
Haut Médoc
Cru bourgeois

Acquis en 1979 par le propriétaire de Pontet Canet et de Lafon Rochet, ce beau vignoble propose des vins traditionnels élevés durant deux ans dans des barriques provenant de ces deux domaines associés.

1993	43
1992	40
1991	48
1990	61
1989	57
1988	57
1987	35
1986	43
1985	52
1984	26
1984	60 Magnum
1983	46
1982	83
1981	48
1980	25
1979	52
1978	77

CH. MALESCOT SAINT-EXUPÉRY
Margaux
3e grand cru classé

Ce vin est souvent qualifié de « Margaux typique ». Toutes les bouteilles sont numérotées. On n'en rencontre que rarement dans les ventes publiques.

1993	66
1992	65
1991	63

1990	108
1989	112
1988	94
1987	70
1986	113
1985	107
1984	63
1983	96
1982	135
1981	97
1980	65
1979	104
1978	120
1978	112
1975	140
1971	134
1970	160
1966	360
1962	400
1961	900
1954	750
1945	1 000

CH. DE MALLE
Sauternes
2e grand cru classé

Classé monument historique, ce magnifique Château du XVIIe siècle est visité par les nombreux touristes de passage. La propriétaire actuelle, héritière du comte de Lur-Saluces, exploite ce vignoble, entièrement réorganisé après les désastreuses gelées de 1956, en respectant des traditions culturales appliquées depuis cinq siècles, qui privilégient la qualité sur la quantité. Ces vins de très haut niveau ainsi obtenus sont en grande partie exportés dans le monde entier.

1993	76
1992	75
1991	78
1990	110
1989	107
1988	103
1987	73
1986	150
1985	115
1984	75
1983	134
1982	92
1981	75
1980	79
1979	104
1978	140
1976	135
1975	170

1974	102
1973	90
1972	75
1970	192
1966	305
1961	410
1949	660
1938	645

CH. DE MALLERET
Haut Médoc, Cru bourgeois

Les vins de bonne finesse qui sont proposés par cet immense domaine de 400 hectares ne constituent, sous ce nom, qu'une partie de la production. La récolte est également diffusée sous les noms de Château Barthez, de Nexon et Domaine de l'Ermitage Lamouroux, crus appréciés à l'étranger. Il faut aussi signaler sur ce domaine la présence du haras de Malleret, bien connu pour ses élevages de pur-sang.

1993	44
1992	45
1991	48
1990	72
1989	72
1988	72
1987	25
1986	64

CH. MARGAUX
Margaux
1er grand cru classé

Ce superbe Château rénové par ses divers propriétaires produit des vins dont la réputation n'est plus à faire. La qualité s'améliore sans cesse si toutefois cela est encore possible couronnant ainsi les efforts accomplis. Cette réorganisation, qui a débuté en 1977, place un peu dans l'ombre les millésimes précédents, qui restent de dégustation difficile.

1993	245
1992	244
1991	282
1990	697
1990	2 970 Double magnum
1990	4 450 Jéroboam
1990	6 320 Impériale
1989	465
1989	2 100 Double magnum
1989	3 960 Jéroboam
1989	4 770 Impériale
1988	395
1988	3 600 Jéroboam
1988	4 320 Impériale
1987	275
1986	527
1986	1 250 Magnum
1986	5 490 Jéroboam
1986	6 300 Impériale
1985	532
1985	1 330 Magnum
1985	4 230 Jéroboam
1985	4 680 Impériale
1984	295
1983	505
1983	1 115 Magnum
1983	2 420 Double magnum
1983	3 550 Jéroboam
1983	4 720 Impériale
1982	910
1982	2 050 Magnum
1982	4 230 Double magnum
1982	7 510 Jéroboam
1981	425
1981	940 Magnum
1981	3 150 Jéroboam
1980	300
1980	650 Magnum
1980	1 430 Double magnum
1980	2 070 Jéroboam
1980	2 910 Impériale
1979	545
1979	1 200 Magnum
1978	705
1977	185
1977	400 Magnum
1977	880 Double magnum
1976	460
1976	1 010 Magnum
1976	2 130 Double magnum
1976	4 280 Impériale
1975	465
1974	210
1973	200
1972	145
1971	385
1971	860 Magnum
1970	515
1970	1 250 Magnum
1970	3 760 Jéroboam
1970	5 290 Impériale
1969	265
1969	550 Magnum
1968	345
1968	810 Magnum

1985	59
1984	24
1983	53
1982	105
1982	680 Jéroboam
1982	840 Impériale
1981	35
1980	25
1979	48
1978	62

CH. LE MANOIR

Lalande de Pomerol

Petite production annuelle d'une dizaine de milliers de bouteilles d'un

vin de qualité vieillissant admirablement.

1993	27
1992	30
1991	28
1990	47
1989	46
1988	45
1987	22
1986	35
1985	41
1984	22
1983	40
1982	75
1981	41

1967	327		1936	1 740
1967	705	Magnum	1935	1 690
1966	802		1934	1 895
1966	1 750	Magnum	1933	1 510
1965	415		1929	2 890
1964	625	Magnum	1928	3 945
1963	1 570		1926	1 500
1962	832		1925	1 680
1962	1 860	Magnum	1924	1 775
1961	3 675		1923	2 005
1961	8 080	Magnum	1922	2 320
1959	1 668		1921	3 850
1959	3 530	Magnum	1920	2 110
1958	600		1918	2 490
1957	860		1917	2 100
1957	1 970	Magnum	1916	2 250
1956	650		1913	2 190
1955	1 100		1910	2 500
1955	2 370	Magnum	1909	2 400
1954	1 110		1908	2 650
1953	1 725		1905	3 685
1953	3 720	Magnum	1900	10 750
1953	8 190	Double magnum	1899	6 825
1952	1 700		1898	8 000
1952	680	Demi-bouteille	1896	7 500
1952	3 650	Magnum	1893	8 500
1950	1 616		1892	3 750
1949	1 750		1891	4 350
1949	700	Demi-bouteille	1890	4 250
1948	1 380		1887	3 800
1948	2 915	Magnum	1881	7 400
1947	2 025		1875	75 000
1947	900	Demi-bouteille	1870	15 500
1947	4 720	Magnum	1868	10 800
1946	1 640		1864	17 500
1945	3 253		1848	50 000
1945	7 120	Magnum	1847	125 000
1943	2 000		1791	Non cotable
1938	1 310		1784	140 000
1937	1 430		1771	Non cotable

1980	20
1979	43
1978	55

CH. DE MARBUZET
Saint-Estèphe, Cru bourgeois

Très recherché par les connaisseurs, il occasionne toujours de belles joutes lorsque certaines de ses bouteilles sont mises aux enchères.

1993	70
1992	68
1991	63
1990	91
1989	93
1988	85
1987	60
1986	78
1985	100
1984	60
1983	95
1982	143
1981	100
1980	60
1979	106
1978	158
1976	163
1975	210

CH. MARQUIS D'ALESME BECKER
Margaux, 3e grand cru classé

Ce vin délicat et bouqueté se bonifie par un long vieillissement. Il est recherché par certains amateurs pour son bouquet très particulier.

1993	53	
1992	51	
1991	50	
1990	108	
1989	105	
1988	92	
1987	60	
1986	113	
1985	105	
1984	60	
1983	77	
1982	178	
1981	116	
1980	62	
1979	119	
1979	1 140	Impériale
1978	144	
1977	50	
1976	140	
1975	165	

1974	60	
1970	185	
1969	75	
1969	184	Magnum
1967	95	
1967	232	Magnum
1966	375	
1965	180	
1964	235	
1964	520	Magnum
1962	315	
1961	660	
1959	450	
1959	1 015	Magnum

CH. MARQUIS D'ALIGRE
Appellation exacte : Ch. Bel Air Marquis d'Aligre. Voir p. 27

CH. MARQUIS DE SÉGUR DU CHÂTEAU CALON SÉGUR
Saint-Estèphe

Ce second vin du célèbre Calon Ségur classé en 3e cru est issu des récoltes de jeunes vignes et de certaines parcelles excentrées.

1993	58
1992	55
1991	48
1990	88
1989	85
1988	82
1987	40
1986	73
1985	84
1984	38
1983	75
1982	125
1981	77
1980	38

CH. MARQUIS DE TERME
Margaux, 4e grand cru classé

Ce vin mondialement connu est élevé durant plusieurs années en fûts. Il a beaucoup de finesse et de corps.

1992	64
1991	62
1990	98
1989	93
1988	103
1987	70
1986	108
1985	122
1984	62

1983	109
1982	145
1982	1 320 Impériale
1981	110
1980	65
1979	112
1978	127
1976	122
1975	143
1971	155
1970	168
1969	80
1966	280
1984	180
1960	175
1959	310
1952	240
1937	330
1929	715

CH. MARTINENS
Margaux, Cru bourgeois

Ce cru bourgeois jouit d'une bonne réputation auprès de la clientèle française et étrangère.

1993	52
1992	52
1991	51
1990	77
1989	79
1988	80
1987	48
1986	56
1985	72
1984	41
1983	61
1982	125
1981	63
1980	40
1979	65
1978	73
1977	35
1976	70
1975	89
1943	480

CH. MATRAS
Saint-Émilion, Grand cru classé

Propriété d'un excellent ingénieur œnologue, ce vignoble de 10 hectares produit des vins charnus et bouquetés très demandés tant en France qu'à l'étranger ; il est exporté à plus de 70 %.

1993	45
1992	47
1991	46

1990	81
1989	81
1988	92
1987	45
1988	76
1985	85
1984	43
1933	80
1932	137
1981	75
1930	40
1979	83
1978	110
1976	105
1975	138

CH. MAUCAILLOU
Moulis, Cru bourgeois

Ce Château, bâti en 1875, occupe au cœur du Médoc une situation privilégiée sur la commune de Moulis, entre Margaux et Saint-Julien. Ces vins atteignent une classe exceptionnelle. Somptueux en couleur, d'une puissance aromatique hors du commun, on trouve aussi dans les vins des saveurs de fruits rouges confits, d'épices, le tout harmonieusement équilibré. La propriété a ouvert un célèbre musée des Arts et Métiers de la vigne et du vin dans lequel on peut même voir une tonnellerie complète dont la visite est particulièrement recommandée.

1993	43	
1992	45	
1992	24	Demi-bouteille
1992	93	Magnum
1991	42	
1991	25	Demi-bouteille
1991	97	Magnum
1990	62	
1989	56	
1989	33	Demi-bouteille
1989	122	Magnum
1988	64	
1988	34	Demi-bouteille
1988	135	Magnum
1987	44	
1986	67	
1985	73	
1984	40	
1983	63	
1982	121	
1981	58	
1980	35	
1979	61	
1978	75	

1976	77
1975	88
1974	30

CH. MAUVESIN
Moulis, Cru bourgeois

Ce Château du XVe siècle, cas unique dans le Médoc, a toujours été transmis par alliance depuis ce temps. L'importante production des 60 hectares de vignes est largement distribuée car ces vins sont assez recherchés pour leur finesse et leur bouquet.

1993	38
1992	40
1991	36
1990	68
1969	66
1968	65
1967	35
1966	56
1965	59
1964	34
1983	55
1982	124
1981	66
1980	35
1979	63
1978	79

CH. MAUVEZIN
Saint-Émilion
Grand cru classé

Une petite production pour cet excellent grand cru classé, discret dans le commerce et rare dans les ventes publiques.

1993	44
1992	45
1991	43
1990	80
1989	82
1988	88
1987	34
1986	74
1985	86
1984	33
1983	75
1982	144
1981	70
1980	35
1979	74
1978	93
1976	88
1975	116

CH. DE MAY DE CERTAN
Pomerol

Ce rare Pomerol comportant les caractères traditionnels à l'appellation, produit un vin personnalisé que l'on peut apprécier jeune mais qui évolue favorablement au vieillissement, même prolongé. Il faut préciser que, bien souvent, le terme Certan de May est utilisé au lieu du nom réel.

1990	285	
1990	154	Demi-bouteille
1989	260	
1989	1 665	Jéroboam
1988	281	
1987	145	
1986	268	
1985	330	
1984	136	
1983	255	
1982	645	
1982	1 460	Magnum
1981	286	
1980	150	
1979	330	
1978	348	
1975	435	
1970	525	

CH. MAZARIN
Loupiac

Outre une production de moins de 200 hectolitres en bons vins rouges, ce Château propose de beaux vins blancs moelleux très recherchés pour leur long vieillissement parfait.

1993	26
1992	28
1991	27
1990	37
1989	35
1988	34
1987	30
1986	34
1985	34
1984	25
1983	42
1982	32
1981	35
1980	26
1979	39
1978	48

CH. MAZERIS
Canon Fronsac

Les vins de ce domaine sont très demandés car ils illustrent parfaitement les produits du terroir de Fronsac.

1993	35
1992	34
1991	31
1990	54
1989	67
1988	63
1987	42
1986	53
1985	66
1984	30
1983	50
1982	78
1981	51
1980	25
1979	52
1978	75

CH. MAZEYRES
Pomerol

Ce très ancien Château appartient depuis 1988 à la caisse de retraite de la Société Générale, qui a tout fait pour le rénover et améliorer encore la qualité des vins proposés.

1992	65
1991	63
1990	133
1989	125
1988	127
1987	65
1986	105
1985	121
1984	63
1983	113
1982	155
1981	116
1980	60
1979	119
1978	133
1976	150
1975	164
1970	192
1955	275

CLOS MAZEYRES
Pomerol

Jumelé avec le Château Beauchêne, ce beau vignoble bien implanté, d'origine très ancienne, présente des vins souples et fins appréciés par une large clientèle nordique. Le propriétaire, outre ses domaines de Fronsac, possède également une partie du grand cru de Bourgogne Clos de Vougeot.

1992	62
1991	60
1990	135
1989	129
1988	125
1987	65
1986	103
1985	122
1984	61
1933	112
1982	158
1981	115
1980	64
1979	120
1978	135
1976	150
1975	162
1970	180

CLOS DES MENUTS
Saint-Émilion
Grand cru

Une des plus anciennes propriétés de la commune, située sur un des points les plus hauts, ce vignoble de 30 hectares produit un vin corsé, plein de sève, racé et généreux. Le Clos des Menuts est l'un des rares crus qui bénéficie du privilège d'un long vieillissement dans de vastes caves médiévales creusées à même le rocher.

1993	45
1992	47
1991	43
1990	81
1989	81
1988	80
1987	30
1986	71
1985	82
1984	26
1983	77
1982	128
1981	75
1980	25
1979	79
1978	90
1976	92
1975	107
1974	40

CH. MEYNEY
Saint-Estèphe
Cru bourgeois

Cet ancien couvent actuellement exploité par les mêmes propriétaires que Gruaud et Talbot, donne des vins réputés et recherchés pour leur saveur.

1993	65	
1992	63	
1991	61	
1990	87	
1990	425	Double magnum
1990	655	Jéroboam
1989	95	
1988	84	
1987	60	
1986	105	
1985	96	
1984	51	
1983	83	
1982	141	
1982	680	Double magnum
1981	89	
1980	50	
1979	87	
1978	92	
1977	40	
1976	97	
1975	125	
1970	152	
1968	215	Magnum
1967	105	
1966	245	
1965	520	Magnum
1964	155	
1962	200	
1961	520	
1947	595	

CH. MILLET
Graves

Malgré le fait que ce Château ne possède aucun classement à ce jour, la ferveur de la clientèle se manifeste avec enthousiasme. Les prix sont pourtant supérieurs à ceux de certains crus classés.

1993	44	
1992	45	
1991	43	
1990	64	
1990	88	Cuvée Henri
1989	60	
1988	62	

1987	34
1986	52
1985	63
1984	35
1983	54
1982	128
1981	56
1980	35
1979	57
1978	70
1976	72
1975	100

CH. LA MISSION HAUT BRION
Graves
Cru classé

Ce vignoble de 18 hectares, à cheval sur les communes de Talence et de Pessac, doit son nom, son origine et sa vieille réputation à une congrégation appelée « Congrégation de la Mission » fondée au XVIIᵉ siècle par saint Vincent de Paul. Les Pères de la Mission possédaient au plus haut degré l'art de choisir la terre et de sélectionner la vigne. Ils furent les véritables fondateurs du domaine tel qu'on le connaît aujourd'hui. Dès cette époque, la Mission connut une réputation mondiale et fit dire à Richelieu « Si Dieu défendait de boire, aurait-il fait ce vin si bon ? ». En 1983 le domaine fut cédé par la famille Woltner au groupe du domaine Clarence Dillon déjà propriétaire du Château Haut Brion. L'harmonie des cépages et la nature du sol ainsi qu'une remarquable exposition contribuent à la production de vins très séveux, tanniques et typés.

1993	171	
1992	149	
1991	180	
1990	303	
1989	498	
1989	5 490	Jéroboam
1989	6 525	Impériale
1988	271	
1988	2 430	Jéroboam
1988	2 880	Impériale
1987	175	
1986	251	
1985	319	
1985	2 790	Jéroboam

CH. MILON
Saint-Émilion
Grand cru

Une importante production pour ce grand cru offrant des vins agréables pour une consommation immédiate ou pour une certaine garde.

1993	44
1992	45
1991	42

1990	79
1989	80
1988	78
1987	30
1986	70
1985	76
1984	30
1983	75
1982	130
1981	75
1980	30
1979	80

1985	3 465	Impériale	1958	705	
1984	165		1957	720	
1984	350	Magnum	1956	1 050	
1983	257		1955	1 507	
1983	2 430	Jéroboam	1955	3 500	Magnum
1983	2 880	Impériale	1954	1 375	
1982	558		1953	2 000	
1982	5 530	Impériale	1952	1 097	
1981	265		1950	1 065	
1981	2 720	Impériale	1949	2 855	
1980	183		1948	2 100	
1979	333		1947	2 910	
1978	472		1946	2 215	
1978	2 250	Double magnum	1945	3 506	
1978	3 500	Jéroboam	1945	8 220	Magnum
1978	4 780	Impériale	1944	1 750	
1977	145		1943	2 250	
1976	345		1942	1 375	
1976	825	Magnum	1941	1 250	
1976	3 200	Impériale	1940	1 650	
1975	1 310		1939	1 740	
1975	2 850	Magnum	1938	950	
1974	390		1937	1 020	
1973	245		1936	830	
1972	195		1935	1 827	
1971	417		1934	1 810	
1970	635		1933	1 550	
1970	1 430	Magnum	1931	1 335	
1970	5 620	Impériale	1929	3 425	
1969	185		1928	2 630	
1969	445	Magnum	1926	2 750	
1968	300		1925	2 030	
1967	332		1922	1 880	
1966	887		1921	3 100	
1966	2 040	Magnum	1920	1 930	
1965	357		1919	3 000	
1964	693		1918	2 740	
1964	1 525	Magnum	1916	1 760	
1963	407		1914	2 500	
1962	696		1904	3 000	
1961	2 315		1899	4 250	
1961	5 380	Magnum	1895	3 500	
1960	530		1888	5 000	
1959	1 530		1877	5 300	

1978	87
1976	90
1975	104

CH. LA MISSION
Lalande de Pomerol

Propriété de la même famille depuis plusieurs générations, ce vignoble bien implanté produit une petite quantité de bouteilles de très bons vins.

1993	35
1992	36
1991	32
1990	61
1989	62
1988	55
1987	30
1986	48
1985	60
1984	28
1983	50
1982	83
1981	43
1980	30
1979	50
1978	68

CH. DES MOINES
Lalande de Pomerol

Une moitié seulement de la récolte est offerte en « mise du Château » pour ces vins légers à bouquet agréable.

1993	36
1992	38
1991	35
1990	63
1989	63
1988	58
1987	30
1986	50
1985	62
1984	28
1983	52
1982	91
1981	45
1980	30
1979	51
1978	68

CH. MONBOUSQUET
Saint-Émilion, Grand cru

Ce grand cru de Saint-Émilion, bien connu des restaurateurs et de leur clientèle, se caractérise par sa clarté, son producteur désirant qu'il en soit ainsi. Bien souvent, il est conseillé de le boire très frais, ce qui paraît paradoxal.

1993	42
1992	41
1991	39
1990	75
1989	78
1988	73
1987	26
1986	60
1985	66
1984	28
1983	64
1982	121
1981	66
1981	148 Magnum
1980	27
1979	69
1978	77
1976	73
1975	92
1971	80
1970	125
1966	280
1964	190
1961	450
1959	295
1947	480
1933	265

CH. MONBRISON
Margaux, Cru bourgeois

1991	66
1990	122
1989	136
1988	104
1987	68
1986	112
1984	70
1982	148

CH. MONPEZAT
Côtes de Castillon

Les vins des Côtes de Castillon sont largement diffusées. Le Château Monpezat propose des vins rouges de bonne qualité qui se distinquent de la production générale par leur finesse et leur tenue. Une toute petite quantité de vins blancs est également produite.

1993	25
1992	26
1991	23
1990	45

1989	40
1988	36
1987	20
1986	35
1985	43
1984	20

1983	27
1982	50
1981	28
1980	20
1979	31
1978	33

CH. MONTROSE
Saint-Estèphe
2e grand cru classé

On ne comprend pas pourquoi ce 2e grand cru classé de Saint-Estèphe ne trouve pas une plus grande audience dans le public, personne ne mettant en cause sa qualité. Les prix proposés ne sont pas en rapport avec sa vraie valeur. On peut donc acquérir, dans les ventes, de nombreux millésimes réputés à des prix très intéressants.

1994	112	Primeur
1993	90	
1992	84	
1991	104	
1990	320	
1969	182	
1988	138	
1987	85	
1986	155	
1965	153	
1965	330	Magnum
1964	84	
1984	185	Magnum
1983	127	
1983	282	Magnum
1983	615	Double magnum
1983	930	Jéroboam
1983	1 280	Impériale
1982	203	
1982	480	Magnum
1982	960	Double magnum
1982	1 440	Jéroboam
1982	2 200	Impériale
1981	137	
1981	615	Double magnum
1980	80	
1980	365	Double magnum
1979	142	
1979	675	Double magnum
1979	1 010	Jéroboam
1979	1 415	Impériale
1978	235	
1978	2 170	Impériale
1977	65	

1977	310	Double magnum
1977	475	Jéroboam
1977	668	Impériale
1976	185	
1975	197	
1975	445	Magnum
1974	70	
1973	80	
1972	65	
1971	165	
1971	392	Magnum
1970	394	
1970	850	Magnum
1969	120	
1967	165	
1966	495	
1964	250	
1962	435	
1961	865	
1959	575	
1959	1 430	Magnum
1958	220	
1958	515	Magnum
1957	310	
1956	240	
1955	475	
1953	550	
1953	1 240	Magnum
1951	450	
1950	345	
1949	730	
1948	465	
1947	980	
1945	1 345	
1940	425	
1938	660	
1937	620	
1934	920	
1929	1 140	
1928	1 280	
1928	3 500	Magnum
1927	615	
1926	740	
1925	595	
1924	710	
1921	1 640	
1913	1 500	
1898	1 550	
1888	2 750	

CH. MONTAIGUILLON
Montagne Saint-Émilion

Ces vins peuvent être proposés en Montagne mais également en Saint-Georges Saint-Émilion. Aptes à un bon vieillissement, ils sont charpentés, solides, colorés et tanniques.

1993	38
1992	40
1991	36
1990	67
1989	63
1988	54
1987	20
1986	50
1985	70
1984	20
1983	51
1982	92
1981	49
1980	20
1979	54
1978	63

CH. MONTBRUN
Margaux
Cru bourgeois

Ce Château était autrefois rattaché au célèbre Palmer. Admirablement situées, ses vignes, à 75 % Merlot et 25 % Cabernet, produisent des vins remarquables très demandés.

1993	43
1992	44
1991	41
1990	83
1989	84
1988	83
1987	32
1986	70
1985	83
1984	32
1983	78
1982	135
1981	76
1980	33
1979	82
1978	93
1976	95
1975	110
1970	127
1966	225
1959	215

CH. DU MONTHIL
Médoc, Cru bourgeois

Depuis les temps les plus lointains, la vigne a été cultivée en ce lieu. Le nom de Monthil provient du latin Monticulus, qui signifie : élévation de terrain. Ces vins de haute tradition respectent toutes les exigences du terroir Médoc. Leur commercialisation s'effectue auprès des particuliers, mais 80 % de la récolte sont exportés, principalement dans la C.E.E.

1993	33
1992	34
1991	32
1990	54
1989	56
1988	56
1987	23
1986	48
1985	54
1984	22
1983	51
1982	108
1981	39
1980	23
1979	55
1978	64
1975	77

CH. MORIN
Saint-Estèphe, Cru bourgeois

Cette belle propriété familiale produit des vins typiques de Saint-Esthèphe aux arômes justifiant leur classement en cru bourgeois.

1993	45
1992	47
1991	45
1990	88
1989	86
1988	79
1987	32
1986	66
1985	75
1984	27
1983	68
1982	109
1981	73
1980	27
1979	72

CH. LA MOTHE
Haut Médoc

Privilégié quant à son exposition, le vignoble de ce Château offre des vins très attrayants, distribués en France et à l'étranger par son propriétaire.

1993	24
1992	26
1991	24
1990	45
1989	41
1988	38
1987	15
1986	36
1985	43
1984	16
1983	28
1982	50
1981	29
1980	16
1979	33
1978	34

MOULIN DES CARRUADES DU CHÂTEAU LAFITE ROTHSCHILD
Pauillac
Cru bourgeois

Ce deuxième vin du célébrissime Château Lafite Rothschild est produit en assez grande quantité, à un prix nettement inférieur malgré d'énormes qualités. Il constitue souvent une excellente affaire.

1993	65	
1992	58	
1991	54	
1990	91	
1989	120	
1986	98	
1987	66	
1986	103	
1985	118	
1984	65	
1983	105	
1983	228	Magnum
1982	195	
1981	107	
1980	66	
1979	110	
1978	122	
1977	72	
1976	125	
1975	150	
1970	172	
1967	207	
1966	345	
1964	298	
1962	310	

1961	730
1959	900
1955	480
1937	687
1934	725
1902	1 885

CH. MOULIN EYQUEM
Côtes de Bourg

Ce domaine très ancien, bien situé, propose des vins au goût de terroir prononcé.

1993	24
1992	25
1991	23
1990	33
1989	35
1988	34
1987	15
1986	25
1985	30
1984	15
1983	24
1982	49
1981	25
1980	15
1979	28
1978	40

CH. MOULIN HAUT LAROQUE
Fronsac

Ce vignoble, caractérisé par des vignes âgées en moyenne de 40 ans, des meilleurs cépages, offre des vins complets le plaçant dans les tout premiers de l'appellation. Ils sont exportés à 85 %, particulièrement aux États-Unis, en Suisse et dans la C.E.E.

1993	30
1992	28
1991	22
1990	53
1989	61
1988	58
1987	21
1986	41
1985	50
1984	20
1983	45
1982	63
1981	47
1980	22
1979	50
1978	68

CH. MOULIN DE LABORDE
Listrac, Cru bourgeois

Classé cru bourgeois à partir du millésime 1985 en regard de la qualité de ses vins. Il faut signaler que le Château Fourcas Loubaney est vinifié au Moulin de Laborde mais qu'il garde son nom et son classement en cru bourgeois.

1993	35
1992	34
1991	31
1990	61
1989	66
1988	64
1987	20
1986	52
1985	64
1984	20
1983	58
1982	70
1981	60
1980	21
1979	61
1978	63

CH. MOULIN PEY LABRIE
Canon Fronsac

Situé sur de magnifiques coteaux dominant la vallée de la Dordogne, ce vignoble produit des vins généreux et fruités grâce à une vinification particulièrement soignée. Une grande partie de la production est exportée.

1993	34
1992	33
1991	31
1990	61
1989	64
1988	59
1987	26
1986	51
1965	53
1984	25
1983	51
1982	69
1981	50
1980	21
1979	53
1978	75

CH. DU MOULIN ROUGE
Haut Médoc, Cru bourgeois

Les vins de cette propriété sont très exportés. Élevés de manière traditionnelle, ils atteignent leur plénitude entre leur huitième et leur douzième année.

1993	36
1992	39
1991	34
1990	64
1989	73
1988	70
1987	35
1986	53
1985	62
1984	26
1983	43
1982	70
1981	44
1980	25
1979	46
1978	62

CH. MOULIN À VENT
Lalande de Pomerol

Au moins six propriétés bordelaises portent ce nom également répandu dans d'autres régions viticoles françaises. Ce Château de Lalande de Pomerol, situé sur la commune de Néac, produit des vins très fins à bouquet floral.

1993	36
1992	35
1991	31
1990	60
1989	59
1988	59
1987	28
1986	47
1985	60
1984	27
1983	50
1982	86
1981	43
1980	25
1979	50
1978	66

CH. MOULIN À VENT
Moulis
Cru bourgeois

Sur 25 hectares de vignoble en cépages choisis, ce Château offre des vins puissants et charnus confirmant la réputation mondiale de ce cru bourgeois.

1993	38
1992	37
1991	36

1990	64
1989	63
1988	60
1987	30
1986	54
1985	53
1984	30
1983	53
1982	102
1981	64
1980	31
1979	64
1978	78

CH. MOULINET
Pomerol

Sur les 18 hectares de ce domaine important et connu, sont produits des vins de haute qualité mis en bouteilles après un long séjour en barriques. La commercialisation s'effectue par le canal du plus réputé négociant libournais, également gérant du Château.

1992	55
1991	52
1990	97
1989	92
1988	85
1987	60
1986	75
1985	84
1984	57
1983	79
1982	125
1981	83
1980	55
1979	90
1978	100

CH. MOULIS
Moulis, Cru bourgeois

L'un des plus anciens crus bourgeois du Médoc. Il s'agit de vins très typés, soigneusement élevés et diffusés par le propriétaire du Château.

1993	36
1992	38
1991	35
1990	67
1989	65
1988	61
1987	30
1986	55 ...

CH. MOUTON ROTHSCHILD
Pauillac
1er grand cru classé (depuis 1973)

Ce 1er grand cru classé constitue la seule exception de surclassement dans le tableau de 1855. Sa qualité le justifie amplement. Les soins apportés durant des décennies par le baron Philippe ont permis la production de vins qui atteignent la perfection. Ces crus se caractérisent surtout, fait unique au monde, par l'apposition d'étiquettes chaque année différentes, réalisées par des peintres talentueux et fort renommés. Nombreux sont les artistes désireux de voir figurer leur signature sur une bouteille de Mouton Rothschild, car il s'agit là pour eux d'une consécration certaine. Le large éventail international que fait apparaître la liste des peintres ayant jusqu'ici créé les étiquettes n'est pas sans rapport, bien entendu, avec la promotion de ce vin partout dans le monde. Ces étiquettes d'artistes figurent sur les bouteilles à partir de 1946 (à noter qu'il existe deux modèles d'étiquettes différents pour le millésime 1978). Auparavant celles-ci étaient ornées de dessins originaux. Lors des ventes aux enchères, ces flacons atteignent des prix en hausse constante et paradoxe, ce sont les «petits» millésimes anciens qui sont maintenant les plus recherchés par les collectionneurs. On trouve également sur le marché des bouteilles très anciennes âgées d'un siècle et demi qui, lorsqu'elles sont en bon état, s'enlèvent à des prix records.

1994	236	Primeur
1993	230	
1992	253	Per Kirkeby
1991	287	Setsuko
1990	392	Francis Bacon
1990	205	Demi-bouteille
1990	920	Magnum
1990	2 150	Double magnum
1990	3 445	Jéroboam
1990	3 650	Impériale
1989	457	Georg Baselitz
1989	1 130	Magnum

1989	4 365	Jéroboam
1989	5 175	Impériale
1988	402	**Keith Haring**
1988	860	Magnum
1988	1 940	Double magnum
1988	3 350	Jéroboam
1988	4 050	Impériale
1987	375	**Hans Erni**
1987	880	Magnum
1987	2 140	Double magnum
1987	4 420	Impériale
1986	807	**B. Sejourné**
1986	1 740	Magnum
1986	4 350	Double magnum
1986	6 430	Jéroboam
1986	9 450	Impériale
1985	507	**Paul Delvaux**
1985	1 010	Magnum
1985	2 070	Double magnum
1985	3 410	Jéroboam
1985	5 400	Impériale
1984	307	**Yaacov Agam**
1984	620	Magnum
1984	820	Double magnum
1984	1 270	Jéroboam
1983	408	**Saül Steinberg**
1983	215	Demi-bouteille
1983	855	Magnum
1983	1 810	Double magnum
1983	2 710	Jéroboam
1983	3 980	Impériale
1982	1 275	**John Huston**
1982	3 150	Magnum
1982	14 400	Jéroboam
1982	18 900	Impériale
1981	417	**Arman**
1981	858	Magnum
1981	1 820	Double magnum
1981	3 880	Jéroboam
1980	403	**Hans Hartung**
1980	210	Demi-bouteille
1980	890	Magnum
1980	2 170	Double magnum
1980	3 200	Jéroboam
1979	418	**Hisao Domoto**
1979	950	Magnum
1978	563	**J.-P. Riopelle**
1978	1 850	Magnum
1978	2 775	Double magnum
1978	4 720	Jéroboam

1977	408	**Hommage reine d'Angleterre**
1977	885	Magnum
1977	2 010	Double magnum
1977	3 100	Jéroboam
1977	4 430	Impériale
1976	490	**Pierre Soulages**
1976	1 140	Magnum
1976	2 300	Double magnum
1976	3 000	Jéroboam
1976	4 580	Impériale
1975	622	**Andy Warhol**
1975	1 440	Magnum
1975	3 205	Double magnum
1975	6 610	Impériale
1974	505	**R. Motherwell**
1974	275	Demi-bouteille
1974	1 180	Magnum
1973	586	**Pablo Picasso**
1973	1 530	Magnum
1973	3 270	Double magnum
1973	5 130	Jéroboam
1973	6 660	Impériale
1972	513	**Serge Poliakoff**
1972	1 220	Magnum
1971	492	**W. Kandinsky**
1971	1 190	Magnum
1971	6 215	Impériale
1970	809	**Marc Chagall**
1970	2 200	Magnum
1970	4 680	Double magnum
1970	7 200	Jéroboam
1970	9 410	Impériale
1969	795	**Joan Miró**
1969	1 710	Magnum
1969	5 200	Jéroboam
1968	1 317	**Bona**
1968	2 930	Magnum
1967	474	**César**
1967	1 240	Magnum
1966	1 217	**P. Alechinsky**
1966	2 730	Magnum
1965	3 135	**D. Tanning**
1965	7 150	Magnum
1964	710	**Henry Moore**
1964	1 590	Magnum
1963	5 750	**Bernard Dufour**
1963	14 300	Magnum
1963	31 500	Double magnum
1962	1 150	**Roberto Matta**
1962	3 000	Magnum
1961	3 660	**G. Mathieu**
1961	8 200	Magnum
1960	2 150	**Jacques Villon**

1960	4 580 Magnum	
1959	2 625 Richard Lippold	
1959	5 480 Magnum	
1958	3 125 Salvador Dali	
1958	7 600 Magnum	
1957	1 400 André Masson	
1957	3 200 Magnum	
1956	6 850 P. Tchelitchew	
1956	17 400 Magnum	
1955	1 845 G. Braque	
1955	4 720 Magnum	
1954	9 250 Jean Carzou	
1954	23 400 Magnum	
1953	3 015 Année du Centenaire	
1953	7 300 Magnum	
1952	1 840 Léonor Fini	
1952	4 300 Magnum	
1951	5 750 Marcel Vertès	
1951	2 300 Demi-bouteille	
1951	18 000 Magnum	
1950	2 850 Georges Arnulf	
1950	6 280 Magnum	
1949	6 350 A. Dignimont	
1949	15 400 Magnum	
1948	6 400 M. Laurencin	
1948	16 000 Magnum	
1947	5 525 Jean Cocteau	
1947	14 100 Magnum	
1946	24 460 Jean Hugo	
1946	72 500 Magnum	
1945	10 450 Année de la Victoire Philippe Jullian	
1945	25 500 Magnum	
1945	280 000 Jéroboam Année de la Victoire	
1944	3 375	
1943	2 500	
1942	2 300	
1941	2 700	
1940	2 625	
1939	2 450	
1938	2 350	
1937	2 000	
1937	4 530 Magnum	
1936	2 040	
1934	2 025	
1934	4 500 Magnum	
1933	2 000	
1933	1 500 Demi-bouteille	
1929	5 125	
1928	3 775	
1928	9 450 Magnum	

1926	4 400
1926	9 800 Magnum
1925	4 350
1924	5 785
1922	4 150
1921	3 650
1921	8 500 Magnum
1920	3 350
1919	3 150
1918	5 350
1916	4 050
1914	2 750
1912	3 475
1911	4 320
1910	2 000
1909	6 000
1908	5 700
1907	5 125
1906	5 000
1905	5 625
1904	5 830
1900	7 950
1899	6 150
1893	6 100
1888	5 500
1887	5 600
1886	6 000
1881	6 900
1878	14 500
1874	15 550
1870	17 500
1869	13 250
1867	14 250
1865	16 000
1864	20 800
1859	354 180
1853	24 000

Série complète 48 bouteilles en parfait état, niveaux et étiquettes de 1945 à 1991 : 187 500.
Série de 47 magnums de 1945 à 1990 : 296 000.
Série de 17 magnums 1975 à 1990 : 17 000.
Vins vendus en caisses d'origine de 12 bouteilles :

1989	5 200
1988	4 680
1987	4 200
1986	9 000
1985	6 500
1984	3 240
1983	4 920
1982	15 000
1981	5 040

1985	56
1984	28
1983	54
1982	105
1981	65
1980	30
1979	65
1978	86

CH. D'ARMAILHAC

(jusqu'en 1956 et depuis 1989)

CH. MOUTON BARON PHILIPPE

(de 1957 à 1975)

CH. MOUTON BARONNE PHILIPPE

(de 1976 à 1988)
Pauillac, 5e grand cru classé

Ainsi donc, à la mort du baron Philippe de Rothschild, ce Château a retrouvé son nom d'origine, sous lequel il avait obtenu en 1855 son classement en 5e cru. Le Château d'Armailhac, dont le titre figure depuis 1680 sur des registres communaux, a connu le long des siècles de nombreux changements et agrandissements, jusqu'à une première participation minoritaire du baron Philippe en 1931, puis définitive en 1933. La superficie totale du domaine est de 83 hectares, dont 60 à vocation viticole, mais seulement 49 hectares sont exploités actuellement.

Les cépages traditionnels du Bordelais composent le vignoble, avec toutefois 50 % de Cabernet Sauvignon, surtout constitué de vignes de 35 ans d'âge moyen. Il est certain que la décision de rendre à ce Château son identité d'origine clarifiera la situation créée par l'utilisation du mot Mouton dans ses diverses appellations. La suppression du terme « Mouton » évite toute confusion avec le 1er grand cru classé, et aussi avec la marque Mouton Cadet. Signalons qu'une étiquette originale ornée d'un Bacchus figure sur les bouteilles à partir du millésime 1989.

1993	64
1992	65
1991	83
1990	94

1989	98
1988	90
1987	71
1986	107
1985	112
1984	80
1983	83
1982	174
1981	105
1980	73
1979	118
1978	148
1977	55
1976	160
1975	145
1974	60
1973	70
1971	125
1970	178
1969	80
1968	95
1967	125
1966	294
1964	155
1962	250
1961	575
1959	375
1957	220
1955	380
1947	740
1946	360
1945	1 495
1937	610
1937	1 530 Magnum
1933	520
1924	315
1923	625
1916	970

MOUTON CADET

Bordeaux
Rouge

1989	40
1988	45
1987	35
1986	37
1985	33

Blanc

1990	40
1987	35
1986	27

DOMAINE DE MUSSET

Lalande de Pomerol

Ce domaine de seulement 10 hectares appartient à une société qui exploite plus de 175 hectares de vignes répartis dans diverses appellations directement distribuées.

1993	35
1992	35
1991	29
1990	57
1989	57
1988	53
1987	25
1986	46
1985	58
1984	25
1983	47
1982	76
1981	39
1980	24
1979	46
1978	57

CH. DE MYRAT
Sauternes,Barsac
2e grand cru classé

Actuellement en reconstitution, cette belle propriété de 22 hectares, classée en 1855, produit depuis 1991 des vins dignes de son rang. Il n'y a donc pas de cotation pour les millésimes récents, et les rares bouteilles très anciennes ne sont pas apparues lors des ventes aux enchères.

CH. NAIRAC
Sauternes, Barsac
2e grand cru classé

Un très beau Château dont l'origine se retrouve dans l'histoire de la région grâce aux personnalités importantes qui en assumèrent tour à tour la gestion. D'une haute qualité par rapport aux autres Châteaux de l'appellation, ces vins se distinguent par leur exception.

1993	85
1992	90
1991	82
1990	107
1989	133
1988	120
1987	110
1986	120
1985	125
1984	104
1983	128
1982	120
1981	124

1980	86
1979	125
1978	152
1976	130
1975	165

CH. NENIN
Pomerol

Par une très importante diffusion de sa production, ce domaine contente une clientèle fidèle à son vin plein d'arôme et de fruit.

1993	71	
1992	68	
1991	65	
1990	121	
1989	103	
1989	218	Magnum
1988	110	
1987	70	
1986	94	
1985	110	
1984	65	
1983	97	
1982	150	
1981	96	
1980	67	
1980	310	Double magnum
1980	475	Jéroboam
1980	655	Impériale
1979	100	
1978	130	
1978	285	Magnum
1978	650	Double magnum
1978	980	Jéroboam
1978	1 310	Impériale
1977	65	
1976	140	
1976	625	Double magnum
1975	165	
1974	80	
1971	124	
1971	280	Magnum
1970	176	
1970	425	Magnum
1969	85	
1969	210	Magnum
1966	370	
1964	215	
1961	610	
1960	155	
1959	420	
1959	890	Magnum
1948	360	
1945	990	
1928	1 040	

CH. D'OLIVIER
Graves, Cru classé

Ce très vieux Château, dont l'origine remonte au XIIᵉ siècle, appartient depuis de longues années à la même famille bordelaise, qui en a repris entièrement l'exploitation depuis 1981. Surtout connu jadis pour ses vins blancs, le domaine développe avec grand succès sa production de vins rouges, qui arrivent maintenant souvent en tête des meilleurs grands crus classés des Graves.

Rouge	
1993	61
1992	56
1991	50
1990	82
1989	85
1988	87
1987	73
1986	109
1985	87
1984	60
1983	88
1982	100
1981	70
1966	195

CH. PALMER
Margaux
3ᵉ grand cru classé

Malgré leur classement en 3ᵉ grand cru, les vins produits par ce Château se vendent à des prix disproportionnés à leur rang. Les qualités obtenues, grâce à une des vinifications les plus longues du Bordelais, donnent des bouteilles de très long vieillissement et de très longue garde. La particularité du Château Palmer se reconnaît aisément lors des dégustations. Certaines bouteilles anciennes sont considérées parmi les meilleures que l'on puisse mettre sur table.

Année	Prix	
1994	116	Primeur
1993	130	
1992	133	
1991	153	
1990	221	
1989	264	
1988	232	
1987	152	
1986	247	
1986	1 120	Double magnum
1985	261	
1984	151	
1983	366	
1982	375	
1982	2 850	Jéroboam
1982	3 770	Impériale
1981	246	
1981	1 140	Double magnum
1981	1 775	Jéroboam
1981	2 350	Impériale
1980	120	
1979	310	
1978	354	
1977	110	
1976	293	
1975	325	
1974	110	
1973	140	
1972	90	
1971	320	
1970	643	
1969	185	
1967	224	
1966	1 113	
1966	490	Mise anglaise
1964	450	
1962	835	
1961	2 720	
1959	1 270	
1958	515	
1957	610	
1955	1 040	
1953	1 380	
1953	660	Demi-bouteille
1952	750	
1950	515	
1950	1 320	Magnum
1949	1 220	
1947	1 730	
1945	2 550	
1944	850	
1942	880	
1941	960	
1940	900	
1938	680	
1937	790	
1936	890	
1934	960	
1933	900	
1933	2 130	Magnum
1931	950	
1929	2 980	Magnum
1928	1 750	
1924	1 000	
1924	19 920	Impériale
1921	1 950	

Blanc

1993	65
1992	62
1991	53
1990	84
1989	80
1988	83
1987	70
1986	76
1985	83
1984	62
1983	75
1982	68
1981	74
1980	53
1979	76
1978	89
1976	85
1966	175

CLOS DE L'ORATOIRE
Saint-Émilion, Grand cru classé

Sur une dizaine d'hectares bien situés, ce clos produit des vins de belle tenue, exportés pour moitié.

1993	50
1992	50
1991	49
1990	111
1989	99
1988	90
1987	44
1986	70
1985	78
1984	46
1983	75
1982	135
1981	76

CH. PAPE CLÉMENT
Graves
Cru classé

Ce cru de Graves, après un certain vieillissement, atteint un degré de perfection totale. On peut acquérir des vins récents pour un prix raisonnable et les conserver assez longtemps avant consommation. Grandiose 1988 ! Il existe également une excellente petite production de même appellation en blanc.

1993	86
1992	95
1991	92
1990	184
1990	800 Magnum
	Série limitée à
	420 flacons.
	« Mᵉ M. Rheims »
1989	168
1988	169
1987	103
1986	158
1985	172
1984	74
1984	170 Magnum
1983	115
1983	245 Magnum
1982	172
1982	390 Magnum
1982	880 Double magnum
1982	2 035 Impériale
1981	120

1981	285 Magnum
1981	640 Double magnum
1980	85
1979	126
1979	610 Double magnum
1978	170
1978	384 Magnum
1978	1 620 Impériale
1977	70
1976	184
1976	1 260 Jéroboam
1976	1 680 Impériale
1975	205
1975	445 Magnum
1974	80
1973	100
1971	248
1971	560 Magnum
1970	259
1970	640 Magnum
1969	95
1968	124
1967	150
1966	485
1966	1 120 Magnum
1964	255
1962	422
1961	1 755
1959	468
1959	1 140 Magnum
1955	370
1945	980
1926	1 190
1918	1 980 Magnum
1913	1 040
1903	1 160

1980	47
1979	85
1978	89
1976	85
1975	112
1970	140

CH. LES ORMES DE PEZ

Saint-Estèphe
Cru bourgeois

Ce cru bourgeois est un vin de grand mérite. Ses qualités en font un Saint-Estèphe de haute tradition.

1994	60	Primeur
1993	56	
1992	54	
1991	62	
1990	91	
1989	94	
1988	88	
1987	60	
1988	85	
1985	86	
1984	50	
1984	120	Magnum
1983	77	
1982	135	
1982	610	Double magnum
1981	80	
1981	178	Magnum
1981	405	Double magnum
1980	50	
1980	245	Double magnum
1979	82	
1978	106	
1978	1 020	Impériale
1976	102	
1975	115	
1970	160	
1962	210	
1961	550	
1959	180	Demi-bouteille
1957	170	
1955	220	
1947	580	

CH. LES ORMES SORBET

Médoc, Cru bourgeois

La production de ce beau vignoble se subdivise en deux appellations classées crus bourgeois : Les Ormes Sorbet pour 700 hectolitres et Château de Conques pour 250.

1993	34
1992	35

1991	33
1990	72
1989	75
1988	73
1987	50
1986	53
1985	65
1984	37
1983	57
1982	87
1981	55
1980	32
1979	57
1978	69

CH. DE PANIGON

Médoc, Cru bourgeois

Avec une quarantaine d'hectares plantés pour moitié en Cabernet Sauvignon et en Merlot, ce Château fournit des vins tanniques et bouquetés, mis en bouteilles après un séjour de près d'un an en barriques.

1993	31
1992	30
1991	28
1990	68
1989	72
1988	70
1987	34
1986	50
1985	59
1984	30
1983	55
1982	82
1981	51
1980	27
1979	55
1978	60

CH. PATACHE D'AUX

Médoc, Cru bourgeois

Ce Château très ancien doit son nom à un relais de diligences. Ses vins, assez abondants, sont recherchés par un vaste public et leurs prix restent très abordables.

1993	30
1992	29
1991	27
1990	71
1989	73
1988	65
1987	32
1986	52

1985	62		1978	505 Jéroboam
1984	30		1978	670 Impériale
1983	58		1977	25
1982	89		1976	75
1982	210 Magnum		1975	90
1982	435 Double magnum		1975	610 Jéroboam
1982	655 Jéroboam		1974	36
1981	58		1973	47
1981	118 Magnum		1972	105
1981	248 Double magnum		1972	225 Magnum
1980	27		1969	70
1979	58		1969	162 Magnum
1978	70		1969	348 Double magnum
1978	320 Double magnum		1966	245

CH. PAVIE
Saint-Émilion, 1er grand cru classé

Les premières vignes de Saint-Émilion furent plantées sur les coteaux de Pavie au IVe siècle. Ce Château figure aujourd'hui parmi les plus connus des meilleurs vins de Saint-Émilion. Ce domaine de 40 hectares produit un vin généreux, équilibré, au bouquet très particulier. Le chai du Château, l'un des plus grands de la région, est une cave creusée dans une colline calcaire au Moyen Age.

1993	90		1978	1 615 Impériale
1992	94		1977	85
1991	87		1976	177
1990	160		1976	785 Double magnum
1990	84 Demi-bouteille		1975	227
1990	338 Magnum		1975	532 Magnum
1989	157		1975	1 120 Double magnum
1989	335 Magnum		1975	1 710 Jéroboam
1988	146		1975	2 440 Impériale
1987	90		1974	240 Magnum
1986	157		1974	750 Jéroboam
1985	174		1973	130
1985	370 Magnum		1973	880 Jéroboam
1984	90		1972	320 Double magnum
1983	142		1971	232
1983	310 Magnum		1971	493 Magnum
1982	256		1970	280
1982	560 Magnum		1970	615 Magnum
1981	140		1969	120
1981	670 Double magnum		1967	181
1981	1 370 Impériale		1966	398
1980	88		1966	880 Magnum
1980	395 Double magnum		1966	3 680 Impériale
1979	158		1964	295
1979	1 440 Impériale		1962	292
1978	185		1961	688
1978	780 Doublemagnum		1959	480
1978	1 220 Jéroboam		1958	160
			1957	200
			1956	210
			1955	407
			1954	450
			1953	510
			1952	420
			1950	337
			1949	715
			1948	400
			1947	757
			1945	890
			1943	470
			1929	975
			1928	1 120
			1924	950

CH. PATRIS
Saint-Émilion, Grand cru

Comme d'autres crus appartenant au même propriétaire, ce Château distribue principalement sa production dans la restauration. Des vins fins et fruités appréciés par le clientèle.

1993	27
1992	28
1991	25
1990	63
1989	60
1988	59
1987	23
1988	54
1985	59
1984	22
1983	54
1982	84
1981	55
1980	22
1979	55
1978	68
1976	68
1975	83

CH. PAVEIL DE LUZE
Margaux
Cru bourgeois

Une ancienne propriété produisant des vins réputés en France et à l'étranger.

1933	45	
1992	46	
1991	44	
1990	78	
1989	75	
1988	75	
1987	37	
1986	59	
1985	70	
1984	33	
1983	61	
1982	102	
1981	62	
1981	465	Jéroboam
1981	620	Impériale
1980	35	
1979	65	
1978	82	
1976	78	
1975	95	
1975	650	Jéroboam
1970	115	
1928	535	

CH. PAVIE DECESSE
Saint-Émilion, Grand cru classé

Ce grand cru classé appartient au même propriétaire que le Château Pavie, son voisin, dont il a été séparé à la fin du siècle dernier. Très bien situé, le vignoble propose des vins amples et puissants qui obtiennent la faveurs des amateurs français et étrangers.

1993	60
1992	59
1991	55
1990	97
1989	98
1988	100
1987	60
1986	94
1985	93
1984	62
1983	95
1982	141
1981	94
1980	55
1979	96
1978	112
1976	115
1975	129
1974	45
1971	114
1970	135

CH. PAVIE MACQUIN
Saint-Émilion
Grand cru classé

Spécialiste de l'étude des porte-greffes américains et de l'art du greffage, Albert Macquin est l'œnologue qui participa le plus activement à la reconstitution du vignoble bordelais après la brutale attaque du phylloxéra. La propriété, qui porte son nom, produit des vins très fins figurant parmi les tout premiers de l'appellation.

1993	58
1992	54
1991	60
1990	81
1989	100
1988	72
1987	45
1986	67
1985	75
1984	50
1983	112

1982	133
1981	74
1980	53
1979	90
1978	127
1976	121
1975	148
1942	595

CH. PAVILLON BLANC DU CHÂTEAU MARGAUX
Margaux

Sur l'important domaine du Château Margaux, une superficie d'une dizaine d'hectares, complantée en cépage Sauvignon, est réservée depuis longtemps à la production d'un vin blanc sec, fin et particulier.

1993	100
1992	101
1991	123
1990	165
1989	170
1988	175
1987	115
1986	165
1985	160
1984	90
1983	182
1982	160
1981	180
1980	95
1979	200
1978	225
1966	380
1961	325
1928	1 500
1926	1 380

CH. PAVILLON ROUGE DU CHÂTEAU MARGAUX
Margaux

Du fait de la sélection particulièrement sévère, à tous les stades des vins du Château Margaux, le domaine présente ce deuxième vin de grande qualité, surtout issu de vignes jeunes.

1993	84
1992	80
1991	77
1990	150
1989	140
1988	137
1987	87

1986	147
1985	160
1984	83
1983	148
1982	198
1981	126
1980	91
1979	162
1978	172
1976	165

CH. PEDESCLAUX
Pauillac
5e grand cru classé

La majeure partie de la production est exportée. Néanmoins, on trouve parfois ces vins, au bouquet délicat et agréable, lors de certaines vacations, notamment en magnums.

1993	42	
1992	40	
1991	37	
1990	78	
1989	75	
1988	85	
1987	42	
1988	75	
1985	77	
1984	42	
1983	68	
1982	145	
1982	315	Magnum
1981	71	
1980	40	
1979	75	
1978	91	
1978	208	Magnum
1976	93	
1975	110	
1970	134	
1966	315	
1966	695	Magnum
1961	525	
1920	620	

CH. PERRON
Lalande de Pomerol

Lauréate de nombreux concours, cette très ancienne propriété propose des vins caractérisés par un arôme à dominante de violette.

1993	28
1992	30
1991	26
1990	48

1989	46
1988	45
1987	22
1988	34
1985	42
1984	23
1983	40
1982	74
1981	41
1980	21
1979	43
1978	54

CH. PETIT FAURIE DE SOUTARD

Saint-Émilion, Grand cru classé

Peu connu du grand public, ce grand cru classé est certainement l'un des meilleurs vins de la région. Son implantation et les soins apportés à son élaboration permettent de mettre en vente des bouteilles recherchées par les amateurs francais et étrangers, puisque la moitié est exportée.

1993	45
1992	46
1991	41
1990	86
1989	82
1988	79
1987	51
1986	63
1985	66
1984	35
1983	68
1982	108
1981	73
1980	36
1979	73
1978	80
1977	35
1976	78
1975	114
1970	130

CH. PETIT VILLAGE

Pomerol

D'une personnalité bien distincte, le Château Petit Village effectue la synthèse entre les grands crus de Bourgogne et ceux du Bordelais. Par sa réputation, il est très recherché, notamment dans les milieux du spectacle, et certaines vedettes en usent et en abusent...

1994	124	Primeur
1993	110	
1992	90	
1991	107	
1990	185	
1989	188	
1988	158	
1987	100	
1988	144	
1985	186	
1984	95	
1983	145	

CH. PÉTRUS

Pomerol, Cru exceptionnel

Reconnu comme le premier des crus de Pomerol, il n'est pas classé et porte la mention « cru exceptionnel ». Ce vin, qui possède toutes les qualités, surtout un fort parfum de truffe, se traite à des prix élevés qui ont tendance à se stabiliser. Les petites quantités produites et une distribution contingentée de manière draconienne ne présument pas d'une baisse.

1990	2 150	
1990	4 740	Magnum
1990	9 970	Double magnum
1989	2 200	
1989	4 800	Magnum
1989	9 580	Double magnum
1989	17 200	Jéroboam
1988	1 810	
1988	3 720	Magnum
1988	5 490	Double magnum
1988	16 200	Jéroboam
1987	860	
1987	1 850	Magnum
1986	1 650	
1986	3 320	Magnum
1985	2 005	
1985	4 190	Magnum
1985	8 460	Double magnum
1985	18 400	Impériale
1984	1 070	
1983	1 620	
1983	3 440	Magnum
1983	8 170	Double magnum
1982	3 590	
1982	8 220	Magnum
1981	1 520	
1981	3 140	Magnum
1980	900	

1982	309
1981	140
1980	95
1979	144
1978	160
1977	95
1976	165
1975	215
1974	90
1973	115
1970	320
1959	400
1952	1 725 Magnum

CH. PEYBONHOMME LES TOURS
Côtes de Blaye, Cru bourgeois

Déjà mentionné en 1766 ce Château, situé aux confins du Bordelais et des Charentes, face au Médoc sur l'autre rive de la Gironde, produit uniquement des vins rouges de hautes qualités justifiant son titre de Cru bourgeois. L'Union francaise des œnologues ne s'y est d'ailleurs pas trompée lorsque, lors des Vinalies 1991, elle lui a accordé son Prix d'Excellence.

1980	1 980 Magnum		1959	8 200 Magnum
1979	1 550		1958	2 095
1979	3 260 Magnum		1957	2 140
1979	9 550 Jéroboam		1955	3 140
1979	12 000 Impériale		1955	7 050 Magnum
1978	1 560		1954	2 570
1978	3 550 Magnum		1954	5 630 Magnum
1978	11 250 Jéroboam		1953	3 840
1977	1 060		1953	8 350 Magnum
1977	2 210 Magnum		1952	3 110
1978	1 225		1951	2 350
1976	2 700 Magnum		1950	4 575
1975	2 380		1949	5 970
1975	1 250 Demi-bouteille		1949	14 000 Magnum
1975	5 200 Magnum		1948	4 675
1975	10 800 Double magnum		1947	10 530
1975	21 700 Jéroboam		1947	2 500 (Mise belge)
1974	1 620		1947	3 150 Mise négoce
1974	3 500 Magnum		1947	25 200 Magnum
1974	7 210 Double magnum		1945	14 740
1973	1 400		1943	4 420
1973	2 920 Magnum		1942	3 850
1972	1 220		1939	4 080
1971	2 500		1934	4 700
1971	5 940 Magnum		1929	12 500
1970	3 210		1928	12 000
1970	6 630 Magnum		1926	9 600
1970	14 900 Double magnum		1924	5 600
1969	1 100		1924	17 500 Magnum
1969	2 350 Magnum		1917	7 400
1968	1 150		Série de 45 bouteilles 1943 à 1990 :
1967	1 425		121 000.
1966	2 545		
1966	5 610 Magnum		Caisse d'origine de 12 bouteilles :
1964	2 485		1990	25 000
1964	5 430 Magnum		1989	26 000
1962	2 265		1988	21 500
1961	13 070		1987	10 000
1961	31 500 Magnum		1986	19 000
1960	1 850		1985	24 000
1959	3 725		1982	42 500

1993	27
1992	26
1991	25
1990	38
1989	42
1988	45
1987	22
1986	39
1985	42
1984	21
1983	43
1982	90
1981	44
1980	23
1979	51
1978	58
1970	150

CH. PEY-CHAUD BOURDIEU
Côtes de Bourg

Des vins représentatifs des Côtes de Bourg, offerts à des prix très compétitifs pour leurs qualités. Le Château produit également une petite quantité de vins blancs.

1993	25
1992	24
1991	22
1990	42
1989	39
1988	36
1987	17
1986	35
1985	39
1984	16
1983	28
1982	52
1981	28
1980	15
1979	32
1978	38

CH. PEYRABON
Haut Médoc
Cru bourgeois

Un important domaine viticole dont 48 hectares sont classés Haut Médoc et 5 hectares Pauillac. Durant très longtemps, la distribution est restée confidentielle et en marge du circuit commercial. Les propriétaires actuels présentent à la vente des vins corsés et bouquetés satisfaisant la clientèle française et étrangère.

1993	32
1992	31
1991	29
1990	64
1989	71
1988	68
1987	25
1986	56
1985	59
1984	23
1983	56
1982	94
1981	58
1980	24
1979	60
1978	85
1961	880 Magnum

CH. PEYRELONGUE
Saint-Émilion, Grand cru

Ce Château propose des vins nobles et généreux méritant amplement le titre de grand cru.

1993	42
1992	40
1991	37
1990	73
1989	74
1988	73
1987	25
1986	62
1985	73
1984	25
1983	71
1982	115
1982	250 Magnum
1981	69
1980	25
1979	73
1978	83
1976	85
1975	100
1970	122

CH. DE PEZ
Saint-Estèphe, Cru bourgeois

Par la qualité de sa production, ce très ancien Château se place parmi les crus bourgeois les plus réputés de la région du Médoc. Il faut mentionner l'importance des exportations : 70 % de la récolte partent en effet à l'étranger.

1993	47
1992	45
1991	49

1990	82
1989	84
1988	79
1987	35
1986	79
1985	82
1984	40
1984	21 Demi-bouteille
1983	59
1982	103
1981	61
1980	35
1979	64
1978	76
1976	77
1975	95
1970	115
1966	240
1961	520
1945	620
1943	370
1937	275

CH. PHÉLAN SÉGUR
Saint-Estèphe, Cru bourgeois

Très rares sont les cas où un producteur, insatisfait de la qualité, retire volontairement un millésime du marché. C'est pourtant ce que fit le propriétaire de ce Château, à trois reprises : en 1985, 1984 et 1983, millésimes jugés impropres à la consommation. Il faut signaler le courage dont il fit preuve en acceptant de sacrifier délibérément un tel revenu potentiel. Les millésimes produits lors de la reprise sont de parfaite qualité et l'on peut être sûr que les amateurs sauront l'apprécier.

1993	58
1992	75
1991	73
1990	89
1989	95
1988	91
1987	62
1986	83
1985 – 1984 – 1983 : retirés, impropres à la consommation.	
1982	146
1982	325 Magnum
1982	688 Double magnum
1981	86
1981	200 Magnum
1981	415 Double magnum
1980	65
1979	90
1978	108

1977	45
1976	100
1976	220 Magnum
1976	455 Double magnum
1976	930 Impériale
1975	114
1974	45
1973	60
1972	30
1970	131
1969	68
1967	105
1966	430
1964	1 800 Magnum
1961	215
1959	395

CH. PIADA
Sauternes, Barsac

Ce domaine très ancien, dont les origines remontent au XIIIᵉ siècle, produit des vins liquoreux réputés pour leur grande finesse. Sous la marque Clos du Roy sont vendus des blancs secs issus des jeunes vignes.

1993	53
1992	55
1991	52
1990	70
1989	68
1988	66
1987	52
1986	70
1985	65
1984	50
1983	61
1982	57
1981	65
1980	52
1979	75
1978	86
1976	80
1975	104
1970	145
1961	335

CH. PIBRAN
Pauillac, Cru bourgeois

Proches de grands crus classés, ces 10 hectares de vignoble produisent des vins bouquetés particulièrement remarquables certaines années.

1993	50
1992	49
1991	57

1990	85
1989	92
1988	97
1987	53
1986	72
1985	70
1984	37
1983	61
1982	93
1981	64
1980	35
1979	67
1978	78

CH. PICARD
Saint-Estèphe
Cru bourgeois

Très bien exposé, ce domaine produit des vins de bonne tenue qui méritent leur titre de cru bourgeois.

1993	46
1992	48
1991	45
1990	93
1989	95
1988	91
1987	35
1986	76
1985	84
1984	36
1983	80
1982	115
1981	85
1980	36
1979	84
1978	98

CH. PICHON LONGUEVILLE
Baron
Pauilllac
2ᵉ grand cru classé

Ce 2ᵉ grand cru classé est à distinguer de son voisin Comtesse de Lalande de même appellation et de même classement. Il vient d'être cédé et on ne peut préjuger des efforts qui seront déployés afin que l'appellation Baron atteigne les qualités de son voisin. Les prix applicables aux barons sont toujours inférieurs à ceux de comtesse.

1994	96 Primeur
1993	101
1992	87
1991	103
1990	191

1990	880 Double magnum
1990	1 370 Jéroboam
1990	2 700 Impériale

CH. PICHON LONGUEVILLE
Comtesse de Lalande
Pauillac
2ᵉ grand cru classé

La direction de cette très vieille propriété se montre, depuis quelques années, particulièrement soucieuse de qualité. Ses vins, très recherchés, ont atteint un niveau élevé.

1993	104
1992	97
1991	162
1990	181
1990	1 800 Jéroboam
1990	2 250 Impériale
1989	216
1989	970 Double magnum
1989	2 115 Jéroboam
1989	2 520 Impériale
1988	191
1988	915 Double magnum
1988	1 710 Jéroboam
1988	2 070 Impériale
1987	125
1987	260 Magnum
1986	230
1985	243
1985	1 150 Double magnum
1985	1 970 Jéroboam
1985	2 520 Impériale
1984	150
1984	325 Magnum
1983	241
1983	530 Magnum
1983	1 250 Double magnum
1983	2 250 Jéroboam
1983	2 610 Impériale
1982	538
1982	1 280 Magnum
1982	2 690 Double magnum
1982	5 960 Jéroboam
1982	7 370 Impériale
1981	240
1981	520 Magnum
1981	1 110 Double magnum
1980	134
1980	300 Magnum
1980	610 Double magnum
1980	955 Jéroboam
1980	1 345 Impériale

1989	215
1989	2 880 Impériale
1988	175

1979	257
1979	1 740 Jéroboam
1979	2 410 Impériale
1978	370
1978	815 Magnum
1977	125
1977	260 Magnum
1977	545 Double magnum
1977	1 210 Impériale
1976	315
1976	2 250 Jéroboam
1976	2 810 Impériale
1975	330
1975	680 Magnum
1974	145
1973	160
1973	356 Magnum
1972	100
1972	230 Magnum
1972	450 Double magnum
1971	335
1970	529
1970	1 280 Magnum
1969	145
1967	175
1966	615
1964	325
1964	2 750 Impériale
1962	495
1961	1 285
1959	930
1957	520
1955	660
1953	765
1952	1 400 Magnum
1950	510
1949	1 280
1947	1 430
1946	900
1945	1 740
1945	4 270 Magnum
1942	830
1941	880
1940	840
1938	1 040
1936	1 040
1934	780
1931	1 350
1929	1 560
1928	1 655
1925	1 097
1923	1 260
1922	1 480
1921	2 750

1987	102
1986	150
1985	166
1984	88
1983	154
1982	213
1981	128
1980	80
1979	132
1979	310
1979	1 280 Impériale
1978	171
1977	62
1976	153
1976	725 Double magnum
1976	1 200 Jéroboam
1976	1 690 Impériale
1975	165
1974	75
1973	113
1972	57
1971	170
1970	272
1970	680 Magnum
1969	105
1967	250
1966	346
1966	805 Magnum
1965	125 Demi-bouteille
1964	302
1962	325
1961	885
1960	250
1959	720
1959	1 730 Magnum
1958	382
1957	430
1955	520
1955	1 240 Magnum
1954	475
1953	620
1952	600
1950	750
1949	880
1947	920
1945	1 270
1945	3 420 Magnum
1935	1 280
1926	830
1874	6 480
1870	7 520

CH. LE PIN
Pomerol

Rares sont les heureux élus qui ont vu ces bouteilles. Encore bien plus rares sont ceux qui ont pu déguster ce vin. Comme l'Arlésienne, on en parle, on en discute, mais on ne le voit jamais. Les cotations ci-dessous font référence à des ventes anglaises et américaines.

1993	700
1992	830
1991	680
1990	1 450
1989	1 190
1988	1 160
1987	535
1986	1 125
1985	1 195
1984	780
1983	1 105
1982	3 030
1981	1 070
1979	2 750

CH. PIPEAU
Saint-Émilion

Ce beau Château possède un vignoble de sols variés s'étendant sur plusieurs communes. Ces vins de belle couleur, dont une partie est exportée, sont aromatiques et présentent une grande harmonie en bouche.

1993	34
1992	33
1991	30
1990	58
1989	63
1988	61
1987	20
1986	51
1985	53
1984	20
1983	51
1982	70
1981	52
1980	20
1979	36
1978	42
1976	45
1975	60

CH. PLAGNAC
Médoc, Cru bourgeois

Ce cru bourgeois, exploité par les propriétaires de Gruaud, Talbot et Meyney, confirme amplement son classement par la qualité des vins mis sur le marché.

1993	38
1992	37
1991	40

1990	52
1989	50
1988	42
1987	30
1986	40
1985	42
1984	25
1983	41
1982	85
1981	42
1980	24
1979	44
1978	51
1976	50
1975	63

CH. PLAISANCE
Montagne Saint-Émilion

Un vignoble de moyenne production qui offre des vins corsés et généreux acquérant au vieillissement un superbe bouquet.

1993	33
1992	32
1991	30
1990	62
1989	67
1988	66
1987	25
1986	55
1985	57
1984	24
1983	54
1982	80
1981	55
1980	23
1979	58
1978	77

CH. PLANTEY
Pauillac

Ce très ancien domaine admirablement situé produit des vins de qualité particulièrement recherchés au Benelux.

1993	35
1992	39
1991	32
1990	65
1989	79
1988	74
1987	32
1986	56
1985	64
1984	30
1983	47

1982	78
1981	49
1980	26
1979	51
1978	70

CH. PLANTEY DE LA CROIX
Haut Médoc
Cru bourgeois

L'exploitation de ce beau vignoble est jumelée avec celle du Château Verdignan, également cru bourgeois. Ces vins, d'importante production, sont puissants et généreux.

1993	32
1992	35
1991	29
1990	63
1989	74
1988	75
1987	32
1986	58
1985	64
1984	30
1983	45
1982	82
1981	48
1980	27
1979	50
1978	64

CH. LA POINTE
Pomerol

Ce beau vignoble de 20 hectares plantés à majorité en cépage Merlot produit des vins corsés et généreux appréciés par une large clientèle.

1994	68	Primeur
1993	66	
1992	75	
1990	107	
1989	120	
1988	85	
1987	60	
1986	93	
1985	105	
1984	55	
1983	95	
1982	163	
1982	353	Magnum
1981	98	
1980	53	
1979	100	
1979	486	Double magnum
1978	115	

1978	770	Jéroboam
1978	1 230	Impériale
1976	159	
1975	175	
1971	155	
1970	200	
1969	82	
1969	215	Magnum
1967	125	
1964	1 680	Double magnum
1962	175	
1953	430	
1945	1 250	

CH. POMEYS
Moulis
Cru bourgeois

Exploité depuis de nombreuses générations par la même famille, ce Château offre des vins vigoureux, fins et corsés. Comme certains autres crus de Moulis, il est très recherché par de nombreux amateurs.

1993	32
1992	30
1991	30
1990	52
1989	53
1988	52
1987	25
1986	45
1985	43
1984	23
1983	43
1982	98
1981	54
1980	25
1979	55
1978	68

CH. POMYS
Saint-Estèphe
Cru bourgeois

A ne pas confondre avec le Moulis. Ce cru bourgeois de Saint-Estèphe présente des vins très recherchés pour leur excellent rapport qualité-prix.

1993	38
1992	36
1991	38
1990	65
1989	68
1988	60
1987	30
1986	57

1985	60
1984	28
1983	52
1982	94
1981	54
1980	28
1979	56
1978	64

CH. PONTAC LYNCH
Margaux
Cru bourgeois

Mitoyen des Châteaux Margaux, Rauzan et Palmer, ce domaine produit des vins de grande qualité bien souvent couronnés par des médailles lors des divers concours français.

1993	44
1992	45
1991	41
1990	74
1989	71
1988	73
1987	35
1986	58
1985	65
1984	35
1983	60
1982	105
1981	61
1980	33
1979	66
1978	76

CH. PONTET
Médoc
Cru bourgeois

Avec ses belles vignes de 30 ans d'âge moyen, ce Château produit des vins généreux de couleur soutenue et aptes à un bon vieillissement.

1993	30
1992	29
1991	27
1990	62
1989	70
1988	68
1987	24
1986	48
1985	55
1984	22
1983	54
1982	90
1981	49

1980	22
1979	52
1978	58
1975	70

CH. PONTET CANET
Pauillac
5e grand cru classé

Grâce à son abondante production, ce Château est un des plus connus du Bordelais. Il est très apprécié par une assez vaste clientèle.

1993	62	
1992	60	
1991	70	
1990	100	
1990	218	Magnum
1989	107	
1989	225	Magnum
1988	102	
1988	220	Magnum
1987	60	
1986	98	
1985	103	
1985	225	Magnum
1984	55	
1984	118	Magnum
1983	100	
1982	140	
1981	104	
1981	225	Magnum
1980	50	
1979	108	
1978	145	
1976	140	
1975	176	
1975	425	Magnum
1974	65	
1973	80	
1972	35	
1971	150	
1970	229	
1966	335	
1964	235	
1964	520	Magnum
1961	642	
1955	260	
1953	350	
1952	185	
1951	240	
1947	620	
1945	1 250	
1943	520	
1924	610	
1900	5 730	Magnum
1899	7 000	

CH. PONTET CHAPPAZ
Margaux, Cru bourgeois

Classé cru bourgeois depuis 1990, ce petit vignoble offre des vins fins, racés et élégants, de belle couleur, très typés Margaux.

1993	43
1992	42
1991	40
1990	84
1989	90
1988	88
1987	35
1986	73
1985	81
1984	35
1983	82
1982	135
1981	81
1980	35
1979	84
1978	94
1976	93
1975	106
1970	125
1966	240

CH. PONTET CLAUZURE
Saint-Émilion, Grand cru

Assez largement distribués, ces vins aromatiques de bonne qualité donnent grande satisfaction aux nombreux acheteurs.

1993	38
1992	36
1991	34
1990	73
1989	71
1988	77
1987	26
1986	62
1985	74
1984	25
1983	70
1982	120
1981	67
1980	24
1979	71
1978	76
1976	80
1975	94
1970	115
1966	235
1962	145
1942	460

CH. PONTOISE CABARRUS
Haut Médoc, Cru bourgeois

Ce beau domaine appartenait jusqu'à la moitié du XIXe siècle à la famille de Mme Tallien, née Cabarrus. Le vignoble, admirablement exposé, produit des vins de grande classe vieillis dix-huit mois en fûts de chêne. La moitié de la production est exportée.

1993	32
1992	31
1991	32
1990	48
1989	51
1988	54
1987	22
1986	45
1985	47
1984	23
1983	43
1982	100
1981	36
1980	22
1979	48
1978	59
1976	58
1975	74

CH. DE PORTETS
Graves

Ce très ancien Château au riche passé historique produit des vins rouges corsés et fins, de bonne garde, et des vins blancs secs et fruités.

1993	25
1992	25
1991	24
1990	36
1989	35
1988	32
1987	20
1986	27
1985	35
1984	20
1983	30
1982	65
1981	30
1980	20
1979	32
1978	49
1976	45
1975	60
1970	71
1964	55
1959	120

CH. POTENSAC
Médoc
Cru bourgeois

Une importante production de vins séveux de belle couleur sur cette propriété de 50 hectares, très largement diffusée en France et dans de nombreux pays étrangers.

1993	33
1992	31
1991	30
1990	48
1989	61
1988	59
1987	34
1986	61
1985	54
1984	30
1983	79
1982	98
1981	61
1980	32
1979	64
1978	70
1976	66
1975	80
1975	175 Magnum
1970	95
1966	195
1964	120
1962	175
1961	440

CH.POUGET
Margaux
4e grand cru classé

Ce grand cru classé, assez discret, propose des vins très fins typés Margaux, appréciés par les connaisseurs. Exportés à 80 %, ils sont plus faciles à trouver en Suisse ou dans la C.E.E. qu'en France.

1993	55
1992	54
1991	50
1990	92
1989	86
1988	80
1987	54
1986	70
1985	80
1984	60
1983	69
1982	156
1981	73

1980	45
1979	75
1978	90
1976	85
1975	104
1970	175

CH. POUJEAUX
Moulis
Cru bourgeois

Les origines de ce Château remontent au XVIe siècle. L'important vignoble de 50 hectares propose des vins très élaborés ; grâce à des durées de macération très longues et des séjours en barriques de près de deux années, ils possèdent des qualités les plaçant en tête de l'appellation.

1993	60
1992	48
1991	57
1990	77
1989	91
1988	72
1987	49
1986	75
1985	77
1984	45
1983	75
1982	104
1981	77
1980	44
1979	79
1978	85
1976	83
1975	90
1970	102
1966	240
1964	132
1955	160

CH. POUPILLE
Côtes de Castillon

Les vins des Côtes de Castillon sont en général corsés et riches en couleur. D'un bouquet attrayant, ils sont parfois un peu durs mais s'affinent en vieillissant. La production de ce Château correspond donc parfaitement aux caractéristiques ci-dessus énoncées.

1993	25
1992	26
1991	24
1990	45
1989	41

1988	39
1987	20
1986	35
1985	44
1984	20
1983	28
1982	55
1981	29
1980	20
1979	33
1978	40
1976	39
1975	51
1971	40
1970	78

CH. PREUILLAC
Médoc
Cru bourgeois

Totalement reconstitué depuis une vingtaine d'années, ce vignoble de cépages pour moitié Merlot et Cabernet présente des vins corsés, moelleux pouvant vieillir lentement et longtemps. Une partie de la production est exportée dans la C.E.E.

1993	32
1992	29
1991	33
1990	50
1989	62
1988	55
1987	24
1986	55
1985	49
1984	23
1983	61
1982	84
1981	45
1980	25
1979	46
1978	58

CH. LE PRIEURÉ
Saint-Émilion, Grand cru classé

Sur un emplacement privilégié proche des plus grands 1ers crus, cette propriété produit une vingtaine de milliers de bouteilles de très haute qualité, dont 80 % sont, hélas !, exportés dans le monde entier.

1993	58
1992	56
1991	59
1990	95

1989	112
1988	94
1987	43
1986	78
1985	89
1984	44
1983	118
1982	146
1981	84
1980	45
1979	100
1978	129
1976	125
1975	152
1970	180

CH. PRIEURÉ LICHINE
Margaux, 4e grand cru classé

Depuis le décès récent d'Alex Lichine, on reste dans l'incertitude quant à la voie qui sera adoptée pour continuer son œuvre.

1993	65	
1992	59	
1991	62	
1990	97	
1989	105	
1989	218	Magnum
1988	100	
1987	61	
1986	98	
1985	110	
1984	60	
1983	103	
1982	147	
1981	113	
1980	60	
1979	117	
1978	132	
1976	140	
1975	165	
1974	50	
1974	220	Double magnum
1959	250	

CH. PUY BLANQUET
Saint-Émilion

Bien diffusés par l'actuel propriétaire, les vins de ce beau domaine, totalement reconstitué apres avoir été victime du phylloxéra, se remarquent surtout par leur qualité.

1993	33
1992	32
1991	30

1990	50
1989	52
1988	53
1987	37
1986	46
1985	50
1984	26
1983	45
1982	85
1981	47
1980	27
1979	50
1978	60
1976	62
1975	78

CH. PUY CASTERA
Haut Médoc, Cru bourgeois

Classé maintenant comme cru bourgeois, ce domaine met sur le marché des vins tanniques bien élaborés permettant une bonne garde.

1993	35
1992	34
1991	32
1990	65
1989	72
1988	66
1987	25
1986	55
1985	60
1984	23
1983	55
1982	93
1981	56
1980	25
1979	58
1978	83

CH. QUENTIN (CANTIN)
Saint-Émilion

Ce vin peut être vendu sous les deux appellations.

1993	35
1992	34
1991	32
1990	69
1989	73
1988	72
1987	24
1986	60
1985	70
1984	23
1983	68
1982	100
1981	66

1980	25
1979	71
1978	74
1976	78

CH. RABAUD PROMIS
Sauternes
1er grand cru classé

Ces vins très appréciés, moelleux et charnus, acquièrent une grande finesse en vieillissant.

1993	90
1992	93
1991	85
1990	123
1989	165
1988	140
1987	92
1986	129
1985	138
1984	95
1983	202
1982	130
1981	141
1980	66
1979	131
1978	155
1976	170
1975	210
1970	228
1967	365
1959	360
1955	435
1951	290
1917	915

CH. RAMAGE LA BÂTISSE
Haut Médoc, Cru bourgeois

Cet important vignoble d'environ 40 hectares propose des vins recherchés, parfumés et agréables, dont une grande partie est exportée dans la C.E.E.

1993	45
1992	44
1991	42
1990	68
1989	60
1988	70
1987	40
1986	52
1985	57
1984	33
1983	54
1982	72
1981	60

₁₉₆₀	28
1979	62
1978	70

CH. RAUZAN GASSIES
Margaux, 2ᵉ grand cru classé

Lors du classement de 1855 les deux crus Rauzan et Rausan ont été classés au même niveau. Bénéficiant d'une bonne réputation en Angleterre, où ils sont très connus, les vins de Rauzan Gassies, sous l'impulsion de leur actuel propriétaire progressent qualitativement au fil des ans. Les Châteaux Croizet Bages et Bel Orme Tronquoy de Lalande font partie du même groupe.

1994	66 Primeur
1993	45
1992	46
1991	44
1990	89
1989	102
1988	117
1987	70
1986	99
1985	95
1984	62
1983	84
1982	144
1981	86
1981	210 Magnum
1981	430 Double magnum
1981	670 Jéroboam
1981	915 Impériale
1980	60
1979	90
1979	435 Double magnum
1979	940 Impériale
1978	117
1978	248 Magnum
1978	583 Double magnum
1978	1 320 Impériale
1977	50
1976	110
1975	140
1973	75
1971	124
1970	252
1970	550 Magnum
1970	1 240 Double magnum
1969	80
1967	125
1966	290
1966	685 Magnum
1964	180
1962	255
1961	442

1959	375
1953	302
1945	980
1945	2 220 Magnum
1940	620
1922	1 220
1921	1 480

CH. LA RAME
Sainte-Croix du Mont

Les vins très réputés de ce Château sont obtenus par des méthodes culturales traditionnelles et un élevage de deux ans. Ceux qui, après sélection, sont vieillis en fûts de chêne neufs portent, depuis le millésime 1983, la mention « Réserve du Château », et les bouteilles sont numérotées.

1993	30
1992	27
1991	29
1990	35
1989	35
1988	34
1987	31
1986	35
1985	38
1984	25
1983	43
1982	38
1981	41
1980	26
1979	44
1978	53

CH. RAUSAN SEGLA
Margaux, 2ᵉ grand cru classé

Cette superbe propriété produisant l'un des tout premiers margaux vient d'être acquise par la Société new-yorkaise Chanel Inc. appartenant à la famille Wertheimer. L'intérêt de cette famille pour les grands crus bordelais n'était un mystère pour personne car, lors de la mise en vente du prestigieux Château Latour, elle s'était fait souffler l'affaire par le groupe de François Pinault. Les 50 hectares de ce superbe vignoble vont ainsi bénéficier d'un nouvel élan pour développer encore plus les hautes qualités des vins produits.

1993	84
1992	84
1991	80

1990	175
1989	182
1988	167
1966	208
1985	147
1984	85
1983	143
1982	203
1982	428 Magnum
1981	150
1980	80
1979	170
1978	185
1976	178
1975	225
1974	85
1970	319
1970	655 Magnum
1967	135
1967	295 Magnum
1966	355
1966	760 Magnum
1964	177
1962	270
1961	577
1959	380
1955	293
1953	366
1952	177
1949	540
1947	780
1945	1 235
1943	520
1934	590
1929	1 200
1912	1 560
1865	5 890

CH. RAYMOND LAFON
Sauternes

Le prestige par la qualité. Telle est la devise de ce Château qui présente l'originalité de ne pas être classé tout en étant considéré comme un des tout premiers Sauternes.

1993	110
1992	120
1991	117
1990	172
1989	180
1988	166
1987	118
1986	165
1985	174
1984	115
1983	243
1982	175

1981	184
1980	100
1979	250

CH. DE RAYNE VIGNEAU
Sauternes
1er grand cru classé

Ce vin de qualité exceptionnelle, un des plus renommés de la région, est considéré comme un des plus grands liquoreux.

1993	92
1992	93
1991	92
1990	127
1989	139
1988	134
1987	112
1986	173
1985	122
1984	98
1983	120
1983	65 Demi-bouteille
1982	112
1981	121
1980	88
1979	120
1978	152
1977	92
1976	130
1975	195
1971	200
1970	245
1967	380
1966	245
1964	180
1962	195
1959	244
1957	205
1955	455
1953	485
1950	370
1949	880
1948	560
1947	985
1945	1 230
1944	725
1943	950
1940	775
1939	815
1937	960
1929	1 180
1926	1 340
1921	1 880
1908	1 250
1893	2 600

CH. DE REIGNAC
Bordeaux supérieur

Ce domaine produit une importante quantité de vins réputés dans leur classement de Bordeaux supérieur.

1993	25
1992	25
1991	22
1990	44
1989	42
1988	39
1987	20
1986	37
1985	40
1984	20
1983	31
1982	57
1981	32
1980	20
1978	35

RÉSERVE DE LA COMTESSE DE LALANDE
Pauillac

Ce second vin du Château Pichon Longueville Comtesse de Lalande est issu d'une sélection stricte de raisins élevés durant près de deux ans dans les mêmes conditions que le grand vin.

1993	55
1992	53
1991	50
1990	115
1989	110
1988	108
1987	72
1986	112
1985	115
1984	70
1983	90
1982	166
1981	94
1979	98

CH. RESPIDE MÉDEVILLE
Graves

Cette propriété appartient aux exploitants du Château Gilette de grande renommée. Les vins classés sous cette appellation des Graves donnent entière satisfaction pour une consommation courante, étant produits par des gens réputés pour leur sérieux.

Rouge	
1993	35
1992	33
1991	32
1990	57
1989	64
1988	64
1987	40
1986	77
1985	62
1984	43
1983	70
1982	92
1981	70
1980	45
Blanc	
1993	43
1992	58
1991	49
1990	70
1989	59
1987	54
1986	62
1985	75
1984	42

CH. REYSSON
Haut Médoc, Cru bourgeois

Un grand domaine de 65 hectares, complantés à 55 % en cépage Cabernet Sauvignon et à 45 % en Merlot, qui produit des vins aromatiques et raffinés.

1993	35
1992	35
1991	33
1990	64
1989	70
1988	60
1987	25
1986	55
1985	62
1984	24
1983	56
1982	87
1981	58
1980	24
1979	61
1978	82

Hong-Kong est le premier importateur en valeur pour les alcools français. Le montant des achats qui s'élèvent à plus de deux milliards de francs pour 1994 s'est accru de 15 %.

169

CH. RICAUD
Côtes de Blaye

Corsés et attrayants, les vins de ce Château sont bien représentatifs de l'appellation Premières Côtes de Blaye.

1993	32
1992	30
1991	27
1990	48
1989	49
1988	51
1987	22
1986	45
1985	47
1984	20
1983	43
1982	82
1981	45
1980	20
1979	45
1978	53

CH. RIEUSSEC
Sauternes
1er grand cru classé

Le vignoble du Château Rieussec, d'un seul tenant de 66 hectares, se situe sur les coteaux des communes de Sauternes et de Fargues. En 1985, son propriétaire s'est associé aux Domaines Barons de Rothschild permettant ainsi d'accentuer encore la recherche de haute qualité.
Le vignoble produit trois vins : tout d'abord, le Château Rieussec en Premier Grand Cru Classé, ensuite le Clos Labère d'appellation Sauternes qui constitue le 2e vin de Rieussec. Mis en bouteilles après seulement une année de vieillissement, il peut être consommé plus jeune tout en possédant les caractéristiques des grands sauternes. Enfin, le « R » de Rieussec, vin blanc sec de type « Graves », d'appellation Bordeaux. Chaque année, avant le début des vendanges devant produire les vins doux, 20 % environ des raisins sont cueillis à part et subissent une vinification particulière de façon à produire un vin blanc sec.

1993	120
1992	130
1991	125
1990	170
1989	230

1988	214	
1987	132	
1986	194	
1985	132	
1984	102	
1983	228	
1983	122	Demi-bouteille
1982	89	
1982	50	Demi-bouteille
1981	176	
1980	90	
1979	159	
1978	200	
1976	195	
1975	310	
1971	212	
1970	240	
1967	465	
1962	307	
1961	445	
1959	460	
1957	335	
1955	540	
1950	325	
1949	920	
1946	775	
1947	1 150	
1946	810	
1940	840	
1939	935	
1926	1 380	
1914	1 920	

CH. RIPEAU
Saint-Émilion, Grand cru classé

Comme toutes les productions de la même appellation, la qualité des vins obtenus sur une grande partie de vieilles vignes est excellente. Ils séduisent par leur générosité et leur finesse aromatique.

1993	54
1992	50
1991	52
1990	76
1989	89
1988	77
1987	40
1986	66
1985	74
1984	39
1983	103
1982	125
1981	71
1980	40
1979	87
1978	120

1977	35
1976	110
1975	143
1970	153
1966	215
1962	166
1955	150

CH. DE LA RIVIÈRE
Fronsac

Ce très vieux Château du XIIIe siècle domine un vaste vignoble d'une cinquantaine d'hectares. Les vieilles vignes de cépages nobles à dominante Merlot produisent des vins puissants et fruités, exportés à 90 % à travers le monde.

1993	30
1992	29
1991	26
1990	53
1989	62
1988	58
1987	22
1986	40
1985	51
1984	20
1983	45
1982	64
1981	46
1980	20
1979	50
1978	70

CH. DE ROCHEMORIN
Graves

Ce Château, à l'origine, appartenait aux Maures. Sa première dénomination a été « La Roche Momie » et constitua un haut lieu fortifié pour la protection de Bordeaux contre les attaques des Sarrazins venant d'Espagne. Après des siècles, durant lesquels on trouve toujours des écrits mentionnant le nom de divers propriétaires dont Montesquieu, le domaine fut acquis par l'un des plus prestigieux producteurs bordelais. Le vignoble s'étend sur une soixantaine d'hectares produisant des vins rouges et une vingtaine d'hectares produisant des vins blancs. L'importante production est très largement exportée à travers le monde.

Rouge

1991	54
1990	60
1989	72

1988	67
1987	47
1986	72

Blanc

1992	80
1991	78
1990	76
1989	82
1988	73
1987	41
1986	47
1985	66
1982	104

CH. ROL DE FOMBRAUGE
Saint-Émilion

Bien situé, en coteaux, ce petit vignoble de cinq hectares plantés majoritairement en Merlot présente des vins très soignés dont les qualités s'améliorent encore depuis la prise en main des nouveaux propriétaires en 1986.

1993	27
1992	29
1991	26
1990	65
1989	59
1988	58
1987	25
1986	52
1985	56
1984	23
1983	52
1982	75
1981	54
1980	25
1979	55
1978	66
1976	69
1975	78

CH. DE ROLLAND
Sauternes, Barsac

Ce très beau vignoble, de 20 hectares bien situés, produit des vins de grande notoriété ! Réputés pour leur finesse et leur fruité, ils sont exportés pour plus de la moitié.

1993	53
1992	55
1991	52
1990	84
1989	80
1988	70
1987	50

1986	72
1985	73
1984	57
1983	63
1982	53
1981	67
1980	60
1979	74
1978	100
1976	93
1975	120

CH. ROMER DU HAYOT
Sauternes
2e grand cru classé

Classé en 1855 sous le nom de Château Romer, il lui fut adjoint par la suite le nom de son propriétaire, M. du Hayot. Ces vins sont de haute qualité et appréciés pour leur bouquet et leur finesse.

1993	72
1992	75
1991	76
1990	117
1989	92
1988	96
1987	77
1986	96
1985	96
1984	70
1983	90
1982	68
1981	96
1980	87
1979	106
1978	134
1976	123
1975	168
1971	165

CH. ROQUEGRAVE
Médoc
Cru bourgeois

Un cru bourgeois d'importante production. Des vins généreux et plaisants.

1993	42
1992	41
1991	40
1990	63
1989	55
1988	68
1987	37
1986	49
1985	51
1984	27

1983	32
1982	70
1981	39
1980	26

CH. LA ROSE FIGEAC
Pomerol

Ce château, très réputé auprès des professionnels et de la presse gastronomique, propose, sur son petit vignoble d'à peine cinq hectares, des vins issus de ceps très âgés permettant l'obtention d'une grande qualité racée et complexe.

1992	75
1991	65
1990	103
1989	110
1988	94
1987	57
1986	96
1985	103
1984	60
1983	90
1982	135
1981	94
1980	63
1979	96
1978	112
1976	116
1975	142
1970	160

CH. LA ROSE PAUILLAC
Pauillac

Très diffusé dans le commerce traditionnel, il permet à un large public de faire connaissance dans de bonnes conditions avec les vins de l'appellation Pauillac.

1993	36
1992	37
1991	34
1990	68
1989	77
1988	74
1987	32
1986	57
1985	68
1984	35
1983	48
1982	85
1981	50
1980	35
1979	52

CH. LA ROSE POURRET
Saint-Émilion
Grand cru

Les vins de ce Château ne sont proposés à la vente qu'après un long élevage de deux ans. Ils constituent un bel exemple de tradition respectée dans la région.

1993	38
1992	37
1991	35
1990	69
1989	72
1988	72
1987	25
1986	58
1985	68
1984	23
1983	67
1982	105
1981	65
1980	25
1979	69
1978	75
1976	80
1975	94

CH. ROUDIER
Montagne Saint-Émilion

Les propriétaires exploitant ce beau vignoble possèdent de magnifiques références avec leurs deux grands crus classés de Saint-Émilion. Le suivi des méthodes culturales et le sérieux des vinifications et de l'élevage permettent la mise sur le marché de bouteilles parfaites.

1993	33
1992	31
1991	29
1990	57
1989	65
1988	60
1987	24
1986	49
1985	54
1984	22
1983	49
1982	69
1981	50
1980	24
1979	52
1978	76

CH. ROUGET
Pomerol

Très ancienne propriété, ce Château propose des vins obtenus à partir de vignes presque entièrement constituées en cépage Merlot et ayant les qualités remarquables de l'appellation Pomerol. Ils bénéficient d'une large audience auprès des consommateurs français et étrangers.

1992	58
1991	55
1990	102
1989	107
1988	96
1987	60
1986	91
1985	93
1984	57
1983	85
1982	143
1981	87
1980	60
1979	89
1978	107
1976	121
1975	145
1974	60
1970	165
1966	245
1964	145
1945	770

CH. ROUMIEU
Sauternes, Barsac

Contigu à de prestigieux crus classés, ce domaine propose des vins de qualité recherchés par les amateurs.

1993	62
1992	66
1991	60
1990	87
1989	80
1988	78
1987	62
1986	73
1985	77
1984	61
1983	70
1982	56
1981	73
1980	67
1979	81
1978	93
1976	93

1975	116
1970	150
1966	275
1964	215
1963	175
1952	175
1947	690

CH. ROUSSET
Côtes de Bourg

Les propriétaires actuels de ce Château avantagé par son terroir, bénéficient des meilleures conditions pour produire de nombreuses bouteilles, distribuées en France et à l'étranger.

1993	30
1992	27
1991	24
1990	44
1989	44
1988	52
1987	18
1986	40
1985	45
1984	18
1983	40
1982	78
1981	41
1980	20
1979	43
1978	49

CH. SAINT-ANTOINE
Bordeaux

Les 80 hectares de ce domaine produisent une importante quantité de vins, pour les trois quarts en rouges, dont une bonne partie est exportée dans la C.E.E.

1993	17
1992	19
1991	15
1990	30
1989	26
1988	27
1987	15
1986	22
1985	26
1984	15
1983	25
1982	40
1981	25
1980	15

CH. SAINT-BONNET
Médoc, Cru bourgeois

Une vaste production de bons vins rouges moelleux et bouquetés. Largement diffusés, ils se caractérisent par des prix très avantageux pour un cru bourgeois.

1993	30
1992	30
1991	29
1990	55
1989	62
1988	60
1987	22
1986	48
1985	33
1984	23
1983	47
1982	70
1981	48
1980	21
1979	52
1978	73

CH. SAINT-CHRISTOLY
Médoc, Cru bourgeois

Cette belle propriété, dont le vignoble est très bien exposé, propose des vins réputés fins et souples. Il faut signaler aussi la production du Château La Fleur Saint-Bonnet, du même terroir.

1993	32
1992	31
1991	28
1990	54
1989	62
1988	58
1987	22
1986	43
1985	50
1984	22
1983	47
1982	69
1981	48
1980	21
1979	51
1978	75

CH. SAINT-CHRISTOPHE
Médoc, Cru bourgeois

Ce cru bourgeois est agréable pour sa finesse et ses arômes fruités.

1993	32
1992	30

1991	28
1990	54
1989	63
1988	59
1987	23
1986	47
1985	35
1984	21
1983	46
1982	73
1981	48
1980	22
1979	50
1978	77

CH. SAINT-CHRISTOPHE
Saint-Émilion, Grand cru

Du fait de son implantation sur les coteaux qui font la réputation des plus grands saint-émilion, ce domaine offre des vins très attrayants par leur générosité et la finesse de leur bouquet.

1993	33
1992	32
1991	30
1990	68
1989	72
1988	71
1987	24
1986	60
1985	69
1984	25
1983	68
1982	105
1981	66
1980	26
1979	70
1978	75
1976	83
1975	93

CH. SAINT-ESTÈPHE
Saint-Estèphe, Cru bourgeois

Beau cru bourgeois de cette commune. Il présente toutes les meilleures caractéristiques de l'appellation.

1993	40
1992	40
1991	36
1990	70
1989	67
1988	75
1987	30
1986	63
1985	78

1984	30
1983	72
1982	117
1981	70
1980	28
1979	72
1978	90

CH. SAINT-GEORGES
Saint-Georges Saint-Émilion

Ce très beau Château domine un vignoble d'une cinquantaine d'hectares de bonnes vignes. Les bouteilles vieillissent correctement et possèdent toutes les qualités requises pour obtenir un large succès.

1993	33
1992	33
1991	31
1990	55
1989	54
1988	61
1987	35
1986	50
1985	47
1984	30
1983	40
1982	76
1981	42
1980	30
1979	44
1978	64

CH. SAINT-GEORGES CÔTE PAVIE
Saint-Émilion
Grand cru classé

Une belle petite propriété de près de 6 hectares qui produit avec grand soin des vins structurés de longue garde.

1993	56
1992	55
1991	60
1990	84
1989	106
1988	79
1987	45
1986	68
1985	79
1984	42
1983	113
1982	151
1981	74
1980	55

1979	90
1978	123
1976	115
1975	146
1974	40

CH. SAINT-PAUL

Haut Médoc
Cru bourgeois

Un beau vignoble à présent classé en cru bourgeois, qui propose des vins corsés et charnus, dont une importante partie est exportée.

1993	30
1992	31
1991	28
1990	56
1989	64
1988	60
1987	18
1986	47
1985	51
1984	19
1983	46
1982	68
1981	48
1980	20
1979	51
1973	70

CH. SAINT-PIERRE

Saint-Julien
4e grand cru classé

Après la belle réussite du Château Gloria, les nouveaux propriétaires de ce domaine mettent tout en œuvre pour produire un vin digne de son classement.

1993	67
1992	61
1991	64
1990	99
1989	114
1988	103
1987	60
1986	102
1985	98
1984	53
1983	94
1982	141
1981	95
1980	50
1979	104
1978	112
1975	100

1970	225
1969	75
1962	275
1961	475
1959	450

CH. SAINT-SATURNIN

Médoc, Cru bourgeois

Un cru bourgeois de moyenne production offrant des vins de tradition puissants et tanniques.

1993	30
1992	32
1991	29
1990	59
1989	66
1988	61
1987	20
1986	50
1985	54
1984	22
1983	51
1982	76
1981	53
1980	24
1979	56
1978	77

CH. DE SALES

Pomerol

On rencontre fréquemment ces vins tant dans la distribution que dans les salles de vente. Peu connus du grand public, ils représentent de très bonnes acquisitions compte tenu de leur rapport qualité-prix.

1993	58
1992	55
1991	50
1990	95
1989	90
1988	83
1987	52
1986	92
1985	93
1984	52
1983	78
1982	130
1981	81
1980	55
1979	84
1978	89
1976	95
1975	118
1974	50

1971	125
1970	165
1969	63
1966	275
1964	165
1958	600 Magnum

CH. SANSONNET
Saint-Émilion
Grand cru classé

Ce beau vignoble de 7 hectares plantés de cépages nobles produit des vins corsés de jolie couleur et de longue conservation.

1993	55
1992	56
1991	59
1990	81
1989	104
1988	78
1987	42
1986	66
1985	75
1984	40
1983	108
1982	143
1981	75
1980	45
1979	88
1978	120
1977	40
1976	120
1975	152
1971	115
1970	146

CH. SARANSOT DUPRÉ
Listrac
Cru bourgeois

Sur un vaste domaine de plus de 250 hectares, seulement 12 sont consacrés à la viticulture. Entre l'exploitation forestière et l'élevage des brebis, le vignoble produit des vins recherchés pour leur belle couleur et leur fruité, dont plus de la moitié est exportée.

1993	28
1992	29
1991	26
1990	42
1989	43
1988	41
1987	22
1986	32
1985	40

1984	23
1983	36
1982	72
1981	37
1980	20
1979	39
1978	56
1949	235

CLOS DE SARPE
Saint-Émilion
Grand cru

Ce petit vignoble produit des vins recherchés pour leur bouquet et leur finesse.

1993	36
1992	35
1991	32
1990	74
1989	77
1988	78
1987	25
1986	63
1985	68
1984	26
1983	70
1982	108
1981	71
1980	28
1979	73
1978	80
1976	83
1975	90
1970	108
1966	190
1962	108

CH. SÉGUR
Haut Médoc
Cru bourgeois

Les deux domaines mitoyens de Ségur et Ségur Fillon sont à présent réunis. Les vins produits se remarquent par leur belle couleur et leur richesse aromatique.

1993	33
1992	32
1991	30
1990	54
1989	64
1988	60
1987	30
1986	55
1985	54
1984	28

1983	63
1982	73
1981	44
1980	30
1979	47
1978	60

CH. SÉNEJAC
Haut Médoc
Cru bourgeois

Un très beau Château situé au milieu d'un domaine de 130 hectares, dont 23 de vignoble. Ces vins sont généreux et équilibrés. Une petite production de blanc est également proposée.

1993	29
1992	30
1991	26
1990	51
1989	44
1988	57
1987	33
1986	49
1985	51
1984	31
1983	54
1982	78
1981	42
1980	30

CH. SERGANT
Lalande de Pomerol

Un vignoble récent constitué par son actuel propriétaire. Du fait des soins apportés à tous les stades de la production, il est certainement promis à un bel avenir.

1993	28
1992	28
1991	26
1990	47
1989	45
1988	46
1987	25
1986	32
1985	43
1984	25
1983	38
1982	75
1981	43
1980	25
1979	42
1978	58
1976	54
1975	70

CH. LA SERRE
Saint-Émilion
Grand cru classé

Ce modeste vignoble de 7 hectares admirablement situés et bien encépagés (80 % en Merlot et 20 % en Cabernet) produit des vins de grande qualité recherchés tant en France qu 'à l'étranger.

1993	45
1992	45
1991	40
1990	88
1989	89
1988	75
1987	44
1986	63
1985	70
1984	34
1983	71
1982	135
1981	75
1980	35
1979	76
1978	90
1976	88
1975	106

CH. SIGALAS RABAUD
Sauternes
1er grand cru classé

Sur un terroir absolument remarquable et des coteaux exposés au midi, ce Domaine a subi en 1990 de profonds remaniements dont le but final est la recherche de la qualité optimale.
Sélection sur la propriéte de nouveaux clônes afin de ne pas appauvrir, lors du réencépagement, le potentiel génétique existant, baisse volontaire des rendements ramenés entre 15 et 19 hectolitres à l'hectare, tris très sévères des vendanges botrytisées, fermentation intégrale en barriques neuves, conservation également en fûts neufs durant un minimum de 18 mois accentuent encore la réputation de ces vins qui constituent un joyau parmi les grands sauternes.

1993	115
1992	117
1991	126
1990	152
1989	163
1988	141

1987	108
1986	211
1985	178
1984	100
1983	165
1982	125
1981	145
1980	105
1979	150
1978	169
1977	92
1976	155
1975	188
1969	164
1966	275
1924	990
1919	780
1918	925

CH. SIGOGNAC
Médoc
Cru bourgeois

Une importante propriété d'origine lointaine proposant de nombreuses bouteilles d'un vin bouqueté aux arômes généreux. Une bonne moitié est exportée aux États-Unis et dans la C.E.E.

1993	41
1992	40
1991	38
1990	74
1989	75
1988	78
1987	28
1986	62
1985	72
1984	26
1983	70
1982	118
1981	68
1980	27
1979	73
1978	85
1976	88
1975	136

CH. SIMARD
Saint-Émiion
Grand cru

Ce Château, ainsi d'ailleurs que le Domaine de la Gaffelière, appartient à un des personnages les plus pittoresques de Saint-Émilion. Les vins mis sur le marché sont toujours à maturité car soumis à un très long vieillissement.

1993	32
1992	32
1991	30
1990	65
1989	71
1988	66
1987	23
1986	54
1985	60
1984	22
1983	54
1982	86
1981	55
1980	24
1979	57
1978	75
1976	78
1975	90
1970	310

CH. SIRAN
Margaux
Cru bourgeois

Cette chartreuse du XIXᵉ siècle est située dans un superbe parc et exploite un vignoble de 39 hectares mondialement connu. Il pose pourtant un problème. Son classement actuel lui attribue le qualificatif de « cru bourgeois » qu'il récuse, et revendique celui, non légal, de « Grand Cru exceptionnel ». Lorsque le classement de 1855 fut établi, la propriété appartenait aux Toulouse-Lautrec qui étaient de riches seigneurs. Ils ne se sont pas préoccupés de présenter leur vin à l'Exposition universelle de Paris qui concrétisait la liste des vins sélectionnés en « grands crus ». Le propriétaire actuel, dans l'attente d'un éventuel et problématique classement au XXIᵉ siècle, exige d'être classé « Grand Cru exceptionnel » ou pas du tout. Il faut aussi signaler que, depuis 1980, ce Château orne ses bouteilles d'étiquettes réalisées par des artistes célèbres.

1993	64	
1992	60	Lafleur, Découverte de l'Amérique
1991	57	Zao Wou-ki, Le Gel
1990	92	Alsop, Tunnel sous la Manche
1989	97	Penk, Mur de Berlin

1988	102	Tchepik, Le Loubok
1987	59	Batbedat, Environnement
1986	66	Tremois,Comète de Halley
1985	75	De La Serna, Musique
1984	60	Alaux, Orwell
1983	73	Cosio, Ordinateur
1982	142	Miró, Mundial 82
1981	77	Folon, Navette Columbia
1980	62	Decaris Solidarnosc
1979	81	
1978	104	
1976	110	
1975	135	
1964	760	Magnum
1964	1 560	Double magnum
1964	1960	Jéroboam
1964	2 600	Impériale
1959	1 160	Magnum
1957	920	Magnum
1955	1 130	Magnum
1953	1 240	Magnum
1952	920	Magnum

1980	55	
1979	90	
1978	102	
1976	100	
1975	160	
1973	75	
1970	185	
1970	410	Magnum
1970	880	Double magnum
1966	370	
1964	210	
1961	650	
1959	325	
1947	770	
1916	630	
1878	2 360	
Blanc		
1993	115	
1992	125	
1991	135	
1990	145	
1989	147	
1988	143	
1987	85	
1985	75	
1982	90	

CH. SMITH HAUT LAFITTE
Graves, Cru classé

Cette propriété de 72 hectares, dont 55 plantés de vignes, est située sur un terroir tout à fait remarquable. Dès le XVIe siècle, un vignoble y était exploité. Au XVIIIe, un Écossais donna son nom, Smith, au domaine. Depuis fin 1990, le Château appartient à M. Daniel Cathiard ancien champion de ski, qui exprime la ferme intention de continuer à valoriser ce noble cru.

1994	80	Primeur
1993	69	
1992	61	
1991	65	
1990	100	
1989	89	
1988	81	
19a7	60	
1986	76	
1985	87	
1984	57	
1983	77	
1982	165	
1981	84	

CH. SOCIANDO MALLET
Haut Médoc, Cru bourgeois

L'un des plus réputés, atteignant la renommée d'un cru classé, ce domaine produit des vins corsés, de couleur sombre, avec un subtil parfum de framboise, et vieillissant admirablement.

1994	70	Primeur
1993	69	
1992	63	
1991	72	
1990	103	
1989	109	
1988	109	
1987	60	
1986	114	
1985	107	
1984	62	
1984	130	Magnum
1983	97	
1982	162	
1981	96	
1980	56	
1979	102	
1978	115	
1977	50	
1976	112	
1975	133	

CH. SOLEIL
Puisseguin Saint-Émilion

Sous ce joli nom, qui est celui de son propriétaire, ce vignoble propose des vins agréables qui peuvent se boire jeunes mais qui sont néanmoins capables d'une certaine garde.

1993	32
1992	31
1991	28
1990	56
1989	62
1988	63
1987	22
1986	49
1965	52
1984	20
1983	48
1982	68
1981	49
1980	20
1979	51
1978	75

CH. SOUTARD
Saint-Émilion
Grand cru classé

De très bons vins méritant bien leur classement. Le propriétaire du Château est une personnalité à part dans le milieu saint-émilionnais.

1994	66 Primeur
1993	55
1992	54
1991	57
1990	90
1989	100
1988	85
1987	52
1986	78
1985	98
1984	50
1983	90
1982	139
1981	90
1980	52
1979	92
1978	104
1977	60
1976	105
1975	132
1974	75
1973	70
1971	170
1970	173

1969	73
1967	120
1966	230
1964	210
1962	205
1961	480
1959	350
1955	340
1953	380
1952	300
1949	480
1947	500
1945	650

CH. SUAU
Sauternes, Barsac
2e grand cru classé

Ce très ancien vignoble de 8 hectares propose des vins réputés pour leur grande finesse et leur bouquet. L'encépagement est constitué de 80 % de Sémillon, 10 % de Sauvignon et 10 % de Muscadelle.

1993	62
1992	59
1991	56
1990	89
1989	84
1988	80
1987	50
1986	74
1985	82
1984	50
1983	86
1982	69
1981	78
1980	55
1979	86
1978	110
1976	120
1975	165

CH. DE SUDUIRAUT
Sauternes
1er grand cru classé

Cette très belle propriété du Sauternais se place dans les toutes premières des grands crus classés. De nombreuses bouteilles très anciennes apparaissent régulièrement sur le marché. Leurs prix sont encore très inférieurs à ceux du Château Yquem.

1993	85
1992	83
1991	80

1990	127
1989	169
1988	172
1987	78
1986	150
1986	84
1985	141
1985	76 Demi-bouteille
1984	92
1983	184
1982	179
1982	95 Demi-bouteille
1982	393 Magnum
1981	154
1980	90
1979	160
1978	157
1976	202
1975	288
1972	125
1971	260
1970	315
1969	260
1967	570
1962	335
1961	540
1959	790
1958	390
1957	520
1955	820
1949	1 540
1947	1 680
1928	1 500
1921	2 450
1893	3620

CH. DU TAILHAS
Pomerol

Situé à l'extrême sud de Pomerol, il doit son nom au ruisseau le Tailhayat qui marque la frontière avec Saint-Émilion. Les vins très caractérisés de l'appellation reçoivent les faveurs des amateurs français et étrangers.

1992	52
1991	47
1990	88
1989	84
1988	86
1987	44
1986	82
1985	82
1984	46
1983	71
1982	102
1981	73
1980	47

1979	77
1978	91
1976	87
1975	106
1970	128

CH. DU TAILLAN
LA DAME BLANCHE
Haut Médoc
Cru bourgeois

Cette belle propriété produit d'excellents vins rouges, et aussi des blancs vendus plus particulièrement sous le nom de La Dame Blanche.

1993	28
1992	30
1991	25
1990	54
1989	49
1988	55
1987	32
1986	53
1985	55
1984	30
1983	58
1982	85
1981	49
1980	30
1979	52
1978	73

CH. TAILLEFER
Pomerol

Ce Château constitue l'un des rares « géants » du Pomerol. Le magnifique Château du XIXe siècle entouré d'un parc boisé, constitue le centre d'un vignoble de 14 hectares qui bénéficie d'un sous-sol riche de cette fameuse « crasse de fer » typique du terroir de Pomerol. Le vin est très charpenté et concentré avec une parfaite aptitude à un long vieillissement. Il appartient actuellement à l'une des familles les plus prestigieuses de la viticulture et de négoce bordelais. Cette famille possède également d'autres Châteaux renommés tant à Pomerol qu'à Saint-Émilion.

1992	58
1991	53
1990	108
1989	105
1988	98
1987	70

1986	85
1985	107
1984	62
1983	88
1982	132
1981	80
1980	60
1979	85
1978	110
1976	105
1975	144
1970	157
1966	320
1959	275

CH. TALBOT
Saint-Julien
4e grand cru classé

Ce vin, très recherché par le public, est souvent présent dans la distribution. Son prix atteint parfois, voire dépasse, celui de son frère aîné, Gruaud Larose, du même propriétaire.

1994	72 Primeur
1993	74
1992	68
1991	88
1990	122
1990	560 Double magnum
1990	890 Jéroboam
1990	1 185 Impériale
1989	118
1988	114
1987	80
1986	143
1985	140
1984	83
1983	134
1982	282
1982	585 Magnum
1982	1 395 Double magnum
1981	139
1980	75
1979	127
1978	150
1978	1 280 Jéroboam
1977	75
1976	137
1975	170
1974	65
1974	138 Magnum
1973	82
1972	40
1971	155
1970	230
1970	475 Magnum
1967	130

1966	360
1966	795 Magnum
1964	210
1964	950 Double magnum
1962	312
1962	1 390 Double magnum
1961	820
1959	596
1958	220
1957	320
1953	665
1952	245
1952	960 Magnum
1949	840
1947	1 110
1945	1 400
1943	760
1938	640
1937	500
1926	1 000
1900	1 640

CH. TANESSE
Premières Côtes de Bordeaux

Jumelé au Château Le Gardera d'appellation Bordeaux supérieur, ce très vaste domaine comprenant 75 hectares de vignoble fait partie d'un groupe très puissant qui contrôle plusieurs grands crus classés. Les vins, élaborés dans les meilleures conditions, sont très largement diffusés dans le monde entier.

1993	25
1992	27
1991	24
1990	54
1989	56
1988	54
1987	20
1986	44
1985	48
1984	20
1983	45
1982	65
1981	48
1980	20
1979	50
1978	70

CH. TAYAC
Margaux
Cru bourgeois

Cet important domaine propose des vins, souvent médaillés dans les concours, qui offrent un agréable bouquet, ainsi qu'une grande finesse.

Largement présents dans le négoce, ils sont aussi exportés à 50 % dans le monde entier.

1993	42
1992	40
1991	40
1990	79
1989	84
1988	81
1987	35
1986	69
1985	76
1984	32
1983	77
1982	126
1981	76
1980	35
1979	79
1978	88

CH. LES TEMPLIERS
Saint-Émilion

De petite production, ce Château constitue le prototype des bons saint-émilion que l'on peut acquérir à des prix favorables.

1993	32
1992	30
1991	28
1990	54
1989	57
1988	56
1987	22
1986	45
1985	50
1984	20
1983	47
1982	72
1981	48
1980	22
1979	50
1978	71
1976	72
1975	84
1970	95

CH. DE TERREFORT QUANCARD
Bordeaux supérieur

D'origine très ancienne, ce vaste domaine produit des vins de qualité très largement diffusés. Une petite quantité de vins blancs est vendue sous le nom de Diamant du Château de Terrefort Quancard.

1993	24
1992	24
1991	23
1990	47
1989	49
1988	50
1987	18
1986	41
1985	46
1984	15
1983	41
1982	77
1981	43
1980	18
1979	45
1978	50

CH. TERREY GROS CAILLOUX
Saint-Julien, Cru bourgeois

Très bien implantées, les diverses parcelles de ce Château produisent des vins souples et bouquetés recherchés par les connaisseurs.

1993	36
1992	37
1991	35
1990	69
1989	66
1988	62
1987	46
1986	73
1985	77
1984	35
1983	66
1982	104
1981	68
1980	33
1979	70
1978	83
1976	85
1975	100
1973	30

CH. DU TERTRE
Margaux
5e grand cru classé

Les vins produits par ce domaine, très bien situé à proximité de Châteaux prestigieux, se distinguent par leur belle couleur et des arômes parfumés. Ils sont recherchés par les amateurs.

1992	62
1991	74
1990	85

1989	110
1989	225 Magnum
1988	108
1987	71
1986	95
1985	112
1984	62
1984	140 Magnum
1983	101
1983	230 Magnum
1982	147
1982	330 Magnum
1982	695 Double magnum
1981	104
1980	65
1979	108
1978	142
1976	136
1975	155
1970	175
1966	315
1964	192
1962	240

CH. TERTRE DAUGAY
Saint-Émilion
Grand cru classé

En 1970, le propriétaire du 1er grand cru classé Château La Gaffelière a acquis ce très ancien domaine dont les origines vinicoles remontent à l'époque romaine. Depuis, tous les efforts sont déployés pour produire des vins de haut de gamme dont les trois quarts sont exportés.

1993	62
1992	55
1991	50
1990	96
1989	113
1988	89
1987	45
1986	98
1985	105
1984	44
1983	100
1982	155
1981	104
1980	45
1979	105
1978	115
1977	45
1976	112
1975	130
1974	50
1972	35
1970	142

1966	210
1964	135
1962	160
1961	475

CH. TEYSSON
Lalande de Pomerol

Appartenant ainsi que son voisin Les Templiers, aux prestigieux propriétaires du Château La Violette, ce vignoble propose des vins très fins de bon vieillissement.

1993	32
1992	31
1991	29
1990	61
1989	67
1988	63
1987	25
1988	59
1985	58
1984	23
1983	53
1982	88
1981	53
1980	25
1979	56
1978	72
1976	70
1975	88
1970	100
1964	90

CH. TIMBERLAY
Bordeaux supérieur

Ce domaine de 110 hectares de vignoble, l'un des plus importants du Bordelais fournit des vins de haute qualité pour son appellation.

1993	22
1992	24
1991	21
1990	46
1989	50
1988	52
1987	19
1986	42
1985	46
1984	18
1983	41
1982	82
1981	43
1980	17
1979	45
1978	50

CH. LA TONNELLE
Côtes de Blaye

Une belle production de vins rouges bouquetés, appréciés pour leur prix favorable.

1993	21
1992	20
1991	18
1990	34
1989	32
1988	31
1987	15
1986	28
1985	33
1984	14
1983	30
1982	58
1981	32
1980	15
1979	33
1978	40

CH. DE LA TOUR
Bordeaux supérieur

Très belle proprieté au vignoble composé de cépages nobles produisant un vin très apprécié. Très bon rapport qualité-prix.

1993	25
1992	24
1991	23
1990	48
1989	51
1988	53
1987	18
1986	40
1985	44
1984	14
1983	42
1982	78
1981	44
1980	15
1979	45
1978	48

CH. TOUR BEL AIR
Haut Médoc

Cette petite propriété de la commune de Cissac offre des vins très fins qui satisfont les palais les plus difficiles.

1993	23
1992	23
1991	22

1990	44
1989	47
1988	49
1987	16
1986	40
1985	44
1984	15
1983	40
1982	75
1981	46
1980	17
1979	45
1978	47

CH. LA TOUR BLANCHE
Médoc, Cru bourgeois

Ce Château produit des vins harmonieux, ronds et fruités, obtenus par un judicieux encépagement à moitié Merlot et Cabernet Sauvignon.

1993	32
1992	33
1991	30
1990	56
1989	63
1988	65
1987	22
1986	53
1985	54
1984	20
1983	53
1982	85
1981	54
1980	20
1979	57
1978	76
1976	80
1975	92

CH. LA TOUR BLANCHE
Sauternes, 1er grand cru classé

Ce grand cru classé du Sauternais appartient à l'État à la suite de la donation Osiris. C'est également un lycée vinicole. Son exploitation est pour une grande part assurée par les élèves. Les vins proposés, de très bonne qualité, s'acquièrent à des prix particulièrement favorables.

1993	77
1992	71
1991	75

1990	120
1989	155
1988	130
1987	95
1988	107
1985	128
1985	70 Demi-bouteille
1984	74
1983	132
1982	130
1982	70 Demi-bouteille
1981	122
1980	70
1979	115
1978	128
1977	76
1976	118
1975	145
1971	132
1970	185
1967	340
1966	260
1962	290
1959	335
1958	240
1957	225
1955	340
1950	210
1949	650
1947	775
1945	915
1943	590
1939	620
1928	1 430
1918	1 120
1876	2 600

CH. LA TOUR DE BY
Médoc
Cru bourgeois

La grande production de ce Château est exclusivement commercialisée par une ancienne maison du négoce bordelais ; une importante quantité est expédiée aux États-Unis, au Japon et dans la C.E.E. sous sa marque ou sous les noms de La Roque de By et Cailloux de By.

1993	45
1992	43
1991	41
1990	53
1989	68
1988	55
1987	34
1986	48
1986	104 Magnum

1985	56
1985	137 Magnum
1984	31
1983	64
1983	143 Magnum
1982	92
1981	70
1980	30
1979	75
1978	85
1978	90
1975	132

CH. LA TOUR CARNET
Haut Médoc
4e grand cru classé

Les origines de ce Château remontent au XIIIe siècle. Jean de Foix, seigneur de Candale, en fit don en 1927 au Sire de Carnet, son écuyer, dont le nom est resté attaché à cette propriété. Une tour du XIIIe siècle, un logis du XVIIe siècle et des grilles du XVIIIe siècle font de ce Château l'un des plus anciens de la Gironde. Le vignoble produit un vin bien charpenté, typé, qui enchante par son élégance, sa finesse et son parfum subtil et floral.

1993	55
1992	53
1991	60
1990	67
1990	35 Demi-bouteille
1990	145 Magnum
1989	73
1989	38 Demi-bouteille
1988	70
1987	52
1986	80
1985	86
1984	50
1983	60
1982	131
1981	63
1980	45
1979	66
1978	90
1978	204 Magnum
1977	42
1976	95
1975	135
1974	40
1970	160
1966	275
1949	530
1945	650

CH. LA TOUR FIGEAC
Saint-Émilion
Grand cru classé

Séparé du domaine du Château Figeac à la fin du XIXe siècle et encore divisé, ensuite, en deux parts égales de plus de 13 hectares avec le Château La Tour du Pin Figeac, ce vignoble, admirablement situé, présente des vins de belle couleur, corsés, charnus et distingués dont une très grande partie est exportée.

1993	46
1992	44
1991	42
1990	85
1989	81
1988	78
1987	50
1986	68
1985	79
1984	44
1983	71
1982	129
1981	75
1980	42
1979	78
1978	90
1976	87
1975	106
1961	600

CH. LA TOUR HAUT BRION
Graves
Cru classé

Ce petit vignoble de seulement 4 hectares appartient au même groupe que son voisin Mission et le célèbre Haut Brion. Admirablement situé, il produit des vins de très haut de gamme à bouquet puissant et de longue garde.

1993	81	
1992	70	
1991	65	
1990	146	
1989	172	
1988	140	
1987	92	
1988	125	
1985	120	
1984	79	
1983	128	
1982	255	
1981	135	
1981	1 215	Jéroboam

1981	1 650	Impériale
1980	83	
1979	144	
1978	170	
1978	1 375	Jéroboam
1976	275	
1975	529	
1971	220	
1970	502	
1970	1 220	Magnum
1966	875	
1964	550	
1962	300	
1961	1 000	
1959	737	
1958	650	
1957	625	
1955	1 430	
1953	1 480	
1950	1 150	
1947	3 150	
1945	3 750	
1943	1150	
1940	950	
1929	2 500	
1928	1 500	

CH. LA TOUR LÉOGNAN
Graves

Ce Château, qui propose des vins rouges et blancs, a des liens étroits avec le grand cru classé Château Carbonnieux, vis-à-vis duquel il est considéré comme une seconde appellation.

1993	26
1992	24
1991	25
1990	61
1989	52
1988	55
1987	18
1986	42
1985	47
1984	17
1983	43
1982	79
1981	44
1980	16
1979	46
1978	55

CH. TOUR DE MARBUZET
Saint-Estèphe

Cette appellation constitue le second vin du cru bourgeois Château Haut

Marbuzet. Les prix sont très favorables pour des vins de cette qualité.

1992	66
1991	62
1990	90
1989	86
1988	85
1987	58
1986	77
1985	82
1984	60
1983	78
1982	128
1981	81
1980	60
1979	85
1978	118
1976	120
1975	153

CH. LA TOUR MARTILLAC
Graves
Cru classé

Ce fleuron d'un important groupe familial bordelais présente des vins rouges et blancs dignes de leur classement en grand cru des Graves. Ils sont largement diffusés en France et à l'étranger par un service commercial particulièrement dynamique.

Rouge		
1993	70	
1992	69	
1991	73	
1990	106	
1989	111	
1988	100	
1987	68	
1986	72	
1986	470	Double magnum
1986	1 250	Impériale
1985	100	
1984	74	
1983	102	
1983	520	Double magnum
1983	1 310	Impériale
1982	140	
1981	105	
1980	72	
1979	104	
1979	530	Double magnum
1978	120	
1976	116	
1975	135	
1970	160	
1964	130	

1936	395
Blanc	
1993	92
1992	102
1991	88
1990	102
1989	111
1988	115
1987	73
1986	115
1985	130
1984	65
1983	125
1982	116
1967	220
1964	260
1959	430

CH. TOUR DU MIRAIL
Haut Médoc
Cru bourgeois

De renommée fort ancienne, ce vignoble dont certaines vignes sont très âgées, produit des vins veloutés particulièrement appréciés.

1993	28
1992	27
1991	26
1990	59
1989	62
1988	55
1987	36
1986	43
1985	48
1984	27
1983	46
1982	59
1981	47
1980	25
1979	48
1978	60
1976	56

CH. LA TOUR DE MONS
Margaux
Cru bourgeois

Un vaste domaine de plus de 30 hectares de vignes d'encépagement varié proposant des vins amples et généreux dont la réputation s'est étendue au monde entier grâce à l'exportation de plus de 70 % de sa production.

1993	57
1992	60
1991	58

1990	88
1989	84
1988	89
1987	44
1986	78
1985	80
1985	182 Magnum
1984	46
1983	78
1982	105
1982	445 Double magnum
1981	81
1981	364 Double magnum
1980	42
1979	84
1978	103
1978	720 Jéroboam
1978	1 035 Impériale
1976	106
1975	135
1975	960 Jéroboam
1975	1 290 Impériale
1970	160
1966	325
1964	190
1950	290
1945	1 000

CH. TOUR MUSSET
Montagne Saint-Émilion

Jumelé au Château Tour Cazelon sur un vignoble de 30 hectares situé sur des coteaux dont ils tirent tous deux leur nom, le Château Tour Musset produit un des meilleurs vins de l'appellation.

1993	32
1992	34
1991	30
1990	61
1989	66
1988	65
1987	25
1986	55
1985	57
1984	22
1983	57
1982	86
1981	53
1980	25
1979	54
1978	75

CH. TOUR DE PEZ
Saint-Estèphe

Les nouveaux propriétaires ont investi des sommes considérables pour amé-liorer les conditions d'exploitation de ce superbe vignoble de 23 hectares. Tout est mis en œuvre pour dévelop-per la distinction et l'originalité des vins produits sur un terroir de perfec-tion.

1993	70
1992	65
1991	63
1990	90
1989	94
1988	97

CH. LA TOUR PIBRAN
Pauillac

Sous cette appellation est vendue une partie de la production du Château Pibran, dont il constitue sans doute le second vin.

1993	30
1992	31
1991	27
1990	52
1989	49
1988	54
1987	30
1986	49
1985	54
1984	30
1983	54
1982	91
1981	46
1980	30
1979	49
1978	68

CH. LA TOUR DU PIN FIGEAC MOUEIX
Saint-Émilion, Grand cru classé

Déjà évoqué dans le texte consacré au Château La Tour Figeac, ce vignoble de 9 hectares appartient à l'un des plus prestigieux producteurs bordelais ; son nom est maintenant ajouté à l'appel-lation initiale afin de le différencier d'une autre propriété un peu plus vaste portant le même intitulé. Ces vins sont soigneusement élevés afin de répondre aux critères de qualité qu'exige la répu-tation du groupe.

1993	62
1992	60
1991	55
1990	96

1989	91
1988	77
1987	52
1986	84
1985	88
1984	50
1983	90
1982	139
1981	95
1980	53
1979	96
1978	105
1976	108
1975	125
1971	124
1970	172
1966	235
1964	170
1964	815 Double magnum
1959	244
1953	265
1934	370

CH. TOUR PRIGNAC
Médoc, Cru bourgeois

Un domaine considérable de 250 hectares dont près de 140 de vignes, plantés à 60 % en Cabernet Sauvignon et à 40 % en Merlot. Après une période d'abandon, la remise en activité du vignoble est intervenue en 1973. D'importants investissements ont permis de produire massivement des vins de qualité dignes des autres crus bourgeois.

1993	32
1992	33
1991	28
1990	52
1989	39
1988	48
1987	22
1986	43
1985	45
1984	20
1983	47
1982	75
1981	49
1980	20

CH. LA TOUR SAINT-BONNET
Médoc, Cru bourgeois

Considéré, à juste titre, comme un des meilleurs « bourgeois » du Médoc, ce Château livre un vin très apprécié pour sa finesse et son bouquet.

1993	40
1992	39
1991	38
1990	50
1989	63
1988	49
1987	23
1986	43
1985	45
1984	22
1983	44
1982	78
1981	47
1980	25
1979	52
1978	60
1976	73
1975	90

CH. TOUR SAINT-JOSEPH
Haut Médoc
Cru bourgeois

Distribués dans le monde entier par le négoce familial, ces vins offrent toutes les qualités qu'on attend d'un cru bourgeois.

1993	38
1992	40
1991	37
1990	52
1989	66
1988	55
1987	23
1986	42
1985	55
1984	24
1983	57
1982	76
1981	59
1980	22
1979	63
1978	70

CH. LA TOUR SÉRAN
Médoc
Cru bourgeois

Ce cru bourgeois réputé connaît une large diffusion auprès d'une clientèle de restaurateurs et de particuliers.

1993	30
1992	33
1991	26

1990	60
1989	44
1988	57
1987	24
1986	47
1985	49
1984	22
1983	50
1982	81
1981	51
1980	25
1979	53
1978	70

CH. TOUR DES TERMES
Saint-Estèphe
Cru bourgeois

Grâce à son implantation et aux soins apportés à la vinification par son propriétaire, ce Château propose des bouteilles remarquables dignes de figurer sur les meilleures tables.

1993	38
1992	40
1991	39
1990	54
1989	64
1988	57
1987	25
1986	49
1985	56
1984	25
1983	62
1982	95
1981	64
1980	25
1979	69

CH. DES TOURS
Montagne Saint-Émilion

Un vaste vignoble assurant la plus importante production de l'appellation Montagne.

1993	32
1992	30
1991	27
1990	52
1989	49
1988	49
1987	20
1986	50
1985	46
1984	20
1983	47
1982	65

1981	48
1980	20
1979	49
1978	55

CH. TOURNEFEUILLE
Lalande de Pomerol

Très bien situé et proche des grands Pomerol, ce vignoble produit des vins de bonne réputation dont une partie est exportée dans le monde entier.

1993	39
1992	37
1991	35
1990	50
1989	55
1988	52
1987	25
1986	44
1985	47
1984	25
1983	45
1982	80
1981	48
1980	25
1979	48
1978	53
1976	52
1975	75
1971	65
1970	90

CH. DES TOURELLES
Médoc
Cru bourgeois

Une importante production distribuée directement par la propriété ou cédée au négoce. Une bonne moitié est exportée dans divers pays de la C.E.E.

1993	32
1992	31
1991	28
1990	56
1989	61
1988	62
1987	23
1986	49
1985	52
1984	22
1983	54
1982	79
1981	54
1980	23
1979	55
1978	62

CH. TOURTERAN
Haut Médoc
Cru bourgeois

Sur un beau vignoble de 10 hectares complanté pour moitié en Merlot et Cabernet Sauvignon, sont produits des vins bouquetés et délicats dignes de leur classement.

1993	35
1992	36
1991	33
1990	52
1989	55
1988	53
1987	23
1986	42
1985	44
1984	23
1983	40
1982	74
1981	42
1980	23
1979	41
1978	50

CH. TOUTIGEAC
Bordeaux

Une volumineuse production de vins de qualité intégralement mise en bouteilles à la propriété et diffusée à raison de 70 % en Amérique, en Asie et en Europe occidentale.

1993	18
1992	17
1991	16
1990	34
1989	32
1988	34
1987	15
1986	27
1985	35
1984	15
1983	29
1982	55
1981	30
1980	15
1979	34
1978	39

CH. TRIMOULET
Saint-Émilion
Grand cru classé

Relativement peu connu du public, ce grand cru classé de Saint-Émilion, d'excellente qualité, trouve sa distribution auprès des ministères et figure sur les tables des grandes réceptions. Toujours offert à un prix très intéressant, il constitue une excellente affaire pour la clientèle particulière, qui devrait s'y intéresser plus souvent.

1993	45
1992	46
1991	42
1990	85
1989	78
1988	74
1987	40
1988	62
1985	70
1984	40
1983	72
1982	125
1981	71
1980	40
1979	74
1978	85
1977	40
1976	80
1975	98
1974	30
1973	35
1971	85
1970	125

CLOS TRIMOULET
Saint-Émilion
Grand cru

Le propriétaire de ce vignoble déploie de grands efforts pour offrir des vins de qualité qui, bien souvent, trouvent une place à la dégustation parmi des crus bien classés.

1993	35
1992	37
1991	34
1990	72
1989	75
1988	80
1987	25
1986	61
1985	64
1984	25
1983	66
1982	121
1981	69
1980	25
1979	72
1978	80
1976	84

1975	92
1970	110

CH. TRONQUOY LALANDE
Saint-Estèphe
Cru bourgeois

Un cru bourgeois connu et réputé pour ses vins corsés vieillissant bien. Ils sont distribués en exclusivité par une importante maison du négoce bordelais.

1993	52
1992	55
1991	60
1990	84
1989	68
1988	67
1987	50
1986	69
1985	84
1984	46
1983	72
1982	104
1981	75
1980	45
1979	79
1978	83
1976	80
1975	110
1970	131

CH. TROPLONG MONDOT
Saint Émilion
Grand cru classé

Un beau vignoble de 30 hectares entoure le Château. Ses vins de réputation mondiale sont exportés à 80 %, principalement dans la C.E.E.

1993	84	
1992	77	
1991	81	
1990	135	
1989	116	
1988	103	
1987	67	
1986	106	
1985	113	
1984	62	
1983	108	
1982	170	
1982	385	Magnum
1981	110	
1980	60	
1979	115	
1978	126	

1977	45	
1976	120	
1975	143	
1974	40	
1971	118	
1970	165	
1966	245	
1966	1 590	Jéroboam
1964	165	
1962	220	
1962	975	Double magnum
1961	480	

CH. TROTANOY
Pomerol

Proche des sommets, ce vin n'apparaît que très rarement lors des ventes publiques, et lorsqu'une bouteille, voire un magnum sont mis aux enchères, on enregistre des prix fort justement élevés.

1990	260	
1989	320	
1988	266	
1987	137	
1986	276	
1986	620	Magnum
1985	310	
1985	3 240	Impériale
1984	150	
1983	247	
1983	525	Magnum
1982	798	
1981	298	
1980	167	
1979	370	
1979	800	Magnum
1978	298	
1977	115	
1976	308	
1975	582	
1975	2 640	Double magnum
1974	145	
1971	562	
1970	849	
1970	1 940	Magnum
1967	525	
1966	657	
1966	1 510	Magnum
1964	626	
1962	800	
1961	2 020	
1960	520	
1960	1 250	Magnum
1959	1 465	
1955	1 000	
1953	1 520	
1952	950	

1949	5 250
1947	4 000
1945	4 660
1943	3 720
1934	1 750
1928	3 000
1926	4 500
1925	4 120
1924	2 950

CH. TROTTEVIEILLE
Saint-Émilion
1er grand cru classé

Grâce à sa situation particulière bénéficiant d'un large ensoleillement, ce vignoble produit de grands vins racés qui se hissent aux toutes premières places des grands crus. Leur conservation peut être très longue.

1993	90	
1992	95	
1991	91	
1990	145	
1990	670	Double magnum
1990	1 420	Impériale
1989	161	
1988	175	
1988	385	Magnum
1988	820	Double magnum
1987	80	
1986	125	
1985	170	
1983	147	
1982	217	
1981	149	
1980	76	
1979	149	
1978	176	
1977	85	
1976	166	
1975	207	
1971	172	
1970	254	
1969	92	
1967	130	
1966	332	
1964	237	
1962	221	
1961	665	
1959	445	
1957	200	
1955	400	
1953	380	
1952	320	
1949	500	
1947	530	
1945	940	

CH. LES TUILERIES
Médoc
Cru bourgeois

Ce Château a été promu cru bourgeois au classement de 1990 en récompense des efforts fournis pour la production de vins de qualité.

1993	28
1992	30
1991	27
1990	55
1989	54
1988	55
1987	22
1986	44
1985	49
1984	24
1983	50
1982	83
1981	50
1980	23
1979	52

CH. LA VALIÈRE
Médoc
Cru bourgeois

Connu depuis longtemps sous le nom de Château des Chalets, sous lequel il fut classé cru bourgeois, il a été rebaptisé par son propriétaire actuel, qui l'a acquis depuis peu.

1993	30
1992	30
1991	28
1990	53
1989	54
1988	56
1987	23
1986	43
1985	46
1984	22
1983	45
1982	66
1981	42
1980	24
1979	43
1978	52

CH. DE VALOIS
Pomerol

Depuis l'installation de nouveaux chais et grâce au talent de la famille exploitante, les vins de ce Château offrent, à des prix très raisonnables pour un Pomerol, toutes les garanties de qualité et de bonne conservation.

1992	52
1991	52
1990	91
1989	94
1988	97
1987	50
1988	84
1985	90
1984	48
1983	74
1982	124
1981	75
1980	50
1979	79
1978	92
1976	90
1975	110
1970	135

CH. VERDIGNAN
Haut Médoc
Cru bourgeois

L'exploitation de ce domaine est rattachée à celle du Château Plantey de La Croix, situé sur la même commune. Les vins sont corsés, généreux et pleins de finesse.

1993	38
1992	36
1991	47
1990	65
1989	64
1988	61
1987	37
1986	55
1985	64
1984	24
1983	51
1982	82
1981	48
1980	25
1979	50
1978	60

CH. VERNOUS
Médoc, Cru bourgeois

Distribué par le réseau du champagne Deutz, bénéficiant du fruit des importants travaux entrepris, ce vin plein de finesse et de distinction trouve sa place parmi les meilleurs médocs.

1993	35
1992	38
1991	35
1990	58
1989	57
1988	61
1987	25
1986	48
1985	49
1984	25
1983	44
1982	83
1981	47
1980	25
1979	47
1978	54

CH. DE VIAUD
Lalande de Pomerol

Ce domaine, un des plus anciens de la région, produit des vins de belle couleur et d'une grande finesse de goût, largement commercialisés dans le monde entier.

1993	35
1992	34
1991	33
1990	46
1989	45
1988	45
1987	25
1988	41
1985	42
1984	23
1983	40
1982	72
1981	43
1980	22
1979	44
1978	58

CH. VICTORIA
Haut Médoc, Cru bourgeois

Un cru bourgeois depuis longtemps remarqué par les amateurs avertis, qui apprécient son bouquet vanillé et sa finesse particulière.

1993	36
1992	35
1991	35
1990	60
1989	58
1988	55
1987	23
1986	46

1985	63
1984	20
1983	42
1982	76
1981	40
1980	21
1979	43
1978	55

CH. LA VIEILLE CROIX
Fronsac

Généreux et racés, très typés Fronsac, les vins de ce Château rencontrent un franc succès auprès des connaisseurs.

1993	26
1992	26
1991	25
1990	60
1989	63
1938	55
1937	30
1986	42
1985	50
1984	25
1983	43
1982	60
1981	43
1980	25
1979	43
1978	62

VIEUX CHÂTEAU CARRÉ
Saint-Émilion
Grand cru

La petite production de ce cru est recherchée pour la qualité de ses vins et leurs prix tout à fait abordables.

1993	30
1992	30
1991	28
1990	65
1989	68
1988	71
1987	23
1986	57
1985	61
1984	22
1983	62
1982	111
1981	66
1980	22
1979	69
1978	80
1975	94

VIEUX CHÂTEAU LANDON
Médoc
Cru bourgeois

Assez répandus dans le négoce, ces vins, de par leurs qualités, méritent bien leur classement en cru bourgeois.

1993	36
1992	35
1991	33
1990	58
1989	54
1988	53
1987	27
1986	48
1985	53
1984	25
1983	46
1982	73
1981	43
1980	24
1979	44
1978	56
1976	55
1975	66
1970	82

VIEUX CHÂTEAU NÉGRIT
Montagne Saint-Émilion

Très appréciés par une vaste clientèle, les vins de cette appellation ont été repris par une importante maison du négoce bordelais, qui en assure à présent la distribution.

1993	30
1992	31
1991	27
1990	57
1989	54
1988	54
1987	23
1986	52
1985	50
1984	25
1983	52
1982	76
1981	52
1980	22
1979	54
1978	61
1977	30
1976	58
1975	73
1961	320

CH. VIEUX CHEVROL
Lalande de Pomerol

Une exploitation familiale de 20 hectares de beaux vignobles, bien situés en coteaux et offrant des vins généreux aptes à une bonne garde.

1993	32
1992	33
1991	30
1990	60
1989	64
1988	61
1987	23
1986	58
1985	59
1984	22
1983	52

1982	81
1981	52
1980	22
1979	55
1978	75

CH. VIEUX RIVALLON
Saint-Émilion
Grand cru

Jouissant d'une vieille renommée ce grand cru de Saint-Émilion offre des vins corsés d'une belle couleur rubis, bouquetés et de bonne garde.

1993	33
1992	32
1991	30
1990	60

VIEUX CHÂTEAU CERTAN
Pomerol

Ce vin est particulièrement recherché par toute une clientèle de connaisseurs qui le préfèrent à d'autres Pomerol renommés. Les « petits » millésimes sont excellents. Que dire alors des millésimes anciens !

1993	165	
1990	241	
1990	2 340	Jéroboam
1989	268	
1989	1 980	Jéroboam
1989	2 385	Impériale
1988	235	
1988	1 890	Jéroboam
1988	2 250	Impériale
1987	114	
1986	242	
1985	245	
1985	570	Magnum
1984	120	
1984	255	Magnum
1983	202	
1983	440	Magnum
1983	1 530	Jéroboam
1982	231	
1982	575	Magnum
1982	1 240	Double magnum
1982	2 150	Jéroboam
1982	2 720	Impériale
1981	215	
1981	453	Magnum
1981	1 064	Double magnum
1980	110	
1979	218	
1979	485	Magnum
1979	1 132	Double magnum
1979	1 780	Jéroboam
1979	2560	Impériale
1978	275	
1978	680	Magnum
1978	1 620	Double magnum
1978	2 510	Jéroboam
1978	3 480	Impériale
1977	120	
1977	920	Jéroboam
1977	1 330	Impériale
1976	255	
1976	2 560	Impériale
1975	290	
1975	1 480	Double magnum
1974	120	
1973	155	
1972	80	
1971	212	
1970	359	
1969	125	
1967	225	
1967	488	Magnum
1966	550	
1964	315	
1962	359	
1961	1 137	
1959	750	
1957	350	
1955	435	
1993	625	
1949	980	
1945	2 500	
1918	820	

1989	63
1988	64
1987	25
1986	51
1985	49
1984	24
1983	51
1982	79
1981	52
1980	25
1979	54
1978	75
1977	40
1976	80
1975	91
1974	45

CH. VIEUX ROBIN
Médoc
Cru bourgeois

Ce domaine familial depuis de nombreuses générations produit des vins de tradition minutieusement élaborés, dont le quart est exporté.

1993	30
1992	31
1991	29
1990	59
1989	62
1988	61
1987	24
1986	49
1985	50
1984	25
1983	49
1982	72
1981	50
1980	21
1979	52
1978	78
1978	80
1975	95

CH. VIEUX SARPE
Saint-Émilion
Grand cru

Les premières vignes de ce Château ont été plantées par les Romains. Depuis une trentaine d'années, il appartient à l'un des plus prestigieux propriétaires, dont le nom seul est synonyme de qualité. Les vins du Vieux Sarpe sont considérés comme les tout premiers des grands crus de l'appel-lation. Une bonne moitié de la production est exportée, particulièrement au Japon et dans la C.E.E.

1993	35
1992	37
1991	33
1990	64
1989	68
1988	70
1987	28
1988	52
1985	54
1984	27
1983	54
1982	86
1981	54
1980	25
1979	56
1978	79
1976	84
1975	100

CH. VILLARS
Fronsac

Appartenant à la même famille depuis de nombreuses générations, ce vignoble, qui bénéficie d'un ensoleillement exceptionnel, produit des vins tanniques et puissants, après un assez long séjour en barriques qui leur assure un bon vieillissement.

1993	22
1992	23
1991	22
1990	57
1989	53
1988	53
1987	24
1986	41
1985	49
1984	25
1983	42
1982	61
1981	43
1980	25
1979	43
1978	61

CH. VILLEGEORGE
Haut Médoc
Cru bourgeois

Se plaçant toujours en tête des crus exceptionnels du Haut Médoc, les vins de ce Château, charnus et corsés, recherchés par les amateurs, satisferont les plus exigeants. Ils peuvent, en outre, bénéficier d'une longue garde.

1993	38
1992	39
1991	40
1990	66
1989	57
1988	62
1987	41
1986	53
1985	57
1984	34
1983	52
1982	84
1981	54
1980	30
1979	57
1978	80

CH. VILLEMAURINE
Saint Émilion
Grand cru classé

Le nom de ce Château provient d'un camp de Sarrazins durant l'occupation du VIIIe siècle: Ville Maure. Il constitue certainement l'un des plus vieux vignobles de France. Encépagé en Merlot pour 70 % et en Cabernet Sauvignon pour 30 %, il produit des vins puissants et bouquetés. Des caves immenses creusées sous le vignoble permettent un élevage en barriques à température constante. Elles sont aussi utilisées pour des réceptions pouvant accueillir jusqu'à 1 500 personnes.

1993	50
1992	46
1991	51
1990	103
1989	106
1988	96
1987	62
1986	124
1985	86
1984	45
1983	89
1982	143
1981	90
1980	39
1979	92
1978	104
1977	40
1976	102
1975	118

1971	120
1970	159

CH. VINCENT
Margaux
Cru bourgeois

Une production confidentielle confiée au Château Palmer, qui gère totalement le vignoble.

1993	60	
1992	61	
1991	57	
1990	80	
1989	75	
1988	85	
1987	45	
1986	71	
1985	75	
1984	47	
1983	72	
1983	152	Magnum
1982	124	
1981	76	
1980	50	
1979	79	
1978	105	
1976	116	
1975	138	

CH. LA VIOLETTE
Pomerol

Très peu connue du public, cette petite parcelle produit un vin bien caractérisé, fait rarissime, facile à reconnaître lors d'une dégustation. Nombreux sont ceux qui, l'ayant goûté, le préfèrent à tout autre. Certains amateurs vouent un véritable culte à ce vin tout à fait particulier dans son genre.

1993	60	
1992	65	
1991	57	
1990	150	
1989	134	
1988	145	
1987	82	
1986	125	
1986	270	Magnum
1986	635	Double magnum
1986	1 010	Jéroboam
1986	1 420	Impériale
1985	180	
1985	390	Magnum
1985	845	Double magnum
1985	1 430	Jéroboam

1984	92
1983	135
1983	320 Magnum
1983	680 Double magnum
1983	915 Jéroboam
1982	245
1982	525 Magnum
1982	1 180 Double magnum
1982	1 670 Jéroboam
1981	150
1981	325 Magnum
1980	90
1979	160
1979	350 Magnum
1978	200
1976	215
1976	450 Magnum
1975	290
1975	625 Magnum
1971	260
1971	565 Magnum
1970	362
1970	745 Magnum
1966	450
1964	245
1959	525
1952	330

1985	70
1984	40
1983	65
1982	125
1981	62
1980	37
1979	66
1978	72
1977	35
1976	75
1975	82
1970	115
1966	225
1955	192

CH. D'YQUEM
Voir double page suivante.

CH. YON FIGEAC
Saint Émilion, Grand cru classé

Du fait d'une faible production à l'hectare et d'une sélection rigoureuse, ce vignoble, exploité depuis de nombreuses générations par la même famille, présente des vins remarquables par leur finesse et leur bouquet assez particulier.

1993	46
1992	45
1991	42
1990	93
1989	89
1988	87
1987	36
1986	55

Y DE YQUEM
Graves

Ce vin blanc sec est mis sur le marché en petites quantités suivant les millésimes. Son bouquet rappelle celui du Château du même nom.

1990	176
1989	210
1988	202
1987	184
1986	190
1985	206
1984	145
1983	193
1982	185
1981	205
1980	150
1979	212
1978	285
1976	310
1975	340
1971	410
1970	500

> Le sol idéal pour la culture
> de la vigne qui, hélas,
> ne se trouve que très rarement,
> se compose de : 10% de fer qui
> donne la couleur ; 10% de silice
> qui donne la finesse et la légèreté ;
> 30% d'argile qui produit
> le moelleux et la fermeté ; 50%
> de calcaire qui se répercute
> sur la puissance et le bouquet.

CH. D'YQUEM

Sauternes, 1er grand cru « supérieur »

Voilà bien, actuellement, le roi des vins blancs tant par la qualité que par les prix justement atteints. L'image « un pied de vigne = un verre de vin » suffit à démontrer que, malgré les apparences, le Château d'Yquem est loin d'être un vin cher si l'on tient compte de la faible production à l'hectare. Prenons l'exemple d'une bouteille vendue 100 francs qui renferme un vin produit à raison de 35 hectolitres à l'hectare, ce prix est nécessairement à rapprocher d'une production qui, pour Yquem, s'élève à 7 hectolitres à l'hectare. Les frais d'intervention à tous les niveaux et les soins apportés font des bouteilles mises sur le marché de véritables bijoux. Les collectionneurs d'ailleurs ne s'y trompent pas et se ruent littéralement aujourd'hui sur les bouteilles qui passent en vente. Les hausses de prix observées ces dernières années sont sans commune mesure avec celles qu'ont pu connaître d'autres vins. On peut affirmer que ce mouvement est loin de s'essouffler car, contrairement à certains autres crus, le Château d'Yquem, quel que soit son âge, se bonifie en vieillissant. Il convient donc d'inviter les amateurs à acquérir ces bouteilles, y compris les millésimes récents, car elles constituent toujours un produit d'exception tant du point de vue de la dégustation que du placement.

1989	840	
1988	869	
1988	450	Demi-bouteille
1988	3 320	Double magnum
1988	5 410	Jéroboam
1988	7 200	Impériale
1987	583	
1987	310	Demi-bouteille
1987	1 260	Magnum
1987	2 700	Double magnum
1987	5 500	Impériale
1986	1 015	
1986	530	Demi-bouteille
1986	2 120	Magnum
1986	4 400	Double magnum
1986	6 550	Jéroboam
1986	9 090	Impériale
1985	934	
1985	485	Demi-bouteille
1985	6 190	Jéroboam
1985	8 240	Impériale
1984	640	
1984	350	Demi-bouteille
1984	5 680	Impériale
1983	1 130	
1983	600	Demi-bouteille
1983	2 370	Magnum
1983	4 980	Double magnum
1983	11 600	Impériale
1982	972	
1982	2 010	Magnum
1981	860	
1981	465	Demi-bouteille
1980	920	
1980	2 020	Magnum
1979	980	
1979	2 160	Magnum
1978	1 210	
1977	880	
1976	1 425	
1976	750	Demi-bouteille
1975	1 875	
1973	1 070	
1971	1 435	
1970	1 420	
1969	920	
1968	725	
1967	3 150	
1966	1 750	
1966	930	Demi-bouteille
1966	3 760	Magnum
1965	1 600	
1963	2 300	
1962	2 015	
1961	2 160	
1960	1 750	
1959	3 415	
1959	7 640	Magnum
1958	2 055	
1957	2 225	
1956	2 270	
1955	2 970	
1954	2 350	
1953	3 170	
1950	2 810	
1949	4 690	
1948	2 875	
1947	4 740	

1946	2 350	1897	16 200
1945	5 260	1896	15 200
1944	2 630	1895	15 300
1943	3 950	1894	13 600
1942	4 185	1893	11 050
1941	4 070	1892	15 200
1940	3 720	1891	16 000
1939	3 480	1890	14 800
1938	3 155	1889	13 200
1937	4 820	1888	19 200
1936	2 720	1887	15 700
1935	3 750	1865	16 500
1935	2 000 Demi-bouteille	1884	15 200
1934	3 380	1883	19 000
1933	3 840	1880	18 200
1932	6 580	1879	20 400
1932	14 400 Magnum	1877	22 500
1931	6 500	1875	23 700
1929	6 210	1874	20 600
1928	6 175	1872	34 000
1927	5 950	1871	18 400
1926	5 090	1870	22 800
1925	5 250	1869	16 500
1925	2 430 Demi-bouteille	1868	15 500
1924	3 870	1867	31 500
1924	11 960 Magnum	1867	13 000 (Légèrement basse)
1923	5 410		
1922	6 550	1865	21 100
1921	10 050	1864	21 000
1921	24 200 Magnum	1861	25 000
1920	6 420	1860	24 000
1919	6 600	1858	18 000
1918	6 260	1857	31 000
1917	6 340	1856	27 000
1916	7 950	1855	35 000
1916	3 200 Demi-bouteille	1847	58 500
1914	6 260	1849	35 000
1913	7 300	1834	44 000
1911	7 740	1831	82 000
1909	9 130	1812	50 000 (reconditionnée avec des billes)
1908	8 620		
1908	4 250 Demi-bouteille	1811	119 200
1907	8 950	1784	360 000
1906	10 780		
1905	16 350		
1904	10 500		
1903	11 800		
1902	14 050		
1901	12 500		
1900	10 700		
1900	4 250 Demi-bouteille		
1899	10 300		
1898	14 800		

Il faut préciser qu'il n'y a pas eu de production au Château Yquem dans les millésimes suivants: 1910, 1915, 1930, 1951, 1952, 1964, 1972, 1974
Série de bouteilles de 1940 à 1986: 105 000.
Série de 57 bouteilles de 1928 à 1987: 154 000.
Série de bouteilles de 1887 à 1986: 2 300 000.

Il y a bien sûr beaucoup d'autres Châteaux, plus ou moins prestigieux et connus, dans le Bordelais. De temps en temps, on voit apparaître, lors des ventes aux enchères, des bouteilles de certaines appellations que je n'ai pas fait figurer dans les pages précédentes.

Je pense que si je les avais toutes référencées, la consultation de « La Cote des Vins » aurait été plus laborieuse et difficile. Je m'en excuse surtout auprès des propriétaires de ces vignobles qui déploient d'énormes efforts pour encore améliorer la qualité de leur production.

Bien entendu, au fur et à mesure de leur évolution, je ne manquerai pas de les faire figurer dans une prochaine édition. Je reste également à la disposition de toutes les personnes qui me signaleraient des omissions ou erreurs bien involontaires.

BOURGOGNE

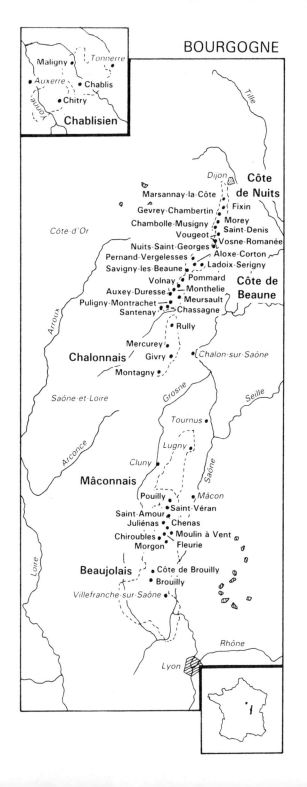

BOURGOGNE

Chablisien

Tonnerre
Maligny
Auxerre
Chablis
Chitry
Yonne

Côte de Nuits

Dijon
Tille
Marsannay-la-Côte
Gevrey-Chambertin
Fixin
Chambolle-Musigny
Morey
Saint-Denis
Vougeot
Vosne-Romanée
Côte-d'Or
Nuits-Saint-Georges
Pernand-Vergelesses
Aloxe-Corton
Savigny-les-Beaune
Ladoix-Serigny
Pommard
Volnay
Côte de Beaune
Monthelie
Auxey-Duresse
Meursault
Puligny-Montrachet
Santenay
Chassagne
Rully
Mercurey
Arroux
Chalon-sur-Saône
Chalonnais
Givry
Montagny
Saône-et-Loire
Grosne
Seille

Tournus
Lugny
Saône
Cluny
Mâconnais
Arconce
Pouilly
Mâcon
Saint-Véran
Saint-Amour
Juliénas
Chenas
Chiroubles
Moulin à Vent
Morgon
Fleurie
Loire
Beaujolais
Côte de Brouilly
Brouilly
Villefranche-sur-Saône

Rhône
Lyon

LES CLASSEMENTS
DES VINS DE BOURGOGNE

GRANDS CRUS
Exemple :
CHAMBERTIN

PREMIERS CRUS
avec le nom du climat (ou parcelle)

Exemple :
GEVREY-CHAMBERTIN
PREMIER CRU LES CAZETIERS

ou

GEVREY-CHAMBERTIN PREMIER CRU
s'il s'agit d'un assemblage de plusieurs climats

VILLAGES
Exemple :
GEVREY-CHAMBERTIN

APPELLATIONS RÉGIONALES
BOURGOGNE
ou
BOURGOGNE HAUTES CÔTES DE NUITS
ou
BOURGOGNE HAUTES CÔTES DE BEAUNE

BOURGOGNE-PASSETOUGRAIN
assemblage de 2/3 de cépage Gamay
et minimum 1/3 de cépage Pinot
BOURGOGNE GRAND ORDINAIRE (B.G.O.)

Un marché actif pour
le vignoble le plus étendu du monde

*L*a récolte du millésime 1994 en Bourgogne s'est avérée en progression de plus de 3 % par rapport à 1993, et de 9 % par rapport à la moyenne des trois dernières années. Pour les vins blancs, d'une manière générale, la qualité est équilibrée. Par contre, pour les rouges, des tris très rigoureux ont été nécessaires pour maintenir de belles vendanges. Les différences se manifestent toutefois d'une région à l'autre.

Pour la récolte de 1995, la précocité de l'évolution de la vigne, due à un hiver très clément, a entraîné des gelées qui sont venues perturber le cycle normal et la production s'est trouvée quelque peu réduite dans les régions sensibles de l'appellation.

En ce qui concerne le prix des vins, on a constaté une hausse de plus de 10 % pour les rouges et une certaine stabilité pour les blancs. Pourtant l'augmentation pourrait être gênée par le cours très bas de certaines devises et particulièrement du dollar.

Les vins de certains viticulteurs sont très recherchés et leurs prix flambent tant la demande est grande. Vous trouverez sur mes cotations plus de prix portant le nom du producteur et il vous sera ainsi très aisé de savoir lesquels d'entre eux ont la faveur des connaisseurs.

Les vins de petites parcelles de producteurs réputés montent à des sommets jamais atteints jusqu'à présent et, malgré cela, ils restent très difficile à se procurer.

Il faut mentionner la vente de plus de 400 000 bouteilles à la suite de la liquidation judiciaire d'un important négociant bourguignon. Malgré une publicité considérable et un soutien médiatique national, une partie seulement du stock a pu être liquidée. Il faut dire que la qualité des vins proposés sous des marques inconnues était sujette à caution. L'importance du stock mis sur le marché a pourtant effrayé les viticulteurs soucieux de vivre du produit de leur travail. Mais le feu de paille s'est vite éteint et l'on ne parle plus des reliquats de la vente.

Encore une fois, nous avons la démonstration que seule la qualité paie et que la clientèle n'est pas dupe.

ALOXE CORTON
Côte de Beaune

Les vins vendus sous cette appellation sont toujours offerts à des prix fort convenables compte tenu de leur qualité. Il existe plusieurs premiers crus, ainsi qu'une production en blanc, elle beaucoup plus rare.

1993	70
1992	68
1991	65
1991	125 Drouhin
1991	90 Latour
1991	72 1er cru
1990	78
1990	162 Drouhin
1990	110 Latour
1989	116
1989	131 Drouhin
1989	120 Latour
1989	125 1er cru
1988	120
1988	177 Drouhin
1987	68
1987	78 Tasteviné
1987	135 Leroy
1986	65
1986	122 Drouhin
1985	75
1985	115 Drouhin
1985	235 Leroy
1984	46
1983	66
1983	108 Leroy
1982	50
1981	60
1980	42
1979	62
1978	130
1978	147 1er cru
1978	480 Leroy
1976	85
1976	95 1er cru
1976	600 Leroy
1972	87
1972	94 1er cru
1972	550 Leroy
1970	95
1970	107 1er cru
1969	109
1966	148
1966	175 1er cru
1966	800 Leroy, tasteviné
1964	90
1961	165
1959	240
1949	325
1934	170

AUXEY DURESSES
Côte de Beaune

Très peu connus du grand public, comme d'ailleurs leur voisin Monthélie, les vins d'Auxey Duresses, tant en rouge qu'en blanc, sont d'excellente qualité et peuvent bien souvent se comparer au Volnay, pourtant sensiblement plus cher. On ne peut donc que conseiller l'achat et la dégustation des Auxey Duresses, ce cru pouvant très agréablement accompagner un repas du début à la fin, d'abord en blanc, puis en rouge.

Rouge
1993	40
1992	42
1992	115 Coche Dury
1991	50
1991	115 Coche Dury
1990	63
1989	64
1989	105 Drouhin
1988	65
1988	260 Leroy
1987	30
1986	60
1986	105 Leroy
1985	75
1985	140 Leroy
1984	30
1983	60
1982	40
1981	60
1980	30
1979	60
1978	120
1978	245 Leroy, tasteviné
1976	75
1973	225 Leroy, tasteviné
1972	70
1970	93
1970	245 Leroy, tasteviné
1969	85
1966	135
1949	325
1949	1 800 Leroy

Blanc
1993	42
1992	40
1991	45
1990	78
1989	75
1989	185 Leroy
1988	82
1988	140 Leroy
1987	50
1987	95 Leroy

1986	56
1986	100 Leroy
1985	66
1985	100 Leroy
1984	40
1983	63
1983	85 Leroy
1982	50
1982	100 Leroy
1981	100 Leroy
1973	600 Leroy, tasteviné

AUXEY DURESSES
Côte de Beaune
Hospices, Cuvée Boillot

Les vins offerts à la vente sous l'appellation Hospices proviennent toujours des mises en bouteilles consécutives à l'acquisition des pièces de vin lors de la célèbre vente aux enchères annuelle des Hospices. Ce sont donc les acheteurs eux-mêmes qui procèdent aux mises et étiquettent les vins à leur nom avec la mention de la cuvée.

1987	600 Leroy
1986	740 Leroy
1985	1 000 Leroy
1978	1 200 Leroy
1977	750 Leroy
1976	1 100 Leroy
1973	900 Leroy
1972	1 200 Leroy
1969	1 500 Leroy
1967	1 500 Leroy
1964	2 000 Leroy
1962	2 200 Leroy
1956	1 800 Leroy
1954	1 900 Leroy
1949	3 800 Leroy
1938	6 000 Leroy
1933	7 000 Leroy

BATARD MONTRACHET
Grand cru
Côte de Beaune

Parmi les grands vins blancs de Bourgogne, la série des montrachets se situe à la première place. Le plus renommé et le plus prestigieux reste le montrachet sans autre mention. A ce sujet, il faut rappeler que, pour les grands crus de Bourgogne, c'est toujours l'appellation la plus simple qui est classée en grand cru ; les noms composés concernent, la plupart du temps, une appellation Village, comme, par exemple, le chassagne-montrachet.

1993	345 Latour
1993	420 Leflaive
1993	412 Sauzet
1992	345
1992	375 Jadot
1992	412 Gagnard
1992	458 Ch. Maltroie
1992	720 Clerget
1991	445
1991	592 Niellon
1991	550 Drouhin
1991	600 Leflaive
1990	436
1990	640 Labouré-Roi
1990	1 000 Ramonet
1990	750 Leflaive
1989	561
1989	700 Leflaive
1988	421
1988	580 Leflaive
1988	950 Ramonet
1987	327
1987	600 Ramonet
1987	440 Latour
1987	315 Leflaive
1986	395
1986	560 Latour
1986	800 Ramonet
1986	510 Sauzet
1985	440
1985	750 Ramonet
1985	475 Drouhin
1985	475 Latour
1985	620 Leflaive
1984	275
1984	450 Ramonet
1984	320 Drouhin
1983	750 Ramonet
1983	345
1982	240
1982	700 Ramonet
1981	325
1980	165
1979	340
1979	750 Ramonet
1978	485
1978	1 400 Ramonet
1978	540 Latour
1976	350
1976	825 Ramonet
1974	145
1974	300 Ramonet
1973	800 Ramonet
1971	520
1971	1 500 Ramonet

1970	650	
1970	1850	Ramonet
1969	1500	Ramonet
1966	735	
1966	1500	Ramonet
1964	1500	Ramonet

BEAUJOLAIS
Beaujolais

Compte tenu du cépage dont il est issu, ce vin ne peut être gardé très longtemps. Or, on voit apparaître en ventes publiques des bouteilles âgées de 20, 30, voire 50 ans. En dépit des avertissements, certains enchérissent au-delà de toute logique, mais gare aux déboires !

1994	22
1993	25
1992	25
1991	24
1990	25
1989	27
1988	26

BEAUJOLAIS SUPÉRIEUR
Beaujolais

1994	23
1993	26
1992	27
1991	25
1990	27
1989	28
1988	25

BEAUJOLAIS VILLAGES
Beaujolais

1993	31
1992	29
1991	28
1990	30
1989	31
1988	34
1987	35

BEAUNE
Côte de Beaune

Beaune, capitale de la Bourgogne viticole. Beaucoup de vins, dont de nombreux premiers crus, portent son nom. Des différences assez sensibles, toutefois, peuvent être constatées entre les divers premiers crus suivant leur emplacement.

1994	50
1993	54

1992	51	
1991	62	
1991	76	Montée rouge
1990	60	
1990	80	Montée rouge
1990	192	Clos des Ursules
1989	82	
1988	60	
1986	62	
1985	80	
1985	210	Vignes franches
1985	170	Leroy
1985	208	Clos des Ursules
1984	30	
1983	48	
1982	35	
1982	240	Leroy, 1er cru
1981	46	
1979	52	
1979	290	Leroy, 1er cru
1978	150	
1978	400	Leroy, tasteviné
1976	82	
1976	130	1er cru
1976	450	Leroy, 1er cru
1974	300	Leroy, 1er cru
1973	300	Leroy, 1er cru
1972	120	Leroy
1970	104	
1970	400	Leroy, 1er cru
1969	92	
1969	530	Leroy, tasteviné
1966	150	
1966	750	Leroy, tasteviné
1966	800	Leroy, 1er cru, tasteviné
1964	85	
1964	690	Leroy, tasteviné
1964	660	Leroy, 1er cru
1959	175	
1959	1 200	Leroy, tasteviné
1954	800	Leroy, tasteviné
1949	2 000	Leroy, 1er cru
1947	480	
1923	430	

BEAUNE
Côte de Beaune
Blanc

1991	225	Clos des Mouches
1990	290	Drouhin
1990	130	Clerc
1989	235	
1988	285	
1987	255	
1986	287	

BEAUNE
Côte de Beaune, Hospices
Cuvée Dames Hospitalières

1985	425	Jadot
1977	900	Leroy
1959	3 500	Leroy
1956	2 000	Leroy
1955	4 000	Leroy
1942	5 000	Leroy

BEAUNE
Côte de Beaune, Hospices
Cuvée Estienne

1966	2 500	Leroy
1956	2 000	Leroy
1954	2 200	Leroy, tasteviné
1949	4 000	Leroy

BEAUNE
Côte de Beaune
Hospices
Cuvée Guigone de Salins

1989	340	
1985	450	
1984	1 200	Leroy
1979	360	
1966	2 500	Leroy
1961	3 200	Leroy
1954	2 200	Leroy
1945	880	
1924	760	

BEAUNE
Côte de Beaune, Hospices
Cuvée Hugues et Louis Betault

1985	390	
1979	365	
1970	1 500	Leroy
1962	2 500	Leroy
1959	3 500	Leroy

BEAUNE
Côte de Beaune, Hospices
Cuvée Maurice Drouhin

1981	350	
1978	530	
1970	1 400	Leroy

BEAUNE
Côte de Beaune, Hospices
Cuvée Nicolas Rolin

1985	425	Jadot
1983	330	
1979	360	
1976	385	
1966	2 500	Leroy
1959	3 500	Leroy

BEAUNE
Côte de Beaune
Hospices
Cuvée Rousseau Deslande

1983	325	
1978	545	
1971	350	
1969	1 500	Leroy

BEAUNE
1er cru Les Blanches Fleurs
Côte de Beaune

1983	160	Leroy
1981	88	
1978	530	Leroy
1976	270	Leroy

BEAUNE
1er cru Boucherottes
Côte de Beaune

1993	66
1992	62
1991	64
1990	125
1989	132
1988	111
1987	35
1986	82
1985	124
1983	72
1982	50
1981	65

BEAUNE
1er cru Bressandes
Côte de Beaune

1993	68	
1992	64	
1991	65	
1990	98	
1990	185	Morot
1989	135	
1988	113	
1988	146	Morot
1987	44	
1986	108	
1985	135	
1984	36	
1984	180	Leroy
1983	74	
1982	50	
1982	240	Leroy
1978	155	
1978	450	Leroy
1976	116	Leroy
1970	96	
1969	100	Leroy

1966	185
1966	800 Leroy
1962	950 Leroy
1959	270

BEAUNE
1er cru Cent Vignes
Côte de Beaune

1993	65
1992	66
1991	91
1990	82
1989	86
1988	105
1987	45
1986	110
1985	140
1983	75
1982	55
1982	240 Leroy
1980	260 Leroy
1978	175
1978	450 Leroy, tasteviné
1976	97
1972	92
1972	500 Leroy
1970	128
1970	400 Leroy, tasteviné
1969	750 Leroy
1966	260
1966	800 Leroy
1955	1 500 Leroy

BEAUNE
1er cru Clos du Roi
Tollot-Beaut
Côte de Beaune

1991	150
1990	235
1989	253
1988	260

BEAUNE
1er cru Clos des Ursules
Côte de Beaune

1991	115
1990	215
1989	220
1988	205
1987	134
1986	165
1985	270
1983	125
1980	130
1978	235
1976	200
1973	195

1971	335
1969	600
1966	650
1964	450
1962	450
1961	625
1959	800
1957	550
1954	375
1952	500
1949	875
1947	875
1945	1 250
1937	875
1933	1 000
1928	1 050
1926	960
1923	875
1919	1 500
1915	2 000
1911	1 500

BEAUNE
1er cru Épenottes
Côte de Beaune

1993	75
1992	72
1991	77
1990	91
1989	85
1988	88
1987	35
1986	77
1985	125
1983	70
1983	300 Leroy
1982	50
1981	66
1979	70
1979	300 Leroy

BEAUNE
1er cru Grèves
Côte de Beaune

1993	75
1991	122
1991	150 Tollot-Beaut
1990	136
1990	195 Tollot-Beaut
1990	200 Moillard
1989	130
1989	230 Moillard
1989	140 Drouhin
1989	220 Tollot-Beaut
1988	118
1988	175 Tollot-Beaut
1987	45
1987	200 Leroy

1986	80
1986	70 Drouhin
1986	200 Leroy
1985	120
1985	125 Drouhin
1985	300 Leroy
1984	40
1984	60 Drouhin
1983	80
1982	51
1981	65
1979	66
1978	180
1978	450 Leroy
1976	96
1976	450 Leroy
1972	86
1970	120
1970	400 Leroy
1969	115
1969	750 Leroy
1966	250
1959	450 Drouhin

BEAUNE
1er cru Marconnets
Côte de Beaune

1993	72
1992	70
1991	96
1990	131
1989	127
1988	115
1987	45
1986	93
1985	143
1984	180 Leroy
1983	80
1982	50
1982	240 Leroy
1981	60
1978	180
1978	450 Leroy
1976	95
1970	125
1966	235

BEAUNE
1er cru La Mignotte
Côte de Beaune

1993	45
1992	47
1991	52
1990	95
1989	93
1988	92
1987	36
1987	200 Leroy

1986	65
1986	200 Leroy
1985	112
1985	300 Leroy
1983	76
1983	300 Leroy
1982	50
1981	60
1979	65
1978	165
1978	400 Leroy
1976	90
1976	450 Leroy

BEAUNE
1er cru Perrières, Côte de Beaune

1987	200 Leroy
1986	200 Leroy
1985	195 Leroy
1983	100
1981	260 Leroy
1976	90

BEAUNE
1er cru Pertuisots, Côte de Beaune

1993	64
1992	60
1991	62
1990	93
1987	200 Leroy
1986	200 Leroy
1985	300 Leroy
1984	180 Leroy
1982	240 Leroy

BEAUNE
1er cru Reversées, Côte de Beaune

1993	44
1992	45
1991	50
1990	93
1989	90
1988	88
1987	35
1986	62
1985	110
1983	71
1982	50
1981	58
1979	65

BEAUNE
1er cru Sizies, Côte de Beaune

1993	65
1992	70
1991	75
1990	90
1989	88

1988	86
1987	34
1987	200 Leroy
1986	75
1986	200 Leroy
1985	124
1985	240 Leroy
1984	180 Leroy
1983	70
1983	185 Leroy
1983	300 Leroy, tasteviné
1982	50
1981	65
1979	70
1978	154
1978	450 Leroy
1976	87
1976	450 Leroy

BEAUNE
1er cru Theurons, Côte de Beaune

1993	85
1992	86
1991	102
1990	136
1989	130
1988	135
1987	52
1986	112
1985	143
1984	50
1983	85
1982	53
1982	240 Leroy
1981	64
1980	260 Leroy
1979	72
1979	300 Leroy
1978	175
1978	450 Leroy
1978	480 Leroy, tasteviné
1976	93
1974	300 Leroy
1973	300 Leroy
1972	500 Tasteviné
1971	93
1971	600 Tasteviné
1970	135
1970	400 Tasteviné
1969	110
1969	204 Leroy
1969	750 Tasteviné
1966	195
1964	88
1962	135
1962	950 Leroy
1961	245
1961	1 200 Leroy
1959	295

BEAUNE
1er cru Toussaints
Côte de Beaune

1982	240 Leroy
1980	260 Leroy
1979	300 Leroy, tasteviné
1978	450 Leroy
1970	400 Leroy
1969	750 Leroy

BIENVENUES BATARD MONTRACHET
Grand cru
Côte de Beaune

1993	330 Latour
1993	371 Leflaive
1993	450 Ramonet
1992	310
1992	435 Leflaive
1991	345
1991	500 Leflaive
1990	360
1990	535 Latour
1990	545 Leflaive
1990	900 Ramonet
1989	327
1989	420 Leflaive
1988	345
1988	600 Ramonet
1987	290
1987	395 Leflaive
1987	500 Ramonet
1986	380
1986	865 Magnum
1986	750 Ramonet
1985	235
1985	365 Ramonet
1984	300
1984	450 Ramonet
1983	365
1983	725 Ramonet
1983	495 Leflaive
1982	245
1982	650 Ramonet
1982	488 Leflaive
1981	290
1980	315
1979	300
1979	600 Leflaive
1978	495
1978	750 Ramonet
1976	395
1971	430
1970	535
1969	425
1967	445
1966	570
1964	375

1962	360
1961	525
1959	680
1955	3 500 Leroy

BLAGNY
Côte de Beaune

1993	38
1992	35
1991	36
1991	75 1er cru
1990	53
1990	115 1er cru
1989	52
1988	54
1987	32
1986	44
1986	69 1er cru
1985	76
1984	30
1983	45
1982	35
1981	44
1980	30
1979	45
1978	75
1976	50

BONNES MARES
Grand cru
Côte de Nuits

Ce très grand cru n'est guère connu du public. Parmi les grands vins de la Côte de Nuits, il se situe à un niveau de prix fort raisonnable.

1993	330 Roumier
1992	264
1991	247
1991	380 Drouhin
1991	450 De Vogüe
1990	305
1990	455 Drouhin
1990	330 De Vogüe
1990	275 Labouré-Roi
1989	308
1989	400 Dujac
1989	495 Drouhin
1989	465 De Vogüe
1989	300 Latour
1988	283
1988	430 Dujac
1988	365 De Vogüe
1987	196
1987	365 De Vogüe
1987	375 Liguier
1987	310 Dujac

1986	254
1985	365
1985	620 Leroy
1984	147
1983	310
1983	840 Leroy
1982	170
1981	270
1980	120
1980	460 Leroy
1979	285
1979	240 De Vogüe
1978	550
1976	255
1976	340 De Vogüe
1972	270
1972	625 De Vogüe
1972	1 200 Leroy
1971	250
1971	1 500 Leroy
1971	820 De Vogüe
1970	370
1969	275
1966	460
1964	245
1961	380
1959	470
1959	2 800 Leroy
1959	895 De Vogüe
1957	190
1955	295
1955	3 000 Leroy
1955	1 425 De Vogüe
1953	285
1952	3 200 Leroy
1949	660
1949	4 000 Leroy
1949	2 500 De Vogüe
1947	600
1943	380
1943	500 De Vogüe
1943	5 000 Leroy
1934	440
1934	2 400 Grivelet

BOURGOGNE

La production du bourgogne rouge porte principalement sur les départements de l'Yonne, de la Côte d'Or et de la Saône et Loire. Il s'agit là de la région la plus septentrionale du monde qui produise des grands vins rouges. Seul le cépage Pinot Noir est autorisé. Les vins présentent une robe d'intensité moyenne, nuancée de pourpre dans son jeune âge, puis devenant rubis et rouge orangé avec quelques années de bouteille. Les arômes présentent toute la palette des qualités du pinot noir. La structure de bonne souplesse à tanin modéré permet une dégustation assez jeune.

Rouge

1994	28
1993	30
1992	33
1992	55 Coche Dury
1991	35
1991	65 Coche Dury
1991	115 Henri Jayer
1991	65 Jadot
1990	45
1990	47 Leroy
1990	115 Coche Dury
1990	100 Meo
1989	50
1989	26 Demi-bouteille
1989	108 Magnum
1989	90 Leroy
1989	45 Drouhin
1989	115 Meo
1988	44
1988	75 Leroy
1988	60 Labouré-Roi
1987	36
1986	53
1986	85 Leroy
1985	42
1985	90 Leroy
1985	40 Bichot
1984	28
1983	32
1983	75 Leroy
1982	26
1981	33
1980	25
1979	35
1978	75
1976	40

Blanc

1993	35
1992	33
1992	66 Coche Dury
1992	42 Clerc
1991	34
1991	70 Coche Dury
1991	40 Clerc
1991	37 Labouré-Roi
1991	75 Tollot-Beaut
1990	36
1990	85 Leroy
1990	52 Clerc
1990	90 Tollot-Beaut
1989	38
1989	66 Leroy
1989	90 Tollot-Beaut

1989	40 Labouré-Roi
1989	45 Drouhin
1988	45
1988	48 Clerc
1988	75 Leroy
1988	40 Bichot
1987	35
1986	38
1986	78 Leroy
1985	47
1985	85 Leroy
1984	25
1983	34
1983	75 Leroy
1982	32
1981	35

Rosé

1992	35
1991	33
1990	37

BOURGOGNE
Aligoté

Ce vin porte le nom de son cépage Aligoté. C'est un vin blanc léger de couleur or blanc à reflets verts. Des parfums frais et francs rappellent la pomme verte et le citron. A la dégustation, sa vivacité et sa dominante acidulée sont bien complétées par une souplesse discrète mais suffisante. La persistance aromatique est fine et agréable. L'aligoté est assez solide pour se conserver 3 à 4 ans mais, également, sa première fraîcheur est appréciée. Sa production importante sur 1 250 hectares répartis dans toute la Bourgogne progresse légèrement chaque année.

1993	38
1992	55 Coche Dury
1992	36
1991	35
1991	55 Coche Dury
1990	39 Clerc
1990	43
1989	42
1988	42
1987	28
1986	40
1985	44

BOURGOGNE
Aligoté de Bouzeron

Le bourgogne aligoté de Bouzeron a un caractère particulier qui le différencie des autres aligotés (nom du cépage) qui sont généralement vifs et secs. Le bouzeron issu de la Côte chalonnaise est un vin tendre aux arômes floraux. Il s'agit bien là d'une véritable appellation communale.

1993	32
1992	38
1991	36
1990	46
1989	44
1988	45
1987	28
1986	42
1985	47

BOURGOGNE GRAND ORDINAIRE (B.G.O.)

Cette dénomination fort peu commerciale, que l'on abrège pudiquement en B.G.O., s'applique à des vins qui ne peuvent se ranger sous l'étiquette Bourgogne ou, du fait de leur assemblage non conforme, Bourgogne Passetougrain. Pourtant, on trouve parfois sous cette appellation peu attrayante des vins de bonne qualité ayant eu à subir des déclassements obligatoires à la suite de dépassements quantitatifs ou de repousses après la grêle. Une dégustation avant achat est donc nécessaire, avec de bonnes surprises à la clef dans certains cas...

1994	17
1993	18
1992	20
1991	21
1990	26
1989	24
1988	24
1987	15
1986	25
1985	28

BOURGOGNE

Méthode champenoise

1990	55	
1986	62	
1985	68	
1983	65	
	46	Brut

Le prix moyen de l'hectare de vigne en Champagne a doublé entre 1988 et 1994, et atteint à présent 1 360 000 francs.

BOURGOGNE

Hautes Côtes de Beaune

Sous cette appellation sont produits les vins provenant de parcelles récemment plantées sur le haut des coteaux.

1993	40	
1992	40	
1991	35	
1990	60	
1990	69	Tasteviné
1990	120	Gilles Jayer
1989	66	
1989	120	Gilles Jayer
1988	65	
1988	110	Gilles Jayer
1987	25	
1986	42	
1985	58	
1984	25	
1983	40	
1982	30	
1981	40	
1980	25	
1979	43	

BOURGOGNE

Hautes Côtes de Nuits

De même que les Hautes Côtes de Beaune, ces vins sont issus du haut des coteaux et il ne faut surtout pas les confondre avec l'appellation Côte de Nuits. Une certaine clientèle tend à penser que les vins des Hautes Côtes sont supérieurs à ceux de la Côte de Nuits, ce qui reste à prouver et ce que démentent d'ailleurs les prix pratiqués.

1993	41
1992	42
1991	37
1990	70
1989	76
1988	73
1987	30
1986	47
1985	58
1984	25
1983	40
1982	30
1981	42
1979	45
1978	75
1976	50

Rosé

1993	42
1992	37

1991	35
Blanc	
1993	45
1992	45
1991	47 Le Renard
1990	70 Le Renard
1990	90 Gilles Jayer
1989	76 Le Renard
1986	60

BOURGOGNE IRANCY

Vignoble particulier où les vignes alternent avec les cerisiers. Utilisation autorisée du cépage César, indiquant ainsi l'ancienneté et l'origine de cette production, qui offre un goût très particulier de cerises griottes. Les prix sont très attractifs. Dégustations et achats facilités par la proximité de Paris.

1993	34
1992	32
1991	30
1990	42
1989	40
1988	43
1987	23
1986	35
1985	45
1984	22
1983	36
1982	27
1981	35

BOURGOGNE IRANCY
Cru Palotte

1993	37
1992	40
1991	40
1990	58
1989	55
1988	60
1987	30
1986	45
1985	65
1984	30
1983	44
1982	34
1981	42

BOURGOGNE
Passetougrain

Le cépage Gamay, associé à au moins un tiers de Pinot Noir, présente l'appellation « Passetougrain ». Les vins, souvent de couleur intense, sont violacés avec des arômes frais et fruités. Assez peu tanniques, ils offrent essentiellement une bonne vivacité que rend aimable un moelleux discret. Grâce à la présence du cépage Gamay, ils sont légers, friands et sont à consommer assez jeunes. Il ne faut pas les garder plus de deux à trois ans.

1993	27
1992	28
1991	30
1990	37
1990	84 Henri Jayer
1990	85 Meo
1989	39
1989	85 Meo
1988	40
1987	23
1986	25
1985	40
1984	23
1983	28
1982	26
1981	30
1980	22
1979	33
1978	46

BROUILLY
Beaujolais

1994	33
1993	32
1993	60 Drouhin
1992	33
1991	34
1990	37
1989	38
1988	40
1987	20
1986	33

CHABLIS
Chablaisis

Le vignoble le plus septentrional de l'appellation Bourgogne. Ce nom prestigieux, mondialement réputé, provoque toujours la ruée des amateurs. Une très grande partie de la production est exportée. Il faut mentionner d'importantes variations de prix pour les vins de certains producteurs particulièrement réputés du Chablaisis. La valeur de ces bouteilles peut plus que doubler, et c'est par exemple le cas de

Raveneau, dont la cote est tout à fait justifiée compte tenu des qualités exceptionnelles de ses vins.

1994	50	
1993	54	
1992	59	
1992	105	Dauvissat
1991	53	
1990	65	
1990	74	Vieilles vignes
1990	65	Labouré-Roi
1990	105	Pic
1989	66	
1989	70	Labouré-Roi
1989	130	Moillard
1988	72	
1988	75	Drouhin
1987	59	
1987	85	Moillard
1986	66	
1985	67	
1985	70	Moillard
1984	40	
1983	57	
1982	44	
1981	55	
1980	35	
1979	52	
1978	65	

PETIT CHABLIS
Chablaisis

Cet adjectif « petit », n'est employé pour aucun autre vin d'appellation d'origine contrôlée (A.O.C.). Devant l'afflux des demandes de chablis, on a cru bon de créer cette appellation pour des vins qui ne peuvent prétendre à l'appellation Chablis. Ce fait est unique dans la nomenclature des vins français.

1994	40
1993	37
1992	44
1991	46
1990	52
1989	48
1988	55
1987	25
1986	50

L'or blanc de la province d'Ontario au Canada est le vin de glace d'Inniskillin, dont les bouteilles sont particulièrement recherchées.

1985	56
1984	25
1983	45

CHABLIS
1er cru Côte de Léchet
Chablaisis

En Chablis, il existe de nombreux premiers crus dont les emplacements diffèrent au sein d'une aire de production qui s'étend sur plusieurs villages. Les goûts de ces premiers crus varient sensiblement. Ce qui caractérise, par exemple, la Côte de Léchet, c'est sa localisation de l'autre côté de la rivière, le Serein, face aux coteaux où sont situés tous les grands crus.

1993	58
1992	56
1991	50
1990	85
1989	84
1988	86
1987	45
1986	55
1985	76
1984	45
1983	66
1982	50
1981	65
1980	42
1979	60
1978	74

CHABLIS
1er cru Fourchaume
Chablaisis

1993	75	
1992	88	
1991	72	
1990	85	
1990	120	Laroche
1990	85	Labouré-Roi
1989	88	
1989	115	Labouré-Roi
1988	89	
1988	110	Labouré-Roi
1988	115	Laroche
1987	78	
1987	130	Laroche
1987	120	Labouré-Roi
1987	225	Labouré-Roi, vieilles vignes
1986	93	
1986	145	Laroche
1985	84	

1984	42
1984	90 Laroche
1983	65
1982	52
1981	63
1979	65

CHABLIS
1er cru Mont de Milieu
Chablaisis

1993	78
1992	84
1991	70
1990	86
1989	88
1988	86
1987	58
1986	105
1985	85
1984	45
1983	65
1982	53
1981	65
1979	65
1978	88

CHABLIS
1er cru Montée de Tonnerre
Chablaisis

1993	76
1992	80
1992	150 Raveneau
1991	70
1991	150 Raveneau
1990	93
1989	97
1988	86
1987	58
1986	91
1985	86
1984	45
1983	66
1982	55
1981	65
1979	65
1978	90

CHABLIS
1er cru Montmains
Chablaisis

1993	73
1992	80
1992	165 Raveneau
1991	70
1991	150 Raveneau
1990	92
1989	95
1989	115 Drouhin

1988	85
1988	125 Laroche
1987	73
1987	110 Drouhin
1986	82
1985	84
1945	45
1945	65
1982	53
1981	63
1979	63
1978	90

CHABLIS
1er cru Vaillons
Chablaisis

1993	70
1992	75
1992	140 Dauvissat
1991	66
1991	150 Raveneau
1991	125 Dauvissat
1991	95 Laroche
1990	98
1990	130 Laroche
1990	125 Dauvissat
1989	100
1989	120 Dauvissat
1989	165 Laroche
1988	84
1988	110 Laroche
1988	125 Dauvissat
1987	89
1987	120 Dauvissat
1987	125 Laroche
1986	95
1986	115 Laroche
1986	95 Dauvissat
1986	120 Dauvissat, vieilles vignes
1985	75
1985	140 Dauvissat
1984	45
1983	63
1983	75 Laroche
1982	55
1981	60
1979	65
1978	90

CHABLIS
Grand cru Blanchots
Chablaisis

Les sept grands crus de Chablis sont tous situés sur le même coteau. Les moyens mis en œuvre pour éviter les gelées fréquentes permettent d'obtenir chaque année de bonnes récoltes en dépit de conditions climatiques parfois difficiles.

1993	100	
1992	104	
1991	95	
1991	195	Raveneau
1990	127	
1989	138	
1989	180	Long-Depaquit
1989	235	Laroche
1989	360	Vieilles vignes
1988	144	
1988	290	Vieilles vignes
1988	190	Long-Depaquit
1987	103	
1987	145	Long-Depaquit
1987	250	Vieilles vignes
1986	118	
1985	132	
1984	68	
1984	100	Long-Depaquit
1983	125	
1982	80	
1981	110	
1979	115	
1978	150	
1970	165	

CHABLIS
Grand cru Bougros
Chablaisis

1993	95	
1992	102	
1991	96	
1990	128	
1989	135	
1988	140	
1987	92	
1986	115	
1986	165	Drouhin
1985	130	
1985	165	Laroche
1984	72	
1983	120	
1982	82	
1981	110	
1979	115	
1978	140	

CHABLIS
Grand cru Les Clos
Chablaisis

1993	103	
1992	105	
1992	230	Dauvissat
1991	102	

1991	245	Raveneau
1991	200	Dauvissat
1990	175	
1990	200	Dauvissat
1990	250	Laroche
1990	230	Drouhin
1989	206	
1988	163	
1988	245	Laroche
1988	210	Long-Depaquit
1988	240	Dauvissat
1987	125	
1987	250	Laroche
1987	192	Dauvissat
1986	143	
1986	190	Dauvissat
1986	250	Laroche
1986	155	Drouhin
1985	148	
1984	75	
1983	120	
1982	83	
1981	110	
1980	65	
1979	118	
1978	150	

CHABLIS
Grand cru Grenouilles
Chablaisis

1993	105
1992	105
1991	100
1990	182
1989	200
1988	165
1987	130
1986	146
1985	150
1984	77
1983	120
1982	85
1981	110
1980	66
1979	120
1978	152
1976	115
1971	105
1970	150

CHABLIS
Les Vaudevey
Chablaisis

1991	90
1990	120
1988	120
1987	115
1985	95

1984	85
1983	75

CHABLIS
Grand cru Preuses, Chablaisis

1993	110
1992	154
1992	235 Dauvissat
1991	114
1990	150
1990	200 Dauvissat
1989	172
1989	235 Pic
1988	165
1988	235 Pic
1988	205 Dauvissat

1987	120
1987	215 Dauvissat
1987	235 Pic
1987	150 Long-Depaquit
1986	144
1986	180 Pic
1986	150 Dauvissat
1985	150
1984	75
1984	150 Pic
1983	125
1982	88
1981	116
1980	75
1979	123
1978	155

CHAMBERTIN
Grand cru
Côte de Nuits

Ce grand cru mondialement réputé, connu comme étant l'unique boisson que prenait l'empereur Napoléon, obtient la faveur inconditionnelle de tous ceux qui le dégustent. Plusieurs vins présentent l'appellation Chambertin, comme on le verra plus loin, mais il faut bien exclure de la série des grands crus le gevrey-chambertin, qui est une appellation Village.

1993	230
1993	465 Rousseau
1992	240
1991	343
1991	650 Rousseau
1991	420 Drouhin
1991	562 Ponsot
1991	1 555 Leroy
1990	553
1990	750 Rousseau
1990	1 770 Leroy
1989	434
1989	405 Rousseau
1989	275 Labouré-Roi
1989	365 Clos Frantin
1989	450 Héritiers Latour
1989	1 020 Leroy
1988	441
1988	602 Rousseau
1988	1 470 Leroy
1987	227
1987	700 Leroy
1986	322
1986	315 Clos Frantin
1985	413
1985	435 Héritiers Latour
1985	875 Rousseau
1985	1 450 Leroy

1984	165
1984	600 Leroy
1983	230
1983	1 200 Leroy
1982	210
1982	700 Leroy
1981	225
1981	700 Leroy
1980	145
1980	900 Leroy
1979	253
1979	1 200 Leroy
1978	530
1977	120
1976	260
1976	1 300 Leroy
1974	850 Leroy
1973	900 Leroy
1972	285
1972	1 300 Leroy
1971	260
1970	345
1970	1 530 Leroy
1969	1 900 Leroy
1967	220
1967	1 500 Leroy
1966	460
1966	2 000 Leroy
1961	530
1961	2 800 Leroy
1959	650
1959	1 570 Leroy
1957	280
1957	2 500 Leroy, tasteviné
1955	330
1955	3 200 Leroy
1953	430
1953	3 300 Leroy
1952	3 500 Leroy
1949	725
1949	4 500 Leroy
1943	320
1938	395
1929	750
1923	920 Tasteviné

CHABLIS
Saint-Martin
Chablaisis

1991	70
1990	90
1990	110 Vieilles vignes
1989	105
1988	75
1987	85
1986	80
1985	80

CHABLIS
Grand cru Valmur
Chablaisis

1993	102
1992	108
1991	100
1991	217 Raveneau
1990	135
1989	140
1988	129
1987	86
1987	200 Pic
1986	140
1986	200 Pic
1985	125
1984	70
1983	116
1982	83
1981	104
1980	72
1978	135

CHABLIS
Grand cru Vaudésir
Chablaisis

1993	104
1992	112
1991	97
1990	136
1989	140
1989	270 Drouhin
1988	129
1988	190 Drouhin
1988	200 Long-Depaquit
1987	85
1987	150 Long-Depaquit
1987	200 Pic
1986	120
1986	170 Pic
1986	140 Long-Depaquit
1985	130
1985	150 Long-Depaquit
1984	70
1984	150 Long-Depaquit
1983	112

1982	80
1981	100
1980	70
1979	115
1978	145

CHAMBERTIN CLOS DE BÈZE
Grand cru
Côte de Nuits

1993	320
1993	465 Rousseau
1993	371 Jadot
1992	315
1991	265
1991	310 Jadot
1991	515 Rousseau
1991	445 Faiveley
1990	405
1990	650 Faiveley
1990	425 Jadot
1990	585 Rousseau
1989	345
1989	540 Rousseau
1989	300 Labouré-Roi
1989	525 Jadot
1989	495 Faiveley
1988	375
1988	570 Faiveley
1988	485 Jadot
1988	700 Rousseau
1987	170
1987	375 Jadot
1987	350 Faiveley
1986	265
1986	330 Faiveley
1986	315 Jadot
1985	310
1985	400 Jadot
1985	525 Faiveley
1985	760 Leroy
1984	172
1983	270
1983	575 Leroy
1982	172
1981	240
1981	700 Leroy
1980	125
1980	700 Leroy
1979	260
1978	520
1976	285
1972	280
1972	850 Leroy
1971	245
1970	370
1970	1 300 Leroy
1967	210

1967	1 500 Leroy
1966	530
1961	505
1959	550
1959	3 000 Leroy
1955	345
1955	3 200 Leroy, tasteviné
1937	8 000 Leroy

CHAMBOLLE MUSIGNY
1er cru Les Amoureuses
Côte de Nuits

Sous cette appellation au nom si charmant, sont produits, juste à côté du grand cru Musigny, des vins de très grande qualité dont les prix sont toujours élevés. C'est probablement le plus cher des premiers crus. Sur cette parcelle, certains vignerons réalisent, d'un point de vue qualitatif, des prouesses rarement égalées par ailleurs.

1993	225
1992	250
1991	235
1991	335 Drouhin
1991	450 De Vogüe
1990	316
1990	330 De Vogüe
1989	345
1989	465 De Vogüe
1988	276
1988	345 De Vogüe
1987	179
1987	370 De Vogüe
1986	218
1985	325
1984	105
1983	152
1982	115
1981	155
1980	100
1979	164
1978	455
1976	295
1972	260
1971	425 De Vogüe
1970	250
1970	275 De Vogüe
1966	420
1966	1 900 Leroy
1964	310
1964	2 200 Leroy, tasteviné
1955	1 250 Drouhin
1953	3 000 Leroy
1949	810
1949	4 000 Leroy

CHAMBOLLE MUSIGNY
Côte de Nuits

Ce vin très léger est apprécié d'un nombreux public qui le préfère à certains autres bourgognes.

1993	90
1992	93
1991	110
1991	370 Leroy, 1er cru
1991	145 Drouhin
1991	235 De Vogüe
1990	129
1990	225 De Vogüe
1990	100 Labouré-Roi
1990	395 Leroy, 1er cru
1989	174
1989	400 Leroy, 1er cru
1989	220 De Vogüe
1988	141
1988	175 Labouré-Roi
1987	60
1987	210 Leroy
1986	103
1986	135 Drouhin
1986	400 Leroy
1985	172
1985	188 Leroy
1984	67
1983	88
1982	70
1981	102
1980	50
1979	105
1978	186
1978	640 Leroy
1976	145
1972	136
1972	600 Leroy, tasteviné
1971	135
1970	186
1970	600 Leroy, tasteviné
1969	105
1969	800 Leroy, tasteviné
1967	800 Leroy, tasteviné
1966	310
1962	215
1962	2 000 Leroy, tasteviné
1961	320
1961	935 Leroy
1961	1 400 Leroy, tasteviné
1959	360
1949	450
1937	365
1934	240
1929	730
1923	245

CHAMBOLLE MUSIGNY
1er cru Les Charmes
Côte de Nuits

1993	95
1992	97
1991	135
1991	390 Leroy
1990	155
1990	290 Ponsot
1989	193
1988	164
1988	290 Ponsot
1987	88
1986	125
1985	188
1985	375 Ponsot
1984	75
1983	102
1982	84
1982	550 Leroy
1978	215
1976	150
1972	145
1972	1 000 Leroy
1971	142
1971	1 500 Leroy, tasteviné
1970	205
1970	1 000 Leroy, tasteviné
1969	145
1969	1 700 Leroy, tasteviné
1967	125
1967	1 200 Leroy
1964	2 200 Leroy
1952	3 100 Leroy
1937	510

CHAPELLE CHAMBERTIN
Grand cru Côte de Nuits

1993	225
1992	218
1991	205
1990	355
1989	332
1988	340
1987	130
1986	197
1985	310
1984	115
1983	225
1982	146
1981	206
1980	100
1980	650 Leroy
1979	220
1978	410
1976	235
1972	230
1972	1 200 Leroy

1970	300
1970	1 200 Leroy
1969	240
1969	1 800 Leroy, tasteviné
1967	1 300 Leroy
1966	410
1966	1 800 Leroy, tasteviné
1964	230
1964	2 300 Leroy, tasteviné
1959	550
1949	700

CHARMES CHAMBERTIN
Grand cru
Côte de Nuits

1993	215
1993	487 Dugat
1993	480 Roty
1993	288 Rousseau
1993	250 Gagnard
1992	225
1991	267
1991	405 Dugat
1991	295 Drouhin
1990	267
1990	225 Labouré-Roi
1990	405 Drouhin
1989	286
1989	400 Drouhin
1988	270
1988	418 Comte Lafon
1988	600 Roty, Très vieilles vignes
1988	345 Dujac
1988	500 Roty
1988	325 Drouhin
1987	135
1987	220 Dujac
1986	216
1986	300 Drouhin
1985	309
1985	300 Drouhin
1985	315 Drouhin
1985	1 100 Leroy
1984	100
1984	550 Leroy
1983	185
1983	1 100 Leroy
1982	210
1982	360 Roty, Très vieilles vignes
1981	215
1980	100
1979	225
1978	434
1976	260
1972	1 200 Leroy
1971	210

1971	1 600 Leroy
1970	270
1969	185
1967	140
1967	620 Leroy
1966	370
1966	1 800 Leroy, tasteviné
1964	245
1964	2 300 Leroy
1962	210
1962	2 500 Leroy, tasteviné
1959	520
1952	2 300 Leroy
1949	680

CHASSAGNE MONTRACHET
Côte de Beaune

Ces vins existent en blanc et en rouge. Les blancs doivent être recherchés car leur qualité est comparable à celle des vins classés à un niveau supérieur. Ils vieillissent parfaitement.

Blanc

1993	100
1992	102
1992	165 Ramonet
1992	202 Leroy, 1er cru
1992	145 Vieilles vignes
1991	116
1991	100 Labouré-Roi
1991	140 Drouhin
1991	120 Latour
1991	142 1er cru
1991	153 Clos Saint Jean
1990	133
1990	110 Labouré-Roi
1990	150 Latour
1990	180 1er cru
1989	192
1989	210 1er cru
1989	210 Labouré-Roi
1990	210 Latour
1990	225 Ramonet, 1er cru
1988	143
1988	215 Ramonet
1988	135 1er cru
1987	116
1987	350 Leroy, 1er cru
1986	150
1986	250 Leroy
1986	190 Latour
1986	215 Latour, 1er cru
1985	167
1985	160 Labouré-Roi
1985	165 Latour
1985	270 Leroy
1984	250 Leroy, 1er cru

1984	125
1984	155 Latour
1983	114
1983	600 Leroy, tasteviné
1982	91
1982	165 Latour
1982	203 Leroy, 1er cru
1981	108
1981	240 Leroy
1979	120
1978	165
1978	800 Leroy, 1er cru
1976	115
1973	1 500 Leroy, tasteviné
1970	210

CHASSAGNE MONTRACHET
1er cru Cailleret, Côte de Beaune
Blanc

1993	175
1993	232 Ramonet
1992	180
1992	270 Ramonet
1991	180
1991	310 Gagnard
1991	200 Marquis Laguiche, Drouhin
1990	205
1990	240 Marquis Laguiche, Drouhin
1990	280 Ramonet
1989	206
1989	290 M.L., Drouhin
1989	280 Ramonet
1989	320 Gagnard
1988	155
1988	315 Ramonet
1987	125
1987	200 Ramonet
1987	305 M.L. Drouhin
1986	207
1986	215 M.L. Drouhin
1985	193
1985	200 M.L. Drouhin
1985	350 Ramonet
1985	225 Gagnard
1984	128
1983	150
1981	163
1980	130
1979	190
1978	215

Vinexpo, qui a lieu tous les deux ans à Bordeaux, constitue la plus importante manifestation vinicole au monde.

CHASSAGNE MONTRACHET
1ᵉʳ cru Les Chevenottes
Côte de Beaune
Blanc

1993	100	
1992	200	Colin
1991	155	
1991	180	Colin
1990	173	
1990	180	Colin
1990	235	Morey
1989	270	Morey
1989	330	Colin
1986	170	Morey
1979	800	Leroy, tasteviné
1973	1 500	Leroy

CHASSAGNE MONTRACHET
1ᵉʳ cru Clos Saint-Jean
Blanc

1993	162
1992	159
1991	165
1990	196
1989	144
1988	158
1986	131
1985	163
1984	147
1983	133
1981	135

Rouge

1993	75
1992	73
1991	70
1990	88

CHASSAGNE MONTRACHET
1ᵉʳ cru Clos de la Maltroie
Côte de Beaune
Blanc

1993	135	
1992	134	
1991	157	
1990	175	
1989	170	
1988	139	
1987	125	
1986	136	
1985	152	
1984	142	
1983	155	
1981	135	
1981	155	Tasteviné

CHASSAGNE MONTRACHET
1ᵉʳ cru Les Ruchottes

1990	300	Ramonet
1989	310	Ramonet

1988	400	Leroy
1988	315	Ramonet
1987	310	Ramonet
1986	440	Ramonet
1985	275	Ramonet
1984	225	Ramonet
1983	350	Ramonet
1982	190	Ramonet
1981	135	Ramonet
1978	525	Ramonet
1974	250	Ramonet
1973	1 500	Leroy
1972	300	Ramonet
1969	500	Ramonet
1966	500	Ramonet
1959	1 000	Ramonet

CHASSAGNE MONTRACHET
1ᵉʳ cru Morgeot
Côte de Beaune
Rouge

1993	80	
1992	78	
1991	96	
1990	102	
1990	125	Moreau
1989	100	
1988	98	
1987	50	
1986	71	
1985	115	
1984	55	
1983	80	
1981	85	
1979	85	
1978	155	
1978	380	Leroy

Blanc

1993	130	
1993	195	Ramonet
1992	100	
1992	165	Ramonet
1991	104	
1991	180	Colin
1991	100	Drouhin
1991	130	Labouré-Roi
1990	166	
1990	190	Colin
1990	310	Ramonet
1990	300	Gagnard
1989	162	
1989	200	Colin
1989	340	Ramonet
1989	315	Gagnard
1989	205	Leroy
1988	173	
1988	270	Gagnard
1988	295	Ramonet

1987	125	
1987	215	Colin
1987	245	Ramonet
1986	175	
1986	475	Ramonet
1986	270	Gagnard
1985	185	
1985	225	Gagnard
1985	275	Ramonet
1984	141	
1983	110	
1983	300	Ramonet
1982	100	
1981	116	
1980	105	
1979	145	
1978	250	
1976	155	
1970	375	Ramonet

CHENAS
Beaujolais

1994	30
1993	35
1992	38
1991	32
1990	36
1989	33
1988	39
1986	34

CHEVALIER MONTRACHET
Grand cru, Côte de Beaune
Blanc

1993	425	
1992	550	Jadot
1992	670	Leflaive
1992	367	Latour
1991	750	Leflaive
1991	349	Latour
1990	472	
1990	540	Jadot
1990	825	Leflaive
1990	665	Latour
1990	575	Bouchard
1990	450	Chartron
1989	735	
1989	900	Leflaive
1989	750	Bouchard
1989	600	Drouhin
1989	760	Latour
1988	525	
1988	770	Leflaive
1987	315	
1987	330	Leflaive
1986	450	
1986	1 120	Magnum

1986	830	Leflaive
1986	475	Bouchard
1986	750	Latour
1985	560	
1985	980	Leflaive
1985	750	Drouhin
1984	260	
1983	480	
1983	2 950	Leflaive
1982	285	
1982	760	Leflaive
1981	500	
1978	720	
1970	775	
1969	550	
1966	805	
1959	930	
1949	5 000	Leroy

CHIROUBLES
Beaujolais

1994	30	
1993	32	
1993	60	Drouhin
1992	35	
1991	36	
1990	40	
1989	43	
1988	48	
1986	50	

CHOREY LÈS BEAUNE
Côte de Beaune

Cette appellation est assez méconnue et l'on peut réaliser de belles affaires en acquérant ce très bon vin.

1993	46	
1992	45	
1991	48	
1990	65	
1990	130	Tollot-Beaut
1989	57	
1989	140	Tollot-Beaut
1988	55	
1988	125	Tollot-Beaut
1987	36	
1986	47	
1985	72	
1985	90	Tollot-Beaut
1984	35	
1983	50	
1982	37	
1981	56	
1979	58	
1978	75	
1966	150	

CLOS DES LAMBRAYS
Grand cru (depuis 1981)
Côte de Nuits

Ce Clos constitue, en Bourgogne, la même exception que le Château Mouton Rothschild en Bordelais. Il a été surclassé par décret du 27 avril 1981.

1993	144
1992	133
1991	145
1990	287
1989	252
1988	276
1987	92
1986	226
1985	242
1984	87
1983	204
1982	82
1981	215
1980	80
1979	220
1978	278
1976	204
1950	750
1946	1 120
1943	820

CLOS DE LA ROCHE
Grand cru, Côte de Nuits

En Bourgogne, les vins qui portent l'appellation Clos doivent être obligatoirement issus de parcelles entourées de murs. Jusqu'à présent, cet usage a toujours été respecté. Tous les Clos de Bourgogne se trouvent dans la partie nord de la Côte de Nuits, dont la frontière avec la Côte de Beaune se situe au sud de Corgoloin.

1993	245	
1992	240	
1992	592	Leroy
1991	250	
1991	620	Leroy
1991	450	Liguier
1991	375	Rousseau
1991	450	Ponsot
1991	385	Dujac
1991	245	Drouhin
1990	336	
1990	750	Ponsot, vieilles vignes
1990	390	Rousseau
1990	1 020	Leroy
1990	415	Dujac

1990	345	Drouhin
1989	350	
1989	886	Leroy
1989	385	Drouhin
1989	605	Leroy
1988	332	
1988	710	Ponsot, vieilles vignes
1988	750	Ponsot, cuvée William
1988	375	Dujac
1988	365	Drouhin
1988	375	Rousseau
1987	205	
1987	265	Dujac
1986	251	
1986	280	Dujac
1986	265	Drouhin
1985	330	
1985	300	Drouhin
1985	425	Dujac
1985	1 000	Ponsot, vieilles vignes
1985	2 120	Jéroboam
1984	167	
1983	244	
1982	134	
1981	255	
1980	162	
1979	266	
1978	550	
1976	285	
1972	310	
1972	1 200	Leroy
1971	300	
1971	1 600	Leroy
1970	325	
1970	1 100	Leroy, tasteviné
1969	260	
1966	475	
1964	250	
1964	2 200	Leroy
1959	480	
1947	535	
1945	515	
1937	270	

CLOS SAINT-DENIS
Grand cru
Côte de Nuits

1993	175	
1992	167	
1991	176	
1991	390	Ponsot
1991	385	Dujac
1990	208	
1990	415	Dujac
1989	250	

1989	400	Dujac
1989	380	Drouhin
1988	243	
1988	345	Dujac
1988	825	Ponsot, vieilles vignes
1987	165	
1987	290	Dujac
1986	218	
1986	280	Dujac
1985	275	
1985	445	Dujac
1985	660	Magnum
1984	152	
1983	232	
1983	280	Dujac
1982	142	
1981	216	
1979	240	
1978	460	
1976	252	
1972	220	
1972	1 200	Leroy
1971	215	
1971	1 600	Leroy
1970	320	
1970	1 100	Leroy
1969	245	
1964	215	
1964	2 200	Leroy

CLOS DE TART
Grand cru
Côte de Nuits

1993	200
1992	205
1991	255
1990	454
1989	214
1988	368
1986	250
1985	367
1983	210
1978	485
1976	240
1972	250
1969	245
1966	530
1959	550
1950	625

CORTON
Grand cru, Côte de Beaune

Il s'agit de la parcelle la plus étendue dans l'appellation Bourgogne. Ces vins, dont les qualités varient sensiblement d'un producteur à l'autre, sont bien souvent exportés et traités en conséquence. Il existe de nombreuses appellations parcellaires.

1993	140	
1992	132	
1991	145	
1991	210	Drouhin
1990	175	
1990	200	Drouhin
1990	280	Tollot-Beaut
1990	265	Clos Frantin
1989	221	
1989	280	Tollot-Beaut
1989	380	Meo
1989	290	Clos Frantin
1988	235	
1988	320	Drouhin
1988	290	Tollot-Beaut
1988	260	Clos Frantin
1987	118	
1986	204	
1986	225	Tollot-Beaut
1986	250	Meo
1985	205	
1985	240	Drouhin
1985	375	Tollot-Beaut
1985	215	Latour, Clos de la vigne au Saint
1985	900	Leroy
1984	125	
1983	192	
1982	105	
1981	153	
1980	100	
1979	155	
1978	320	
1976	163	
1976	1 000	Leroy
1972	165	
1972	450	Leroy
1972	900	Leroy, tasteviné
1971	150	
1971	1 200	Leroy
1970	265	
1969	180	
1967	1 100	Leroy, tasteviné
1966	320	
1966	1 600	Leroy, tasteviné
1964	200	
1964	1 100	Leroy, tasteviné
1962	250	
1961	370	
1961	2 500	Leroy, tasteviné
1959	430	
1959	2 500	Leroy, tasteviné
1957	170	
1957	1 700	Leroy
1955	320	

1955	2 500	Leroy
1954	1 500	Leroy, tasteviné
1949	650	
1947	480	
1947	4 500	Leroy
1945	450	
1937	520	

CORTON
Grand cru, Les Bressandes
Côte de Beaune

1993	150	
1992	145	
1991	154	
1991	225	Tollot-Beaut
1990	215	
1990	200	Tollot-Beaut
1990	235	Jadot
1989	227	
1989	335	Tollot-Beaut
1988	220	
1988	275	Tollot-Beaut
1988	300	Drouhin
1987	180	
1986	189	
1986	225	Drouhin
1985	250	
1985	285	Jadot
1984	160	
1983	164	
1982	85	
1981	148	
1980	125	
1979	150	
1978	280	
1976	175	
1972	168	
1971	155	
1969	195	
1969	1 500	Leroy
1962	260	
1962	2 000	Leroy
1959	450	
1959	2 500	Leroy
1957	190	
1955	340	
1949	690	
1949	3 600	Leroy
1945	535	
1945	4 500	Leroy

CORTON
Grand cru, Clos Rognet
Côte de Beaune

1993	160	
1992	150	
1991	155	
1991	365	Meo

1990	220	
1990	340	Meo
1989	235	
1988	220	
1987	175	
1986	185	
1985	262	
1984	150	
1983	180	
1982	100	
1981	150	
1980	130	
1979	155	
1978	300	

CLOS DE VOUGEOT
Grand cru
Côte de Nuits

Tous les ans, de très nombreux visiteurs se rendent dans les célèbres caves, les vieux pressoirs et les locaux où se tient régulièrement le chapitre de la Confrérie qui décerne les tastevinages. Les vins soumis à cette distinction concernent la plupart des crus de Bourgogne. Les bouteilles retenues se voient délivrer l'autorisation de porter l'étiquette spéciale du tastevinage. Chacune de ces étiquettes comporte un numéro et leur quantité totale correspond exactement, en capacité, à celle de la production soumise à dégustation. En outre, un « contretype » du vin ayant obtenu ce label est conservé dans les caves. On peut donc acheter en toute confiance et prioritairement les bourgognes qui portent ces étiquettes, au graphisme toujours identique, le tastevinage constituant une garantie certaine.

1993	215	
1992	230	
1992	427	Leroy
1991	298	
1991	385	Meo
1991	905	Leroy
1991	185	Jadot
1991	310	Drouhin
1990	310	
1990	248	Gros
1990	315	Mongeard Mugneret
1990	275	Jadot
1990	355	Drouhin
1990	220	Labouré-Roi

CORTON
Grand cru
Clos du Roi
Côte de Beaune

1993	170
1992	166
1991	182
1990	256
1989	193
1988	215
1987	180
1986	217
1985	265

1984	137	
1982	105	
1981	150	
1971	170	
1952	3 000	Leroy
1937	6 500	Leroy

CORTON
Grand cru
Le Corton
Côte de Beaune

1993	150
1992	147

1990	385	Meo	1978	450	
1990	665	Leroy	1978	1 300	Leroy
1989	368		1976	290	
1989	439	Leroy	1976	1 200	Leroy
1989	370	Jadot	1974	170	
1989	330	Engel	1974	750	Leroy
1989	455	Meo	1972	220	
1989	220	Clos Frantin	1972	1 200	Leroy
1988	327		1971	235	
1988	435	Leroy	1971	1 600	Leroy
1988	340	Jadot	1970	310	
1988	425	Drouhin	1970	1 100	Leroy
1988	270	Latour	1969	200	
1988	375	Engel	1969	1 800	Leroy, tasteviné
1988	475	Clos Frantin	1966	430	
1987	251		1966	1 900	Leroy
1987	280	Clos Frantin	1964	210	
1986	266		1964	2 300	Leroy
1986	512	Leroy	1963	120	
1986	250	Jadot	1963	355	Leroy
1986	275	Drouhin	1962	225	
1986	275	Meo	1962	2 500	Leroy, tasteviné
1986	185	Clos Frantin	1961	430	
1985	273		1961	2 600	Leroy
1985	635	Magnum	1959	557	
1985	1 520	Leroy	1959	2 800	Leroy
1985	425	Jadot	1958	130	
1985	285	Douhin	1958	1 600	Leroy
1985	525	Meo	1957	210	
1985	215	Engel	1957	2 000	Leroy, tasteviné
1984	140		1955	300	
1984	800	Leroy	1955	3 000	Leroy, tasteviné
1983	215		1952	245	
1983	150	Engel	1952	3 200	Leroy
1983	1 420	Leroy	1949	700	
1982	145		1949	4 200	Leroy
1982	1 480	Leroy	1947	550	
1981	235		1945	750	
1981	1 450	Leroy	1937	480	
1980	125		1937	7 500	Leroy
1980	650	Leroy	1935	450	
1979	255		1931	625	
1979	1 280	Leroy	1911	900	

1991	155
1990	201
1989	280
1988	277
1987	130
1986	190
1985	275
1985	625 Magnum
1984	133
1983	169

CORTON
Grand cru
Grancey
Monopole L. Latour
Côte de Beaune

1993	130
1992	132
1991	132
1990	215
1989	240
1988	207
1985	305
1973	125
1969	430
1962	280
1959	600
1955	430
1953	800
1947	285

CORTON
Grand cru
Grèves
Côte de Beaune

1993	155
1992	146
1991	150
1990	217
1989	225
1988	240
1987	122
1986	186
1985	270

CORTON
Grand cru
Les Maréchaudes
Côte de Beaune

1993	145
1992	140
1991	146
1990	198
1989	210
1988	222
1987	141
1986	155

1985	240
1984	105
1983	160
1982	100
1981	152
1980	100
1979	145

CORTON
Grand cru, Hospices
Cuvée Charlotte Dumay
Côte de Beaune

1987	245
1987	1 200 Leroy
1985	515
1981	350
1964	3 000 Leroy
1961	4 000 Leroy
1954	2 400 Leroy
1950	510

CORTON
Grand cru, Hospices
Cuvée Docteur Peste
Côte de Beaune

1989	500
1986	410
1985	520
1983	340
1964	3 000 Leroy

CORTON
Grand cru, Les Perrières
Côte de Beaune

1980	125
1966	1 600 Leroy

CORTON
Grand cru, Les Renardes
Côte de Beaune

1993	132
1992	125
1992	320 Leroy
1991	144
1991	422 Leroy
1990	204
1990	493 Leroy
1989	197
1989	327 Leroy
1988	188
1987	139
1986	167
1985	212
1984	108
1983	170
1982	96
1981	150

1979	155
1978	285
1976	202
1972	172
1970	205
1969	200
1967	155
1967	1 100 Leroy
1966	395
1966	1 600 Leroy, tasteviné
1964	225
1964	1900 Leroy, tasteviné

CORTON CHARLEMAGNE
Grand cru
Côte de Beaune

Le corton-charlemagne n'existe qu'en blanc. Ce cru, très réputé pour sa vinification, atteint toujours, hélas !, un prix assez élevé. Les vins vieillissent admirablement et peuvent être conservés fort longtemps.

1993	220
1993	232 Latour
1992	250 Voarick
1992	600 Coche Dury
1992	205
1991	215
1991	265 Latour
1991	580 Leroy
1991	990 Coche Dury
1991	250 Labouré-Roi
1991	300 Moillard
1991	275 Drouhin
1991	425 Tollot-Beaut
1990	225
1990	335 Jadot
1990	415 Latour
1990	475 Tollot-Beaut
1990	375 Drouhin
1990	240 Labouré-Roi
1990	565 Leroy
1989	377
1989	575 Jadot
1989	460 Drouhin
1989	295 Labouré-Roi
1989	415 Leflaive
1988	294
1988	250 Labouré-Roi
1988	500 Jadot
1988	425 Latour
1988	425 Latour
1987	260
1987	450 Drouhin
1986	328
1986	460 Drouhin
1986	475 Jadot

1985	292
1985	475 Latour
1985	390 Drouhin
1984	223
1984	1 000 Coche Dury
1983	178
1982	160
1982	475 Latour
1981	225
1980	140
1979	235
1978	360
1976	260
1973	235
1970	335
1969	275
1968	225
1966	450
1965	210

CORTON CHARLEMAGNE
Grand cru, Hospices
Cuvée François de Salins
Côte de Beaune

1990	250 Clos Frantin
1989	475
1989	300 Clos Frantin
1989	620 Drouhin
1988	495
1988	330 Clos Frantin
1987	450
1986	470
1986	275 Clos Frantin
1985	620
1984	260
1983	300
1982	250

CÔTE DE BEAUNE VILLAGES
Côte de Beaune

Sous cette appellation figurent des vins qui ne sont produits que dans seize villages de la Côte de Beaune. Suivant les producteurs, il est possible d'acquérir, à des prix fort attrayants, des vins parfaits d'un bon rapport qualité-prix.

1993	40
1992	37
1991	40
1990	60
1990	80 Latour
1989	69
1988	65

1987	36		1981	70
1987	95 Leroy		1981	90 Leroy
1986	58		1980	30
1986	125 Leroy		1979	50
1986	65 Drouhin		1979	130 Leroy
1985	68		1978	95
1985	83 Leroy		1978	135 Leroy
1985	70 Drouhin		1976	70
1984	35		1976	105 Leroy
1983	77		1972	64
1983	168 Leroy		1970	82
1982	66		1966	120
1982	88 Leroy		1961	220

ÉCHEZEAUX
Grand cru, Côte de Nuits

Cette appellation, située dans l'aire de production des plus grands fleurons de la Bourgogne, est une des plus étendues ; aussi peut-on acquérir ces vins à des prix inférieurs à ceux de leurs voisins. Les qualités varient selon les producteurs, et la fourchette des prix reste assez large.

1993	210		1988	713 Dom, Romanée Conti
1992	204		1988	320 Gros
1992	310 Dom. Romanée Conti		1988	650 Henri Jayer
1991	235		1988	350 Gros
1991	440 Dom. Romanée Conti		1988	280 Clos Frantin
1991	425 Gilles Jayer		1988	280 Engel
1991	405 Dujac		1988	300 Drouhin
1991	245 Drouhin		1988	305 Mongeard, vieilles vignes
1991	340 Mongeard, vieilles vignes		1987	375 Gilles Jayer
1990	255		1987	192
1990	550 Dom. Romanée Conti		1987	490 Dom. Romanée Conti
1990	440 Dujac		1987	575 Henri Jayer
1990	345 Drouhin		1987	210 Mongeard, vieilles vignes
1990	210 Clos Frantin		1987	285 Dujac
1990	500 Gilles Jayer		1986	212
1989	262		1986	800 Henri Jayer
1989	304 Gros		1986	550 Dom. Romanée Conti
1989	570 Dom. Romanée Conti		1986	415 Gilles Jayer
1989	235 Engel		1986	300 Drouhin
1989	295 Mongeard, vieilles vignes		1986	190 Engel
1989	505 Gilles Jayer		1986	260 Dujac
1989	225 Clos frantin		1986	220 Mongeard, vieilles vignes
1988	224		1986	150 Clos Frantin
1988	375 Dujac		1985	234
			1985	1 700 Henri Jayer
			1985	465 Leroy
			1985	1 350 Magnum, Leroy
			1985	630 Dom. Romanée Conti
			1985	245 Latour
			1985	160 Engel
			1985	185 Clos Frantin
			1984	150
			1984	340 Dom. Romanée Conti
			1984	412 Henri Jayer

CÔTE DE BROUILLY
Beaujolais

1994	36
1993	38
1992	43
1991	35
1990	40
1989	37
1988	55
1986	50

CÔTE DE NUITS VILLAGES
Côte de Nuits

L'appellation Côte de Nuits Villages ne s'applique qu'aux vins produits dans les cinq communes suivantes : Fixin, Brochon, Prissey, Comblanchien et Corgoloin, d'une superficie totale de 320 hectares. Certains viticulteurs obtiennent des vins de haute qualité pouvant rivaliser avec des appellations Village.

1993	48
1992	50
1991	52

1983	107		1970	1 000 Leroy
1983	800 Henri Jayer		1970	1 500 Henri Jayer
1983	480 Dom. Romanée Conti		1969	240
			1969	640 Leroy
1982	150		1969	1 400 Leroy, tasteviné
1982	230 Leroy		1969	2 750 Henri Jayer
1982	600 Leroy, tasteviné		1966	320
1982	350 Dom. Romanée Conti		1966	1 500 Leroy, tasteviné
			1966	1 210 Dom. Romanée Conti
1982	115 Gilles Jayer		1964	270
1982	750 Henri Jayer		1964	1 800 Leroy
1981	187		1964	1 800 Dom. Romanée Conti
1981	280 Leroy			
1981	500 Henri Jayer		1962	250
1980	150		1962	1 800 Leroy
1980	270 Dom. Romanée Conti		1962	1 900 Dom. Romanée Conti
1980	1 100 Henri Jayer		1961	515
1979	138		1959	590
1979	875 Henri Jayer		1959	2 000 Dom. Romanée Conti
1979	364 Leroy			
1979	650 Dom. Romanée Conti		1958	245
1978	600		1958	750 Dom. Romanée Conti
1978	2 200 Henri Jayer		1957	250
1977	120		1957	1 800 Leroy
1976	225		1955	320
1976	495 Dom. Romanée Conti		1955	2 500 Leroy
1976	990 Dom. Romanée Conti, magnum		1955	2 200 Dom. Romanée Conti
			1954	1 400 Dom. Romanée Conti
1976	2 000 Henri Jayer		1952	480 Dom. Romanée Conti
1972	220			
1972	615 Leroy		1949	750
1972	1 000 Leroy, tasteviné		1949	3 600 Leroy
1972	1 500 Henri Jayer		1946	390
1971	225		1943	440
1971	1 200 Leroy, tasteviné		1943	4 500 Dom. Romanée Conti
1971	800 Dom. Romanée Conti		1935	350
1970	310			

1991	145	Gilles Jayer
1990	77	
1990	170	Gilles Jayer
1989	64	
1989	160	Gilles Jayer
1988	67	
1987	38	
1986	55	
1985	83	
1984	35	
1983	63	
1982	52	
1982	140	Leroy
1978	100	
1976	68	
1970	92	
1966	125	
1959	135	
1949	255	
1929	360	

CRÉMANT DE BOURGOGNE

C'est par un décret du 17 octobre 1957 que l'appellation a été reconnue. Environ 120 producteurs, répartis sur les départements de la Côte d'Or, de l'Yonne et de la Saône et Loire, élaborent environ 5 millions de bouteilles par an soumises à l'agrément afin de vérifier les strictes règles de vinifications identiques à celles du champagne.

Grâce à leurs prix compétitifs par rapport au champagne, ils rencontrent un grand succès tant en France qu'à l'exportation qui dépasse déjà 20 %. Une gamme variée de crémants est offerte tant en blanc qu'en rosé ou en blanc de blancs ou, même, en millésimés ce qui permet la consommation avec toute sorte de plats divers ou comme apéritif.

	34	Brut
	38	Brut tasteviné
	45	Brut millésimé
Rosé Brut	43	
Rosé Brut millésimé	50	

CRIOTS BATARD MONTRACHET
Grand cru
Côte de Beaune

1993	293
1992	288
1991	302
1990	333
1989	408

1988	375
1987	225
1986	285
1985	427
1984	196
1983	320
1982	218
1981	335
1980	175

DEZIZE LES MARANGES
Côte de Beaune

1993	36
1992	38
1991	40
1990	57
1989	47
1988	49
1987	25
1986	42
1985	65
1984	26

FIXIN
Côte de Nuits

Sur environ 130 hectares, dont 22 hectares en Premier Cru, le vignoble de Fixin (il faut prononcer Fissin) présente des vins très colorés à dominante tannique. Dotés d'une bonne acidité, ils sont solides et charpentés ce qui permet une bonne et longue garde. Les arômes sont animaux, sauvages, avec toujours la typicité des baies rouges et noires. L'évolution est lente et régulière mais on peut commencer à les consommer vers 5-8 ans, pour les millésimes légers, et les garder jusqu'à 25 ans au moins pour les années fortement charpentées.

1993	70	
1992	70	
1991	69	
1990	86	
1989	84	
1989	102	1er cru
1989	140	Clos de la Rivière, Moillard
1988	80	
1987	47	
1986	75	
1985	76	
1985	80	Clos de la Rivière, Moillard
1984	42	
1984	66	1er cru, Les Arvelets

1984	145	1er cru, Les Arvelets Leroy
1984	55	Clos de la Rivière, Moillard
1983	51	
1983	135	Leroy
1983	82	1er cru, Les Arvelets
1982	44	
1981	54	
1981	85	1er cru, Les Arvelets
1978	95	
1976	72	
1971	57	
1970	95	

FLEURIE

Beaujolais

1994	38	
1993	47	
1992	44	
1991	41	
1990	44	
1990	85	Moillard
1989	42	
1988	49	
1986	45	

GEVREY CHAMBERTIN

Côte de Nuits

Dans cette appellation Village figurent de très bons vins corsés dont les prix sont compétitifs. On y trouve beaucoup de premiers crus et des récoltants de grande renommée.

1993	318	Rousseau, Clos de la Roche
1993	97	
1992	103	
1991	112	
1991	210	1er cru
1991	280	Leroy
1991	500	1er cru, Leroy Combottes
1991	125	Drouhin
1991	200	Clos Prieur
1990	116	
1990	178	1er cru
1990	555	Leroy, Combottes
1990	180	Drouhin
1990	160	Latour
1990	140	Clos Frantin
1989	465	1er cru, Leroy Combottes
1989	118	
1989	145	1er cru
1989	190	Leroy
1989	430	1er cru, Leroy
1989	175	Latour
1989	145	Clos Frantin
1989	150	Clos Prieur
1988	125	
1988	156	1er cru
1988	320	Leroy, Combottes
1988	205	Drouhin
1988	135	Clos Frantin
1988	205	Clos Prieur
1987	83	
1987	180	Leroy
1987	310	Leroy, Combottes
1987	100	Clos Frantin
1987	160	Clos Prieur
1986	104	
1986	220	Leroy
1986	150	Clos Prieur
1986	135	Drouhin
1986	125	Jadot
1985	118	
1985	160	1er cru
1985	172	Leroy
1985	145	Clos Prieur
1985	180	Latour
1985	165	Drouhin
1984	82	
1983	77	
1983	120	1er cru
1983	265	Leroy
1983	410	Leroy, tasteviné
1982	76	
1982	110	1er cru
1982	119	Leroy
1981	82	
1981	105	Tasteviné
1980	60	
1980	150	Leroy
1980	300	Leroy, tasteviné
1979	86	
1979	230	Leroy
1979	400	Leroy, tasteviné
1978	185	
1978	1 100	1er cru, Leroy
1976	105	
1972	115	
1971	100	
1970	160	
1967	750	Leroy, tasteviné
1966	310	
1964	165	
1964	2 000	1er cru, Leroy Combottes
1961	305	
1959	320	

1955	2 800 Leroy
1949	440
1945	560
1937	315
1934	360

GEVREY CHAMBERTIN
1er cru Cazetiers, Côte de Nuits

1993	105
1992	111
1991	120
1990	138
1989	133
1989	350 Drouhin
1988	137
1988	330 Drouhin
1987	92
1987	315 Drouhin
1986	113
1985	157
1985	350 Drouhin
1984	88
1984	190 Drouhin
1983	91
1982	80
1982	325 Drouhin
1981	89
1980	70
1979	96
1978	210
1976	132
1974	700 Leroy
1972	133
1972	1 100 Leroy, tasteviné
1971	115
1971	440 Leroy
1971	1 500 Leroy, tasteviné
1970	175
1970	1 000 Leroy
1969	140
1969	1 700 Leroy, tasteviné
1967	125
1967	440 Leroy
1967	1 200 Leroy, tasteviné
1966	365
1966	1 700 Leroy
1964	230
1962	225
1962	2 200 Leroy, tasteviné
1961	330
1961	2 400 Leroy, tasteviné
1959	365
1959	2 500 Leroy
1957	180
1957	1 800 Leroy
1955	300
1955	2 800 Leroy
1953	335
1953	3 000 Leroy

1949	510
1949	4 000 Leroy
1945	650
1945	5 000 Leroy
1937	350
1937	7 500 Leroy

GEVREY CHAMBERTIN
1er Cru Le Clos Saint-Jacques
Côte de Nuits

1993	112
1993	356 Rousseau
1992	115
1991	127
1991	190 Jadot
1991	375 Rousseau
1990	148
1990	240 Jadot
1990	425 Rousseau
1989	145
1989	475 Rousseau
1989	325 Jadot
1988	148
1988	360 Jadot
1987	95
1987	220 Esmouin
1986	118
1985	165
1985	225 Jadot
1985	425 Rousseau
1984	90
1983	96
1983	900 Leroy
1982	88
1981	95
1980	80
1979	102
1978	225
1976	142
1972	135
1972	1 100 Leroy, tasteviné
1969	145
1966	375
1966	1 700 Leroy
1959	395
1959	2 500 Leroy
1955	310
1955	2 800 Leroy, tasteviné
1953	350
1953	3 000 Leroy
1952	250
1952	3 100 Leroy

GEVREY CHAMBERTIN
1er cru La Combe aux Moines
Côte de Nuits

1993	100
1992	110
1991	116

1991	415	Leclerc
1990	140	
1990	350	Leclerc
1989	144	
1988	142	
1988	360	Leclerc
1987	80	
1987	340	Leclerc
1986	124	
1985	212	
1985	370	Leclerc
1984	210	Leclerc
1983	100	
1979	115	
1978	204	
1978	700	Leroy
1976	135	
1970	162	
1966	315	
1964	180	
1964	635	Leroy
1959	340	
1955	220	
1955	725	Leroy

GEVREY CHAMBERTIN
1er cru Champeaux
Côte de Nuits

1993	135	
1992	130	
1991	151	
1991	185	Drouhin
1991	325	Leclerc
1990	189	
1989	170	
1988	182	
1987	120	
1987	550	Leroy
1986	128	
1985	204	
1985	275	Leclerc
1985	900	Leroy
1984	90	
1983	100	
1982	87	
1982	550	Leroy
1981	105	
1981	600	Leroy
1976	140	
1972	1 100	Leroy, tasteviné
1971	115	
1971	1 500	Leroy

GEVREY CHAMBERTIN
1er cru Estournelles Saint-Jacques
Côte de Nuits

1993	120	
1992	122	
1991	127	

1990	146	
1990	145	Esmonin
1989	151	
1989	217	Esmonin
1988	148	
1988	200	Esmonin
1988	250	Jadot
1987	97	
1986	142	
1986	550	Leroy
1986	200	Jadot
1985	173	
1985	900	Leroy
1985	205	Jadot
1984	95	
1984	500	Leroy
1983	102	
1982	89	
1981	98	
1980	76	
1979	104	
1978	215	
1976	140	
1972	145	
1972	1 100	Leroy, tasteviné
1970	166	
1970	1 000	Leroy
1966	350	
1962	180	
1962	2 200	Leroy

GEVREY CHAMBERTIN
1er cru Lavaux Saint-Jacques
Côte de Nuits

1993	135	
1992	145	
1991	146	
1990	181	
1989	180	
1989	350	Drouhin
1988	180	
1987	110	
1986	125	
1985	210	
1985	900	Leroy
1984	90	
1984	500	Leroy
1983	115	
1982	90	
1981	110	
1980	75	
1979	105	
1976	140	
1972	145	
1972	740	Leroy
1972	1 100	Leroy, tasteviné
1971	125	
1971	1 500	Leroy

GRANDS ÉCHEZEAUX
Grand cru
Côte de Nuits

Ce grand cru, pour certains millésimes, atteint des qualités grandioses. Il s'agit là d'un très grand vin, dont le prix, malheureusement, demeure assez élevé. Il faut pourtant le déguster, ne serait-ce qu'une fois, afin d'en apprécier tous les mérites.

1993	272	
1992	285	
1992	440	Dom. Romanée Conti
1991	237	
1991	590	Dom. Romanée Conti
1991	425	Drouhin
1990	378	
1990	800	Dom. Romanée Conti
1990	510	Drouhin
1989	362	
1989	815	Dom. Romanée Conti
1989	570	Drouhin
1989	375	Engel
1989	280	Clos Frantin
1988	370	
1988	1 065	Dom. Romanée Conti
1987	280	
1987	725	Dom. Romanée Conti
1987	280	Clos Frantin
1986	292	
1986	800	Dom. Romanée Conti
1986	300	Clos Frantin
1986	250	Engel
1985	395	
1985	890	Dom. Romanée Conti
1985	215	Engel
1985	375	Drouhin
1984	140	
1984	440	Dom. Romanée Conti
1984	195	Moillard
1983	315	
1983	510	Dom. Romanée Conti
1982	172	
1982	480	Dom. Romanée Conti
1981	283	
1981	380	Dom. Romanée Conti
1980	150	
1980	360	Dom. Romanée Conti
1979	297	
1979	750	Dom. Romanée Conti
1978	495	
1978	1 300	Leroy
1977	112	
1977	300	Dom. Romanée Conti
1976	275	
1976	710	Dom. Romanée Conti
1975	150	Dom. Romanée Conti
1972	290	
1971	1 200	Dom. Romanée Conti
1970	410	
1969	285	
1969	1 800	Leroy
1967	1 300	Leroy
1966	440	
1966	1 900	Leroy
1966	1 310	Dom. Romanée Conti
1964	250	
1964	2 300	Leroy, tasteviné
1964	2 300	Dom. Romanée Conti
1962	310	
1962	2 400	Leroy, tasteviné
1962	2 400	Dom. Romanée Conti
1961	460	
1961	2 600	Leroy, tasteviné
1959	550	
1959	2 800	Leroy
1959	2 800	Dom. Romanée Conti
1958	1 600	Dom. Romanée Conti
1957	2 000	Leroy
1955	390	
1955	2 800	Leroy
1955	2 800	Dom. Romanée Conti
1953	3 000	Leroy
1949	720	
1949	4 200	Leroy
1945	5 500	Leroy
1942	3 075	Dom. Romanée Conti
1941	360	
1937	7 500	Leroy

1970	177
1970	1 000 Leroy, tasteviné
1969	155
1969	1 700 Leroy, tasteviné
1962	150
1962	2 200 Leroy, tasteviné

GIVRY
Côte chalonnaise

Produits presque en totalité en vins rouges, ils sont ronds et parfumés avec un bouquet légèrement animal et un nez rappelant le sous-bois humide.

1993	43
1992	44
1991	46
1990	55
1989	52
1989	125 Cellier aux Moines
1988	53

1988	95 Cellier aux Moines
1987	28
1986	48
1985	63
1984	27
1983	47

LA GRANDE RUE
Grand, cru, Côte de Nuits

Classés grand cru depuis juin 1992, les vins sous cette appellation n'apparaîtront sur le marché qu'en 1994 (voir à Vosne Romanée, p. 273).

GRIOTTE CHAMBERTIN
Grand cru
Côte de Nuits

Un grand cru qui se caractérise par ses arômes de cerise aisément décelables lors des dégustations. Du fait d'une

LA TACHE
Grand cru
Monopole du Domaine
de la Romanée Conti
Côte de Nuits

Ce très grand vin, produit sur une parcelle appartenant dans sa totalité au Domaine de la Romanée Conti - fait rare en Bourgogne -, est réalisé dans des conditions tout à fait particulières. Les soins qu'il reçoit durant son élaboration permettent d'obtenir un nectar unique, différent toutefois du fleuron Romanée Conti. Néanmoins, certains inconditionnels le préfèrent à ce dernier.

1992	1 080
1991	1 240
1990	1 475
1989	1 309
1988	1 350
1987	1 120
1986	919
1985	1 850
1984	600
1983	850
1983	3 600 Jéroboam
1983	9 450 Mathusalem
1982	680
1981	865
1980	610
1979	940

1978	1 760
1976	1 210
1976	2 530 Magnum
1976	10 000 Mathusalem
1975	310
1974	450
1974	1 280 Magum
1973	480
1972	1 130
1971	1 350
1971	2 970 Magnum
1970	1 440
1969	1 250
1966	2 400
1965	650
1964	1 465
1963	750
1961	940
1959	3 000
1957	2 250
1955	2 800
1954	2 000
1953	1 400
1951	2 200
1951	4 400 Magnum
1950	1 650
1949	5 320
1946	1 330
1945	3 715
1943	3 550
1942	3 480
1941	2 630
1937	2 550

production assez réduite, ces vins, peu fréquents, sont difficiles à trouver.

1993	172
1992	165
1991	173
1991	342 Ponsot
1991	315 Drouhin
1990	289
1990	420 Drouhin
1990	487 Ponsot
1989	295
1989	450 Drouhin
1988	311
1988	750 Ponsot, vieilles vignes
1988	270 Ponsot
1987	177
1986	275
1985	357
1985	720 Leroy
1984	162
1983	253
1982	178
1981	260
1981	650 Leroy
1980	165
1979	252
1979	1 000 Leroy
1978	440
1976	270
1970	330
1966	460
1964	265
1964	2 300 Leroy

JULIÉNAS

Beaujolais

1994	35
1993	38
1993	60 Drouhin
1992	36
1991	35
1990	47
1989	42
1988	43
1986	40

LADOIX

Côte de Beaune

Située sur une commune qui produit de grands vins d'excellente qualité, cette appellation est un peu délaissée, et l'on peut acquérir des bouteilles à de très bonnes conditions.

1993	48
1992	52

1991	57
1991	90 Cornu
1991	140 Prince Merode
1991	120 1er cru, Corvées
1990	46
1990	115 Prince Merode
1989	49
1988	47
1987	35
1987	90 Cornu
1987	90 Prince Merode
1986	45
1986	90 Prince Merode
1985	70
1984	36
1983	47
1982	42
1981	41
1980	35
1978	86
1976	57
1972	50
1972	200 Leroy, tasteviné

Blanc

1992	86
1991	112
1991	225 Prince Merode
1990	97
1990	190 Prince Merode
1989	185 Prince Merode

LATRICIÈRES CHAMBERTIN

Grand cru
Côte de Nuits

1992	285
1992	622 Leroy
1991	290
1991	905 Leroy
1991	295 Drouhin
1990	336
1990	1 020 Leroy
1989	329
1989	936 Leroy
1988	315
1988	360 Drouhin
1988	750 Ponsot
1987	130
1986	295
1985	390
1984	125
1983	305
1982	180
1981	300
1980	130
1979	310

1978	485
1976	330
1972	215
1970	320

MÂCON
Mâconnais

Couvrant 5 700 hectares, le vignoble du Mâconnais produit en moyenne 250 000 hectolitres dont les 4/5e sont en vin blanc. Il faut signaler que 13 caves coopératives représentent 74 % de l'appellation. Le cépage Chardonnay confère aux vins blancs des arômes originaux et fins, aptes à un certain vieillissement. Les mâcons rouges sont issus du cépage Gamay comme tous les vins du Beaujolais.

Rouge

1994	33	
1993	35	
1992	34	
1991	33	
1990	39	
1989	41	
1989	50	Labouré-Roi
1988	33	
1987	26	
1986	35	
1985	44	
1984	25	
1983	33	

Blanc

1994	31	
1993	33	
1992	34	
1991	31	
1991	37	Labouré-Roi
1990	29	
1989	27	
1989	30	Labouré-Roi
1988	29	
1987	15	
1986	28	
1985	36	

MARSANNAY
Côte de Nuits, Rouge

Marsannay est la « Porte d'Or de la Côte de Nuits ». Les vins produits sont structurés et particulièrement aromatiques, avec des possibilités de longue garde. Ils sont tanniques et sensuels conjugant l'élégance à la puissance.

De belle couleur, ils ont aussi un bouquet intense et puissant.

1993	53
1992	55
1991	56
1990	62
1989	60
1988	66
1987	35
1986	50
1985	65
1984	31
1983	52
1982	35
1981	54
1980	30
1979	55
1978	66

Rosé

Les vins sont élaborés avec soin dans le pur style Bourguignon qui allie la puissance à une certaine vivacité. Ils sont toujours très fruités et tendres. Leur belle couleur rosée se rapproche de la groseille. L'arôme évoque les raisins fraîchement écrasés et la pêche. Ils sont à consommer dans leurs premières années mais peuvent se conserver également un certain temps. Ils constituent certainement une des plus belles expressions mondiales des vins rosés. Il faut aussi mentionner une faible production de vins blancs de belle robe dorée, francs et intenses, se dégustant à partir de deux à trois ans mais affirmant leur beau caractère au cours des ans.

1993	56
1992	60
1991	60
1990	70
1989	71
1988	73
1987	42
1986	66
1985	75

Blanc

1992	60
1991	71
1990	82

MAZIS CHAMBERTIN
Grand cru
Côte de Nuits

1993	225
1992	245
1991	292

1991	375 Rousseau		1990	285
1990	310		1989	290
1990	145 Labouré-Roi		1988	303
1990	375 Rousseau		1987	165
1989	299		1986	248
1989	430 Drouhin		1985	270
1989	400 Rousseau		1984	161
1988	315		1983	270
1987	180		1982	172
1986	262		1981	180
1986	650 Leroy		1978	385
1985	286		1976	185
1985	315 Rousseau		1972	190
1984	168		1970	245
1984	550 Leroy		1966	385
1983	295			
1983	1 100 Leroy			
1982	208			
1982	650 Leroy, tastevin			
1981	205			
1981	297 Roty			
1980	135			
1979	215			
1978	465			
1976	195			
1972	220			
1972	1 200 Leroy			
1971	218			
1971	1 600 Leroy, testeviné			
1970	270			
1969	185			
1967	1 300 Leroy			
1966	1 800 Leroy			
1962	2 500 Leroy			
1961	420			
1959	2 800 Leroy			
1955	2 200 Leroy			
1953	2 250 Leroy			
1949	4 200 Leroy			

MAZIS CHAMBERTIN
Grand cru, Hospices
Cuvée Madeleine Collignon
Côte de Nuits

1987	1 400 Leroy
1985	3 200 Leroy
1983	3 000 Leroy
1982	1 800 Leroy
1978	3 000 Leroy
1977	1 800 Leroy

MAZOYÈRES CHAMBERTIN
Grand cru
Côte de Nuits

1993	220
1992	230
1991	262

MERCUREY
Côte chalonnaise

Avec une production de plus de 5 millions de bouteilles, les vins rouges se différencient de ceux de la Côte de Beaune par leurs arômes de petits fruits rouges. Ils se consomment à partir de trois à quatre ans mais leur épanouissement complet n'arrive que vers la sixième année. Les vins blancs, assez rares, sont secs mais riches et charpentés avec des arômes de noisette durant leur évolution.

1993	55	
1992	58	
1991	62	
1991	67	1er cru, Clos Paradis
1991	70	1er cru, Clos du Roi
1990	64	
1990	75	1er cru, Clos Paradis
1990	68	1er cru, Clos du Roi
1989	65	
1988	67	
1987	50	
1987	70	1er cru, Clos du Roi
1986	65	
1986	75	1er cru, Clos du Roi
1985	72	
1985	93	1er cru, Clos du Roi
1985	85	Drouhin
1984	40	
1983	70	
1982	45	
1981	73	
1980	40	
1979	74	
1978	100	
1976	76	
Blanc		
1993	56	

1992	60
1991	65
1990	68
1989	73
1986	70
1986	83 1er cru, Clos du Roi
1985	82
1985	90 1er cru, Clos du Roi
1984	43
1983	68
1983	77 1er cru, Clos du Roi

MEURSAULT
Côte de Beaune

Très demandé dans le monde entier, le meursault a atteint une rareté qui occasionne une hausse importante des prix, notamment au niveau des premiers crus. Du fait de sa qualité, largement reconnue, ce vin est recherché par tous les amateurs.

Blanc

1993	83
1992	80
1992	205 Coche Dury
1992	330 Coche Dury, 1er cru
1992	247 Comte Lafon
1992	296 Comte Lafon, Clos de la Barre
1991	78
1991	270 Coche Dury
1991	450 Coche Dury, 1er cru, Chevalières
1991	360 Coche Dury, 1er cru, Rougeot
1991	95 Labouré-Roi
1991	120 Latour
1991	213 Comte Lafon, Clos de la Barre
1991	149 Leroy
1991	166 Leroy, 1er cru
1990	87
1990	340 Comte Lafon
1990	350 Coche Dury
1990	135 Latour
1990	100 Labouré-Roi
1989	129
1989	190 Labouré-Roi
1989	190 Latour
1989	225 Drouhin
1989	175 Jadot
1988	96
1988	320 Comte Lafon
1988	250 Leroy
1988	170 Drouhin
1988	175 Labouré-Roi
1988	165 Leroy

1987	91
1987	160 Leroy
1986	86
1986	140 Labouré-Roi
1986	145 Drouhin
1986	275 Hospices, Cuvée Goureau
1985	94
1985	400 Leroy, tasteviné
1985	160 Labouré-Roi
1985	125 Latour
1984	80
1984	1 000 Leroy, Hospices Cuvée Jehan Humbot
1984	140 Latour
1983	90
1983	400 Leroy
1983	120 1er cru, Leroy
1982	86
1982	245 Comte Lafon
1982	300 Leroy, tasteviné
1981	93
1981	215 Leroy
1981	300 Leroy, tasteviné
1980	75
1979	135
1978	155
1978	500 Leroy, tasteviné
1977	500 Leroy, tasteviné
1976	142
1976	2 000 Leroy, Hospices Cuvée Goureau
1976	2 000 Leroy, Hospices Cuvée Loppin
1974	80
1975	700 1er cru, Leroy
1973	85
1973	850 Leroy, Hospices Cuvée Jehan Humblot
1967	145
1967	1 500 Leroy, 1er cru, tasteviné
1966	165
1966	1 200 Leroy, tasteviné
1966	1 400 Leroy, 1er cru tasteviné
1955	160
1955	3 000 Leroy, tasteviné
1949	4 000 Leroy
1947	380
1946	365
1945	1 120
Rouge	
1993	45
1992	52
1992	200 Coche Dury
1991	50
1991	235 Coche Dury
1990	58

1989	60
1988	60
1987	30
1986	50
1985	75
1984	32
1983	53
1982	40

MEURSAULT
1er cru Les Caillerets
Côte de Beaune

1993	92
1992	95
1991	99
1990	143
1989	173
1988	136
1987	116
1986	144
1985	135
1984	95
1983	100
1982	94
1981	110
1978	155

MEURSAULT
1er cru Les Charmes
Côte de Beaune

1993	102	
1992	105	
1991	124	
1991	350	Comte Lafon
1991	206	Leroy
1991	225	Moillard
1991	235	Jobard
1990	159	
1990	225	Leflaive
1990	545	Comte Lafon
1990	240	Drouhin
1990	225	Moillard
1990	335	Morey
1989	193	
1989	320	Morey
1989	325	Drouhin
1988	149	
1988	510	Comte Lafon
1987	124	
1987	170	Jobard
1987	165	Moillard
1987	205	Morey
1986	167	
1986	235	Morey
1986	185	Moillard
1985	142	
1984	120	
1983	104	

1983	600	Leroy
1983	3 000	Leroy, Hospices Cuvée Albert Grivault
1982	102	
1982	450	Leroy
1978	175	
1978	800	Leroy
1977	85	
1977	500	Leroy, tasteviné
1977	1 800	Leroy, Hospices Cuvée de Bahèzre de Lanlay
1976	151	
1976	1 000	Leroy
1974	110	
1974	800	Leroy
1973	117	
1973	1 500	Leroy
1972	90	
1972	350	Leroy
1969	115	
1969	1 500	Leroy
1969	3 000	Leroy, Hospices Cuvée Albert Grivault
1967	165	
1967	1 500	Leroy
1966	193	
1966	3 000	Leroy, Hospices Cuvée Albert Grivault
1966	1 500	Leroy

MEURSAULT
1er cru Les Genevrières
Côte de Beaune

1993	115	
1992	112	
1991	165	
1991	375	Comte Lafon
1991	235	Jobard
1990	179	
1990	545	Comte Lafon
1989	195	
1989	300	Drouhin
1988	139	
1988	520	Comte Lafon
1988	275	Michelot
1987	132	
1987	430	Leroy
1987	205	Morey
1987	170	Jobard
1987	250	Michelot
1986	158	
1986	250	Michelot
1985	150	
1985	600	Leroy
1984	104	
1983	112	

1982	100
1981	115
1980	105
1980	300 Leroy
1980	1 200 Leroy, Hospices
	Cuvée Philippe Le Bon
1979	3 000 Leroy, Hospices
	Cuvée Philippe Le Bon
1979	133
1979	800 Leroy
1978	188
1976	1 60
1976	1 000 Leroy, tasteviné
1976	3 000 Leroy, Hospices
	Cuvée Philippe Le Bon
1973	3 000 Leroy, Hospices
	Cuvée Jehan Humblot
1966	1 500 Leroy
1966	3 000 Leroy, Hospices
	Cuvée Philippe Le Bon
1966	3 000 Leroy, Hospices
	Cuvée Baudot
1964	245
1964	1 500 Leroy
1964	3 200 Leroy, Hospices
	Cuvée Baudot
1964	3 200 Leroy, Hospices
	Cuvée Philippe Le Bon

MEURSAULT
1er cru La Goutte d'Or
Côte de Beaune

1993	93
1992	97
1991	102
1990	148
1990	175 Latour
1989	180
1988	145
1987	118
1986	155
1985	162
1969	1 500 Leroy

MEURSAULT
Les Narvaux
Côte de Beaune

1993	95
1992	96
1992	375 Coche Dury
1991	90
1991	350 Coche Dury
1990	117
1990	375 Leroy
1989	133
1988	121
1988	500 Leroy

1987	108
1987	280 Leroy
1986	100
1985	126
1985	237 Leroy
1984	75
1984	150 Leroy
1983	96
1983	500 Leroy
1982	87
1982	184 Leroy
1982	300 Leroy, tasteviné
1981	95
1981	300 Leroy
1980	85
1980	200 Leroy
1979	100
1979	600 Leroy, tasteviné
1978	132
1978	550 Leroy, tasteviné
1976	126
1976	360 Leroy
1975	800 Leroy

MEURSAULT
1er cru Perrières
Côte de Beaune

1993	118
1992	115
1992	750 Coche Dury
1991	730 Coche Dury
1991	168
1991	210 Drouhin
1990	186
1990	240 Drouhin
1990	600 Comte Lafon
1990	335 Morey
1989	208
1989	320 Morey
1989	300 Drouhin
1988	158
1988	600 Comte Lafon
1988	240 Drouhin
1988	750 Leroy
1987	135
1987	350 Leroy
1987	220 Drouhin
1986	165
1986	205 Drouhin
1986	235 Morey
1985	161
1985	200 Drouhin
1984	110
1983	114
1982	105
1982	765 Coche Dury
1981	120
1981	410 Leroy

1978	200	
1976	170	
1974	95	
1974	800	Leroy
1973	110	
1973	1 500	Leroy, tasteviné
1972	115	
1972	1 000	Leroy, tasteviné
1971	122	
1971	1 000	Leroy, tasteviné
1970	160	
1970	1 500	Leroy, tasteviné
1969	125	
1969	3 000	Leroy, tasteviné
1967	130	

1967	1 500	Leroy
1966	250	
1966	1 500	Leroy tasteviné
1966	2 000	Leroy, Clos Perrières

MEURSAULT
1er cru Le Poruzot
Côte de Beaune

1993	110	
1992	110	
1991	115	
1991	235	Jobard
1990	132	
1989	130	

MONTRACHET
Grand cru , Côte de Beaune

Ce nom vient sans doute du latin Mons Rachisensis, qui signifie Mont Chauve. Jusqu'au siècle dernier, on l'écrivait en deux mots : Mont Rachet. La colline a donc donné son nom à ce grand cru tout à fait unique et à nul autre pareil. Bénéficiant d'un microclimat particulier qui lui permet de profiter d'importants écarts de température, le cépage Chardonnay trouve donc des conditions idéales pour s'épanouir et produire des vins grandioses. Plusieurs producteurs se répartissent l'appellation, dont les prix et, bien sûr, les qualités varient assez sensiblement.

1993	600	
1993	712	Sauzet
1993	410	Latour
1993	2 250	Leflaive
1992	585	
1992	725	Jadot
1992	697	Latour
1991	550	
1991	2 120	Dom. Romanée Conti
1991	562	Latour
1991	2 250	Leflaive
1991	875	Marquis de Laguiche
1991	900	Amiot
1991	750	Colin
1990	795	
1990	950	Jadot
1990	2 065	Comte Lafon
1990	1 100	Marquis de Laguiche
1990	975	Latour

1990	950	Amiot
1990	2 500	Dom. Romanée Conti
1990	1 875	Morey
1990	2 000	Ramonet
1990	1 050	Bouchard
1989	670	
1989	2 740	Dom. Romanée Conti
1989	2 000	Ramonet
1989	1 400	Marquis de Laguiche
1989	750	Colin
1989	1 200	Bouchard
1988	660	
1988	1 250	Latour
1988	3 000	Dom. Romanée Conti
1988	850	Morey
1988	3 250	Ramonet
1988	950	Marquis de Laguiche
1987	530	
1987	900	Marquis de Laguiche
1987	1 600	Ramonet
1987	1 250	Dom. Romanée Conti
1986	590	
1986	2 500	Ramonet
1986	1 100	Marquis de Laguiche
1986	2 650	Dom. Romanée Conti
1985	870	
1985	1 750	Leroy
1985	3 375	Dom. Romanée Conti
1985	7 650	Magnum, Dom. Romanée Conti

1988	144
1987	102
1987	200 Jobard
1986	111
1986	185 Moillard
1986	135 Laroche
1985	132
1985	140 Jobard
1984	83
1983	101
1978	135
1976	132
1973	100
1967	145
1967	1 500 Leroy

MONTAGNY
Côte chalonnaise

Cette appellation est la plus méridionale de la Côte chalonnaise et ne produit que des vins blancs sur environ 150 hectares de vignobles. Ces vins ont un goût très sec mais avec un délicat bouquet discret et peu expansif.

1993	53
1992	55
1991	57
1991	65 1er cru
1990	60

1985	3 750 Ramonet		1976	2 500 Leroy
1985	1 450 Marquis de Laguiche		1976	2 485 Dom. Romanée Conti
1984	540		1975	1 995 Dom. Romanée Conti
1984	1 695 Dom. Romanée Conti		1974	650
1983	825		1974	2 500 Leroy
1983	4 000 Ramonet		1974	2 145 Dom. Romanée Conti
1983	1 250 Leroy		1973	750
1983	2 075 Dom. Romanée Conti		1973	1 150 Marquis de Laguiche
1982	600		1973	2 670 Leroy
1982	1 400 Leroy		1973	3 050 Dom. Romanée Conti
1982	2 800 Dom. Romanée Conti		1973	1 500 Jadot
1981	720		1972	820
1981	1 320 Leroy		1972	3 000 Leroy
1981	1 625 Dom. Romanée Conti		1972	2 975 Dom. Romanée Conti
1981	1 600 Ramonet		1971	3 750 Dom. Romanée Conti
1980	550		1970	3 500 Dom. Romanée Conti
1980	1 250 Ramonet		1969	4 150 Dom. Romanée Conti
1980	2 000 Dom. Romanée Conti		1968	4 250 Dom. Romanée Conti
1979	820		1967	1 120
1979	2 420 Leroy		1967	4 000 Leroy
1979	2 785 Dom. Romanée Conti		1967	3 750 Dom. Romanée Conti
1979	1 000 Latour		1966	1 250
1979	1 462 Comte Lafon		1966	3 500 Leroy
1979	1 150 Marquis de Laguiche		1966	7 500 Dom. Romanée Conti
1979	2 850 Romanet		1964	4 000 Dom. Romanée Conti
1978	1 140		1958	4 550 Magnum, Leroy
1978	2 750 Leroy		1899	3 550
1978	3 825 Dom. Romanée Conti			
1978	4 000 Ramonet			
1977	1 100 Dom. Romanée Conti			
1976	1 040			

1989	62
1989	68 1er cru
1988	64
1988	70 1er cru
1987	36
1986	57
1985	65
1984	35
1983	58
1982	38
1981	60
1979	64
1978	72

MONTHÉLIE
Côte de Beaune

1993	59
1992	58
1992	300 Coche Dury
1991	320 Coche Dury
1991	55
1990	88
1989	80
1989	86 1er cru
1988	91
1987	40
1986	62
1985	93
1985	110 Leroy
1985	260 Bichot, Cuvée Jacques Lebelin
1984	40
1983	65
1982	43
1973	380 Leroy, Hospices Cuvée Jacques Lebelin
1972	92
1955	3 000 Leroy, Hospices Cuvée Jacques Lebelin

MOREY SAINT-DENIS
Côte de Nuits

Sur cette commune se trouvent cinq grands crus de Bourgogne : le Clos St Denis, le Clos de la Roche, le Clos des Lambrays, le Clos de Tart et une petite partie de un hectare et demi de Bonnes Mares. Par ailleurs, 107 hectares dont 43 de premiers crus sont produits sous l'appellation Morey Saint-Denis. A l'exception de 2 hectares plantés en Chardonnay qui donnent du vin blanc, toute la production est livrée en rouges moelleux et fins, puissants et char-

pentés. Assez colorés, ils libèrent des arômes puissants de petits fruits rouges et noirs. Les vins s'ouvrent lentement et présentent un bon degré d'évolution entre cinq et dix ans. Bien entendu, les grands millésimes tiennent quinze à vingt ans et ils se placent alors dans les vins amples, élégants, certains féminins et d'autres bien plus virils.

1993	110
1993	131 Roumier
1992	115
1991	130
1991	190 Dujac
1991	135 1er cru
1990	137
1990	340 Ponsot
1990	165 Drouhin
1990	205 Dujac
1990	220 1er cru
1989	126
1989	200 Dujac, 1er cru
1989	225 Drouhin, 1er cru
1989	144 1er cru
1988	137
1988	200 Amiot
1988	190 Drouhin, 1er cru
1987	83
1986	110
1986	122 1er cru
1986	350 1er cru, Leroy
1985	104
1985	135 1er cru
1984	70
1983	98
1982	72
1981	100
1980	65
1979	104
1978	155
1976	103
1974	450 1er cru, Leroy
1972	80
1970	110
1966	185
1966	800 Leroy, tasteviné
1962	1 000 Leroy, tasteviné

MORGON
Beaujolais

1994	45
1993	47
1993	65 Drouhin
1993	60 Drouhin
1992	45
1991	37

1990	51
1989	48
1988	46
1986	43

MOULIN A VENT
Beaujolais

1994	47
1993	50
1992	49
1991	40
1990	63
1989	57
1988	50
1986	48
1985	52

NUITS SAINT-GEORGES
Côte de Nuits

Cette appellation est une des plus connues dans le monde, notamment des clients anglophones - qui prononcent « King Georges », avec aisance. L'aire de production est assez vaste. La qualité des vins varie selon les producteurs, ainsi d'ailleurs que les prix. Les premiers crus sont assez nombreux et divers.

1993	90
1992	96
1991	96
1991	465 Leroy, 1er cru, Boudots
1991	190 Meo
1991	225 Clos St Marc
1991	150 Gauges
1991	235 1er cru
1990	128
1990	140 1er cru
1990	540 1er cru, Boudots Leroy
1990	190 Meo
1990	200 Gauges
1990	145 Clos Frantin
1989	122
1989	140 1er cru
1989	525 Leroy, 1er cru Boudots
1989	145 Clos Frantin
1989	295 Clos St Marc
1989	215 Drouhin
1989	260 Meo
1988	124
1988	1 150 Leroy, 1er cru, Boudots
1988	260 Clos St Marc
1988	135 Clos Frantin
1988	171 Domaine Arlot
1988	250 Meo

1987	86
1987	93 1er cru
1987	210 Meo
1986	120
1986	240 Leroy
1986	640 Henri Jayer
1986	122 1er cru
1986	160 Meo
1986	125 Drouhin
1986	100 Clos Frantin
1985	139
1985	168 1er cru
1985	420 Magnum
1985	265 Clos St Marc
1985	145 Drouhin
1985	168 Leroy
1984	75
1984	400 Leroy, 1er cru
1983	100
1983	118 1er cru
1983	246 Magnum, 1er cru
1983	165 Clos St Marc
1983	90 Clos Frantin
1982	84
1982	97 1er cru
1982	400 Leroy, 1er cru
1981	95
1980	75
1980	530 Henri Jayer
1980	500 Leroy, 1er cru
1979	105
1978	148
1978	800 Leroy 1er cru
1978	375 Magnum
1977	53
1976	125
1974	450 Leroy, 1er cru
1973	108 1er cru
1973	450 Leroy, 1er cru
1972	104
1971	155 1er cru
1971	1 000 Leroy, tasteviné, 1er cru
1970	145
1970	650 Leroy, 1er cru
1969	174 1er cru
1969	355 Magnum
1969	234 Leroy, 1er cru
1967	150 1er cru
1967	800 Leroy, 1er cru
1967	930 Leroy, tasteviné, 1er cru
1966	350
1964	210 1er cru
1964	1 700 Leroy, 1er cru
1962	145
1962	170 1er cru
1962	1 800 Leroy, 1er cru ...

MUSIGNY
Grand cru, Côte de Nuits

Le musigny est considéré comme le plus féminin des bourgognes. Cette parcelle, qu'exploite un très petit nombre de propriétaires, produit un vin incomparable qui se place aux tout premiers rangs des grands crus de Bourgogne. Certains propriétaires, parce que très réputés, vendent leur production à des prix encore plus élevés que leurs voisins.

1993	305
1992	322
1991	310
1991	507 De Vogüe
1991	490 Drouhin
1991	2 195 Leroy
1990	406
1990	645 Drouhin
1990	700 De Vogüe
1989	375
1989	520 De Vogüe
1989	500 Jadot
1989	1 100 Leroy
1988	370
1988	460 Jadot
1988	540 De Vogüe
1988	360 Mugnier
1988	1 000 Leroy
1987	210
1987	525 De Vogüe
1987	700 Leroy
1986	305
1985	362
1985	700 De Vogüe
1985	1 240 Leroy
1984	215
1984	190 Moillard
1984	600 Leroy
1983	318
1983	1 200 Leroy
1982	275
1982	435 De Vogüe
1982	700 Leroy
1981	330
1980	220
1980	700 Leroy
1979	344
1979	570 De Vogüe
1979	1 200 Leroy
1978	440
1978	660 De Vogüe
1977	165
1977	345 Leroy
1976	285
1976	1 300 Leroy
1976	595 De Vogüe
1975	110
1975	320 Leroy
1974	155
1974	850 Leroy
1973	177
1973	900 Leroy
1972	310
1972	1 300 Leroy
1972	610 De Vogüe
1971	350
1971	1 175 De Vogüe
1970	425
1970	1 300 Leroy
1969	346
1969	1 100 De Vogüe
1969	1 900 Leroy
1967	290
1967	1 500 Leroy, tasteviné
1966	565
1966	2 000 Leroy
1966	1 050 De Vogüe
1964	280
1962	310
1962	2 700 Leroy
1962	2 750 De Vogüe
1961	460
1961	2 800 Leroy, tasteviné
1961	1750 De Vogüe
1959	715
1959	3 000 Leroy
1959	2 200
1957	325
1957	2 500 Leroy
1957	1 275 De Vogüe
1955	530
1955	3 200 Leroy, tasteviné
1953	3 300 Leroy
1953	1 000 De Vogüe
1952	3 500 Leroy
1952	1 000 De Vogüe
1949	1 220
1949	4 500 Leroy
1949	3 000 De Vogüe
1947	8 700 Magnum, Leroy
1945	13 200 Magnum, Leroy
1945	8 000 De Vogüe
1943	1 450 Leroy
1937	3 250 De Vogüe
1934	460
1934	3 000 De Vogüe
1929	740
Blanc	
1992	585 De Vogüe
1991	600 De Vogüe
1987	495 De Vogüe
1979	540 De Vogüe

1959	380
1959	460 1er cru
1959	2 000 Leroy, 1er cru
1957	325 1er cru
1957	1 080 Leroy, 1er cru
1955	410 1er cru
1955	1 450 Leroy, 1er cru
1952	2 300 Leroy, 1er cru
1949	560
1945	4 000 Leroy, 1er cru
1938	6 000 Leroy, La Richemone
1937	300

NUITS SAINT GEORGES
1er cru Les Boudots
Côte de Nuits

1993	100
1992	104
1992	322 Leroy
1991	112
1991	310 Meo
1990	166
1990	340 Meo
1990	225 Drouhin
1989	178
1989	322 Leroy
1989	350 Drouhin
1989	405 Meo
1988	180
1988	297 Leroy
1988	400 Meo
1987	117
1987	280 Meo
1986	147
1985	173
1984	95
1983	115
1983	275 Magnum
1982	90
1981	101
1981	260 Magnum
1980	80
1979	110
1978	175
1978	406 Magnum
1977	62
1977	240 Hospices Cuvée Mesny de Boisseaux
1976	136
1974	260 Magnum
1972	115
1970	150
1970	450 Leroy
1966	364
1966	850 Magnum
1964	215
1964	1 250 Leroy, tasteviné

NUITS SAINT-GEORGES
1er cru Les Chaignots
Côte de Nuits

1993	115
1992	117
1991	131
1990	170
1989	162
1988	175
1987	104
1986	151
1985	170
1984	102
1983	115
1982	90
1978	178
1976	135
1969	1 300 Leroy, tasteviné

NUITS SAINT GEORGES
1er cru Clos des Argillières
Côte de Nuits

1993	96
1992	95
1991	98
1991	260 Rion
1990	132
1990	350 Rion
1989	145
1989	315 Rion
1988	144
1988	240 Rion
1987	100
1987	180 Rion
1986	124
1986	235 Rion
1985	153
1985	800 Leroy
1985	375 Rion
1984	90
1983	113
1983	800 Leroy
1982	90
1981	105
1980	84
1979	110
1978	178
1977	65
1976	130
1973	82
1973	450 Leroy
1969	145
1969	575 Leroy
1967	122
1967	800 Leroy
1962	1 800 Leroy
1961	2 000 Leroy

NUITS SAINT GEORGES
1er cru Clos des Corvées, Côte de Nuits

1993	102
1992	105
1991	110
1990	146
1989	167
1988	180
1987	126
1986	145
1985	125
1985	800 Leroy
1984	88
1984	400 Leroy
1983	110
1982	95
1981	108
1980	85
1979	115
1978	185
1977	65
1977	250 Hospices Cuvée Saint-Laurent
1976	140
1973	75
1973	450 Leroy
1972	120
1972	700 Leroy
1970	165
1969	160
1969	1 300 Leroy
1966	375
1964	200
1964	1 700 Leroy
1961	460
1961	3 000 Leroy, Hospices Cuvée Paget
1959	450
1955	400

NUITS SAINT GEORGES
Clos de Thorey, Côte de Nuits

1991	146
1990	182
1989	142
1988	180
1987	104
1986	121
1985	162
1984	97
1983	105

NUITS SAINT GEORGES
1er cru Les Murgers
Côte de Nuits

1993	97
1992	100
1991	108

1991	310 Meo
1990	160
1990	340 Meo
1989	175
1989	405 Meo
1988	172
1988	400 Meo
1987	104
1987	380 Henri Jayer
1987	280 Meo
1986	140
1986	240 Meo
1985	180
1985	365 Meo
1984	90
1983	115
1983	510 Henri Jayer
1982	90
1981	110
1980	80
1978	195
1976	145
1969	1 300 Leroy, tasteviné

NUITS SAINT-GEORGES
1er cru Les Perdrix
Côte de Nuits

1993	95
1992	98
1991	95
1990	148
1989	165
1988	166
1987	100
1986	142
1985	173
1985	800 Leroy
1984	90
1984	400 Leroy
1983	110
1980	80
1979	115
1979	750 Leroy
1978	192
1978	800 Leroy, tasteviné
1977	80
1977	255 Leroy

NUITS SAINT-GEORGES
1er cru Les Didiers
Hospices
Côte de Nuits

1988	340 Cuvée Jacques Duret
1986	450 Cuvée Fagon
1979	330 Cuvée Cabet
1973	235 Cuvée Jacques Duret
1972	370 Cuvée Jacques Duret

NUITS SAINT-GEORGES
1er cru Les Fleurières
Hospices
Cuvée des Sœurs Hospitalières
Côte de Nuits

1984	240
1973	255

NUITS SAINT-GEORGES
1er cru Les Porets
Hospices Cuvée des Sires de Vergy
Côte de Nuits

1979	450
1957	1 600 Leroy

NUITS SAINT-GEORGES
1er cru Les Saint-Georges
Côte de Nuits

1984	260 Hospices Cuvée des Sires de Vergy
1984	250 Leroy
1978	1 100 Leroy
1959	590 Hospices Cuvée des Sires de Vergy
1954	1 400 Leroy

NUITS SAINT-GEORGES
1er cru Vignes Rondes
Côte de Nuits

1992	296 Rion
1991	260 Rion
1990	350 Rion
1989	315 Rion
1989	310 Leroy
1988	270 Rion
1988	297 Leroy
1987	175 Rion
1986	215
1985	200 Rion
1984	155

PERNAND VERGELESSES
Côte de Beaune

Ce vin du nord de la Côte de Beaune existe en rouge et en blanc. Les prix sont toujours favorables.

Rouge

1993	46
1992	50
1991	51
1990	63
1990	105 Drouhin
1989	71
1988	66
1987	32

1987	40 1er cru
1987	70 Leroy, 1er cru
1986	50
1986	62 1er cru
1985	76
1985	88 1er cru
1985	85 Drouhin
1984	30
1984	39 1er cru
1983	54
1983	65 1er cru
1983	330 Hospices, Cuvée Rameau Lamarosse
1982	45
1982	56 1er cru
1981	59
1981	72 Tateviné
1978	93
1978	120 1er cru
1976	70
1976	80 1er cru
1972	75
1972	84 1er cru
1972	270 Leroy, tasteviné
1966	90

Blanc

1993	71
1992	73
1991	76
1990	75
1989	115 Drouhin
1989	84
1988	81

PERNAND VERGELESSES
1er cru Vergelesses, Côte de Beaune

1993	50
1992	55
1991	57
1990	70
1989	75
1988	72
1987	40
1986	62
1985	88
1984	40
1983	65
1981	63
1980	40
1972	250 Leroy

PERNAND VERGELESSES
1er cru Ile de Vergelesses
Côte de Beaune
Rouge

1993	52
1992	56
1991	58

1991	75	Clos de la Croix de Pierre
1990	72	
1990	90	Clos de la Croix de Pierre
1989	74	
1989	105	Clos de la Croix de Pierre
1988	72	
1988	85	Clos de la Croix de Pierre
1987	40	
1987	75	Clos de la Croix de Pierre
1986	61	
1986	75	Clos de la Croix de Pierre
1985	90	
1985	80	Clos de la Croix de Pierre
1984	40	
1983	67	
1982	45	
1981	64	
1980	40	
1979	65	
1978	98	
1977	35	
1976	72	

Blanc

1993	75
1992	77
1991	80
1990	82
1989	88
1988	82
1987	72
1986	75
1985	85
1984	53
1983	62
1982	55
1981	64
1980	45

POMMARD
Côte de Beaune

Ce vin, très connu et demandé, offre probablement la plus grande variété gustative de tous les bourgognes. A ce point de vue, les différences sont considérables suivant les viticulteurs mais, malheureusement, le prix demeure assez élevé dans tous les cas, même s'il ne se justifie pas toujours.

1993	91	
1992	95	
1991	96	
1991	135	Drouhin
1991	200	Château de Pommard
1991	127	1er cru

1991	212	Leroy, 1er cru
1990	164	
1990	300	Château de Pommard
1990	180	Drouhin
1990	192	1er cru
1989	148	
1989	215	Drouhin
1989	325	Château de Pommard
1989	172	1er cru
1988	168	
1988	265	Château de Pommard
1988	200	Drouhin
1987	65	
1987	200	Leroy
1986	104	
1986	250	Leroy
1986	125	1er cru
1986	135	Drouhin
1985	163	
1985	186	Leroy
1985	200	1er cru
1985	165	Drouhin
1984	66	
1984	77	1er cru
1984	300	Leroy, 1er cru
1983	93	
1983	105	1er cru
1983	154	Leroy
1982	95	
1982	110	1er cru
1981	97	
1981	140	Drouhin
1980	62	
1979	103	
1979	122	1er cru
1979	400	Leroy, tasteviné
1979	195	Château de Pommard
1978	295	
1978	350	1er cru
1977	60	
1976	145	
1976	170	1er cru
1972	140	
1972	165	1er cru
1971	160	1er cru
1971	700	Leroy, tasteviné
1970	192	
1966	380	
1966	450	1er cru
1966	850	Leroy, tasteviné
1964	1 000	Leroy, tasteviné
1962	1 100	Leroy
1961	1 400	Leroy, tasteviné
1959	485	
1959	560	1er cru
1959	1 500	Leroy, tasteviné
1957	1 000	Leroy, tasteviné
1953	1 500	Leroy
1934	360	

POMMARD
Côte de Beaune, Hospices
Cuvée Dames de la Charité

1963	2 100 Leroy
1961	3 200 Leroy
1959	3 500 Leroy
1957	430
1951	3 200 Leroy
1942	5 000 Leroy
1934	8 000 Leroy

POMMARD
1er cru Chanlins, Côte de Beaune

1993	110
1992	115
1991	115
1990	184
1989	172
1988	160
1987	80
1986	136
1985	182
1984	75
1983	102

POMMARD
1er cru Charmots, Côte de Beaune

1993	110
1992	110
1991	108
1990	176
1989	170
1988	162
1987	80
1986	135
1985	175

POMMARD
1er cru Clos de la Platière
Côte de Beaune

1993	118
1992	121
1991	134
1990	172
1989	170
1988	175
1987	122
1986	132
1985	187
1984	86
1983	125

POMMARD
1er cru Les Épenots, Côte de Beaune

1993	125
1992	120
1991	116

1991	180 Drouhin
1990	193
1990	280 Drouhin
1990	185 Latour
1989	177
1989	408 Magnum
1988	171
1988	275 Drouhin
1987	88
1986	146
1985	195
1985	230 Latour
1984	77
1984	300 Leroy
1983	107
1982	100
1982	300 Leroy
1978	350
1976	157
1972	150
1972	600 Leroy
1970	205
1966	400
1966	1 050 Leroy
1966	1 200 Leroy, tasteviné
1965	310 Leroy
1964	220
1964	1 100 Leroy, tasteviné
1957	1 200 Leroy
1949	630
1943	320

POMMARD
1er cru Rugiens, Côte de Beaune

1993	128
1992	131
1991	147
1990	200
1989	183
1989	280 Drouhin
1988	177
1987	90
1986	150
1985	200
1984	85
1983	110
1982	106
1978	345
1967	125
1964	1 200 Leroy, tasteviné

POMMARD
Côte de Beaune
Les Vignots

1992	213 Leroy
1991	232 Leroy
1990	295 Leroy
1989	275 Leroy

1988	288	Leroy
1987	250	Leroy
1986	265	Leroy
1985	430	Leroy
1984	220	Leroy
1983	380	Leroy
1982	250	Leroy
1981	300	Leroy
1980	270	Leroy
1979	370	Leroy
1978	720	Leroy, tasteviné
1977	150	Leroy
1976	500	Leroy
1974	170	Leroy
1973	190	Leroy
1972	325	Leroy
1971	350	Leroy

POUILLY FUISSÉ
Mâconnais, Blanc

Le vignoble s'étend sur 700 hectares et produit un vin complexe, sans doute un des plus grands blancs de Bourgogne, issu du cépage Chardonnay, qui doit ses caractéristiques aux sols et sous-sols des quatre communes qui le produisent. L'alliance du cépage et du terroir donne un vin moelleux, agréable à dominante noisette et de bonne garde. Une très importante partie de la production est exportée et les prix sont toujours assez soutenus.

1993	85	
1992	87	
1991	82	
1991	110	Saumaize
1990	86	
1990	210	Château de Fuissé
1990	225	Vieilles vignes Château de Fuissé
1990	135	Saumaize
1989	87	
1989	140	Saumaize
1989	190	Château de Fuissé
1988	80	
1987	58	
1987	115	Château de Fuissé
1986	76	
1986	145	Château de Fuissé
1986	90	Drouhin
1985	89	
1984	80	
1983	78	
1982	66	
1981	73	
1979	77	

POUILLY LOCHÉ
Mâconnais, Blanc

Seulement cinq producteurs et une cave coopérative exploitent les 27 hectares de vignobles de cette appellation qui, en raison de la complexité de sa géologie, exprime des qualités multiples et variées. Ainsi, certains « climats » donnent des vins fruités alors que d'autres produisent des vins généreux, de longue garde, pouvant aller à plus de dix ans.

1993	70
1992	66
1991	72
1990	73
1989	77
1988	72
1987	52
1986	68
1985	77
1984	71
1983	68
1982	65
1981	67

POUILLY VINZELLES
Mâconnais, Blanc

Avec ces 50 hectares, exploités par dix producteurs et une cave coopérative, le pouilly-vinzelles se caractérise par sa rondeur et sa finesse mais il constitue aussi un vin de garde d'une dizaine d'années et même davantage. Le rapport qualité-prix est excellent surtout si l'on tient compte du prix des pouilly-fuissé.

1993	70
1992	65
1991	70
1990	75
1989	76
1988	73
1987	54
1986	65
1985	75
1984	50
1983	68
1982	65
1981	70

Châlons-sur-Marne, en Champagne, a fêté le 150e anniversaire de l'invention de la capsule et du muselet par Adolphe Jacquesson.

PULIGNY MONTRACHET
Côte de Beaune, Blanc

Bénéficiant de la grande faveur dont jouissent les vins blancs, cet excellent vin, dont les prix se sont littéralement envolés, devient difficilement abordable. Les premiers crus offrent une assez grande variété.

1993	135
1993	165 Leflaive
1993	221 Leflaive, 1er cru
1993	210 Sauzet
1992	144
1992	250 1er cru, Sauzet
1992	262 1er cru , Leflaive
1992	184 1er cru, Les Perrières
1992	166 Leroy
1991	163
1991	250 1er cru
1991	135 Latour
1991	150 Drouhin
1990	165
1990	238 1er cru, Sauzet
1990	265 Leflaive
1990	180 Drouhin
1990	155 Latour
1989	163
1989	185 1er cru
1989	250 Drouhin
1989	215 Latour
1989	270 Leflaive
1989	355 1er cru, Leflaive
1988	144
1988	275 1er cru, Leflaive
1988	195 Drouhin
1988	165 Amiot
1987	115
1987	132 Leroy
1987	190 Drouhin
1986	126
1986	275 Leroy
1986	153 1er cru
1986	295 1er cru, Sauzet
1986	170 Drouhin
1986	205 Latour
1986	300 Château de Puligny
1985	153
1985	186 1er cru
1985	320 1er cru, Leflaive
1985	295 Leroy
1985	150 Latour
1984	109
1984	220 Leroy
1984	135 Drouhin
1983	111
1983	180 1er cru
1983	230 Leroy

1983	680 Leroy, tasteviné
1983	200 Latour
1982	90
1981	120
1981	500 Leroy, tasteviné
1981	500 Leroy, 1er cru
1979	125
1978	240
1978	550 Leroy
1978	800 Leroy, 1er cru
1969	1 500 Leroy, 1er cru

PULIGNY MONTRACHET
Côte de Beaune, Champ Gain

1993	155
1992	148
1991	180
1990	187
1989	185
1988	172
1987	126
1986	167
1985	175
1984	114
1983	120
1982	120
1982	300 Leroy
1982	450 Leroy, tasteviné
1978	263
1978	780 Leroy

PULIGNY MONTRACHET
1er cru Les Folatières, Côte de Beaune

1993	165
1993	243 Sauzet
1992	150
1992	245 Sauzet
1992	214 Leroy
1991	166
1991	400 Leflaive
1991	165 Chartron
1991	210 Drouhin
1990	175
1990	380 Leflaive
1990	300 Drouhin
1990	185 Latour
1990	240 Chartron
1989	187
1989	395 Leflaive
1989	310 Chartron
1989	335 Drouhin
1989	260 Latour
1988	186
1988	195 Laroche
1988	190 Chartron
1987	122
1987	172 Leroy
1987	225 Chartron
1987	220 Drouhin

1986	151		1985	168
1986	240 Drouhin		1985	350 Leflaive
1986	250 Chartron		1985	175 Drouhin

RICHEBOURG
Grand cru, Côte de Nuits

Un des plus grands vins de Bourgogne, au prix toujours élevé. Ses arômes et ses saveurs, quel que soit le millésime, le distinguent nettement de ses voisins prestigieux.

1993	458		1986	500 Clos Frantin
1992	445		1985	552
1992	550 Dom. Romanée Conti		1985	1 220 Leroy
1992	937 Leroy		1985	1 675 Dom. Romanée Conti
1991	487		1985	3 600 Dom. Romanée Conti Magnum
1991	810 Dom. Romanée Conti		1985	3 250 Henri Jayer
1991	1 335 Leroy		1985	1 175 Meo
1991	745 Gros		1984	280
1991	1 095 Meo		1984	520 Leroy
1990	564		1984	510 Dom. Romanée Conti
1990	1 495 Leroy		1984	540 Henri Jayer
1990	710 Mongeard Mugneret		1983	400
1990	750 Gros		1983	515 Gros
1990	1 240 Dom. Romanée Conti		1983	793 Dom. Romanée Conti
1989	1210 Meo		1983	3 285 Dom. Romanée Conti, Jéroboam
1989	900 Meo		1982	315
1989	1 350 Meo		1982	550 Leroy
1989	585 Clos Frantin		1982	720 Dom. Romanée Conti
1989	455		1981	405
1989	1 090 Leroy		1981	630 Leroy
1989	1 225 Dom. Romanée Conti		1981	740 Dom. Romanée Conti
1988	478		1980	290
1988	1 120 Leroy		1980	500 Leroy
1988	1 243 Dom. Romanée Conti		1980	1 500 Henri Jayer
1988	1 265 Meo		1979	415
1987	375		1979	975 Dom. Romanée Conti
1987	1 400 Henri Jayer		1979	1 450 Henri Jayer
1987	950 Dom. Romanée Conti		1978	750
1987	825 Meo		1978	2 520 Dom. Romanée Conti
1986	455		1977	145
1987	850 Gros		1976	360
1986	455		1976	1 300 Leroy
1986	880 Leroy		1976	1 280 Dom. Romanée Conti
1986	1 150 Dom. Romanée Conti		1975	220 Leroy
1986	800 Meo		1974	320 Leroy
1986	1 750 Henri Jayer		1974	650 Dom. Romanée Conti
			1973	150
			1973	350 Leroy
			1972	630 Leroy
			1971	350

1984	**120**	
1983	**108**	
1982	**133**	

1971	**1 530**	Dom. Romanée Conti
1970	**485**	
1970	**1 605**	Dom. Romanée Conti
1969	**340**	
1967	**640**	Leroy
1966	**780**	
1966	**2 840**	Dom. Romanée Conti
1964	**2 400**	Dom. Romanée Conti
1962	**2 700**	Leroy
1962	**1 830**	Dom. Romanée Conti
1961	**660**	
1961	**1 550**	Dom. Romanée Conti
1959	**3 000**	Leroy
1958	**1 800**	Leroy, tasteviné
1958	**1 650**	Dom. Romanée Conti
1957	**2 500**	Leroy
1956	**1 050**	Leroy
1956	**1 280**	Dom. Romanée Conti
1955	**3 200**	Leroy
1954	**2 200**	Leroy
1954	**875**	Dom. Romanée Conti
1953	**3 300**	Leroy
1953	**2 450**	Dom. Romanée Conti
1952	**3 500**	Leroy
1949	**4 500**	Leroy
1947	**3 750**	Dom. Romanée Conti
1946	**3 300**	Dom. Romanée Conti
1945	**1 250**	
1943	**730**	
1943	**5 500**	Dom. Romanée Conti
1942	**5 500**	Dom. Romanée Conti
1941	**720**	
1937	**710**	
1936	**1 600**	Dom. Romanée Conti
1929	**1 340**	

Caisse de 12 bouteilles Henri Jayer 1978 : **20 000**

1982	**190**	Latour
1981	**135**	
1981	**435**	Leroy
1981	**500**	Leroy, tasteviné
1979	**142**	
1978	**265**	

PULIGNY MONTRACHET
1er cru Les Pucelles, Côte de Beaune

1993	**292**	Leflaive
1992	**360**	Leflaive
1991	**168**	
1991	**425**	Leflaive
1991	**210**	Drouhin
1991	**175**	Chartron
1990	**365**	Leflaive
1990	**265**	
1990	**275**	Chartron
1990	**320**	Drouhin
1989	**395**	Leflaive
1989	**340**	Drouhin
1989	**345**	Chartron
1988	**420**	Leflaive
1988	**335**	Chartron
1987	**315**	Leroy
1987	**370**	Leflaive
1987	**245**	Chartron
1986	**340**	Leroy
1986	**250**	Chartron
1986	**250**	Drouhin
1986	**435**	Leflaive
1985	**395**	Leroy
1985	**250**	Drouhin
1985	**195**	Chartron
1985	**450**	Leflaive
1983	**370**	Leroy
1982	**450**	Leflaive
1979	**800**	Leroy
1979	**500**	Leflaive
1966	**550**	

REGNIÉ
Beaujolais

1993	**50**
1992	**46**
1991	**40**
1990	**50**
1989	**48**
1988	**49**

En Champagne, le pressurage est réglementé. Avec 1 000 kilos de raisins, on obtient 500 litres de premier jus nommé la « Cuvée », puis 125 litres appelés la « Taille ».

LA ROMANÉE
Grand cru
Côte de Nuits

Cette toute petite parcelle de faible production offre des vins de très haute qualité. Malheureusement, rarissimes sont les personnes qui ont déjà eu le bonheur de les déguster, et depuis fort longtemps, aucune bouteille n'apparaît dans les ventes aux enchères.

1989	1 500	Château de Vosne Romanée Monopole Bouchard

ROMANÉE CONTI
Grand cru, Monopole
Dom. Romanée Conti, Côte de Nuits

Les origines de ce vignoble grandiose remontent vers l'an 900, date à laquelle le Sire de Vergy fonda le prieuré de Saint Vivant. Hugues II, Duc de Bourgogne, céda aux moines, entre le XIe et le XIIe siècle, ces coteaux ingrats où seule la vigne peut être cultivée. Durant les siècles suivants les moines prirent conscience de la réalité géologique qui différenciait les divers vins et ainsi naquit la notion de terroir délimité. La présence d'un cépage unique, le Pinot Noir, leur permit de le conjuguer avec le terroir. La superficie, le tracé, ainsi que la délimitation de la Romanée Conti sont restés inchangés tels que les moines les avaient fixés. En 1584 le domaine fut cédé à une famille bourguignonne et en 1762 acheté par le Prince de Conti. Après l'arrestation et l'emprisonnement de son propriétaire, en 1793, la Romanée Conti devient bien national et est mise aux enchères publiques. Depuis cette adjudication plusieurs familles ont assuré l'exploitation jusqu'en 1860 où, à la suite d'héritages, de partages et de rachats parcellaires, on trouve les ancêtres des propriétaires actuels, la famille De Villaine, ainsi que la famille Chambon qui a cédé sa participation à la famille Leroy en 1942. Ces variations se retrouvent sur les étiquettes des bouteilles sur lesquelles figurent les signatures des copropriétaires. Il faut préciser que depuis le 1er janvier 1992, date du retrait de Leroy, la signature De Villaine figure sur les différents vins, produits par le domaine, accompagnée de celle de H. F. Roch. Il faut rappeler que la société du domaine a acquis, en 1933, la totalité de « La Tache » et, à partir de 1963, une partie de « Montrachet ». Les vins sont élaborés d'une manière classique tant dans la culture que dans la vinification. Il faut toutefois signaler que l'on s'attache prioritairement à trois points essentiels que sont la surveillance des sols afin d'en préserver l'intégrité, le traitement des vignes de manière biologique et la sélection des greffons pour les plantations et repiquages. Un tri très sévère des raisins est effectué avant leur mise en cuve et, à chaque stade de la vinification, des soins particuliers et détaillés aident à la réalisation du vin. La Romanée Conti représente ainsi le plus beau et le plus prestigieux vin de Bourgogne et, certainement, l'un des plus grands au monde. Les très faibles quantités produites ne peuvent en aucun cas faire face à la demande. Seules les évolutions qualitatives des millésimes influent sur le prix des bouteilles. Afin d'essayer d'acquérir un de ces rares flacons, le meilleur moyen reste la vente aux enchères publiques où, quelquefois, figurent un ou plusieurs millésimes.

1992	2 970	
1991	3 450	
1990	3 750	
1989	4 250	
1988	3 230	
1988	30 000	Mathusalem
1987	3 100	
1986	3 100	
1986	7 600	Magnum
1986	25 500	Mathusalem
1985	5 400	
1985	15 600	Magnum
1984	3 200	
1983	3 750	
1982	2 250	
1981	2 580	
1980	2 430	
1979	3 200	

1988	**1 200** Château de Vosne	1964	**935** Régault
	Romanée	1958	**1 600** Leroy
	Monopole	1957	**2 000** Leroy
	Bouchard	1956	**1 550** Leroy
1986	**1 000** Château de Vosne	1955	**2 420** Leroy
	Romanée	1955	**2 700** Leroy, tasteviné
	Monopole	1954	**1 600** Leroy, tasteviné
	Bouchard	1953	**2 800** Leroy, tasteviné
1979	**1220** Bouchard	1951	**1 800** Leroy, tasteviné

1979	**6 600** Magnum
1979	**13 600** Double magnum
1979	**21 400** Jéroboam
1979	**28 600** Mathusalem
1978	**9 187**
1977	**2 320**
1976	**3 800**
1976	**15 800** Double magnum
1975	**3 900**
1974	**2 200**
1974	**4 800** Magnum
1974	**9 800** Double magnum
1973	**2 400**
1972	**3 500**
1971	**8 100**
1971	**15 750** Magnum
1970	**3 450**
1970	**7 050** Magnum
1969	**3 300**
1967	**2 300**
1967	**4 800** Magnum
1966	**4 550**
1965	**2 295**
1964	**6 772**
1963	**6 000**
1962	**5 380**
1961	**7 795**
1961	**13 500** Magnum
1960	**2 450**
1959	**8 550**
1958	**5 370**
1957	**2 700**
1956	**2 240**
1954	**2 830**
1953	**10 500**
1952	**5 100**
1945	**18 000**
1944	**6 300**
1942	**5 500**
1940	**6 680**
1937	**9 750**
1935	**3 550**
1934	**10 500**
1929	**12 000**
1926	**9 200**
1924	**12 500**

Caisses d'assortiments de 12
bouteilles dont une seule
de Romanée Conti

1992	**8 760**
1991	**12 600**
1990	**14 500**
1989	**12 800**
1988	**12 300**
1987	**9 000**

Romanée Conti
Nombre de bouteilles
produites annuellement

1994	4 200	1976	9 120
1993	3 300	1975	6 384
1992	4 776	1974	7 220
1991	5 043	1973	9 637
1990	7 446	1972	9 626
1989	6 723	1971	5 294
1988	6 438	1970	9 626
1987	2 915	1969	7 220
1986	5 790	Pas de 1968	
1985	5 443	1967	7 220
1984	3 040	1966	8 424
1983	3 867	1965	5 776
1982	9 120	1964	9 145
1981	3 800	1963	8 422
1980	4 408	1962	8 512
1979	3 344	1961	6 080
1978	6 535	1960	7 220
1977	9 480	1959	9 627

RUCHOTTES CHAMBERTIN

Grand cru, Côte de Nuits

1993	235
1992	230
1991	222
1991	350 Rousseau
1990	272
1990	390 Jadot
1990	400 Rousseau
1990	355 Esmonin
1989	260
1989	400 Esmonin
1989	425 Rousseau
1988	311
1988	335 Mugneret Gibourg
1987	162
1986	193
1986	650 Leroy
1985	485
1985	800 Leroy
1984	135
1984	550 Leroy
1983	181
1982	130
1981	185
1980	100
1979	190
1978	475
1976	240
1972	175
1969	193
1966	485
1962	2 500 Leroy
1959	550
1959	2 800 Leroy
1957	2 200 Leroy

RULLY

Côte chalonnaise

Cette appellation, dont le vignoble couvre 300 hectares, produit pratiquement pour une moitié des rouges et pour l'autre des blancs. Le rouge a un style particulier au bouquet élégant et intense à dominante de cerises griottes. Les blancs sont fins et très aromatisés allant de la noisette à la violette.

Rouge

1994	50
1993	55
1992	53
1991	50
1990	64
1989	62
1988	65
1987	42
1987	53 Tasteviné

1986	57
1985	76
1984	40
1983	60
1982	45

Blanc

1993	56
1992	55
1991	57
1991	62 1er cru
1990	95 Drouhin
1990	97 1er cru
1989	60
1989	85 1er cru
1989	90 Drouhin
1988	70 1er cru
1987	71 Drouhin
1987	75 1er cru
1986	65 Drouhin
1985	55

SAINT-AMOUR

Beaujolais

1994	40
1993	42
1992	46
1991	41
1990	57
1989	46
1988	48
1986	42

SAINT-AUBIN

Côte de Beaune

Sous cette appellation sont produits des vins rouges et blancs. Les prix pratiqués permettent des achats à de bonnes conditions.

1993	75
1992	73
1991	71
1991	117 1er cru
1990	80
1990	106 1er cru
1989	91
1989	135 1er cru
1988	79
1988	90 1er cru
1987	35
1987	105 Drouhin
1987	93 1er cru
1986	55
1986	100 Drouhin
1985	63
1984	35
1983	50
1982	40
1981	48

SAINT-ROMAIN
Côte de Beaune

Bien souvent négligés, les vins de Saint-Romain peuvent être dégustés en rouge et en blanc. Ils offrent un excellent rapport qualité-prix.

1993	65
1992	64

ROMANÉE SAINT-VIVANT
Grand cru, Côte de Nuits

Beaucoup plus étendue que celle, toute proche, de la Romanée Conti, cette parcelle, qu'exploitent plusieurs producteurs, n'atteint pas les sommets de son illustre voisine. Les qualités varient selon le viticulteur. Hélas !, certains millésimes récents sont à peine dignes de l'appellation, et ce malgré leur prix élevé.

1993	270
1992	275
1992	460 Dom. Romanée Conti
1992	937 Leroy
1991	265
1991	1 335 Leroy
1991	625 Dom. Romanée Conti
1990	317
1990	1 495 Leroy
1990	875 Dom. Romanée Conti
1990	695 Latour
1989	470 Drouhin
1989	325
1989	1 033 Leroy
1989	925 Dom. Romanée Conti
1989	760 Latour, les Quatre Journaux
1989	470 Drouhin
1988	1 125 Leroy
1988	356
1988	1 125 Leroy
1988	1 125 Dom. Romanée Conti
1987	174
1987	625 Dom. Romanée Conti
1986	310
1986	1 045 Leroy
1986	813 Dom. Romanée Conti
1985	395
1985	875 Dom. Romanée Conti
1985	550 Latour, les Quatre Journaux
1984	162
1984	482 Dom. Romanée Conti
1984	210 Moillard
1983	240
1983	625 Dom. Romanée Conti
1982	255
1982	1 120 Leroy
1982	640 Dom. Romanée Conti

1981	250
1981	610 Leroy
1981	470 Dom. Romanée Conti
1980	170
1980	415 Leroy
1980	650 Dom. Romanée Conti
1979	250
1979	750 Leroy
1979	875 Dom. Romanée Conti
1978	720
1978	1 540 Leroy
1978	1 820 Dom. Romanée Conti
1977	170
1976	330
1976	830 Dom. Romanée Conti
1976	1 610 Leroy
1975	240 Leroy
1973	150
1973	360 Magnum
1972	265
1972	1 520 Leroy
1971	1 700 Dom. Romanée Conti
1971	820 Magnum
1971	450 Noellat
1970	405
1969	290
1969	740 Magnum
1967	630 Leroy
1966	650
1964	340
1964	810 Magnum
1964	2 300 Leroy
1964	2 300 Dom. Romanée Conti
1962	300
1962	2 500 Leroy, tasteviné
1961	525
1961	1 250 Magnum
1959	660
1959	2 800 Leroy
1957	370
1955	540
1955	3 000 Leroy
1953	450
1953	1 125 Latour, les Quatre Journaux
1952	390
1949	850
1947	5 000 Leroy
1937	8 000 Leroy
1933	450
1926	780

1991	60
1990	75
1989	29
1989	110 Drouhin
1988	77
1987	35
1986	55
1985	65
1984	50
1983	52
1982	40

SAINT-VÉRAN
Mâconnais

L'appellation s'étend sur 480 hectares répartis entre six communes dont celle de Saint-Véran qui lui donne son nom. La production se divise pratiquement pour moitié entre les caves particulières et les coopératives. Le cépage Chardonnay donne à ces vins la finesse et l'élégance. Une certaine longueur en bouche, une belle robe dorée et un bouquet délicat confèrent aux vins blancs de Saint-Véran une attraction certaine dans le rapport qualité-prix.

1993	47
1992	45
1992	63 Ch. de Fuissé
1991	42
1991	65 La Chapelle
1990	53
1989	55
1989	70 La Chapelle
1989	80 Drouhin
1988	46
1987	32
1986	52
1985	51
1984	37
1983	54

SANTENAY
Côte de Beaune

Ce vignoble, situé au sud de la Côte de Beaune, produit des vins très légers et fort agréables à déguster.

Rouge
1993	66
1992	68
1991	65
1991	81 1er cru
1991	130 Clos Tavannes
1990	74
1990	90 1er cru

1990	110 Drouhin
1990	95 1er cru, La Maladière
1989	94
1989	99 1er cru
1989	100 1er cru, La Maladière
1989	220 Drouhin
1989	145 Clos Tavannes
1988	92
1988	140 Clos Tavannes
1988	105 1er cru, La Maladière
1987	40
1987	51 1er cru
1987	75 Leroy
1986	66
1986	135 Clos Tavannes
1985	78
1985	108 1er cru La Courme
1985	94 1er cru, Le Passe Temps
1985	96 Leroy
1985	110 Clos Tavannes
1985	110 1er cru, La Maladière
1984	44
1984	60 1er cru
1984	100 Leroy
1983	68
1983	95 Leroy
1982	60
1982	120 Leroy
1981	66
1980	45
1979	68
1979	140 Leroy
1979	180 Leroy, tasteviné
1978	120
1976	82
1970	96
1959	190
Blanc	
1993	82
1992	80
1991	84 1er cru
1990	88 1er cru
1989	92 1er cru

SAVIGNY LÈS BEAUNE
Côte de Beaune

On trouve plusieurs premiers crus sous cette appellation, et des bouteilles anciennes sont souvent proposées. Les prix pratiqués restent inférieurs à ceux des beaunes.

1993	62
1992	64
1992	131 Leroy, 1er cru
1991	71
1991	90 Drouhin

1991	115	1er cru
1990	85	
1990	127	1er cru
1989	96	
1989	114	1er cru
1988	88	
1988	110	1er cru
1988	140	Leroy, 1er cru
1987	42	
1986	88	
1986	125	1er cru
1985	75	
1985	105	Leroy
1985	120	1er cru
1985	125	Drouhin
1984	40	
1983	66	
1982	55	
1981	64	
1981	80	Drouhin
1980	35	
1979	67	
1978	155	
1976	84	
1972	73	
1971	82	
1970	90	
1967	1 500	Leroy. Hospices Cuvée Arthur Girard
1966	246	
1966	500	Leroy, tasteviné
1961	450	Hospices, Cuvée Bormeret
1959	255	
1957	135	
1957	2 200	Leroy Hospices Cuvée Arthur Girard
1953	3 200	Leroy, Hospices Cuvée Arthur Girard
1953	150	
1953	1 200	Leroy, tasteviné
1949	330	
1929	520	

SAVIGNY LÈS BEAUNE
1er cru Les Marconnets
Côte de Beaune

1993	75
1992	78
1991	95
1990	120
1989	110
1988	114
1987	45
1986	92
1985	85
1984	45
1983	70

1982	60
1981	66
1980	35

SAVIGNY LÈS BEAUNE
1er cru Les Serpentières
Côte de Beaune

1993	77	
1992	78	
1991	92	
1990	116	
1989	112	
1988	115	
1987	45	
1986	95	
1985	90	
1984	44	
1983	70	
1982	60	
1981	65	
1980	35	
1979	70	
1978	160	
1976	88	
1974	40	
1973	45	
1972	85	
1972	136	Leroy
1970	115	
1964	110	

SAVIGNY LÈS BEAUNE
1er cru Les Vergelesses
Côte de Beaune

1993	75	
1992	77	
1991	90	
1990	116	
1989	104	
1988	110	
1987	40	
1986	90	
1985	83	
1984	43	
1983	72	
1982	60	
1981	65	
1980	35	
1979	70	
1978	150	
1976	90	
1972	75	
1970	106	
1966	260	
1964	122	
1957	150	
1957	330	Leroy
1955	1 100	Leroy
1952	1 300	Leroy

VOLNAY
Côte de Beaune

Connus et réputés, les volnays, ainsi que leurs premiers crus, ont enregistré des hausses importantes de prix qu'il faut rapprocher de celles de leur voisin, le pommard. La qualité de ces vins demeure assez irrégulière : on trouve de l'excellent, du bon et du moins bon. Une dégustation préalable est donc nécessaire avant toute acquisition.

1993	104	
1992	110	
1991	106	
1991	190	Lafarge
1990	126	
1990	165	Drouhin
1990	170	Clerget
1989	142	
1989	205	Lafarge
1988	140	
1988	220	1er cru, Lafarge
1987	64	
1986	108	
1985	143	
1984	60	
1983	82	
1983	143	Leroy
1982	75	
1981	85	
1980	54	
1979	87	
1978	240	
1976	155	
1972	135	
1970	180	
1966	270	
1964	140	
1962	1 000	Leroy, tasteviné
1959	1 400	Leroy, tastevine
1955	1 400	Leroy, tasteviné
1954	1 000	Leroy, tasteviné

VOLNAY
Côte de Beaune
Hospices Cuvée Blondeau

1959	3 500	Leroy
1958	2 000	Leroy
1944	750	

VOLNAY
Côte de Beaune
Hospices Cuvée Gauvain

1984	1 000	Leroy
1982	320	
1973	1 400	Leroy

VOLNAY
Côte de Beaune
Hospices Cuvée Général Muteau

1990	360	
1986	350	
1976	440	
1971	450	
1954	2100	Leroy

VOLNAY
1er cru, Côte de Beaune

1993	110	
1992	115	
1992	360	Coche Dury
1991	112	
1991	380	Coche Dury
1991	260	Clos de la Bousse d'Or
1991	270	Comte Lafon
1990	135	
1990	375	Clos de la Bousse d'Or
1989	154	
1989	300	Clos de la Bousse d'Or
1988	74	
1987	62	
1986	114	
1986	240	Clos de la Bousse d'Or
1985	162	
1984	205	Clos de la Bousse d'Or
1983	92	
1982	82	
1981	95	
1980	70	
1979	100	
1978	275	
1976	160	
1970	192	
1964	155	
1964	1 000	Leroy
1964	1 200	Leroy, tasteviné
1962	190	
1962	1 100	Leroy
1959	365	
1958	490	Leroy
1955	250	

En 1863, dans le Gard, on a commencé à trouver les premières traces du redoutable fléau : le phylloxera, qui dévasta tout le vignoble français jusqu'à la fin du siècle.

1953	1 400 Leroy
1952	1 500 Leroy
1949	2 000 Leroy

VOLNAY
1er cru Caillerets, Côte de Beaune

1993	115
1992	124
1991	120
1991	240 Clos des 60 Ouvrées
1990	150
1990	310 Clos des 60 Ouvrées
1990	225 Clerget
1989	166
1988	175
1988	265 Clos des 60 Ouvrées
1987	115
1987	145 Clos des 60 Ouvrées
1986	132
1986	205 Clos des 60 Ouvrées
1985	178
1985	275 Clos des 60 Ouvrées
1984	105
1983	112
1982	100
1981	115
1980	100
1979	126
1978	260
1978	500 Leroy
1976	165
1970	195
1966	280
1964	175

VOLNAY
1er cru Clos des Chênes, Côte de Beaune

1993	115
1992	120
1991	120
1991	160 Douhin
1991	310 Lafarge
1990	155
1990	375 Lafarge
1990	210 Drouhin
1989	170
1989	250 Drouhin
1989	335 Lafarge
1988	175
1988	325 Lafarge
1988	225 Drouhin
1987	100
1987	150 Drouhin
1986	150
1986	155 Drouhin
1985	155
1985	400 Leroy
1985	160 Lafarge
1984	220 Leroy

1983	75 Drouhin
1964	170
1964	1 000 Leroy
1949	680

VOLNAY
1er cru Malconsorts, Côte de Beaune

1991	225
1990	240
1989	300
1988	250
1987	150
1986	145
1985	235
1984	140

VOLNAY
1er cru Santenots, Côte de Beaune

1993	115
1992	128
1992	239 Leroy
1991	125
1991	270 Comte Lafon
1990	163
1989	160
1988	165
1987	100
1986	125
1985	175
1984	105
1983	126
1982	104
1981	110
1978	250
1978	550 Leroy, tasteviné
1976	165
1976	550 Leroy
1974	75
1973	80
1972	95
1972	550 Leroy
1970	170
1969	120
1969	225 Leroy
1969	850 Leroy, tasteviné
1964	185
1964	1 000 Leroy, tasteviné
1962	175
1962	1 100 Leroy, tasteviné
1955	240
1955	1 500 Leroy, tasteviné
1949	2 000 Leroy

VOLNAY
1er cru Santenots
Hospices Cuvée Jehan de Massol
Côte de Beaune

1985	400 Cuvée Général Muteau
1974	520

1974	1 400	Leroy
1962	630	
1955	750	
Hospices Cuvée Gauvain		
1984	1 200	Leroy

VOSNE ROMANÉE
Côte de Nuits

A mi-chemin entre Dijon et Beaune, sur la route nationale 7, protégée des vents froids par le Morvan, se situe une commune viticole française des plus connues. Appelée Vaona en 636, puis Veona Vanona au XIe siècle et enfin Vosne vers 1400 elle obtint, par décret impérial du 11 avril 1866, le droit d'ajouter à son nom celui du plus prestigieux cru : Romanée. Depuis plusieurs générations, une soixantaine d'exploitations familiales produisent les prestigieuses appellations de grands crus de la commune. En outre, les premiers crus et les « Village » sont étiquetés « Vosne Romanée » que nous retrouvons ci-dessous.

1993	110	
1992	108	
1992	320	Leroy, 1er cru
1991	105	
1991	270	Leroy, 1er cru
1991	272	Meo
1991	175	Rion
1991	125	1er cru
1990	127	
1990	140	1er cru
1990	140	Clos Frantin
1990	293	Meo
1990	210	Rion
1989	150	
1989	165	1er cru
1989	195	Gros
1989	170	Engel
1989	345	Meo
1989	150	Clos Frantin
1989	135	Rion
1989	320	Leroy, 1er cru
1988	147	
1988	900	Henri Jayer Cros Parentoux
1988	335	Meo
1988	150	Engel
1987	100	
1987	425	Henri Jayer
1987	245	Meo
1987	105	Rion
1986	134	
1986	525	Henri Jayer Cros Parentoux
1986	225	Meo

1986	145	Engel
1986	155	Rion
1986	95	Clos Frantin
1985	138	
1985	155	1er cru
1985	1 150	Henri Jayer, Cros Parentoux
1984	50	
1984	405	Henri Jayer, Cros Parentoux
1984	95	Engel
1984	95	Rion
1983	140	
1983	165	1er cru
1982	75	
1982	94	1er cru
1981	100	
1981	240	Magnum
1981	125	1er cru
1980	50	
1980	875	Henri Jayer, Cros Parentoux
1979	105	
1978	260	
1978	315	1er cru
1978	1 550	Henri Jayer, Cros Parentoux
1977	60	
1976	145	
1974	60	
1974	400	Leroy, tasteviné
1973	65	
1972	107	
1972	600	Leroy, tasteviné
1971	133	
1970	174	
1969	125	
1969	202	Leroy
1967	104	
1967	700	Leroy, tasteviné
1966	350	
1966	900	Leroy, 1er cru
1964	175	
1962	225	
1959	440	
1949	550	

VOSNE ROMANÉE
1er cru Les Beaux Monts, Côte de Nuits

1993	120	
1992	114	
1992	345	Leroy
1991	136	
1991	500	Leroy
1991	260	Rion
1990	173	
1990	350	Rion
1990	560	Leroy
1989	188	

1989	465	Leroy
1989	315	Rion
1989	350	Drouhin
1988	185	
1988	900	Leroy
1988	280	Drouhin
1988	240	Rion
1989	800	Henri Jayer
1986	168	
1986	215	Rion
1985	204	
1985	515	Magnum
1985	210	Drouhin
1985	180	Latour
1985	275	Rion
1984	70	
1983	157	
1983	342	Magnum
1982	96	
1981	162	
1981	355	Magnum
1979	149	
1978	325	
1978	740	Magnum
1976	175	
1974	80	
1971	155	
1969	410	Magnum
1966	435	
1952	430	

VOSNE ROMANÉE
1er cru Les Chaumes, Côte de Nuits

1993	115	
1992	110	
1991	122	
1991	270	Rion
1991	275	Meo
1990	155	
1990	350	Rion
1989	170	
1989	310	Meo
1989	315	Rion
1988	187	
1988	270	Rion
1987	110	
1987	175	Rion
1986	155	
1986	270	Rion
1986	190	Meo
1985	193	
1985	400	Meo
1984	75	
1983	160	
1982	95	
1981	150	
1978	300	
1978	800	Leroy
1976	165	
1972	135	
1972	700	Leroy

VOSNE ROMANÉE
1er cru Clos des Reas
Côte de Nuits

Le « Clos des Reas », situé au centre ville, borde la Mairie. Entièrement entouré de hauts murs il appartient, depuis 1860, à la famille Gros qui en assure totalement l'exploitation et la commercialisation. Les étiquettes portent bien en évidence le terme de « Monopole » afin de ne pas confondre ce grand vin avec son voisin « Aux Reas » qui ne constitue qu'une appellation Village.

1993	275
1992	270
1991	265
1990	240
1989	350
1988	250
1987	220
1986	180
1985	290

VOSNE ROMANÉE
1er cru Genevrières
Côte de Nuits

1993	120	
1992	115	
1992	195	Leroy
1991	124	
1991	285	Leroy
1990	167	
1990	305	Leroy
1989	180	
1989	237	Leroy
1988	185	
1988	215	Leroy
1986	153	
1985	200	
1985	445	Magnum
1983	150	
1981	147	
1978	305	
1978	645	Magnum
1970	200	

VOSNE ROMANÉE
La Grande Rue
Grand cru depuis juin 1992
Côte de Nuits

1987	340
1985	300
1981	218
1979	225

1976	248
1972	275
1971	310

VOSNE ROMANÉE
1er cru Les Brûlées
Côte de Nuits

1990	500	Leroy
1989	585	Leroy
1989	175	Engel
1988	225	Engel
1988	420	Meo
1987	315	Meo
1987	500	Henri Jayer
1986	525	Henri Jayer
1985	1 500	Henri Jayer
1980	925	Henri Jayer
1979	750	Henri Jayer
1978	1 550	Henri Jayer
1976	1 250	Henri Jayer
1972	1 250	Henri Jayer

VOSNE ROMANÉE
1er cru Malconsorts
Côte de Nuits

1993	115	
1992	110	
1991	120	
1990	160	
1990	185	Clos Frantin
1989	172	
1989	210	Clos Frantin
1988	177	
1988	290	Clos Frantin
1987	112	
1987	150	Clos Frantin
1986	157	
1986	175	Clos Frantin
1985	197	
1985	275	Clos Frantin
1979	145	
1976	175	
1972	140	
1959	400	
1952	360	

VOSNE ROMANÉE
1er cru Les Suchots
Côte de Nuits

1993	110	
1992	106	
1991	141	
1990	195	
1990	290	Drouhin
1989	245	
1988	209	

1987	125	
1986	166	
1985	193	
1983	180	
1982	117	
1981	158	
1978	315	
1976	160	
1972	135	
1972	700	Leroy
1971	145	
1971	1 000	Leroy
1970	210	
1966	430	
1964	200	
1959	460	
1959	2 000	Leroy
1957	230	
1957	1 600	Leroy
1955	360	
1955	2 000	Leroy
1953	330	
1953	1 900	Leroy
1949	3 000	Leroy

VOUGEOT
Côte de Nuits

Ne pas confondre le Vougeot appellation Village avec le Clos de Vougeot, qui est un grand cru. La différence de prix est d'ailleurs très sensible, quoique le vougeot soit un excellent vin.

1993	112	
1992	116	
1991	126	
1990	157	
1990	182	1er cru
1989	210	
1988	193	
1988	235	1er cru
1987	103	
1987	132	1er cru
1986	136	
1985	153	
1985	220	1er cru, Les Gras
1984	102	
1984	115	1er cru, Les Gras
1983	145	
1983	170	1er cru, Les Gras
1982	107	
1981	136	
1980	100	
1979	140	
1978	232	
1971	145	

VALLÉE DU RHÔNE

L'appellation radieuse

*O*n peut considéréer aujourd'hui qu'il y a deux mille ans d'histoire dans un verre de vin des Côtes du Rhône. Les Grecs qui, sur leurs bateaux, naviguaient le long des rives de la Méditerranée, installaient des comptoirs qu'ils exploitaient en commerçants avisés. Connaissant, depuis des siècles, la culture de la vigne, ils s'efforcent de donner au peuple barbare de ces régions le goût du vin afin de leur en vendre le plus possible.

A peu près au VIe siècle avant Jésus-Christ, ils parvinrent à l'embouchure du Rhône et firent connaître le vin aux Gaulois, qui ne buvaient jusque là que de la « Cervoise », boisson à base de baies d'orge. Très vite, il apparut plus avantageux de produire les vins sur place et, de la Provence aux deux rives du Rhône, la vigne fut plantée et exploitée. Sur tous les coteaux du fleuve, les vins produits ont acquis une solide réputation grâce à leurs qualités.

Lorsque les Romains décidèrent de conquérir la Gaule et de soumettre les tribus gauloises, ils reprirent l'exploitation des vignes et, après défrichage, plantèrent de nouveaux ceps sur les pentes escarpées des rives du Rhône.

Bientôt, la qualité des vins produits vint concurrencer ceux de la première péninsule romaine.

Après l'effondrement de l'Empire romain, succéda une période *troublée. Sous l'influence de l'Église, de nombreux monastères s'établirent sur les pentes de la vallée du Rhône, et continuèrent l'exploitation du vignoble durant des siècles. La notion de référence « Côtes du Rhône » n'apparut qu'au XVIIIe siècle avec la mention de chaque commune des deux rives.*

Les qualités des vins actuels doivent beaucoup au savoir-faire ancestral des vignerons. Ils sont en pleine expansion et conquièrent de plus en plus de marchés tant français qu'étrangers.

Vous trouverez sur les cotations de nombreuses mentions du nom des producteurs. Vous vous rendrez ainsi compte plus facilement de la différence d'un viticulteur à l'autre dans une appellation déterminée.

———————————

CHÂTEAUNEUF DU PAPE
Rouge

Célèbre dans le monde entier, ce vin n'est malheureusement plus élaboré comme par le passé. On ne rencontre pratiquement plus aujourd'hui de viticulteurs qui composent leur assemblage à partir des onze cépages différents exigés légalement. La très grande diversité des productions et des qualités, ainsi d'ailleurs que des prix, reste particulièrement sensible d'une maison à l'autre. Ces vins vieillissent très correctement, et lorsque des bouteilles anciennes portant l'étiquette d'un bon producteur sont mises aux enchères, elles atteignent des prix élevés.

1993	82	
1993	84	Domaine de Beaucastel
1992	90	
1991	86	
1991	110	Domaine de Beaucastel
1990	95	
1990	200	Domaine de Beaucastel
1990	640	Domaine de Beaucastel Cuvée Jacques Perrin
1990	100	Guigal
1990	400	Château Rayas
1990	145	Château de la Nerthe
1989	92	
1989	3 000	Domaine de Beaucastel, Cuvée Jacques Perrin jéroboam
1989	245	Domaine de Beaucastel
1989	310	Château Rayas
1989	125	Château de la Nerthe
1988	88	
1988	120	Château de la Nerthe
1988	300	Château Rayas
1988	100	Guigal
1988	160	Domaine de Beaucastel
1987	51	
1987	105	Domaine de Beaucastel
1986	80	
1986	165	Domaine de Beaucastel
1986	90	Château de la Nerthe
1986	95	Guigal
1986	290	Château Rayas
1985	90	
1985	435	Château Rayas
1985	90	Guigal
1985	85	Château de la Nerthe
1985	190	Domaine de Beaucastel
1984	55	
1984	110	Domaine de Beaucastel
1983	113	
1983	240	Domaine de Beaucastel
1983	375	Château Rayas
1983	145	Guigal
1983	125	Château de la Nerthe
1982	75	
1982	150	Domaine de Beaucastel
1981	122	
1981	250	Domaine de Beaucastel
1981	150	Château de la Nerthe
1980	62	
1980	190	Domaine de Beaucastel
1979	125	
1978	160	
1977	60	
1976	133	
1975	152	
1969	150	La Bernardine
1961	305	
1960	190	

CHÂTEAUNEUF DU PAPE
Blanc

Le volume produit en blanc est réduit et ne saurait se comparer à celui des vins rouges. On trouve, chez certains producteurs, d'excellentes bouteilles qui ne portent pas de millésime. On ne peut donc évaluer avec certitude leur ancienneté mais la couleur du vin, d'après sa teinte plus ou moins dorée, fournit une approximation sur leur âge.

1993	66
1992	65
1991	86

1991	125	Domaine de Beaucastel
1991	105	Domaine de Beaurenard
1990	92	
1990	125	Domaine de Beaurenard
1990	150	Château de la Nerthe
1989	100	
1989	100	Château de la Nerthe
1989	310	Château Rayas
1989	100	Domaine de Beaurenard
1989	235	Domaine de Beaucastel
1988	96	
1987	75	
1986	98	
1986	165	Domaine de Beaucastel
1986	290	Château Rayas
1985	110	
1984	73	
1983	114	
1982	104	
1981	115	
1980	70	
1979	120	
1978	155	

CONDRIEU

S'étendant sur seulement 80 hectares d'étroites terrasses surplombant le Rhône, ce superbe vignoble qui porte le nom du petit village de Condrieu, produit des vins blancs exceptionnels issus du seul cépage Viognier. Jouissant d'un microclimat et d'un ensoleillement maximum au moment de la maturation, les raisins récoltés permettent la production d'environ 200 000 bouteilles par an dont la demande dépasse largement l'offre.

1993	110	
1992	115	
1992	175	Guigal
1991	132	
1991	225	Guigal
1990	166	
1990	200	Guigal
1990	295	Coteaux de Vernon
1989	165	
1989	225	Guigal
1988	163	

1988	215	Guigal
1987	137	
1987	215	Coteaux de Vernon
1987	240	Guigal
1982	210	

CONDRIEU
CHÂTEAU GRILLET

Cette minuscule propriété produit des vins rarissimes et introuvables. Ils possèdent des arômes fins et subtils qui viennent s'ajouter aux parfums très spéciaux du cépage Viognier. Il faut donc essayer à tout prix de se procurer une bouteille de Château Grillet, un des meilleurs vins blancs qui existent, pour une dégustation inoubliable.

1992	265
1991	272
1990	386
1989	395
1988	420
1987	250
1986	295
1985	535
1983	310
1982	405
1981	355
1979	380
1978	445
1976	410
1975	475
1971	510
1970	650
1966	975
1961	1 350
1959	1 230
1955	1 250
1894	2 480

CORNAS

Issu du seul cépage Syrah, à vieillissement long et lent, ce vin méconnu possède d'étonnantes qualités, appréciées des vrais connaisseurs.

1993	90	
1992	91	
1991	86	
1991	120	Clape
1991	125	Vogé
1991	135	Vogé, Vieilles vignes
1991	115	Domaine de Rochepertuis

1990	105	
1990	115	Domaine de Rochepertuis
1990	120	Clape
1990	135	Vidal Fleury
1990	125	Vogé
1990	135	Vogé, Vieilles vignes
1989	108	
1989	160	Vogé, Vieilles vignes
1988	87	
1988	100	Vidal Fleury
1988	140	Domaine de Rochepertuis
1987	76	
1986	83	
1986	110	Clape
1985	112	
1984	68	
1984	65	Clape
1983	86	
1982	90	
1981	88	
1980	60	
1979	100	
1978	155	
1970	180	

CÔTES DU RHÔNE
Rouge

Sous cette appellation figurent des vins extrêmement variés puisque, du nord au sud, la région de production s'étend sur 260 kilomètres. Les côtes-du-rhône sont largement diffusés en France et à l'étranger, mais avant tout achat une dégustation préalable est vivement conseillée.

1994	28	
1993	30	
1992	32	
1992	75	Syrah
1991	28	
1991	33	Guigal
1990	35	
1990	45	Guigal
1990	80	Syrah
1990	200	Condulet de Beaucastel
1989	38	
1988	35	
1987	38	
1986	24	
1986	50	Syrah
1985	31	

CÔTE RÔTIE
Rouge

Cette appellation constitue la plus grande révélation de ces dernières années. De très nombreux amateurs découvrent avec ravissement les qualités exceptionnelles et spéciales de ce vin. Il faut préciser que, aidés par la renommée du plus connu vigneron, monsieur Guigal, tous les efforts déployés par l'ensemble des viticulteurs de la Côte Rôtie pour présenter des produits parfaits donnent les résultats escomptés. Dans ces vignes en espaliers de surface réduite, d'accès et de travail difficiles, les rendements sont hélas modestes et les possibilités d'extension inexistantes. L'appellation se subdivise en Côte Rôtie, Côte Rôtie Brune et Blonde et, dans les crus de la maison Guigal : La Mouline (superficie d'un hectare ; l'appellation existe depuis 1966 pour ce cru d'usage), La Landonne (superficie de 2 hectares, avec extension possible ; existe depuis 1978 ; cadastrée sous ce nom), La Turque (superficie de 0,90 hectare ; l'appellation existe sous ce nom depuis 1985 et les étiquettes comportent, depuis cette date, une magnifique composition du peintre Raymond Moretti ; la parcelle est cadastrée sous ce nom). Ces trois crus représentent, en ce moment, les vins les plus recherchés, ce qui n'abaisse pas leurs prix déjà très élevés du fait de leur rareté. Malgré cela, il faut tout faire pour déguster une de ces bouteilles, en prenant toutefois le risque d'en devenir un des fanatiques inconditionnels.

1993	125	
1992	130	
1992	210	Jamet
1992	175	Chapoutier
1991	121	
1991	195	Jamet
1991	210	Jasmin
1991	180	Burgaud
1991	185	Chapoutier
1991	235	Chapoutier, La Mordorée
1990	138	
1990	675	La Mouline
1990	680	La Landonne

1990	690 La Turque	1985	2 350 La Turque	
1990	185 Burgaud	1985	165 Jamet	
1990	195 Jamet	1985	130 Vidal Fleury,	
1990	225 Jasmin		Brune et Blonde	
1990	150 Brune et Blonde	1984	88	
1990	175 Chapoutier	1984	140 Brune et Blonde	
1990	235 Chapoutier, La	1984	492 La Mouline	
	Mordorée	1984	500 La Landonne	
1990	150 Vidal Fleury	1984	110 Burgaud	
1990	175 Chapoutier,	1983	112	
	Brune et Blonde	1983	125 Chapoutier	
1990	140 Vidal Fleury,	1983	210 Côte Blonde,	
	Côte Blonde		Dervieux	
1989	130	1983	205 Brune et Blonde	
1989	750 La Mouline	1983	1 400 La Mouline	
1989	780 La Turque	1983	1 250 La Landonne	
1989	200 Côte Brune,	1983	90 Burgaud	
	Gentaz	1982	350 Côte Brune,	
1989	112 Burgaud		Gentaz	
1989	265 Jamet	1982	185 Les Jumelles	
1989	150 Brune et Blonde	1982	1 150 La Landonne	
1989	180 Gentaz	1982	1 250 La Mouline	
1989	825 La Landonne	1982	160 Brune et Blonde	
1989	140 Vidal Fleury,	1981	700 La Mouline	
	Brune et Blonde	1981	700 La Landonne	
1989	175 Chapoutier	1980	800 La Mouline	
1988	137	1980	900 La Landonne	
1988	135 Chapoutier	1980	200 Brune et Blonde	
1988	205 Brune et Blonde	1979	950 La Mouline	
1988	875 La Mouline	1978	2 000 La Mouline	
1988	825 La Landonne	1978	1 925 La Landonne	
1988	1 100 La Turque	1978	450 Brune et Blonde	
1988	245 Jamet	1977	875 La Mouline	
1988	160 Jasmin	1976	2 000 La Mouline	
1988	200 Burgaud	1976	245 Brune et Blonde	
1988	210 Vidal Fleury,	1976	700 La Mouline	
	Côte Blonde	1974	1 500 La Mouline	
1988	185 Vidal Fleury,	1973	140	
	Brune et Blonde	1973	650 La Mouline	
1987	88	1971	1 750 La Mouline	
1987	140 Brune et Blonde	1970	1 500 La Mouline	
1987	765 La Mouline	1969	450	
1987	625 La Landonne	1969	4 250 La Mouline	
1987	145 Burgaud	1969	500 Brune et Blonde	
1987	140 Guigal	1968	1 500 La Mouline	
1987	1 975 La Turque	1967	260	
1986	120	1967	2 500 La Mouline	
1986	165 Brune et Blonde	1966	4 500 La Mouline	
1986	790 La Mouline	1966	625 Brune et Blonde	
1986	682 La Landonne	1964	560 Brune et Blonde	
1986	2 200 La Turque	1962	425 Brune et Blonde	
1986	155 Burgaud	1961	500 Brune et Blonde	
1985	110	1945	875 Vidal Fleury,	
1985	205 Brune et Blonde		Brune et Blonde	
1985	1 600 La Mouline	1934	1 250 Vidal Fleury,	
1985	1 304 La Landonne		Brune et Blonde	

1983	27
1982	30
1981	29

CÔTES DU RHÔNE
Blanc

1994	22
1993	24
1992	25
1991	27
1990	28
1989	30
1988	39
1987	27
1986	29
1985	25
1983	25
1982	28
1981	30

CÔTES DU RHÔNE
Rosé

1994	25
1993	25
1992	27
1991	31
1990	32
1989	33
1988	40
1986	30
1985	26

CROZES HERMITAGE

A ne surtout pas confondre avec l'Hermitage, de qualité totalement différente. Ces vins de grande diffusion, peu coûteux, figurent sur la carte de nombreux restaurants.

Rouge

1994	55	
1993	59	
1992	58	
1991	71	
1991	225	Chave
1990	59	
1990	136	Magnum
1989	71	
1988	66	
1987	40	
1986	55	
1985	79	
1984	36	
1983	45	
1982	82	
1979	50	
1978	92	

1978	135	Jaboulet
1972	408	Magnum
1972	460	Jaboulet, magnum
1970	150	

Blanc

1994	50
1993	55
1992	52
1991	50
1990	61
1989	58
1988	60
1987	35
1986	54
1985	74
1984	36
1983	55

GIGONDAS

Très appréciés par certains amateurs, ces vins possèdent des qualités spécifiques.

1994	35	
1993	35	
1992	36	
1991	34	
1990	43	
1990	75	Guigal
1990	100	Raspail
1989	65	
1989	95	Raspail
1988	62	
1988	95	Raspail
1988	100	Domaine Les Pallières
1987	33	
1986	42	
1986	105	Domaine Les Pallières
1986	85	Guigal
1986	75	Raspail
1985	58	
1985	85	Guigal
1984	30	
1984	75	Guigal
1984	70	Domaine Les Pallières
1983	60	
1983	125	Domaine Les Pallières
1983	90	Guigal
1982	55	Domaine Les Pallières
1981	55	Domaine Les Pallières

HERMITAGE

En rouge comme en blanc, ces vins de très grande qualité sont recherchés par de nombreux amateurs et, lorsqu'ils ont convenablement vieilli, ils atteignent la perfection.

Rouge

1993	110
1992	122
1992	223 Chave
1991	125
1991	237 Chave
1991	250 La Chapelle
1991	210 Chapoutier
1991	175 Guigal
1990	146
1990	270 Chave
1990	850 Chave, Cuvée Cathelin
1990	370 La Chapelle
1989	132
1989	150 La Chapelle
1989	200 Chave
1989	275 Chapoutier
1989	165 Guigal
1988	115
1988	155 Chave
1988	140 Guigal
1988	225 Chapoutier
1988	125 La Chapelle
1987	82
1987	145 Guigal
1986	89
1986	170 Guigal
1986	160 Chave
1986	285 La Chapelle
1985	118
1985	250 La Chapelle
1985	170 Guigal
1985	260 Magnum
1985	855 La Chapelle, jéroboam
1985	240 Chave
1984	85
1984	145 Chave
1984	155 La Chapelle
1983	132
1983	290 Magnum
1983	460 La Chapelle, magnum
1983	346 La Chapelle
1983	155 Chapoutier
1983	170 Guigal
1982	125
1982	320 La Chapelle
1982	145 Guigal
1981	108
1981	125 Chapoutier
1981	220 La Chapelle
1980	100
1980	295 La Chapelle
1980	250 Guigal
1980	200 Chave
1979	118
1979	310 La Chapelle
1978	175
1978	370 Guigal
1978	325 Chave
1978	385 Magnum
1978	900 La Chapelle
1978	1 875 La Chapelle, magnum
1977	95
1977	180 La Chapelle
1976	205
1976	325 La Chapelle
1976	300 Guigal
1975	184
1975	250 La Chapelle
1974	180
1974	450 La Chapelle
1973	350 La Chapelle
1972	355 Magnum
1972	750 La Chapelle
1971	225
1971	700 La Chapelle
1970	410
1970	875 La Chapelle
1969	340
1969	500 Chave
1969	755 Magnum
1969	900 La Chapelle
1969	1 000 La Chapelle
1969	500 Guigal
1967	295
1967	675 Magnum
1967	618 La Chapelle
1966	450
1966	1 462 La Chapelle
1966	500 Guigal
1964	380
1964	865 Magnum
1964	1 162 La Chapelle
1964	500 Guigal
1962	1 250 La Chapelle
1961	840
1961	3 625 La Chapelle
1959	2 500 La Chapelle
1955	1 650 La Chapelle
1953	2 400 La Chapelle
1952	425
1952	2 250 La Chapelle
1949	2 250 La Chapelle
1945	875
1944	4 000 La Chapelle
1937	4 000 La Chapelle

1937	675	
1899	1 140	
Blanc		
1993	98	
1992	102	
1991	96	
1991	125	Guigal
1991	190	Chapoutier
1991	225	Chave
1990	122	
1990	135	Guigal
1990	165	Chapoutier
1989	105	
1989	130	Chapoutier
1989	125	Guigal
1988	100	
1988	115	Guigal
1988	100	Chapoutier
1987	75	
1986	116	
1986	135	Guigal
1985	115	Guigal
1985	115	Chapoutier
1984	85	
1983	75	
1983	80	Chapoutier
1983	240	Chave
1982	88	
1981	70	
1981	75	Guigal
1980	82	
1979	150	
1978	250	
1953	480	
SM	145	Chante-Alouette Chapoutier

SAINT-JOSEPH

Ce beau vignoble s'étend en une étroite bande de 60 kilomètres situés à mi-chemin entre Vienne et Valence. Les coteaux ont été taillés en terrasses tout au long des siècles par ses viticulteurs. Il porte le nom d'un coteau situé sur la commune de Tournon qui constitue le centre de l'appellation portant sur 640 hectares exploités. La production des vins rouges, issus du seul cépage Syrah, est largement majoritaire alors que la petite part des vins blancs provient des Roussane et Marsanne. Les viticulteurs s'efforcent de réaménager les coteaux afin d'affiner la typicité des vins de cette appellation.

Rouge		
1993	60	
1992	66	
1991	62	

1991	110	Grippat
1990	67	
1989	66	
1988	52	
1987	30	
1986	35	
1985	53	
1984	30	
1983	37	
1982	35	
1981	40	
1980	30	
1979	42	
1978	55	
Blanc		
1993	55	
1992	57	
1991	58	
1990	64	
1989	66	
1988	70	
1987	32	
1986	65	
1985	59	
1984	30	
1983	64	
1982	65	
1981	66	
1980	32	
1979	68	
1978	75	

TAVEL
Rosé

On trouve placée sous cette appellation une vaste production de vins rosés largement diffusés. La bonne tenue de ces vins varie selon les producteurs, et leur rapport qualité-prix n'est pas toujours très favorable.

1994	33	
1993	35	
1992	37	
1991	35	
1990	54	
1989	52	
1989	75	Guigal
1988	55	
1987	35	
1986	54	
1985	60	
1984	35	
1983	55	

VACQUEYRAS

1991	75
1990	80
1989	73

ALSACE

Des maisons réputées

A part les bouteilles de « Vendanges Tardives » (V.T.) ou celles de « Sélection de Grains Nobles » (S.G.N.), les vins d'Alsace ne rencontrent pas toujours auprès du public, et particulièrement celui des salles de vente aux enchères, le succès qu'ils méritent. Il faut pourtant signaler que la clientèle tient compte de l'origine des vins et que certaines maisons réputées se placent très loin en tête, devant celles moins connues. La palme revient incontestablement à Schlumberger pour les prix obtenus, à juste titre, par ses vins de haute qualité. Il faut aussi signaler Hugel, Trimbach et Sparr.

Il existe bien entendu d'autres nombreux vignerons qui produisent des vins de prestige mais, malheureusement, la dispersion des vignobles en petites ou moyennes surfaces ne permet pas toujours une promotion commerciale efficace.

Par décret du 17 décembre 1992 a été agréée l'appellation « Alsace grand cru » sur 47 lieux-dits dont le détail figure ci-après. Pour avoir droit à cette mention, les vins doivent obligatoirement être issus des cépages Riesling, Muscat, Gewurztraminer et Pinot Gris, et l'étiquette doit comporter la mention du cépage, ainsi que celle du millésime. Ces spécifications n'ont bien entendu rien à voir avec les anciennes mentions concernant les « Vendanges Tardives » ou celles des « Sélections de Grains Nobles », qui s'appliquent à des procédés de vinification bien particuliers.

*Il peut paraître étonnant qu'autant de parcelles bénéficient
de cette majestueuse promotion, et il est probable que, à part
les professionnels de la région, bien des acheteurs se perdent
parmi tous ces noms compliqués.*

Sur le département du Bas-Rhin

Altenberg de Bergbieten	Kastelberg	Wiebelsberg
Altenberg de Wolxheim	Kirchberg de	Barr Winzenberg
Bruderthal	Moenchberg	Zotzenberg
Engelberg	Prälatenberg	
Frankstein	Steiklotz	

Sur le département du Haut-Rhin

		Saering
Altenberg de Bergheim	Kanzlerberg	Schlossberg
Brand	Kessler	Schoonenbourg
Eichberg	Mambourg	Sommerberg
Florimont	Mandelberg	Sonnenglanz
Froehn	Marckrain	Spiegel
Furstentum	Ollwiller	Sporen
Geisberg	Osterberg	Steinert
Gloeckelberg	Pfersiberg	Steingrubler
Goldert	Pfingstberg	Vorbourg
Hatschbourg	Rangen	Wineck-Schlossberg
Hengst	Rosacker	Zinnkoepflé

Abréviations utilisées:

G. C. :	Grand Cru
S.G.N. :	Sélection de Grains Nobles
V. T. :	Vendanges Tardives

CRÉMANT D'ALSACE

40 Brut
52 Rosé Brut
55 Rosé Brut
   Médaillé
60 Rosé Brut
   Prestige
48 Blanc de Blancs
   Médaillé

EDELZWICKER

1993	18
1992	19
1991	18
1990	24
1989	23
1988	21
1986	20

MUSCAT D'ALSACE

1990	50 Les Fleurons Josmeyer
1989	45 Altenberg Mockel
1988	55 Altenberg Mockel
1987	62 Golbert Zind
1981	45 Rolly Gassmann
1981	45 Les Amandiers Dopff
1973	55 Les Amandiers Dopff
1959	145 Freiberg Klipfel

PINOT D'ALSACE

	20
	22 Médaillé
1975	45

PINOT BLANC

1993	24
1992	22
1991	23
1991	43 Beyer
1990	24
1990	42 Beyer
1990	37 Hugel
1989	23
1989	35 Hugel
1989	40 Beyer
1988	20
1988	33 Beyer
1988	35 Hugel
1987	22
1987	37 Beyer
1986	24
1985	27
1983	31
1983	75 Schlumberger

GEWURZTRAMINER

1993	35
1992	37
1991	40
1990	42
1990	110 Sparr Brand
1990	75 Hugel
1989	40
1989	102 V.T.
1989	215 Cuvée Christine Schlumberger
1989	144 Kitterlé Schlumberger
1989	80 Hugel
1989	100 V.T. Hugel
1988	40
1988	42 Trimbach
1988	97 Cuvée Théo Weinbuch
1988	75 Hugel
1987	35
1987	37 Médaillé
1987	78 Hengst Zind-Humbrecht
1986	37
1986	45 Trimbach
1986	69 Sparr
1986	72 Herrenweg Zind-Humbrecht
1986	240 S. G. N. Herrenweg Zind-Humbrecht
1985	42
1985	44 Médaillé
1985	45 Médaille d'Or
1985	92 Cuvée Seigneur de Ribeaupierre Trimbach
1985	225 V.T. Zind-Humbrecht
1985	200 V.T. Cuvée Anne Rolly Gassmann
1985	245 S.G.N. Kientzler
1985	200 V.T. Kaefferkopf Sich-Dreyer
1985	215 V.T. Dopff
1983	48
1983	53 Médaillé
1983	62 Hugel
1983	210 Cuvée Christine Schlumberger
1983	170 V.T. Lorentz
1983	188 V.T Hugel
1983	175 V.T. Eichberg Brand Dopff
1983	355 S.G.N. Faller
1983	183 S.G.N. Faller Demi-bouteille

1982	85	Réserve particulière Faller
1981	155	V.T. Cuvée Anne Rolly Gassmann
1981	225	S.G.N. Hugel
1981	112	S.G.N. Hugel Demi-bouteille
1979	85	Comte d'Engesheim Beyer
1979	72	Cuvée Seigneur de Ribeaupierre Trimbach
1978	80	Cuvée Seigneur de Ribeaupierre Trimbach
1978	117	Kitterlé Schlumberger
1976	145	Cuvée Seigneur de Ribeaupierre Trimbach
1976	360	V.T. Hugel
1976	105	Cuvée du Tricentenaire Rolly Gassmann
1976	335	Cuvée Anne Schlumberger
1976	125	Cuvée Tradition Hugel
1976	238	S.G.N. Klipfel
1973	215	Sélection except. V.T. Dopff
1971	145	Réserve Trimbach
1971	360	Cuvée Anne Schlumberger
1971	150	Hugel
1967	225	Réserve Trimbach
1967	450	Cuvée Christine Schlumberger
1966	145	Freiberg Klipfel
1966	145	Grand cru Huge
1964	118	Sélection Dopff
1964	133	Clos Zisser Klipfel
1961	127	Clos Zisser Klipfel
1961	1 350	Magnum V.T. Hugel
1959	275	Réserve Trimbach
1953	510	V.T. Hugel

ROUGE D'ALSACE
PINOT NOIR

1993	25	
1992	22	
1991	22	
1990	24	
1989	24	
1988	21	
1988	36	Sparr
1986	25	
1985	28	
1985	35	Hugel
1983	65	Cuvée particulière Hugel

SYLVANER

1993	16	
1992	17	
1991	16	
1990	17	
1989	19	
1988	16	
1987	18	
1987	36	Hugel
1987	36	Trimbach
1986	25	
1985	28	
1983	30	
1947	457	Vinothèque Haag
1872	880	Vinothèque Kuentz

TOKAY D'ALSACE

1993	30	
1992	31	
1991	33	
1990	36	
1990	267	Clos Jebral V.T. Zind Humbrecht
1990	75	Hugel Jubilée
1989	35	
1989	270	Cuvée Clarisse Schlumberger
1989	205	V.T. Sparr
1989	85	Hugel Tradition
1988	33	
1988	45	Trimbach
1988	40	Réserve particulière Kuentz
1988	38	Réserve particulière Kientzler
1988	37	Cuvée du Centenaire Josmeyer
1988	83	Hugel Tradition

1988	115 Trimbach Réserve		1985	55 Rangen G.C Zind
1987	27		1985	210 S.G.N. Kientzler
1987	33 Réserve particulière Kuentz		1984	45 Rangen G.C. Zind
1987	33 Réserve particulière Kientzler		1983	38
			1983	54 Rangen Zind
			1983	135 V.T. Zind
			1983	177 V.T. RangenZind
1987	164 S.G N. INRA Colmar		1983	210 V.T. Sick Dreyer
			1983	140 V.T. Dopff
1986	32		1983	170 V.T. Faller
1986	170 S.G.N. INRA Colmar		1983	380 Magnum V.T. Kientzler
1985	34		1983	240 S.G.N. Kientzler
1985	39 Cuvée particulière Beyer		1983	235 S.G.N. Faller
			1983	235 Cuvée Caroline V.T. Kuentz

RIESLING

1993	29		1985	155 Geisberg V.T.
1992	31		1985	275 Kientzler S.G.N.
1991	33		1985	210 Clos St-Hune Trimbach
1990	35			
1990	46 Hugel		1985	110 Cuvée Frédéric Émile Trimbach
1990	135 Zind Brand		1984	40 Rangen G.C. Zind
1989	33			
1989	47 Schoenenbourg G.C.		1984	66 Schlossberg G.C. Faller
1989	415 V.T. Zind Brand		1983	40
1989	45 Hugel		1983	140 Cuvée Frédéric Émile Trimbach
1989	73 Hugel Tradition			
1989	115 Hugel Jubilée		1983	204 Clos Ste-Hune Trimbach
1988	32			
1988	52 Trimbach F.E.		1983	124 Altenberg G.C. Lorentz
1988	45 Pfeisigberg G.C. Borg		1983	75 Rangen G.C Zind
1988	63 Cuvée Ste-Catherine Faller		1983	136 Geisberg G.C. Kientzler
1988	125 Beyer S.G.N.		1983	215 Hengst G.C. V.T. Josmeyer
1988	42 Hugel			
1988	70 Hugel Tradition		1983	90 Schlossberg G.C. Faller
1987	32			
1987	48 Cuvée particu-lière Beyer		1983	86 Tradition Hugel
			1983	60 Domaine du Château Dopff
1987	57 Hugel Réserve			
1987	65 Cuvée Fréderic Émile Trimbach		1982	126 Clos Ste-Hune Trimbach
1986	35		1981	47 Les Pierrets Josmeyer
1986	77 Cuvée Frédéric Émile Trimbach		1981	60 Geisberg G.C. Kientzler
1986	44 Altenberg G.C.			
1986	215 Clos Ste-Hune, Trimbach		1981	166 V.T. Hugel
			1981	130 Clos Ste-Hune Trimbach
1985	37			
1985	42 Beyer C.P.		1981	165 Cuvée Frédéric Émile Trimbach
1985	45 Altenberg G.C.			

1981	**160**	V.T. Hugel
1980	**40**	Rangen G.C. Zind
1978	**65**	Rangen G.C. Zind
1976	**345**	S.G.N. Hugel
1971	**145**	Réserve particulière Trimbach
1966	**330**	Réserve except. Hugel
1959	**210**	Réserve except. Dopff

1980	**26**	
1980	**50**	Brand G.C. Zind
1979	**72**	Geisberg G.C. Kientzler
1979	**210**	Hengst G.C. V.T. Josmeyer
1979	**155**	Clos Ste-Hune Trimbach
1978	**195**	Clos Ste-Hune Trimbach
1977	**140**	Clos Ste-Hune Trimbach
1976	**208**	Clos Ste-Hune Trimbach
1976	**240**	Cuvée Frédéric Émile Trimbach
1976	**93**	Geisberg G.C. Kientzler
1976	**275**	V.T. Hugel
1976	**370**	S G.N Hugel
1976	**215**	V.T. Josmeyer
1975	**85**	Geisberg G.C. Kientzler
1975	**90**	Hengst G.C. Josmeyer
1971	**185**	V.T. Sparr
1966	**214**	Cuvée spéciale Adam
1966	**370**	Clos Ste-Hune Trimbach
1966	**490**	Kitterlé Schlumberger
1959	**225**	Boeckel
1922	**440**	Boeckel

VAL DE LOIRE

Une réputation en hausse

*P*endant longtemps, les vins du Val de Loire, mal connus du public, ont été considérés comme de simples compléments lors des ventes aux enchères. Mais, peu à peu, on s'est rendu compte que certains vins blancs atteignaient de hautes qualités et qu'ils présentaient, en outre, l'avantage de se conserver parfaitement. On peut boire ainsi des vouvrays presque centenaires ayant gardé des saveurs agréables. L'acquisition de ces vins se fait toujours à d'excellentes conditions, leurs prix ne pouvant se comparer à ceux des vins du Sauternais.

Nous conseillons vivement aux amateurs de s'intéresser un peu plus à cette production avant que, face à la demande, les prix ne se mettent à grimper.

ANJOU

Après de longues années de «pénitence», les vins d'Anjou retrouvent une certaine faveur auprès de la clientèle compte tenu de leurs prix peu élevés. On peut acquérir d'excellentes bouteilles chez certains viticulteurs.

1994	19 Rouge
1994	18 Blanc
1944	20 Rosé
1993	20 Rouge
1993	20 Blanc
1993	22 Rose
1992	18 Rouge
1992	18 Blanc
1992	20 Rosé
1991	18 Rouge
1991	18 Blanc
1991	21 Rosé
1990	22 Rouge
1990	20 Blanc
1990	22 Rosé

BONNEZEAUX

Ignoré du grand public, ce cru est très apprécié des connaisseurs, qui goûtent avec plaisir ses saveurs bien spéciales.

1994	40
1993	41
1992	38
1991	42
1990	45
1989	46
1988	48
1987	40
1986	46
1985	52
1983	48
1982	50
1981	51
1979	54
1941	595
1931	770
1930	825

BOURGUEIL

Cette appellation, ainsi que le saint-nicolas de Bourgueil sont très prisés du public depuis quelques années. Bien souvent, on consomme ces vins frais. Il faut signaler que, de par leur cépage, ils peuvent se garder très longtemps lorsqu'ils sont bien vinifiés. A preuve:

j'ai moi-même dégusté des bourgueils d'une très grande qualité mis en bouteilles avant 1900 !

1994	27
1993	29
1992	27
1991	25
1990	30
1989	29
1988	30
1987	25
1986	28
1985	33
1984	24
1983	32
1982	40

CHINON

Le vin de Rabelais, maintenant largement diffusé et exporté, rivalise sur les tables avec les vins rouges produits par les autres régions. Les bouteilles vieillissent parfaitement.

1994	29
1993	31
1992	30
1991	28
1990	33
1989	31
1988	32
1987	26
1986	30
1985	35
1984	26
1983	32
1982	40
1981	34
1980	25
1979	35
1978	60
1976	45
1970	68
1966	98
1964	70
1961	150
1959	145
1949	240
1947	275
1934	295
1929	350
1928	385

COTEAUX DU LAYON

1994	27
1993	26
1992	25

1991	24
1990	53
1989	32
1988	42
1987	25
1986	33
1985	42

COULÉE DE SERRANT

Véritable petit bijou, malheureusement fort peu connu, ce vin blanc de très haute qualité est justement apprécié des connaisseurs. Les bouteilles vieillissent parfaitement et peuvent se conserver une dizaine d'années, voire bien plus longtemps.

1993	155
1992	162
1991	154
1990	177
1989	165
1988	170
1987	173
1986	190
1985	225
1984	144
1983	172
1982	185
1981	183
1979	190
1978	220
1976	193
1973	230
1971	285

GROS PLAN
DU PAYS NANTAIS

1994	14
1993	16
1992	17
1991	16
1990	18
SM	13

MENETOU-SALON
Blanc

Tout le monde connaît le sancerre. Dans le même département du Cher existent pourtant trois autres appellations qui rivalisent en qualité. Le menetou est un de ces vins. Ses saveurs sont amples et riches, et ses prix bien souvent inférieurs à son voisin plus réputé.

1994	32
1993	37

1992	34
1991	33
1990	39
1989	36
1988	38
1986	35
1985	43
1983	37

MUSCADET

Ce vin blanc sec, qui accompagne avec bonheur coquillages et poissons, est maintenant très largement exporté. Les bouteilles « sur lie » sont toujours agréables à déguster.

1994	17
1993	19
1992	20
1991	18
1991	21 Réserve

MUSCADET
Mise sur lie

1994	25
1993	26
1992	26
1991	25
1990	35
1989	34
1988	32
1987	28
1986	33
1985	35

POUILLY FUMÉ

Ce vin porte le nom de son cépage, Fumé, à ne pas confondre avec son homonyme bourguignon.

1994	42
1993	45
1992	46
1991	48
1991	95 Cuvée Demoiselle
1990	53
1990	84 Cuvée Demoiselle
1989	56
1988	55
1987	60
1986	47
1985	55
1984	39
1983	45

POUILLY FUMÉ
Baron L

De par sa bouteille typée, la sélection et les méthodes employées pour sa vinification, ce vin se distingue des autres productions régionales et atteint un très haut niveau de qualité. Les prix, supérieurs à ceux des autres pouilly-fumé, sont justifiés.

1993	145
1992	136
1991	130
1990	158
1989	148
1988	172
1987	154
1986	170
1985	200
1984	135
1983	162
1982	175
1981	183
1979	191

POUILLY SUR LOIRE

1994	32
1993	35
1992	34
1991	33
1990	41
1989	43
1988	44
1987	36
1986	41
1985	45

QUART DE CHAUME

Peu connus du grand public, ces vins rivalisent bien souvent avec les liquoreux bordelais dans l'accompagnement de certains plats. On peut également les déguster en apéritif. Ils possèdent des saveurs particulières et les prix sont favorables, même lorsqu'il s'agit de bouteilles très anciennes.

1993	45
1992	48
1991	52
1990	65
1989	66
1988	72
1987	51
1986	66
1985	77
1984	42
1983	58

1982	63
1981	60
1979	64
1973	73
1971	80
1966	155
1961	250

QUINCY

Comme le menetou signalé plus haut, ce cru est peu connu et moins coûteux que le sancerre.

1994	30
1993	35
1992	33
1991	31
1990	38
1989	35
1988	38
1987	30
1986	35
1985	42
1983	38

SANCERRE

Sous cette appellation fort connue en France et dans le monde, figurent des vins blancs, rosés et rouges. Jadis, ce vignoble était planté en cépage Pinot et produisait du vin rouge. A la suite de méventes, les viticulteurs décidèrent d'implanter des cépages Sauvignon pour obtenir des vins blancs, lesquels ont vite acquis la faveur de la clientèle. Mais, compte tenu d'une demande croissante de vins pouvant être servis très frais, les producteurs ne tardèrent pas à replanter du Pinot afin de satisfaire les besoins en vins rouges et rosés. Une particularité à signaler concernant le sancerre: les vins sont produits dans les communes environnantes et non sur Sancerre elle-même, qui ne possède pratiquement aucun vignoble. Les qualités varient selon les viticulteurs. Une dégustation est conseillée avant tout achat.

Blanc
1994	32	
1993	35	
1992	34	
1991	35	
1991	135	Cotat, La Grande Côte
1990	39	
1990	140	Cotat, La Grande Côte

1990	100	Comte Lafond
1990	85	Château de Nozay
1990	130	Culs de Beaujeu
1989	37	
1989	110	Culs de Beaujeu
1989	125	Cotat, La Grande Côte
1989	105	Comte Lafond
1989	100	Château de Nozay
1988	41	
1988	80	Château de Nozay
1988	90	Cotat, La Grande Côte
1988	75	Culs de Beaujeu
1987	32	
1986	37	
1985	45	
1984	28	

Rouge

1994	35	
1993	36	
1992	35	
1991	35	
1990	40	
1989	38	
1989	105	Cotat
1989	105	Domaine du Colombier
1988	42	
1988	90	Domaine du Colombier
1987	30	
1986	39	
1985	47	

Rosé

1994	35
1993	35
1992	33
1991	33
1990	37
1989	39
1988	40
1987	29
1986	37
1985	45

REUILLY

Malheureusement, seuls quelques rares viticulteurs produisent encore sous cette appellation de haute qualité. Un vin à comparer avec son voisin, le sancerre.

1994	33
1993	37
1992	35

1991	33
1990	39
1989	38
1988	40
1987	35
1986	38
1985	50
1984	32
1983	44

SAINT-NICOLAS DE BOURGUEIL

1994	26
1993	28
1992	27
1991	26
1990	30
1989	30
1988	32
1987	25
1986	30
1985	35
1984	25
1983	35

SAUMUR

Ces vins très appréciés au début du siècle sont, aujourd'hui, quelque peu retombés dans l'oubli. De jeunes viticulteurs tentent de produire à nouveau des vins de haute qualité par vieillissement en fûts. D'autres, toutefois, manquent relativement de rigueur et proposent des vins de type Beaujolais qui ne répondent en aucun cas aux spécificités de l'appellation.

1993	25	Rouge
1993	24	Blanc
1992	23	Rouge
1992	20	Blanc
1991	20	Rouge
1991	18	Blanc
1990	25	Rouge
1990	22	Blanc

SAUMUR CHAMPIGNY
Rouge

Devant une forte demande sans cesse croissante, de nombreux vignerons de cette appellation utilisent des méthodes de vinification rapide identiques à celles utilisées pour les vins Primeur (macération carbonique). Bien entendu, ces bouteilles n'ont rien à voir avec celles qui sont vinifiées traditionnellement et qui permettent une très longue conservation.

1994	26
1993	28
1992	27
1991	26
1990	33
1989	32
1988	32
1987	24
1986	27
1985	35
1984	25
1983	30
1982	38
1981	31
1980	25
1979	34
1978	48

SAVENNIÈRES

Comme le bonnezeaux, ce vin n'est guère connu du public. Pourtant, sous cette appellation, il existe de véritables petites merveilles à déguster à la première occasion pour en apprécier toute la saveur.

1993	36
1992	40
1991	42
1990	45
1989	44
1988	46
1987	39
1986	49
1985	58
1984	36
1981	64

TOURAINE

1994	17	Rouge
1994	18	Rosé
1994	16	Blanc
1993	18	Rouge
1993	20	Rosé
1993	20	Blanc
1992	16	Rouge
1992	18	Rosé
1992	18	Blanc

1991	16	Rouge
1991	20	Rosé
1991	21	Blanc

VOUVRAY

Ces vins, très prisés au siècle dernier, n'ont pas encore regagné la faveur du public, comme certains autres vins doux ou liquoreux, quoiqu'ils vieillissent à la perfection et que leurs arômes se révèlent fort agréables. De nombreuses bouteilles anciennes, voire très anciennes, existent sur le marché, mais, malgré leurs prix particulièrement intéressants, elles ne reçoivent pas de la clientèle l'accueil qu'elles méritent.

1994	22	
1993	23	
1992	25	
1991	23	
1990	28	
1989	27	
1989	70	Clos Naudin
1989	85	Clos Naudin, demi-sec
1989	155	Clos Naudin, moelleux
1989	245	Clos Naudin, Réserve, moelleux
1988	29	
1987	23	
1986	27	
1985	33	
1983	29	
1982	30	
1981	29	
1979	32	
1978	40	
1976	45	
1975	56	
1971	55	
1961	145	
1959	140	
1949	220	
1947	270	
1937	260	
1917	485	

CHAMPAGNE

La reprise se confirme

*L*es statistiques publiées pour le premier semestre de 1995 confirment une reprise importante tant sur le marché intérieur qu'à l'exportation, et accentuent encore le mouvement amorcé en 1994.

Le marché français représente les deux-tiers des ventes. Cent cinquante sept millions de bouteilles ont été distribuées en France atteignant ainsi un chiffre record en 1994. Une part importante du marché a pourtant été perdue par les ventes du vignoble au profit de celles du négoce dans la distribution du champagne en France durant ces deux dernières années.

Pour l'exportation, dont la quasi-totalité est assurée par les négociants, on constate une belle reprise des pays traditionnellement consommateurs. L'Allemagne arrive en tête : près de 19 millions de bouteilles, suivie par l'Angleterre : 17 millions, les États-Unis : 12 millions, la Suisse, la Belgique et l'Italie.

En ce qui concerne les prix, il faut signaler qu'ils n'ont pratiquement pas varié et que, même durant les heures noires de pleine crise, les champagnes de grandes marques connues n'ont jamais baissé. Lorsque l'on analyse l'évolution du prix des vignes classés en A.O.C. par vignoble, on constate de suite que la valeur moyenne par hectare en champagne atteint un chiffre record de 1 360 000 francs. Il faut aussi comparer ce montant aux prix à l'hectare des vignobles de Bordeaux (196 000 francs) et de Bourgogne (631 000 francs), et au prix moyen en France qui n'est que de 259 000 francs en 1994. Signalons aussi que ces valeurs ont plus que doublé depuis 1988 en Champagne, et pratiquement stagné pour la même période dans les autres régions viticoles de France (le prix moyen de l'hectare en 1988 en Champagne était de 666 000 francs).

Il est évident que le prix des vignes évolue avec celui de la valeur ajoutée à l'hectare et que la hausse du prix des vignes suit celle du prix des vins et des perspectives d'avenir.

AYALA

	122	Brut
1985	195	
1983	150	
1982	135	
	115	Brut
1959	260	

Blanc de blancs
1988	200
1985	165
1982	145

Grande cuvée
1985	285
1982	260

Rosé
	120

BOLLINGER

Spéciale cuvée
	190	
	132	Brut
	275	Brut magnum
	155	Rosé
	344	Brut
	178	Spécial cuvée
1985	300	Rosé
1973	930	Vieilles vignes
1973	1 060	Magnum
1970	2 400	Jéroboam
1969	1 400	Magnum
1966	270	
1964	1 460	
1961	1 530	Magnum
1953	1 200	Magnum

Grande année
1985	300
1983	215
1982	150

Rosé
1985	300
1983	250
1982	175
1979	200

R.D. (récemment dégorgé)
1982	500
1979	395
1976	350
1975	450

DE CASTELLANE

Cette marque très dynamique propose des bouteilles décorées à la main d'après Cappiello, et d'autres ornées de décors différents. Ce champagne est d'excellente qualité.

118	Brut
145	Rosé

	150	Blanc de blancs
	252	Magnum
1985	135	Brut
1985	155	Blanc de blancs
1985	145	Rosé
1983	158	Blanc de blancs
1983	146	Rosé
1982	295	Cuvée Florens de Castellane
1981	162	Blanc de blancs
1981	150	Rosé
1981	185	Cuvée Commodore
1981	1 720	Mathusalem Maxim's
1981	1 530	Jéroboam Cappiello
1981	845	Jéroboam Maxim's
1981	560	Magnum, blanc de blancs (R.D.)
1981	250	Cuvée Commodore
1980	110	Blanc de blancs
1970	755	Magnum, blanc de blancs (R.D.)
1970	640	Brut magnum (R.D.)
1969	350	Brut
1964	385	Brut
1955	410	Brut

JACQUART

	104	Brut
	225	Brut magnum
	130	Brut Sélection
	145	Rosé
	310	Rosé magnum
	125	Blanc de blancs
1983	215	Brut
1982	195	
1982	320	Cuvée renommée
1982	370	Cuvée renommée, Rosé

KRUG

En 150 ans et cinq générations, grâce à un assemblage très particulier, la famille Krug a su fidéliser sa clientèle de « Krugistes ». Avec une petite production, et sans les fastes et les grandes opérations publicitaires d'autres maisons de champagne, ses vins obtiennent un énorme succès mondial, caractérisés par une grande richesse aromatique et des bulles d'une finesse rare, les vins possèdent néanmoins une grande puissance et une profondeur exceptionnelle. La maison propose ainsi des champagnes de plus de vingt ans qui ont gardé de l'énergie, du tempérament et même une paradoxale jeunesse. Il faut noter que la première fermentation s'effectue en fûts de chêne, et que la liqueur de seconde fermentation est utilisée avec une grande discrétion. Les stocks s'étalent sur six années au moins et la mise sur le marché des millésimés s'effectue au bout de sept ans minimum.

	182	Brut
	385	Brut magnum
	380	Grande Cuvée
	880	Grande Cuvée magnum
	575	Rosé
1982	590	
1981	547	
1979	536	
1976	725	
1973	1 650	
1971	1 000	
1969	1 850	
1966	1 550	
1964	1 150	
1962	1 250	
1961	1 050	
1959	1 400	
1955	1 300	
1953	1 500	
1952	1 440	
1949	1 650	
1947	2 250	
1945	2 500	
1942	2 380	
1938	2 420	
1937	4 750	
1929	7 500	
1928	7 600	

CLOS DU MESNIL

Au cœur de la Côte des Blancs, entièrement entouré de murets depuis 1698, dans le village du Mesnil-sur-Oger, se situe ce petit vignoble de 1,9 hectare, acquis par Krug en 1971 et totalement rénové. La première récolte, en 1979, a été proposée en souscription hors tarif à de rares clients privilégiés. Un champagne réellement d'exception. La production varie de 9 000 à 17 000 bouteilles par an (1979 : 15 512 ; 1980 : 9 988 ; 1981: 12 793).

1983	1 220
1982	1 090
1981	1 105
1980	860
1979	970

DEUTZ

	115	Brut
	250	Anniversaire, brut
	165	Cuvée Lallier, brut
1988	250	Blanc de blancs, brut
1988	200	Rosé
1985	210	Blanc de blancs, brut
1985	230	Rosé
1985	300	Cuvée William Deutz
1982	195	Blanc de blancs, brut
1982	175	Rosé
1982	305	Cuvée William Deutz
1981	135	Rosé
1979	235	Cuvée William Deutz

LANSON

	95	Brut
	210	Brut magnum
	112	Brut millésimé
	240	Brut millésimé magnum
	115	Rosé
	135	Black Label
1985	185	Brut
1983	150	Brut
1982	135	Brut
1982	175	Rosé
1981	220	Anniversaire
1980	215	Anniversaire
1955	465	Brut magnum

LAURENT PERRIER

Quo non ascendam ? Cette ambitieuse devise « Jusqu'où ne monterai-je pas ? » constitue bien la base de cette marque prestigieuse. Dans le modeste village de Tours-sur-Marne, à l'emplacement d'une abbaye du XIe siècle dont subsistent encore des vestiges, depuis 1812 s'est développée la progression de la production du champagne. Après les aléas des deux conflits de 1914 et 1940 la mise sur le marché en 1949, de seulement 80 000 bouteilles, constitue le premier palier d'une progression fulgurante qui, d'un million en 1967 et de six millions en 1980, place Laurent Perrier au 4e rang des grandes marques. Diversité de la production dont on distingue plusieurs bouteilles particulières. Tout d'abord le « Brut » dont l'actuel dirigeant de la marque, Monsieur Bernard de Nonencourt, dit : « Le Champagne millésimé est la caractéristique d'une récolte, le Brut sans année celui d'une Maison ». Fin, délicat et fruité il constitue le symbole des champagnes harmonieux et distingués. La « Cuvée Grand Siècle » n'est pas un millésimé, mais un assemblage de trois grandes années, chacune complétant l'autre à merveille. Dans un flacon particulier les vins sont délicats, frais, aromatiques, fins, fruités et veloutés. La cuvée « Rosé Brut » est un assemblage de vins rosés sans qu'il y ait le moindre mélange de vins blancs et rouges. La dégustation permet de mettre en évidence que cette technique présente des vins plus fruités, plus ronds, et dont les arômes de fruits rouges sont plus intenses et subtils que dans les vins obtenus couramment par addition de vins rouges aux vins blancs avant tirage.

	120 Brut
	255 Brut magnum
	153 Rosé
	325 Rosé magnum
	200 Ultra Brut
	430 Ultra Brut magnum
1988	230 Brut
1985	250
1985	200 Brut
1985	545 Grand siècle, brut
1983	220 Brut
1982	210
1982	360 Grand siècle, brut
1982	625 Brut rosé, cuvée Alexandra, Grand siècle
1982	275 Brut
1979	435 Grand siècle, brut
1978	225 Rosé
1949	625 Rosé magnum

LOUIS ROEDERER

Fort ancienne et réputée, cette marque présente, dans des bouteilles claires, le « Cristal » de très haute distinction qui place ce champagne parmi les tout premiers.

	185 Rosé
	125 Brut
	265 Brut magnum
1988	750
1988	190 Brut
1986	500 Cristal
1985	675 Cristal
1985	250 Brut
1983	625 Cristal
1983	960 Cristal Rosé
1983	225 Blanc de blancs

1982	225 Brut
1981	600 Cristal
1981	900 Magnum
1979	435 Cristal
1979	195 Blanc de blancs
1978	365 Brut magnum
1976	420 Brut magnum
1953	620 Cristal
1949	780 Cristal

RUINART

	115 Brut
	185 R. de Ruinart
	295 R. de Ruinart, rosé
1988	220 Brut
1986	215 Brut
Dom Ruinard	
1986	415 Blanc de blancs
1985	410 Blanc de blancs
1983	300 Blanc de blancs
1982	355 Blanc de blancs
1981	305 Blanc de blancs
1979	195 Blanc de blancs
1979	400 Rosé
1978	250 Blanc de blancs
1978	240 Rosé
1976	150 Blanc de blancs
1976	300 Rosé

MOËT ET CHANDON

Cette maison, la première en ce qui concerne la quantité produite chaque année, plus de 20 millions de bouteilles, observe scrupuleusement les règles de qualité, ce qui lui assure la fidélité de sa clientèle et justifie sa large diffusion tant en France qu'à l'étranger.

	110 Brut
	235 Brut magnum
	134 Rosé
1988	175 Brut
1986	200 Brut
1986	215 Rosé
1985	205 Brut
1983	210 Brut
1983	200 Rosé
1982	260 Brut
1982	180 Rosé
1980	290 Brut
1978	275 Rosé

MOËT ET CHANDON
Dom Pérignon

Conséquence de l'afflux des demandes, les prix de ce célébrissime vin – qui porte le nom de celui qui créa le

Champagne – continuent de flamber. Le produit est toujours d'une égale qualité, et les millésimes retenus constituent une garantie supplémentaire.

1985	477
1983	458
1983	1 040 Magnum
1982	447
1982	985 Magnum
1980	445
1980	935 Magnum
1978	717
1976	612
1973	645
1971	675
1970	720
1969	680
1966	670
1964	652
1962	725
1961	690

MOËT ET CHANDON
Dom Pérignon rosé

Fort peu d'amateurs ont eu le privilège de déguster ce champagne rarissime, dont la qualité et la finesse exceptionnelles justifient le prix. Seuls deux ou trois millésimes sont retenus par décennie.

1982	931
1982	2 150 Magnum
1980	960
1978	1 445
1976	1 180
1975	1 500
1971	1 360
1971	3 400 Magnum
1969	1 480
1962	1 250

G. H. MUMM

	165 Blanc de blancs
	106 Brut
	215 Brut magnum
	115 Rosé
1988	175 Cordon rouge
1985	320 Rosé
1985	350 Cuvée René Lalou
1985	180 Cordon rouge
1982	186 Cordon rouge
1982	275 Cuvée René Lalou
1979	270 Cordon rouge
1979	280 Cuvée René Lalou
1979	155 Rosé
1979	334 Rosé magnum
1975	203 René Lalou

1973	255 Rosé magnum
1955	680 René Lalou magnum

PERRIER JOUËT

	115 Brut
	242 Brut magnum
	1 120 Brut jéroboam
	135 Rosé
	195 Blason de France
1988	175 Réserve
1988	400 Fleur de Champagne
1986	354 Rosé
1985	375 Fleur de Champagne
1985	408 Rosé
1983	240
1983	325 Fleur de Champagne
1983	700 Magnum
1982	435 Fleur de Champagne
1979	240 Belle Époque
1978	500 Fleur de Champagne, rosé
1976	155
1975	250 Fleur de Champagne
1959	470 Brut magnum

POL ROGER

	135 Brut
	145 Réserve
1986	240 Brut
1986	240 Blanc de blancs
1985	310 Réserve
1985	310 Rosé
1985	310 Cuvée Winston Churchill, brut
1985	310 Blanc de blancs
1982	250 Réserve
1982	250 Blanc de blancs
1982	250 Rosé
1982	250 Cuvée Winston Churchill, brut
1979	205 Brut
1979	250 Blanc de blancs
1979	205 Rosé
1975	475 Rosé

POMMERY ET GRENO

	115 Brut
	242 Brut magnum
	125 Rosé
	270 Rosé magnum
1985	200
1982	130

SALON

A partir de 1921 la marque Salon diffuse sa production, considérée comme la quintessence du champagne, auprès des maisons et des restaurants de luxe. Entre 1921 et 1993 il n'a été produit que 29 millésimes ! En effet, cas unique Salon ne produit que des « millésimes » uniquement lors des années d'exception. La production moyenne oscille entre 6 000 et 10 000 caisses selon la récolte. Les bouteilles vieillissent de 8 à 12 ans dans les profondes caves de craie et sont dégorgées au fur et à mesure des commandes. Salon est certainement l'un des champagnes les plus rares au monde.

1982	500
1979	625
1976	550

TAITTINGER

Il convient de s'intéresser plus particulièrement à la série « Décors » promise à un très bel avenir. Ce champagne d'excellente qualité est tout à fait digne de son conditionnement.

	110	Brut millésimé
	235	Brut magnum
	120	Brut Réserve
	205	Rosé Prestige
1988	400	Imai
1988	240	
1986	235	
1986	560	Série Collection : Hans Hartung
1986	475	Comte de Champagne
1986	550	Comte de Champagne, rosé
1985	250	
1985	630	Série Collection : Lichtenstein
1985	500	Comte de Champagne
1985	540	Comte de Champagne, rosé
1983	190	
1983	635	Série Collection : Vieira da Silva
1983	470	Comte de Champagne
1982	185	
1982	640	Série Collection : Masson
1982	435	Comte de Champagne
1982	700	Comte de Champagne, rosé

1981	570	Série Collection : Arman
1981	390	Comte de Champagne
1981	440	Comte de Champagne, rosé
1979	325	Comte de Champagne
1978	1 630	Série Collection : Vasarely
1976	475	Comte de Champagne
1976	1 200	Comte de Champagne, rosé

VEUVE CLIQUOT PONSARDIN

	110	Brut
	235	Brut magnum
	135	Rosé
	285	Rosé magnum
	1 320	Jéroboam
1985	264	
1985	250	Réserve
1985	300	Rosé
1985	500	Grande Dame
1983	235	Rosé
1983	395	Grande Dame
1983	210	Carte d'Or
1982	492	Grande Dame
1982	235	Réserve
1982	185	Carte d'Or
1979	250	Réserve
1979	175	Rosé
1978	300	Rosé
1979	305	Grande Dame
1976	185	Carte d'Or

LES CRÉMANTS

Les vins mousseux ont connu un fort taux de croissance ces dernières années, bénéficiant sans doute de la mévente du champagne due à son prix élevé. Les crémants sont en pointe avec un volume d'environ 18 millions de bouteilles sur un total de 60 millions. Ils sont perçus comme des vins de haut de gamme. Chaque crémant a sa spécificité, issue de son terroir et des cépages utilisés. Il existe actuellement cinq régions élaborant du crémant : Alsace, Bourgogne, Bordeaux, Limoux et Loire. Le terme Crémant, réservé à la France et au Luxembourg par un règlement de la C E E., doit être défendu contre toute usurpation.

VINS D'EUROPE

Une nouvelle ouverture

*A*vec *l'ouverture des frontières, la libre circula-
tion des vins de la C.E.E. permet à certains négociants de propo-
ser des vins très attrayants par leurs prix mais aussi, dans certains
cas, par la haute qualité des bouteilles mises sur le marché. L'occasion
pour moi de présenter le* vega sicilia *espagnol et le* sassicaia *ita-
lien. Il s'agit de très grands vins, rares, pouvant rivaliser avec les
meilleurs grands crus français.*

*D'autre part, du fait que l'Europe de l'Est s'ouvre au commerce
mondial, on voit apparaître sur le marché de nouveaux pays dont
certains sont de gros producteurs. Plusieurs importantes firmes fran-
çaises investissent d'énormes sommes pour acquérir des sociétés gérant
des vignobles, ou prennent des participations, au fur et à mesure
de leur dénationalisation. C'est le cas pour la Hongrie, avec son*
tokaji *réputé, la Roumanie, la Bulgarie. Des négociations sont en
cours pour des interventions en Crimée, dont l'importante pro-
duction attire des investisseurs de tous horizons.*

• ALLEMAGNE

Peu de personnes savent que, dans ce pays, plus du quart de la production totale est exporté. L'ancienne R.F.A. est ainsi en tête des principaux pays exportateurs de vins car la France, ainsi d'ailleurs que l'Italie, n'exporte qu'environ 20 % de sa production.

Il existe trois sortes de vins :
• VINS DE TABLE (Tafelwein), qui conviennent pour l'usage quotidien.
• VINS DE QUALITÉ d'une région déterminée (Qualitäts Wein), qui représentent la plus grande quantité produite. Ils sont vinifiés à partir de vendanges d'une des régions déterminées dont le nom figure sur l'étiquette. Les cépages autorisés doivent avoir atteint une maturité suffisante pour garantir au vin un goût typique de la région.
• VINS DE QUALITÉ AVEC LABEL (Prädikat). Ce sont les plus raffinés et non chaptalisés. Sur l'étiquette doit obligatoirement figurer l'un des six labels déterminés par la maturité du cépage lors des vendanges. Ils se définissent par degré de maturité croissant:
– Kabinett (KA) : vin léger produit à partir de raisins complètement mûrs.
– Spatlese (SP) : vin de qualité supérieure produit à partir de raisins récoltés au moins sept jours après la date normale des vendanges.
– Auslese (AU) : vin noble issu d'une récolte de grappes très mûres sélectionnées.
– Beerenauslese (BE) : vin riche provenant d'une sélection individuelle de raisins de maturité maximale et porteurs de pourriture noble.
– Eiswein : vin de grande concentration provenant de grappes récoltées gelées naturellement, puis pressées.
– Trockenbeerenauslese (TR) : vin exubérant rappelant le miel. Les raisins sont desséchés avant vinification, comme le vin de paille du Jura. Les vendanges ont lieu en général en octobre-novembre, permettant ainsi une longue période de maturation qui assure de grandes qualités.

Abréviations utilisées:

AU : Auslese
BE : Beerenauslese
KA : Kabinett
SP : Spatlese
TR : Trockenbeerenauslese

AYLER HERRENBERG
Saar
| 1959 | 715 TR |

AYLER KUPP
Saar Ruwer
1990	65 AU
1990	37 KA
1989	27 KA
1989	40 SP
1988	25 KA
1988	35 SP
1987	33
1983	32 SP
1983	80 AU
1976	46 AU
1971	243 BE
1971	103 AU

BERNKASTELER BADSTUBE
Mosel
1992	52 KA
1991	590 Eiswein
1990	85 AU
1990	405 Eiswein
1990	90 SP
1989	43 KA
1988	69 AU
1989	75 SP
1988	49 AU
1988	49 KA
1986	33
1986	45 AU
1985	45 SP
1983	88 SP
1983	86 AU
1983	200 Eiswein
1983	28 SP
1976	37 SP
1976	96 AU
1971	87 AU
1971	260 Eiswein
1971	80 AU
1971	274 Eiswein
1959	1 250 TR

BERNKASTELER DOCTOR
Mosel
1990	275 AU
1989	275 AU
1989	180 SP
1988	75 SP
1988	196 AU
1985	125 SP
1985	105 AU
1983	168 AU
1982	93 SP
1981	78 SP
1979	105 AU
1979	115 SP
1978	137 SP
1976	115 SP
1976	275 AU

1976	618 TR
1976	185 Eiswein
1976	475 BE
1975	423 Eiswein
1975	77 SP
1975	475 AU
1973	422 BE
1971	217 AU
1971	715 BE
1971	90 AU
1969	100 SP
1967	125 AU
1921	3 300 TR

BERNKASTELER KURFURSTLAY
Mosel

1992	30 KA
1992	35 SP
1990	35
1990	30 KA
1990	42 AU
1989	25 KA
1989	35 AU
1988	23
1988	20 KA
1988	25 SP
1987	22
1983	16
1981	50
1976	138 BE

BRAUNEBERGER JUFFER SONNENUHR
Mosel

1992	124 AU
1991	75 KA
1990	118 SP
1990	120 AU
1990	75 KA
1989	127 AU
1989	70 KA
1989	110 SP
1989	105 AU
1989	545 BE
1988	52 KA
1988	105 AU
1988	79 SP
1986	48 KA
1985	60 KA
1985	135 AU
1985	75 SP
1983	117 AU
1982	33 SP
1976	1 008 TR
1975	50 AU

DEIDESHEIMER LEINHÖHLE
Riesling, Rhein

1991	49 KA
1971	550 TR

1967	175 TR
1953	1 430 TR

EITELSBACHER KARTHÄUSER HOFBERBER
Riesling, Rhein

1990	138 AU
1990	73 KA
1990	92 SP
1990	363 KA, Long Goldcap
1983	39 AU
1975	58 AU
1975	64 SP
1959	1 100 TR

ELTVILLER LANGENSTÜCK
Rhein

1977	75 BE
1976	45 BE
1971	302 BE

ELTVILLER SONNENBERG
Rhein

1989	65 KA
1989	75 SP
1989	160 AU
1989	300 Eiswein
1988	43 KA
1986	35 KA
1983	55 SP
1976	69 AU
1976	28 AU
1976	589 TR
1975	378 TR
1971	69 SP
1971	525 BE
1971	367 AU

ELTVILLER SONNENUHR
Rhein

1976	53 AU
1971	687 TR

ERBACHER MARKOBRUNN
Rhein

1990	100 SP
1989	80 SP
1989	51 KA
1988	94 SP
1983	67 SP
1983	129 AU
1983	45 SP
1983	73 AU
1982	32 SP
1981	37 SP
1979	39 SP
1976	96 SP
1976	128 AU
1976	507 TR

1976	111 AU
1976	172 BE
1975	57 SP
1971	397 BE
1971	825 TR
1971	68 SP
1971	135 AU
1969	46 KA
1959	146
1959	225 SP
1959	365 TR
1959	122 KA
1953	186 AU

ERDNER PRÄLAT
Mosel

1992	91 AU
1991	74 AU
1990	109 AU
1990	900 TR
1989	74 AU
1988	75 AU
1985	103 AU
1983	82 SP
1983	94 AU
1979	48 AU
1979	34 AU
1975	299 BE

ERDNER TREPCHEN
Mosel

1992	75 KA
1992	66 SP
1991	53 KA
1990	65 SP
1990	95 AU
1990	68 KA
1989	45 KA
1989	64 SP
1989	44 BE
1988	55 AU
1988	43 SP
1988	69 SP
1988	41 KA
1988	65 AU
1987	45 KA
1986	33 KA
1985	62 SP
1985	175 BE
1985	69 AU
1983	41 SP
1983	53 SP
1983	71 AU
1976	125 AU

FORSTER JESUITENGARTEN
Palatinate

1992	100 SP
1991	43 SP
1990	46 SP
1989	75 SP

1989	50 KA
1988	45 KA
1985	75 SP
1983	59 Riesling KA
1983	41 SP
1983	114 Eiswein
1976	65 AU
1953	166 AU
1953	128 AU
1921	2 750 BE

FORSTER KIRCHENSTUCK
Rheinpfalz

1990	75 AU
1990	60 KA
1989	102 BE
1987	40 KA
1980	60 KA
1959	685 BE
1934	248

FORSTER PECHSTIEN
Rheinhessen

1990	130 AU
1983	35 KA
1971	97 AU

FORSTER UNGEHEUER
Rheinpfalz

1990	65 AU
1990	70 SP
1989	100 AU
1989	150 Eiswein
1989	125 TR
1987	31 SP
1983	44 SP
1983	34 Riesling SP
1983	126 BE
1983	39 SP
1980	70 SP
1976	550 TR
1971	550 TR
1886	1 319 AU

GRAACHER HIMMEIREICH
Mosel

1992	85 AU
1991	45
1991	47 TR
1991	70 KA
1990	150 AU
1990	64 SP
1989	325 BE
1989	65 SP
1989	450 Eiswein
1988	38 KA
1988	85 SP
1988	71 AU
1988	70 TR
1986	45 KA

1983	32 KA
1983	123 SP
1983	71 AU
1982	120 SP
1982	99 AU
1976	137 AU
1976	180 BE
1975	65 AU
1974	22
1971	90 AU
1971	450 BE
1971	653 TR
1947	687 SP

HATTENHEIMER MANNBERG
Rheingau

1990	220 AU
1988	60 KA
1988	90 SP
1983	42 SP
1976	395 BE
1971	168 BE
1971	367 TR
1959	52 SP

HATTENHEIMER NUSSBRUNNEN
Rheingau

1990	139 AU
1988	43 KA
1987	70 KA
1985	38 KA
1983	34 SP
1982	24 KA
1976	69 SP
1976	200 BE
1976	146 TR
1976	80 AU
1970	82 AU
1959	1 375 TR

HATTENHEIMER WISSELBRUNNEN
Rheingau

1985	43 KA
1976	349 AU
1971	279 BE
1971	508 TR

HOCHHEIMER DOMDECHANEY
Rheingau

1985	454 Eiswein
1983	35 SP
1983	41 SP
1976	75 AU
1976	80 SP

1976	149 BE
1953	1 925 TR

HOCHHEIMER KIRCHENSTÜCK
Rheingau

1983	110 AU
1982	22 KA
1976	275 BE

JOSEPHSHOFER
Mosel

1988	40 KA
1988	36 KA
1983	61 AU
1979	259 BE
1978	72
1976	142 BE
1971	687 TR
1959	1 430 TR

KREUZNACHER
Nahe

1989	150 BE
1988	23 KA
1988	55 AU
1987	28
1983	55
1983	38 AU
1979	24 SP
1978	46 KA
1976	45 AU
1976	85 BE
1973	1 483 Eiswein
1971	202 TR
1971	63 AU

MAXIMIN GRÜNHÄUSER ABTSBERG
Ruwer

1990	84 SP
1990	250 AU
1989	175 AU
1989	150 SP
1989	110 KA
1988	70 SP
1985	55 SP
1983	46 SP
1983	103 AU
1983	756 TR
1983	150 AU
1976	146 AU
1976	137 AU
1971	55 SP
1959	1 650 TR

NIERSTEINER PETTANTHAL
Rheinhessen

1990	55 KA
1988	30 KA

1986	53 SP
1983	26 SP
1976	92 AU
1976	78 BE
1975	204 BE
1971	70 AU
1959	64 AU
1945	1 060 BE
1921	2 200 BE

NIERSTEINER SPIEGELSBERG
Rheinhessen

1990	37 KA
1989	32 KA
1988	26 KA
1987	25 KA
1983	28 Riesling
1976	162 TR
1973	454 Eiswein
1969	119 BE

OCKFENER BOCKSTEIN
Saar

1990	55 KA
1989	43 KA
1989	62 SP
1989	250 BE
1989	85 AU
1989	50 KA
1988	72 SP
1988	37 KA
1988	52 SP
1985	33 KA
1983	41 SP
1983	60 AU
1983	80 AU
1982	20 KA
1976	50 SP
1976	114 AU
1976	375 BE
1976	330 AU
1971	92 AU

PIESPORTER GOLDTRÖPFCHEN
Mosel

1991	54 KA
1990	100 AU
1990	70 SP
1990	45 KA
1990	150 Gold Cap
1989	50 KA
1989	148 AU
1989	80 SP
1988	32 KA
1987	25 KA
1983	51 SP
1983	90 AU

1976	46 AU
1976	31
1976	57
1971	116 AU
1970	59 AU
1959	1 192 TR

RAUENTHALER BAIKEN
Rheingau

1990	70 KA
1989	65 KA
1989	95 SP
1988	90 SP
1985	32 KA
1985	1 995 Eiswein
1983	82 SP
1983	37 AU
1976	103 AU
1976	344 TR
1971	188 AU
1971	1 625 TR
1971	80 SP
1967	141 AU
1964	357 BE
1959	917 TR

RUDESHEIMER
Rheingau

1992	54 KA
1992	49 TR
1990	87 SP
1990	87 SP
1990	371 BE
1990	52 KA
1989	65 SP
1989	79 AU
1988	35 KA
1986	17
1985	37 KA
1983	60 SP
1981	69 SP
1976	46 SP
1976	92 AU
1971	28 KA
1971	69 SP
1964	25 Riesling
1937	3 022 TR
1933	440 SP
1727	4 289 Apostelwein

SCHARZHOFBERGER
Saar

1990	150 SP
1990	65 KA
1989	85 KA
1989	400 AU
1989	90 SP
1989	42 KA
1989	80 AU
1988	108 SP

1988	77 AU
1988	45 SP
1986	75 KA
1986	40 KA
1986	60 KA
1985	75 SP
1985	55 KA
1983	45 KA
1983	137 SP
1983	151 AU
1983	4 000 Eiswein
1982	90 SP
1982	80 AU
1976	85 AU
1976	93 SP
1976	345 BE
1975	481 BE
1971	412 BE
1967	137 AU
1964	550 SP
1959	960 BE
1959	1 787 TR

SCHLOSS JOHANNISBERGER
Rheingau

1990	190 SP
1983	100 SP
1976	115 AU
1976	256 BE
1976	378 TR
1971	742 BE
1949	1 430 BE

SCHLOSS VOLLRADS
Rheingau

1989	75 KA
1989	120 SP
1985	59 KA
1983	73 SP
1976	40 AU
1976	577 BE
1976	1 045 TR
1971	1 375 TR
1971	75 SP
1971	57 KA
1971	481 BE
1967	440 BE
1964	880 TR
1959	1 210 TR

STEINBERGER
Rheingau

1983	35 SP
1983	725 Eiswein
1976	103 AU
1975	64 AU
1975	57 SP
1971	1 169 TR

1959	1 430 TR
1959	935 AU
1953	587 AU
1953	1 445 TR

WACHENHEIMER

1992	90 BE
1990	68 SP
1990	74 AU
1990	137 AU, Riesling
1989	125 AU, Riesling
1989	65 SP
1989	250 BE
1988	70 SP
1985	75 SP
1983	32 SP
1982	30 SP
1976	163 BE
1976	399 TR
1975	183 BE
1975	206 TR
1971	278 AU
1971	481 TR
1967	648 TR

WEHLENER SONNENUHR
Mosel

1992	70 SP
1992	115 AU
1992	70 KA
1991	49 KA
1991	295 BE
1990	150 AU
1990	275 BE
1990	362 Eiswein
1990	125 SP
1990	327 AU, Gold Cap
1989	95 KA
1989	125 AU
1989	75 SP
1989	375 TR
1988	30 KA
1988	100 SP
1988	130 AU
1988	234 Gold Cap AU
1988	52 SP
1988	80 AU
1986	50 KA
1985	125 AU
1985	37 KA
1983	100 SP
1983	195 AU
1983	137 Gold Cap AU
1983	103 AU
1983	80 SP
1982	140 AU
1979	96 AU
1976	202 AU
1976	190 BE
1976	100 AU
1975	55 KA

1975	80 SP
1975	58 KA
1975	87 AU
1971	91 SP
1971	183 AU
1971	1 500 TR
1971	101 SP
1971	146 AU
1964	309 AU
1959	321 AU
1959	1 375 TR
1953	962 BE
1949	825 AU

WILTINGER
Saar

1989	84 AU
1988	20 KA
1983	49 SP
1983	57 AU
1982	31 SP
1976	145 BE
1975	37 SP
1975	83 AU
1975	101 AU Weingut
1971	69 SP
1971	105 AU
1964	495 TR

WINKELER HASENSPRUNG
Rheingau

1990	42 KA
1983	49 AU
1983	34 SP
1976	63 AU
1971	33 SP
1949	475 BE

ZELTINGER
Saar Ruwer

1992	72 SP
1992	128 AU
1992	48 KA
1992	438 Eiswein
1991	66 SP
1991	590 TR
1990	550 TR
1990	66 SP
1990	285 BE
1990	90 AU
1990	300 Riesling
1990	44 KA
1990	405 Eiswein
1989	36
1989	51 KA
1989	75 SP
1989	225 BE
1989	100 AU
1988	40 KA

1988	50 SP
1988	45 AU
1988	88 AU
1983	46 SP
1983	46 AU
1983	38 AU
1981	18
1976	115 AU
1976	220 TR
1976	214 BE
1975	52 AU
1975	325 TR
1971	92 AU
1971	687 TR
1971	89 AU
1971	144 BE
1967	175 BE

• AUTRICHE

Les vins de ce pays subissent les retombées des scandales qui ont éclaté il y a quelques années et ont du mal à retrouver une place sur le marché.

LANGENLOISER
Spiegel Weisser Burgunder

1976	88 BE
1976	96 Eiswein
1971	183 Riesling
1969	172 TR

RUSTER
Geierberg Traminer

1969	137

RUSTER ROMERBRUCK

1973	126

SONNWENDBERGER KIRCHENGARTEN

1971	101 TR
1969	39 TR

• ESPAGNE

Le dynamisme des producteurs espagnols promet à ces vins un bel avenir. Certains produits de bonne tenue ont fait leur apparition sur le marché français sous l'appellation Rioja. Le vinofino-sicilia, en raison de sa qualité, constitue un des crus les plus recherchés par les amateurs et les collectionneurs.

CODORNIU BLANC DE BLANCS

1981	45 Effervescent

CUNE
Blanc Rioja
1989	27

CUNE
Rouge
Clarete Rioja
1989	34
1986	23
1985	27
1984	23

CUNE
Rouge
Contino Rioja
1986	65
1984	50
1982	54

CUNE
Imperial Gran Reserva
Rouge Rioja
1982	98
1981	114

CUNE
Real
Rouge Rioja
1988	34
1985	27
1984	23
1978	58 Gran Reserva
1970	89 Bran Reserva

MALAGA SOLERA
1950	112 Moscatel
1885	107
1885	466 Sello
1857	596 Sello

MARQUES DE CACERES
Blanc Rioja
1991	24
1990	25
1988	25
1986	19

MARQUES DE CACERES
Rouge Rioja, Réserve
1990	45
1985	100
1981	98
1978	85
1975	100

MARQUES DE CACERES
Rouge Rioja
1989	30

1987	35
1986	40
1985	35
1984	30
1978	52
1975	39
1970	150

MARQUES DE RISCAL
Blanc Rioja
1990	28
1988	23
1986	20

Rouge Rioja
1989	35
1988	37
1988	54 Réserve
1986	45
1985	45
1984	40
1985	45
1983	30
1968	133
1963	96
1938	1 100

UNICO
1975	514
1972	440
1969	324
1967	363
1966	497
1965	379
1964	711
1960	584
1957	789
1953	1 100
1948	792
1942	726
1941	545

UNICO RESERVA
1975	625
1972	185

SERIE ARTISTES
1976	2 250
1945	2 250
1960	2 250

VALBUENA
1986	200
1985	375
1984	250
1982	206
1980	175
1978	90
1975	275

VALBUENA
Trois ans

1987	250
1985	288
1984	200
1983	259
1982	175
1980	157

VALBUENA
Cinq ans

1987	375
1985	184
1984	300
1982	117
1980	197
1977	229

VEGA SICILIA

Ce vin mythique, qui se prétend unique, est rare et cher. Dès 1864, il fut complanté en Cabernet Sauvignon, Merlot et Malbec, et resta confidentiel jusqu'en 1983 avec une petite production d'à peine 20 000 bouteilles par an. Situé au nord de Madrid, dans une région désolée au climat rude, le domaine s'appelait déjà à l'origine Vega Sicilia, quoique sans aucun rapport avec la Sicile. Le terme Sicilia est une altération de Cecilia, patronne des musiciens. Actuellement, sur les 1000 hectares du domaine, 150 sont plantés de vignobles produisant environ 250 000 bouteilles par an.

Après une vinification normale, le vin passe une première année dans de grands foudres de chêne américain. Durant cette période, sont effectuées des sélections pour les différents types de vins : Vega Sicilia Unico Gran Reserva (environ un tiers dans les bonnes années), Valbuena, comparable aux seconds vins des Châteaux bordelais, et Vega Sicilia Reserva Especial, non millésimé, un assemblage de nombreuses années conservées en fûts jusqu'à la mise en bouteilles.

Au terme de cette première année, le vin est transvasé dans des barriques rarement neuves. Il n'est jamais embouteillé avant au moins trois ans pour le Valbuena et huit ans pour le Vega Sicilia Unico Gran Reserva. Ce long séjour dans des bois de différentes provenances et contenances lié à la faible production, donne à ce vin un caractère exceptionnel et une complexité remarquable. Un réseau de distribution international mais restreint ne permet pas de mettre sur le marché ces bouteilles à un prix abordable.

1982	650
1980	638
1979	411
1976	504
1976	258
1973	366
1973	357
1968	900
1966	288
1962	450
1960	510 Cosecha

• GRÈCE

La Grèce se situe au sixième rang des pays européens producteurs de vin et reste, dans l'esprit de beaucoup de gens, le pays d'origine de la vigne et du vin. Pourtant, depuis 1989, la surface globale du vignoble a diminué de 8 % et la production baisse régulièrement de cinq millions d'hectolitres en 1984-1985 à quatre millions en 1992-1993. Cette crise s'explique par des problèmes qualitatifs des vins présentés, des prix de revient trop élevés, des prix de vente au détail excessifs et surtout, par un commerce peu enclin à se moderniser.

CAMBAS

	37 Kokineli
	33 Retsina
	35 Roditys
1983	88 Mavrodaphne

• HONGRIE

TOKAJHEGYALSA

L'appellation d'origine Tokaji couvre environ 6 000 hectares dans le nord-est de la Hongrie. Il ne faut pas confondre ce vin avec le tokay d'Alsace, qui n'est que le nom alsacien du cépage Pinot Gris. Les facteurs de qualité sont le climat, le sol et les cépages. Les méthodes culturales sont très voisines de celles des sauternes. Il existe trois types de vins de Tokaji :
• Les vins de cépages tels que Furmint ou Muscat.
• Les vins Szamorodni élevés de 3 à 4 ans en fûts, comme les vins jaunes du Jura, qu'ils rappellent d'ailleurs.
• Les vins « Aszu » élaborés suivant

une méthode bien particulière d'extraction d'essence qui sera ensuite incorporée, selon des proportions variables, à un vin de base fraîchement vinifié.

Plus la part d'essence est importante, plus grande est la définition : 3 à 6 Puttonyos. Au-delà, les vins sont appelés Aszu-Essence.

TOKAJI ASZU

3 Puttonyos

1983	60
1973	97
1959	128
1947	550
1946	670
1942	658
1942	658
1937	517
1920	456

TOKAJI ASZU

4 Puttonyos

1983	80
1981	81
1958	114
1956	157
1953	216
1947	660

TOKAJI ASZU

5 Puttonyos

1983	206
1981	75
1979	79
1975	247
1967	138
1964	340
1964	172
1963	161
1961	205
1956	137
1945	301
1943	440
1937	233
1928	414
1927	1 430
1915	1 220
1883	1 100

TOKAJI ASZU

6 Puttonyos

1983	175
1981	161
1979	85
1975	950
1972	206
1964	150

1959	946
1957	697
1940	2 500
1936	1 512
1912	2 900
1906	4 500
1866	2 590

TOKAJI ASZU ESSENCIA

1976	350
1976	165
1969	1 925
1964	550
1964	385
1963	1 400
1959	1 267
1959	717
1957	1 500
1957	820
1947	5 000
1945	2 735
1940	3 025
1937	1 442
1936	3 500
1922	4 000
1920	3 160
1915	1 713
1906	3 440
1888	7 150
1883	9 388
1876	4 310
1834	9 350
1834	5 586
1821	2 310
1811	22 000

TOKAJI IMPERIAL

1917	770
1864	1 936

TOKAJI SZAMORODNI

1986	55
1983	40
1979	68
1964	93
1959	171
1947	270

• ITALIE

La production italienne se caractérise par sa disparité. Tout d'abord, on trouve des vins de qualités irrégulières distribués en masse dans le monde entier, soutenus par les magasins de produits alimentaires et les restaurants spécialisés que l'on rencontre partout. Leurs prix varient du très bas au moyen en fonction de leurs atouts qualitatifs, qui vont du quelconque au médiocre. D'autre part, on rencontre de véritables merveilles, peu connues du grand public, qui rivalisent avec les meilleurs vins mondiaux et dont les prix sont souvent dissuasifs, à condition toutefois que vous puissiez les trouver.

Dans cette catégorie se rangent le sassicaia (souvent cité comme le pétrus italien), le solaia, le biondi-santi et d'autres encore : Brunello di Montalcino, Tignanello, certains Barolo et Barbaresco...

En règle générale, comme en France d'ailleurs, de très nombreux viticulteurs font porter leurs efforts sur la progression de la qualité au détriment de la quantité.

BARBARESCO
Borgogno

1980	86
1947	640
1937	1 200

BARBARESCO
Costa Russi Gaja

1989	495
1988	500
1986	450
1985	413
1983	350
1982	389
1979	450
1978	1 000

BARBARESCO
Fontanafredda

1977	87
1971	59
1959	360
1955	440
1949	800
1947	780
1943	780

BARBARESCO
Gaja

1990	274
1989	300
1988	103
1988	200
1988	500 Magnum
1987	325
1986	200
1986	375 Magnum
1986	1 225 Double magnum
1985	325
1983	137
1982	229
1982	458 Magnum

1981	225
1979	450
1979	920 Magnum
1978	252
1978	1 016 Magnum
1976	357
1974	312
1971	504
1970	686
1967	220
1964	500
1961	975

BARBARESCO
Sori Tilden

1989	600
1988	531
1986	450
1985	504
1983	350
1982	344
1981	450
1979	542
1978	1 000
1970	957

BARBARESCO
San Lorenzo Gaja

1989	582
1988	500
1986	450
1985	400
1982	504
1979	605
1978	980

BARBARA D'ALBA

1991	71	Altare
1991	68	Clerico
1991	75	Conterno
1991	34	Farina
1990	60	Clerico
1990	65	Grasso
1990	57	Vietti
1990	91	Conca tre pile
1989	62	Scarrone
1989	75	Serraboella
1989	66	Piana
1989	55	Parusso
1988	41	Borgogno
1988	59	Cascina nuova
1988	66	Macarini
1987	42	Gaja
1987	49	Pianpolvere
1987	51	Cascina nuova
1987	30	Dosio
1986	123	Gaja
1986	54	Altavilla
1985	128	Gaja
1985	40	Rinaldi

1985	45 Conterno
1983	28 Borgogna
1982	69 Gaja
1979	40 Gaja
1978	40 Gaja
1975	28 Cornaretta

BARDOLINO

1989	40 Zenato
1989	41 Masi
1988	42 Masi
1988	36 Boscaini
1987	34 Boscani
1983	23 Boscaini

BAROLO
Borgogno

1983	69
1971	174
1970	196
1961	450
1958	455
1955	470
1947	505

BAROLO
Borgogno riserva

1974	125
1971	1 925 Magnum
1964	252
1961	330
1958	345
1955	283
1947	477

BAROLO
Brunate

1983	400 Magnum
1988	200
1987	79
1985	200
1983	125
1982	145
1979	103
1978	145
1971	252
1970	444

BAROLO
Monfortino riserva

1985	400
1982	300
1979	300
1971	348
1970	1 250 Magnum
1969	750

BAROLO
Monprivato

1985	225
1982	229

1981	68
1979	161
1978	160
1971	206

BRUNELLO DI MONTALCINO

1988	148 Lisini
1988	125 Nardi
1988	176 Pertimali
1988	175 Poggio
1988	135 D'Aragona
1987	112 Suga
1986	106 Suga
1986	134 Poggio
1986	145 Pertimali
1986	125 D'Aragona
1986	143 Caparzo
1985	500 Suga
1985	119 Sesta
1985	150 Poggione
1985	140 Lisini
1985	187 Caparzo
1983	180 Poggione
1983	115 Pertimali
1983	75 Caparzo
1983	124 Banfi
1982	119 Banfi
1982	103 Canalicchio
1982	145 Caparzo
1981	135 Caparzo
1981	100 Lisini
1980	75 Lisini
1979	100 Caprili
1978	220 Constanti
1978	250 Poggione
1975	137 Caprzo
1975	175 Mazzi
1974	138 Bosco
1971	161 Nardi
1968	371 Camigliano

BRUNELLO DI MONTALCINO
Biondi Santi

1979	200
1977	196
1975	275
1971	500
1969	325
1968	750
1964	917

BRUNELLO DI MONTALCINO
Biondi Santi, Riserva

1982	350
1979	250
1977	350

1975	500
1971	625
1970	630
1969	620
1955	2 167
1945	5 000

CHIANTI CLASSICO
Villa Antinori, Riserva

1988	65 Riserva
1987	50
1986	51
1985	45
1979	75
1955	264

CHIANTI CLASSICO RISERVA
Fossi

1988	65
1985	60
1982	67
1979	60
1978	52
1977	59
1974	57
1970	65
1969	72
1968	75
1964	107
1962	111
1961	118
1960	112
1959	179
1958	126

CHIANTI CLASSICO
Riserva ducale gold label
Ruffino

1986	110
1985	108
1983	95
1982	93
1978	275
1977	250
1975	275
1974	80
1973	225
1971	300
1970	200
1962	250
1961	500
1959	350
1958	850
1957	495
1956	625
1955	1 200
1952	900

CHIANTI CLASSICO
Riserva ducale
Ruffino

1984	65
1988	120
1987	60
1986	70
1985	60
1983	100
1979	60
1977	103
1971	1 237 Double magnum
1969	110
1961	330
1959	366
1956	943

CHIANTI CLASSICO
Le pergole torte

1990	187
1988	200
1988	950 Double magnum
1986	180
1985	137
1985	344 Magnum
1980	275
1938	175

CHIANTI CLASSICO
Riserva il poggio

1985	175
1983	115
1982	105
1981	125
1978	83
1974	175
1971	307
1970	200
1968	250

MONFORTINO
Conterno
Riserva

1967	320
1964	425
1961	550
1955	515
1943	1 000
1937	1 440
1934	1 600

MONTEPULCIANO D'ABBRUZZO

1992	17 Citra
1991	25 Canaleto
1991	35 Cornacchia
1990	25 Bordino
1990	60 Lucchio
1988	30 Bosco
1987	26 Bosco

ORVIETTO CLASSICO

1992	30 Barbi
1990	37 Antonori
1991	32 Macie
1989	25 Melini
1988	50 Palazonne
1987	18 Ricasoli
1987	23 Melini

ORVIETTO

1992	34 Vaselli
1991	35 Vaselli
1991	40 Pietracolata
1990	45 Vaselli
1990	35 Uggiano
1989	29 Vaselli
1988	35 Vaselli
1988	30 Barbi
1987	33
1986	54
1985	72
1983	81
1981	88

RUBESCO TORGIANO

Lungarotti

1986	60
1985	55
1984	21
1979	86
1978	35
1975	100
1974	95
1973	99 Riserva
1970	264 Riserva
1978	35
1974	95 Riserva

SASSICAIA

Situé à Bolgheri, dans le sud de la Toscane, ce vignoble tout à fait exceptionnel était d'abord exploité en vue d'une consommation familiale jusqu'aux années 1960. Les premiers plants de Cabernet Sauvignon et de Cabernet Franc provenaient du Château Lafite. La première production, de seulement 7 300 bouteilles, eut lieu en 1968. Ces vins, élevés en barriques neuves changées tous les ans, ont donné un nouvel essor à la production de qualité tant en Toscane que dans toute l'Italie. L'extension du vignoble s'est poursuivie jusqu'à atteindre 25 hectares en 1981, permettant de produire 100 000 bouteilles de haute qualité. Ce vin a même remporté, en 1978, le titre de meilleur Cabernet Sauvignon du monde, parmi une sélection de trente-trois vins de onze pays, titre décerné par un jury international. Nombreux sont les éloges qu'adressent les connaisseurs à ce vin, qui le placent au premier rang des vins italiens. On peut particulièrement recommander les grands millésimes suivants: 1988, 1987, 1985, 1981, 1978, 1977, 1975...

1990	350	
1990	700	Magnum
1989	250	
1989	500	Magnum
1988	350	
1988	700	Magnum
1987	250	
1986	367	
1986	500	Magnum
1985	779	
1984	250	
1983	343	
1983	724	Magnum
1983	1 500	Double magnum
1982	550	
1981	550	
1980	150	
1979	580	
1978	563	
1977	920	
1976	1 250	
1975	1 550	
1974	1 320	
1971	1 400	
1970	2 020	
1968	4 300	

SOLAIA

Antinori

1988	450	
1987	350	
1986	325	
1985	600	
1985	1 480	Magnum
1982	685	
1979	690	
1978	1 120	

TIGNANELLO

Antinori

1990	150	
1989	82	
1988	150	
1988	730	Double magnum
1986	140	
1985	389	
1983	125	
1982	321	
1982	2 190	Double magnum
1980	172	
1979	150	
1979	550	Magnum
1979	2 475	Impériale
1978	325	

1977	275
1975	229
1971	252

VALPOLICELLA

1990	53	Mazzi
1990	30	Farina
1989	35	Tedeschi
1989	46	Salette
1988	60	Mazzi
1987	34	Boscaini
1986	31	Farina
1986	90	Quintarelli
1985	94	Quintarelli
1985	55	Masi
1985	36	Righetti
1985	85	Allegrini
1984	65	Quintarelli
1983	50	Mazzi
1980	31	Ragose
1977	86	Quintarelli
1971	55	Bolla

VERNACCHIA DI SAN GIMIGNANO

1992	51	Teruzzi
1992	45	San Querico
1992	31	Falchini
1991	35	Falchini
1991	45	San Querico
1991	105	Teruzzi
1990	56	Teruzzi
1990	55	San Querico
1990	30	Falchini
1989	44	Falchini
1989	40	San Querico
1989	46	Teruzzi
1988	105	Teruzzi
1988	35	San Querico
1988	25	Falchini
1987	42	Teruzzi
1987	40	Molini
1986	31	Falchini

• PORTUGAL

Ce pays qui est l'un des plus grands consommateurs de vin par tête d'habitant produit une importante quantité de divers crus en blanc et en rouge vendus à bas prix mais il est surtout connu par sa production de Porto et Madère.

MADÈRE

La petite île de Madeira, de seulement 730 km², est située dans l'Atlantique au large des côtes du Maroc. Elle fut découverte en 1418 et la vigne a été aussitôt introduite par l'apport de ceps de Malvoisie d'origine crétoise. Par la suite d'autres cépages, de provenances diverses, ont été plantés et, grâce à un climat privilégié, produisent des vins de haute qualité.

Sur les plaines et dans les vallées, on cultive la canne à sucre et les bananes, mais à partir de 600 mètres d'altitude on trouve la vigne. Sur les flancs des montagnes sont taillés des gradins, appelés polos, qui rappellent les côte-rôtie de la vallée du Rhône. L'exploitation s'effectue dans des conditions très pénibles car les pentes sont très sévères et les moyens mécaniques totalement absents. Les ceps de vigne sont taillés et montés très haut constituant des sortes de tonnelles, sous lesquelles sont fréquemment plantés divers légumes et salades qui bénéficient de cet abri naturel contre le soleil. Les viticulteurs sont payés au kilo de raisins récolté comme en Champagne. Il semble difficile de connaître avec exactitude les chiffres de production à l'hectare suivant les normes habituelles mais la vigne paraît assez prolifique. Les vendanges s'effectuent comme la cueillette des pommes grâce à de petites échelles. La vinification a lieu en fûts de chêne du Brésil (!?) à des températures de fermentation, particulièrement élevées, se situant entre 35 et 50°. Afin de laisser du sucre résiduel, on bloque la fermentation par l'apport de moût d'eau-de-vie. Cette opération a par ailleurs l'effet d'amener les vins à leur degré définitif qui se situe entre 18 et 20°. Le vieillissement est accéléré par un séjour en caves chaudes dont la température peut s'élever jusqu'à 45° en été. En outre, un organisme officiel est chargé du contrôle de toute la production et appose des scellés sur les tonneaux et des timbres sur les bouteilles.

L'ensemble des opérations, de la vigne au vin, apparaît très artisanal et traditionnel. Aucune recherche qualitative pour améliorer les produits proposés, afin de les rapprocher des portos, ne semble entreprise ni même envisagée. A la dégustation, seuls les très vieux buals, dont certains de plus de 100 ans retiennent l'intérêt par leur harmonie, leur équilibre et leurs bouquets originaux.

Les vins de Madère sont très utilisés en cuisine par tous les « chefs » pour l'élaboration de sauces variées et, dans le temps, le patron ne manquait pas de verser un peu de sel dans les bouteilles afin qu'elles ne soient pas consommées par les cuistots !

Les vins de Madère portent les noms de leurs cépages de raisins blancs. Il existe pourtant un « Negra Mole », très proche de notre Pinot Noir, qui sert pour l'élaboration des vins rosés ou rouges du commerce.

Le terme « Solera » qui figure sur certaines bouteilles se rapporte à des vins d'assemblage de plusieurs récoltes de millésimes différents.

BOAL OU BUAL

(suivant la dénomination anglaise ou portugaise)

Vin demi-doux très apprécié, vieillissant parfaitement.

1971	320	Blandy
1969	350	Cossart Gordon
1966	379	Leacock
1964	425	Blandy
1954	536	Blandy
1954	550	Cossart Gordon
1941	205	Cossart Gordon
1935	904	Cossart Gordon
1934	700	Leacock
1933	175	Blandy
1920	914	Blandy
1920	312	Cossart Gordon
1919	980	Blandy
1915	900	Lom elino
1915	825	Cossart Gordon
1914	385	Leacock
1914	660	Cossart Gordon
1912	850	Leacock
1911	800	Blandy
1910	264	Leacock
1910	477	Blandy
1910	800	Cossart Gordon
1908	119	Blandy
1908	1 250	Leacock
1907	467	Blandy
1905	1 117	Cossart Gordon
1900	1 000	Adegas de Toreao
1898	550	Henriquès
1895	510	Cossart Gordon
1891	825	Blandy
1881	452	Rutherford
1882	825	Blandy
1874	2 717	Cossart Gordon
1870	687	Blandy
1864	1 005	Blandy
1864	1 375	Cossart Gordon
1863	1 375	Leacock
1862	580	Gossart Gordon
		(année présumée)
1856	825	Leacock
1845	975	Cossart Gordon
1844	600	Cossart Gordon

		(année présumée)
1840	1 052	Rutherford
1826	392	Blandy
1820	850	Lomelino
1815	950	Blandy
1792	5 015	Blandy

Dates de création des Maisons de Madère :

Cossart Gordon	1745
Leacock	1760
Blandy	1811
Miles	1878

MALVASIA OU MALMSEY

Cépage de très ancienne origine. Vin doux, corsé, à bouquet accentué.

1959	600	Cossart
1954	600	Leacock
1954	575	Cossart Gordon
1954	153	Henriquès
1952	220	Leacock
1942	305	Cossart Gordon
1933	292	Cossart
1930	638	Henriquès
1926	168	Cossart Gordon
1920	715	Cossart
1920	894	Cossart Gordon
1916	623	Cossart Gordon
1912	909	Blandy
1910	348	Leacock
1910	595	Blandy
1900	975	Cossart Gordon
1900	357	Henriquès
1894	173	Henriquès
1889	660	Henriquès
1886	432	Blandy
1885	1 100	Blandy
1880	673	Blandy
1880	642	Henriquès
1871	2 062	Blandy
1868	562	Blandy
1863	522	Leacock
1863	975	Blandy
1862	550	Lomelino
1862	1 210	Blandy
1853	458	Lomelino
1830	671	Henriquès
1812	1 425	Lomelino
1808	1 540	Blandy
1808	2 200	Cossart Gordon
1742	2 090	Henriquès

SERCIAL

Cépage provenant du Riesling. Vins blancs secs, légers et parfumés.

1950	106	
1950	600	Leacock

1950	385	Abudarham
1944	925	Henriquès
1940	625	
1936	880	
1910	587	Leacock
1910	975	Grantia
1910	795	Berbeiro
1910	262	Oliveira
1905	412	Madeira Wine
1905	1 250	Leacock
1900	633	Henriquès
1898	220	Cossart Gordon
1898	440	Blandy
1890	414	Lomelino
1884	825	Blandy
1875	357	Leacock
1875	675	Blandy
1871	550	Blandy
1870	440	Lomelino
1864	375	Henriquès
1864	1 155	Blandy
1864	825	Avery
1860	269	
1860	495	Cossart Gordon
1835	725	Blandy
1830	276	Lomelino
1830	762	Henriquès
1818	935	Blandy

VERDELHO

Cépage local pour des vins demi-secs savoureux et parfumés.

1954	348	Leacock
1952	550	Cossart Gordon
1952	600	Leacock
1950	203	Torre Bella
1934	284	Rutherford
1932	722	Blandy
1931	189	Blandy
1917	359	Blandy
1914	880	Rutherford
1907	440	Oliveira
1905	385	Oliveira
1905	472	Torre Bella
1905	481	Torre Bella
1904	455	Torre Bella
1900	1 000	Blandy
1898	550	Barbieto
1897	503	Camara
1885	378	Camara
1882	675	Blandy
1880	413	Blandy
1880	357	Blandy
1879	405	Torre Bella
1877	607	Torre Bella
1875	550	Barbeito
1870	440	Rutherford
1865	700	Lomelino
1864	660	Cossart Gordon

1862	750	Blandy
1851	224	Blandy
1851	2 000	Particulier
1850	484	
1850	990	Oliveira
1850	502	Compagnie Vinicole
1839	383	
1838	1 387	Cossart Gordon
1822	713	Avery
1822	1 125	Blandy
1748	2 750	Henriquès

PORTOS

En 1994, les exportations de vins de Porto ont augmenté de 10 % tant en quantité qu'en valeur.
La France représente à elle seule près de 40 % du total des achats. Les autres pays importateurs sont le Benelux pour 35 %, l'Angleterre pour 11 %, l'Allemagne pour 4 % et tous les autres pays mondiaux pour les 10 % restants. Il semble donc certain que, dans les années qui viennent, l'expansion des vins de Porto va s'étendre à des marchés nouveaux pas du tout ou peu exploités qui ne connaissent pas les qualités de ce vin.

COCKBURN

1985	217	
1984	80	
1983	225	
1975	80	
1970	117	
1967	85	
1963	173	
1960	375	
1960	750	Magnum
1955	241	
1955	515	Magnum
1950	224	
1947	474	
1935	583	
1934	550	
1927	990	
1924	392	
1917	1 000	
1912	742	
1908	1 468	

CROFT

1985	60
1982	76
1977	200
1975	81
1970	226
1966	229
1963	345
1962	88
1960	117

1955	481
1950	224
1945	697
1935	552
1934	196
1927	594
1924	750
1922	1 250
1920	715
1917	760
1912	660
1908	1 020
1900	978
1896	2 500
1873	3 125

DOW

1991	140
1986	79
1985	150
1983	69
1982	40
1980	145
1977	113
1975	87
1972	65
1970	135
1966	179
1964	225
1963	700
1960	145
1955	390
1950	179
1947	886
1945	836
1944	2 200
1935	797
1934	375
1927	1 435
1924	1 500
1919	697
1896	1 280
1890	4 125
1873	3 125

FONSECA

1986	80
1985	175
1983	150
1980	57
1977	350
1975	89
1972	160
1970	252
1967	432
1966	500
1965	240
1963	385
1962	82
1966	157
1955	995

1948	1 007
1947	287
1945	1 400
1937	917
1934	841
1927	1 103
1924	1 437
1922	2 375
1920	524
1912	909
1896	1 116

GRAHAM

1991	140	
1985	110	
1983	225	
1981	41	
1980	150	
1977	700	
1976	229	
1975	145	
1970	165	
1966	374	
1963	725	
1960	269	
1958	132	
1955	1 350	
1948	802	
1947	605	
1945	1 765	
1945	2 310	Magnum
1942	662	
1935	892	
1927	907	
1924	1 557	
1920	1 125	
1908	1 875	
1870	7 775	Magnum

NACIONAL

1986	1 545
1982	642
1978	538
1975	450
1970	900
1967	391
1966	796
1964	642
1963	2 475
1962	1 031
1960	762
1958	779
1955	1 674
1950	92
1947	2 087
1934	3 079
1931	7 500

QUINTA DO NOVAL

1985	150
1983	50

1982	500
1978	148
1975	76
1974	871
1970	310
1967	95
1966	450
1964	145
1963	445
1960	360
1958	92
1955	216
1951	236
1947	1 787
1945	594
1937	247
1934	396
1931	2 062
1929	1 430
1927	863
1924	736
1920	1 320

SANDEMAN

1985	135
1982	62
1981	75
1980	150
1977	200
1975	300
1970	250
1967	250
1966	113
1963	400
1962	137
1960	375
1958	148
1957	131
1955	1 375
1947	288
1945	1 375
1942	750
1935	1 166
1934	880
1931	1 833
1927	650
1920	1 940
1917	550
1912	950
1908	805
1847	1 072
1896	1 200
1878	2 047

TAYLOR

1985	175
1984	65
1983	250
1981	115
1980	195
1977	300

1976	520	Double magnum
1975	110	
1974	185	
1972	175	
1970	225	
1969	148	
1968	812	
1967	225	
1966	206	
1965	284	
1963	581	
1960	186	
1957	136	
1955	412	
1948	1 223	
1947	3 503	
1945	1 444	
1935	1 373	
1927	993	
1924	4 317	
1920	905	
1917	1 625	
1912	1 320	
1908	967	
1904	2 186	
1870	3 575	

WARRE

1985	175
1983	150
1981	85
1980	150
1979	183
1977	121
1975	96
1970	138
1967	294
1966	385
1963	535
1960	375
1958	164
1955	425
1950	330
1947	289
1945	1 795
1934	1 875
1933	359
1931	6 475
1927	443
1924	618
1922	688
1920	652
1912	481
1870	927

• ROUMANIE

COTNARI GRASA

1991	53
1990	50
1989	55

1978	84
1977	96

MURFATLAR

1982	70 Muscat
1971	96 Chardonnay
1971	96 Sauvignon
1968	115 Pinot Gris
1965	110 Pinot Gris

PREMIAT
Cabernet Sauvignon

1991	26
1990	24
1989	25
1983	28
1981	31
1977	33
1974	36

PREMIAT
Pinot noir

1991	22
1990	20
1993	22
1984	23
1982	25
1980	25
1979	28
1976	33
1974	36

PREMIAT

	40 Tarnave Caste Riesling
	40 Valeo White

• SUISSE

Le vignoble suisse couvre actuellement une surface d'un peu plus de 14 000 hectares, alors que la superficie exploitée dépassait les 30 000 hectares en 1900. Les régions de production les plus importantes sont aujourd'hui le Valais (5 200 hectares) et le pays de Vaud (3 700 hectares), les autres cantons de la fédération se répartissant le reste des vignobles.

L'encépagement est constitué principalement par le Chasselas. Ce cépage blanc, partout destiné à la production des meilleurs raisins de table, a trouvé sa terre de prédilection sur les coteaux escarpés bordant le lac Léman. Les frais de production, eu égard à la topographie des vignobles, peuvent varier du simple au double d'un village à l'autre. Le coût élevé de la main d'œuvre intervient aussi dans la cherté des vins par rapport aux vins importés, puisqu'il représente 40 à 45 % du prix de revient total.

Afin de compenser ces frais importants, la production à l'hectare atteint des chiffres inconnus et même totalement illégaux en France, car ils dépassent parfois très largement les 100 hectolitres à l'hectare ! Rares sont donc les vins de garde, et la clientèle locale préfère d'ailleurs les vins de la récolte la plus récente. Aucune législation n'intervient dans les appellations telles que Grand Cru ou dans la contenance des bouteilles, qui varie de 70 à 75 centilitres. Dans bien des cas, les bouchons en liège sont remplacés par des opercules à vis, et ce, pas seulement pour les vins les moins chers. Il faut toutefois signaler quelques belles réussites, comme le Clos du Rocher en blanc ou le Plant Robert en rouge, sans oublier, bien sûr, certaines rares bouteilles de Petite Arvine. La production suisse de vins ne couvre même pas la moitié de la consommation, mais la répartition des importations n'est pas égale. A peine 17 % de vins blancs importés, alors que les rouges représentent 75 % de la consommation globale.

Il faut aussi signaler l'existence, au Château d'Aigle, du musée de la Vigne et du Vin, certainement le plus complet au monde.

(G.C.: Grand Cru).

AMIGNE

1991	46

CHABLAIS VAUDOIS
Rouge

1992	52 Florenne
1992	56 Pinot Noir Coterel
1992	60 Pinot Noir Le Notable
1992	43 Le Gallois
1992	45 Rochebond Salvagnin
1991	52 Florenne
1991	56 Pinot Noir Coterel
1991	60 Pinot Noir Le Notable
1991	43 Le Gallois
1991	45 Rochebond Salvagnin

DEZALAY
Blanc

1992	88	Clos des Abbayes Ville de Lausanne G.C.
1992	105	Clos des Moines Ville de Lausanne G.C.
1992	71	Les Égralets G.C.
1992	76	Gueniettaz G.C.
1991	91	Clos des Abbayes Ville de Lausanne G.C.
1991	71	Les Égralets G.C.
1991	76	Gueniettaz G.C.
1986	98	Ville de Lausanne

DOLE BLANCHE

1992	55	Les Mazots
1991	55	Les Mazots

DOLE ROUGE

1992	48	Les Mazots
1992	120	Les Mazots, magnum
1992	356	Les Mazots, jéroboam
1992	688	Les Mazots, mathusalem
1992	59	La Perle Noire
1992	136	La Perle Noire, magnum
1991	48	Les Mazots
1991	120	Les Mazots, magnum
1991	356	Les Mazots, jéroboam
1991	61	Maurice Gay
1991	59	La Perle Noire
1991	136	La Perle Noire, magnum
1991	80	Gillard
1990	61	Maurice Gay

DOMAINE DU MANOIR
Rouge

1992	38	Salvagnin G.C.
1992	99	Salvagnin G.C., magnum
1992	320	Salvagnin G.C., jéroboam
1992	612	Salvagnin G.C., mathusalem
1991	38	Salvagnin G.C.
1991	99	Salvagnin G.C., magnum
1991	320	Salvagnin G.C., jéroboam
1990	38	Salvagnin G.C.

ERMITAGE DU VALAIS

1992	44	
1992	96	Merle des Roches
1991	44	
1991	96	Merle des Roches
1991	90	Res des Choucas

FENDANT
Blanc

1992	42	La Guérite
1992	40	Les Mazots
1992	50	La Perle du Valais
1991	42	La Guérite
1991	50	La Perle du Valais
1991	50	Gillard
1991	40	Biollaz
1987	72	Les Murettes
1980	52	Saigne

GAMAY DE ROMANDIE

1992	33

JOHANNISBERG

1992	43	Tavillon
1992	55	Domaine du Mont d'Or
1992	98	Saint-Martin
1991	43	Tavillon
1991	55	Domaine du Mont d'Or
1991	98	Saint-Martin

LAVAUX
Blanc

1992	39	Les Ronsardes

MALVOISIE

1991	46	
1992	96	Crête Ardente
1991	96	Crête Ardente

MUSCAT

1992	46
1991	46

NEUCHATEL

1991	65	Château d'Auvernier
1988	70	Château d'Auvernier

ŒIL DE PERDRIX
Rosé

1992	46	Vaudois
1992	53	Valais Les Mazots
1991	53	Valais Les Mazots

1991	320	Salvagnin G.C., jéroboam
1990	38	Salvagnin G.C.

OSTERFINGER
1992   43 " Ostertrunck "
             Anton Meyer

PETITE ARVINE
1992   50
1992   105 Sous l'Escalier
1991   105 Sous l'Escalier

PINOT NOIR
1992   49 Pays de Vaud,
             Argental
1992   53 Valais,
             Les Mazots
1991   49 Pays de Vaud,
             Argental
1991   53 Valais,
             Les Mazots

ROSÉ DE GAMAY
1992   38 Pays de Vaud,
             La Musardelle
1991   38 Pays de Vaud,
             La Musardelle

SAINT-SAPHORIN
Blanc
1992   51 La Planète
1992   55 Château de
             Glérolles G.C.
1992   65 Château de
             Glérolles G.C.,
             Réserve
1992   51 Burignon
1992   47 Terral
1992   66 Ville de

               Lausanne
1992   60 La Planète G.C.
1992   59 La Redoute
1991   59 La Redoute
1991   60 La Planète G.C.
1991   95 Roche Ronde

SAINT-SAPHORIN
Rouge
1992   47 Champ de Clos
1992   51 Pinot Noir
1991   56 Pinot Noir
1992   51 Pinot Gamay
1992   71 Château de
             Glérolles G.C.,
             Réserve
1992   68 Humagne
1991   59 Humagne
1992   65 Grand Vin
1991   65 Grand Vin

YVORNE
Blanc
1992   61 Près Roc
1992   66 Clos des
             Reunauds G.C.
1992   62 Plan d'Essert
1992   77 Clos du Rocher
             G.C.
1991   93 Clos du Rocher
             G.C.
1991   66 Clos des
             Reunauds G.C.
1991   61 Près Roc
Rouge
1992   61 La Bastide

VINS D'AMÉRIQUE

• ÉTATS-UNIS

Les vins américains, dont la complantation gagne de nouveaux États, portent souvent le nom de leurs cépages. Toutefois, en Californie, apparaissent des vins sous l'appellation Chablis dont la production, tant elle est élevée, ne saurait se comparer à celle du Chablis français, quoique issue du même cépage, le Chardonnay. Une décision de la cour de La Haye devrait intervenir prochainement pour conférer au seul vin de Bourgogne l'appellation Chablis. L'obligation pour les Californiens de porter dès lors la mention « Chardonnay » sur les étiquettes bouleversera sans aucun doute le marché du Chablis, cru mondialement recherché, puisque l'offre se réduira considérablement du jour au lendemain.

Le dynamisme des producteurs américains se manifeste dans le monde entier. Actuellement, de nombreuses sociétés françaises investissent là-bas dans les vignobles. On se doit aussi de signaler des collaborations franco-américaines, comme Mondavi et Mouton Rothschild, qui ont créé un vin de très haute qualité : le Opus One. Les qualités et les prix atteints par certains vins californiens ouvrent des perspectives pour les amateurs, mais rares en France sont les bouteilles qui passent en vente publique. Seuls quelques opus-one sont apparus à l'occasion de ventes en province.

ÉTAT DE CALIFORNIE

ALEXANDER VALLEY
Cabernet Sauvignon

1991	65
1990	59
1989	50
1988	50
1987	60
1986	63
1985	41
1984	92
1978	137
1977	119
1976	234

Chardonnay

1940	50

Gewurztraminer

1991	35
1986	32

Merlot

1986	65

Zinfadel

1989	48

BEAULIEU
Burgundy

1974	36
1973	38
1968	78
1960	207
1947	550

Cabernet Sauvignon

1990	34
1989	40
1988	28
1987	25
1986	31
1985	18
1982	30
1979	63
1978	65
1977	51
1976	80
1975	92
1974	137
1973	57
1972	40
1971	46
1970	260
1969	92
1968	192
1967	88
1966	110
1963	103
1962	60
1961	75
1960	149
1957	760
1954	285
1950	3 328
1944	1 237
1943	1 815

Chardonnet Beaufort

1991	37
1990	40
1987	58
1986	24
1981	110
1954	275

Cabernet Sauvignon
Private Reserve

1989	150	
1988	140	
1987	195	
1986	225	
1985	245	
1985	92	Demi-bouteille
1985	92	Demi-bouteille
1985	378	Magnum
1985	601	Double magnum
1985	1 925	Impériale
1984	160	
1984	250	Magnum
1984	1 375	Impériale
1983	92	

334

1982	138	
1982	275	Magnum
1982	1 790	Impériale
1981	124	
1981	275	Magnum
1981	1 504	Impériale
1980	195	
1980	433	Magnum
1980	650	Double magnum
1979	206	
1979	63	Demi-bouteille
1979	350	Magnum
1978	247	
1978	110	Demi-bouteille
1978	540	Magnum
1978	2 750	Impériale
1977	103	
1977	275	Magnum
1977	825	Double magnum
1977	1 925	Impériale
1976	275	
1975	172	
1974	275	
1974	107	Demi-bouteille
1973	172	
1973	89	Demi-bouteille
1972	325	
1971	115	
1971	92	Demi-bouteille
1970	505	
1970	310	Demi-bouteille
1969	298	
1968	687	
1968	146	Demi-bouteille
1967	220	
1967	63	Demi-bouteille
1966	875	
1965	2 200	
1964	275	
1964	78	Demi-bouteille
1963	252	
1962	344	
1961	1 975	
1960	314	
1959	1 100	
1958	1 787	
1957	244	
1956	1 100	
1955	1 125	
1954	1 100	
1953	1 192	
1952	3 750	
1951	3 575	
1950	4 125	
1949	2 017	
1947	6 750	
1946	3 575	
1943	1 375	
1939	2 750	
1936	5 000	

Cabernet Sauvignon Rutherford

1990	60	
1989	65	
1988	62	
1987	60	
1986	43	
1985	23	
1982	80	
1981	75	
1981	223	Double magnum
1980	69	
1979	73	
1978	413	Double magnum
1977	37	

Chablis

1988	20
1987	24
1949	165

Chardonnay Los Carneros

1992	60
1990	68
1989	81
1988	60
1987	66
1976	110

Sauvignon Blanc

1990	40
1989	43
1988	41
1987	43
1978	30
1959	165

BERINGER

Cabernet Sauvignon Private Reserve

1989	168
1988	182
1987	225
1986	325
1985	334
1984	298
1983	126
1982	172
1981	85
1980	183
1978	275
1977	250

Chardonnay Private Reserve

1992	85
1991	88
1990	88
1989	90
1988	89
1987	70
1978	140

BURGESS

Cabernet Sauvignon

1988	62
1986	90

1985	86	
1984	41	Demi -bouteille
1980	352	Double magnum
1979	100	
1978	195	
1977	69	
1975	35	
1974	149	
1973	500	Magnum

Cabernet Sauvignon
Vintage Selection

1886	85	
1985	83	
1984	92	
1983	80	
1982	83	
1981	110	
1981	467	Double magnum
1980	103	
1980	229	Magnum
1979	125	
1978	252	
1977	137	
1976	175	
1975	45	
1974	147	
1973	71	
1973	320	Magnum

CAKEBREAD

Cabernet Sauvignon

1990	108
1989	105
1988	107
1986	85
1984	103
1983	69
1980	101
1979	69
1978	137
1977	96

Chardonnay

1992	100
1991	95
1990	100
1989	100
1988	94
1987	92
1982	91

CARNEROS CREEK

Cabernet Sauvignon

1980	183
1979	100
1978	100
1977	100
1975	200

Pinot Noir

1987	71

1986	75	
1984	64	
1980	90	
1980	286	Magnum
1979	69	
1978	75	

CAYMUS

Cabernet Sauvignon

1990	105	
1989	88	
1988	100	
1987	90	
1986	115	
1985	160	
1984	183	
1983	172	
1982	687	Magnum
1982	965	Double magnum
1982	4 125	Impériale
1982	149	
1981	126	
1980	172	
1979	218	
1978	229	
1977	149	
1976	125	
1975	206	
1974	275	
1974	1 050	Magnum
1973	344	

Cabernet Sauvignon
Special Selection

1990	375
1989	283
1988	235
1987	625
1986	642
1985	880
1984	660
1983	344
1982	475
1981	596
1980	595
1979	825
1978	1 036
1976	1 306
1975	1 925

Pinot Noir

1978	100
1977	120
1973	31

Pinot Noir
Special Selection

1990	80
1986	75
1985	75
1984	74
1976	87

CHAPPELLET

Cabernet Sauvignon

1987	90
1985	195
1984	103
1983	92
1982	75
1981	75
1980	55
1979	69
1978	92
1977	77
1976	103
1975	68
1974	74
1973	103
1972	50
1971	92
1970	298
1969	220

Chardonnay

1991	70
1990	60
1986	70
1983	41
1979	75
1976	100

CLOS DU BOIS

Cabernet Sauvignon
Briarcrest

1986	63	
1985	91	
1984	90	
1984	687	Impériale
1983	60	
1980	148	
1979	96	
1978	149	

Cabernet Sauvignon
Reserve

1991	80	
1990	38	
1980	103	
1987	46	
1980	896	Impériale
1978	249	
1974	55	

Chardonnay

1992	45
1991	38
1990	40
1989	55
1988	42
1987	46
1978	49
1977	50

Merlot

1990	66
1989	85

1988	55
1987	61
1986	31
1985	51
1978	57

CLOS DU VAL

Cabernet Sauvignon

1989	65	
1988	85	
1987	78	
1986	57	
1985	149	
1984	115	
1983	92	
1982	100	
1981	90	
1980	100	
1979	68	
1978	149	
1977	81	
1976	92	
1976	250	Magnum
1975	206	
1974	200	
1973	81	
1972	293	

Chardonnay

1991	32
1990	60
1989	50
1988	65
1987	61
1986	65
1984	51
1980	54
1979	105

Merlot

1987	100
1985	75
1982	70
1980	100
1979	57
1978	126

Zinfandel

1988	54
1987	60
1986	55
1985	55
1977	125
1974	209
1972	46

CONN CREEK

Cabernet Sauvignon

1988	62
1985	81
1984	67
1982	78
1981	66

1980	81
1979	137
1978	300
1977	92
1976	92
1974	513

Chardonnay

1980	103
1979	26
1978	53

DAVID BRUCE

Cabernet Sauvignon

1988	59
1985	55
1983	57
1982	60
1979	46
1978	75
1977	46
1976	81
1975	250
1974	225
1972	275
1968	375

Chardonnay

1984	55	
1977	403	
1973	175	Vendanges tardives

Pinot Noir

1983	69
1982	46
1980	60
1979	68
1978	100

Zinfandel

1979	70	
1972	225	
1971	275	Vendanges tardives
1970	80	
1969	51	
1968	50	

DIAMOND CREEK

Cabernet Sauvignon
Gravelly Meadows

1991	210	
1990	200	
1989	200	
1988	200	
1987	195	
1987	500	Magnum
1987	975	Double magnum
1986	156	
1986	344	Magnum
1986	1 475	Double magnum
1985	206	
1984	300	
1983	504	Double magnum

1983	138	
1982	462	Magnum
1981	300	
1980	275	
1979	200	
1978	250	
1977	225	

Cabernet Sauvignon
Red Rock Terrace

1991	210	
1990	200	
1989	200	
1988	200	
1987	165	
1987	500	Magnum
1986	252	
1986	436	Magnum
1985	229	
1984	260	
1983	103	
1983	502	Double magnum
1982	147	
1982	435	Magnum
1981	300	
1981	6 750	Impériale
1980	229	
1979	350	
1978	458	
1977	375	
1976	450	
1975	229	
1974	750	

Cabernet Sauvignon
Volcanic Hill

1991	210	
1990	200	
1989	200	
1988	200	
1987	200	
1987	500	
1987	975	Double magnum
1986	436	Magnum
1986	275	
1986	825	Double magnum
1985	220	
1984	214	
1983	137	
1982	275	
1981	300	
1981	1 125	Double magnum
1980	172	
1980	520	Double Magnum
1980	2 475	Jéroboam
1979	183	
1978	344	
1977	149	
1976	172	
1975	400	
1974	412	
1961	252	

FETZER
Cabernet Sauvignon
1990	34
1989	44
1988	35
1987	38
1984	75
1980	440 Impériale
1978	63
1974	210
1968	137

Chardonnay Barrel Select
1992	45
1991	38
1989	45
1988	55
1987	53
1986	43
1982	40

Fumé Blanc Valley Oak
1991	25
1989	29
1988	30
1987	28

Gerwurztraminer
1992	30
1991	24
1990	28
1989	23
1988	25
1987	30

Zinfandel
1988	34
1986	36
1974	125
1968	275

FRANCISCAN
Cabernet Sauvignon
1989	60
1988	60
1987	55
1986	50
1985	47

Chardonnay
1992	55
1991	45
1990	48
1988	48
1987	45
1986	57 Reserve
1985	40
1982	38
1981	40

Merlot
1991	70
1990	65
1987	65
1986	57
1985	48
1983	39

FREEMARK ABBEY
Cabernet Sauvignon
1986	71
1985	80
1984	65
1982	75
1980	73
1978	100
1977	69
1976	100
1975	124
1974	387
1973	69
1971	63
1970	137
1969	375
1968	196
1967	118

Cabernet Sauvignon Bosché
1986	114
1985	149
1984	126
1983	103
1981	68
1980	102
1978	183
1977	92
1976	110
1975	250
1974	183
1973	340
1972	50
1971	103
1970	525

Chardonnay
1990	53
1988	101
1987	66
1986	66
1985	125
1983	40
1982	58
1980	68
1979	125
1978	125
1977	125
1974	195

Edelwein
1986	88
1982	78
1980	37
1978	150
1976	122
1973	200

Petite Syrah
1977	100
1976	100
1975	125
1972	57
1971	126
1969	147

GRGICH HILLS

Cabernet Sauvignon

1987	150
1986	150
1985	150
1984	150
1983	150
1982	115
1981	170
1980	115

Chardonnay

1992	100
1991	140
1990	115
1989	125
1988	150
1987	150
1986	137
1985	135
1984	103
1983	175
1981	175
1979	209
1977	147

Zinfandel

1990	85
1989	82
1988	67
1987	73
1986	95
1985	95
1984	95
1983	95
1982	90
1981	46
1980	81
1979	81
1978	103
1976	81

Fumé Blanc

1992	55
1991	75
1990	55
1989	75
1988	60
1987	60
1986	60

HEITZ

Cabernet Sauvignon

1988	109
1987	105
1986	125
1985	149
1984	200
1983	90
1982	92
1981	81
1979	172

1977	175
1974	990
1973	325
1971	375
1970	500
1969	500
1968	344
1966	875
1961	220
1960	321
1959	523

Cabernet Sauvignon, Marth's Vineyard

1988	330	
1987	334	
1986	378	
1985	750	
1984	390	
1983	280	
1982	229	
1981	220	
1980	321	
1980	875	Magnum
1979	375	
1979	975	Magnum
1978	390	
1978	894	Magnum
1977	250	
1977	550	Magnum
1976	448	
1976	1 100	Magnum
1975	440	
1975	779	Magnum
1974	1 320	
1974	3 300	Magnum
1973	550	
1972	440	
1971	818	
1970	1 238	
1969	1 513	
1968	1 375	
1967	1 306	
1966	1 710	

Cabernet Sauvignon Bella Oaks

1988	146
1987	150
1986	175
1985	195
1984	200
1983	135
1982	120
1981	200
1980	250
1978	250
1977	330
1976	175

Cabernet Sauvignon Fay Vineyard

1980	225
1978	161
1977	175
1976	126
1975	115

Chardonnay
1987	53
1986	66
1984	125
1983	150
1981	65
1979	95

Pinot Noir
1979	60
1969	92
1968	92
1962	500
1961	975
1960	367
1959	1 250

INGLENOOK

Cabernet Sauvignon
1987	28	
1985	40	
1983	38	
1982	33	
1980	41	
1978	100	
1977	125	
1971	69	
1970	83	
1969	60	
1968	92	
1967	58	
1965	103	
1965	66	Demi-bouteille
1964	172	
1963	68	Demi-bouteille
1962	200	
1961	126	
1960	298	
1959	660	
1958	375	
1956	241	
1955	516	
1951	3 475	
1949	1 650	
1946	1 925	
1943	2 475	
1941	3 025	
1936	5 500	
1934	7 150	
1933	5 500	

Cabernet Sauvignon Cask
1987	92
1986	99
1985	95
1984	85
1983	85
1982	126
1981	56
1978	64
1977	155
1976	82

1975	161
1974	302
1970	389
1969	105
1968	161
1967	625
1966	334
1965	160
1964	229
1963	125
1962	157
1960	700
1959	1 250
1958	504
1956	495

Cabernet Sauvignon Reunion
1985	172
1984	121
1983	81

Pinot Noir
1987	20
1972	39
1971	25
1970	37
1969	37
1967	151
1964	46
1963	103
1959	124
1957	310
1949	688
1946	2 475
1897	2 610

JORDAN

Cabernet Sauvignon
1990	120	
1989	120	
1988	105	
1987	110	
1986	197	
1985	252	
1984	138	
1983	92	
1982	115	
1982	404	Magnum
1981	183	
1981	345	Magnum
1980	126	
1979	183	
1978	241	
1978	825	Magnum
1977	138	
1977	825	Magnum
1976	140	

Chardonnay
1990	95
1989	95
1988	95
1987	107

1986	68
1985	95
1983	65
1982	92
1980	103
1979	137

KENWOOD

Cabernet Sauvignon

1990	66
1989	65
1987	150
1985	66
1984	75
1982	70
1981	75
1978	200
1975	1 512
1973	28

Cabernet Sauvignon
Artist Series

1990	215	
1989	152	
1988	145	
1983	175	
1987	175	
1986	175	
1985	175	
1984	175	
1983	500	Magnum
1982	115	
1982	1 750	Impériale
1981	138	
1981	1 237	Impériale
1980	92	
1980	1 550	Impériale
1979	174	
1979	2 200	Impériale
1978	275	
1977	425	
1976	975	
1975	2 475	

Cabernet Sauvignon
Jack London

1990	100
1988	88
1987	100
1986	88
1985	104
1983	66
1981	69
1980	68
1979	103
1978	125

Pinot Noir
Jack London

1979	75
1977	63
1970	100

MIRASSOU

Cabernet Sauvignon

1990	49
1987	48
1984	46
1978	69
1970	200

Cabernet Sauvignon
Harvest Select

1977	38
1974	33
1973	17
1970	46
1966	225

Cabernet Sauvignon
Santa Clara

1979	75
1978	100
1974	220
1970	179
1968	55

Chardonnay

1991	62
1990	35
1988	45
1987	39
1986	47
1978	75

MONDAVI

Cabernet Sauvignon

1990	80	
1989	70	
1988	75	
1987	95	
1986	85	
1986	52	Demi-bouteille
1986	135	Magnum
1985	137	
1984	126	
1983	32	Demi-bouteille
1983	104	
1982	92	
1981	92	
1980	100	
1979	125	
1979	35	Demi-bouteille
1979	500	Magnum
1978	168	
1978	46	Demi-bouteille
1978	303	Magnum
1978	1 155	Impériale
1977	58	
1976	125	
1975	103	
1974	161	
1974	100	Demi-bouteille
1973	104	
1972	68	

1971	55	
1970	187	
1970	615	Magnum
1969	155	
1969	275	Magnum
1968	184	
1968	586	Magnum
1967	151	
1966	595	

Cabernet Sauvignon Reserve

1992	157	
1991	135	
1990	184	
1989	145	
1988	101	
1987	425	
1986	172	
1985	290	
1984	184	
1983	83	
1982	92	
1981	77	
1980	92	
1979	1 005	Double magnum
1979	1 650	Impériale
1978	252	
1978	756	Magnum
1978	2 063	Double magnum
1978	2 250	Impériale
1977	137	
1976	92	
1975	350	
1974	275	
1974	1 512	Magnum
1974	2 200	Double magnum
1974	4 125	Impériale
1973	137	
1971	458	
1970	224	

Chardonnay

1992	65
1991	71
1990	70
1989	70
1988	70
1987	92
1986	46
1985	58
1984	37
1983	81
1982	19
1981	58
1980	150
1979	138
1978	110
1972	128

Chardonnay Reserve

1991	125

1990	125
1989	125
1988	150
1987	95
1986	100
1985	125
1984	149
1983	104
1981	68
1979	92

Johannisberg

1988	40
1987	40
1986	40
1983	23
1982	34
1981	75
1978	66

Pinot Noir

1991	80
1990	70
1989	60
1988	44
1987	50
1986	33
1985	35
1983	69
1980	100
1971	50
1970	138
1968	250
1967	687

Pinot Noir Reserve

1992	125
1991	130
1990	115
1989	115
1988	120
1987	200
1986	106
1985	110
1984	115
1982	88
1981	63
1979	100
1978	126
1975	101
1973	92

Sauvignon

1991	44
1989	40
1988	35
1984	30
1981	83
1978	98

Zinfandel

1992	25
1991	22
1990	20
1989	50
1988	34
1966	137

MONTELENA

Cabernet Sauvignon

1989	132
1988	135
1987	425
1986	225
1985	321
1984	229
1983	250
1982	161
1981	200
1980	161
1979	175
1979	300 Magnum
1978	436
1978	610 Magnum
1978	2 125 Impériale
1977	234
1976	229
1975	160
1974	244
1974	1 100 Magnum
1973	275

Chardonnay

1990	107
1989	95
1988	100
1987	95
1986	137
1985	81
1984	375 Magnum
1982	200
1980	68
1979	124
1978	125

Chardonnay Alexander Valley

1988	100
1987	108
1986	83
1984	70
1983	175
1982	95

Zinfandel

1990	60
1989	62
1988	50
1987	55
1986	60
1985	50
1982	235
1978	115
1974	69

OPUS ONE

Suite à l'accord conclu entre Mondavi et Mouton Rothschild, l'élaboration de ce vin de haute qualité dans les vignobles de Californie représente la quintessence de ce que l'on peut réaliser lorsque deux producteurs de cette importance se réunissent. De plus en plus diffusé tant en Amérique qu'en Europe et dans le monde, il ne touche pourtant qu'une clientèle restreinte du fait de son prix élevé.

Contrairennent à la France, le millésime 1987 est particulièrement réussi et son estimation plus forte, mais justifiée, que les années voisines.

Les étiquettes portent en profil les visages de Robert Mondavi et du baron Philippe de Rothschild, symbole de leur union.

Red Table Wine

1990	310
1989	321
1989	130 Demi-bouteille
1988	344
1988	750 Magnum
1988	2 000 Jéroboam
1988	3 250 Impériale
1987	436
1986	436
1986	150 Demi-bouteille
1986	2 250 Impériale
1985	458
1985	3 025 Impériale
1984	412
1984	1 008 Magnum
1984	1 925 Double magnum
1984	3 575 Impériale
1983	355
1983	750 Magnum
1983	1 650 Double magnum
1983	3 025 Impériale
1982	484
1982	642 Magnum
1982	1 238 Jéroboam
1982	3 250 Impériale
1981	275
1981	642 Magnum
1981	2 090 Impériable
1980	505
1980	917 Magnum
1980	2 400 Double magnum
1980	3 400 Impériale
1979	563

PARDUCCI

Cabernet Sauvignon

1988	30
1987	47
1986	33
1982	47
1975	47

Chardonnay

1991	33

1990	42
1989	41
1988	46
1987	42

Sauvignon

1988	24
1987	33
1985	30

Zinfandel

1990	30
1988	30
1987	24
1986	30

PHELPS

Cabernet Sauvignon

1990	65
1988	65
1986	80
1985	70
1983	122
1982	56
1981	69
1980	100
1980	154 Magnum
1979	68
1979	200 Magnum
1979	650 Double magnum
1978	69
1978	192 Magnum
1977	137
1977	300 Magnum
1976	75
1975	134
1975	375 Magnum
1974	375
1973	300

Cabernet Sauvignon
Bacchus

1987	175
1986	149
1986	275 Magnum
1986	550 Double magnum
1985	126
1984	160
1983	92
1983	298 Magnum
1981	127
1979	126
1978	206
1977	115
1976	172

Cabernet Sauvignon
Eisele

1987	200
1987	317 Magnum
1986	229
1985	250
1984	206
1983	880 Double magnum
1982	146

1981	126
1979	300
1978	350
1977	172
1975	660

Cabernet Sauvignon Insignia

1988	108
1987	138
1986	175
1985	267
1984	195
1984	350 Magnum
1983	100
1983	350 Magnum
1982	126
1982	273 Magnum
1982	880 Double magnum
1981	220
1980	184
1980	600 Magnum
1979	175
1978	386
1977	533
1976	450
1975	400
1974	475

Chardonnay

1990	70
1989	53
1988	55
1987	73
1986	64
1983	41
1982	50
1978	75
1976	75

Syrah

1989	90
1986	75
1985	75
1984	75
1979	46
1978	49
1977	92
1974	83

RIDGE

Cabernet Sauvignon Monte Bello

1992	180
1991	165
1990	220
1989	200
1988	275
1987	198
1986	137
1985	344
1984	385
1982	125
1982	250 Magnum
1981	131

1980	248
1978	413
1977	367
1976	175
1975	218
1974	438
1973	298
1972	183
1971	378
1970	149
1969	800
1968	880
1966	1 625
1967	229
1965	825
1964	1 975
1963	1 925

Cabernet Sauvignon Santa Clara

1968	871
1965	344
1964	1 100

Cabernet Sauvignon Santa Cruz

1991	71
1989	65
1986	75
1984	68
1983	75
1978	84

Cabernet Sauvignon York Creek

1987	96
1986	88
1985	100
1984	54
1983	60
1982	125
1981	110
1980	124
1979	175
1978	189
1977	73
1976	81
1975	185
1974	195

Petite Syrah York Creek

1990	100
1989	95
1988	23
1986	62
1984	45
1981	81
1977	119
1976	115
1974	161
1971	275

Zinfandel Geyserville

1992	90
1991	100
1990	80
1989	80
1988	65
1987	61

1987	30 Demi-bouteille
1986	60
1986	33 Demi- bouteille
1984	55
1983	49
1981	110
1979	100
1977	69
1976	69
1975	175
1973	184
1972	123

Zinfandel Howell Mountain

1990	65
1988	64
1986	100
1985	45
1984	50
1980	92
1979	90

Zinfandel Lytton Springs

1992	90
1991	91
1990	70
1989	70
1988	65
1987	90
1987	30 Demi-bouteille
1986	60
1985	150
1984	55
1976	92
1975	87
1974	137
1973	200

Zinfandel York Creek

1987	53
1986	63
1985	58
1984	60
1982	100
1981	58
1980	46
1979	95
1977	81
1975	185

RUTHERFORD HILL

Cabernet Sauvignon

1987	33
1985	36
1984	48
1982	32
1981	33
1980	50
1979	37
1979	960 Impériale
1978	103
1977	37

1975	68
1974	175

Chardonnay Jaeger

1988	47
1987	58
1985	51
1984	50
1982	52

Merlot

1991	70
1990	60
1989	74
1988	54
1986	69
1985	66
1984	53
1982	41
1980	57
1979	69

SAINT-JEAN

Cabernet Sauvignon Glen Ellen

1988	86
1978	81
1977	69
1976	68
1975	200
1975	275 Magnum

Cabernet Sauvignon Wildwood

1980	70
1979	50
1978	61
1977	200
1976	175
1975	190

Chardonnay Robert Young

1990	119
1988	120
1987	100
1986	105
1985	83
1984	200
1981	92
1980	83
1979	92
1977	50

Johannisberg Vendanges Tardives

1989	120
1988	100
1986	150
1985	133
1984	115
1982	88
1981	66
1978	126
1977	154

SAN MARTIN

Cabernet Sauvignon

1981	35
1978	275 Impériale

1977	445 Impériale
1977	40
1974	250

Chardonnay Reserve

1980	46

Fumé Blanc

1980	26

Johannisberg

1981	36

SEBASTIANI

Cabernet Sauvignon

1990	45
1989	50
1987	33
1985	46
1983	67
1974	74
1971	200
1968	110
1967	46

Cabernet Sauvignon Eagle Label

1982	54
1981	105
1980	100
1978	100

Cabernet Sauvignon
Proprietor's Reserve

1979	92
1977	37
1973	50
1972	300
1970	125
1969	125
1968	150

SONOMA

Cabernet Sauvignon
Alexander's Crown

1978	125
1977	125
1976	75
1975	83
1974	126

Chardonnay Cutrer

1991	90
1990	85
1988	200 Magnum
1987	85
1986	81
1985	81
1984	60
1982	150
1981	200

Chardonnay Les Pierres

1990	103
1989	100
1988	100
1987	104
1987	245 Magnum

1986	126
1985	137
1984	183
1983	228
1982	200
1981	225

Chardonnay Russian River

1992	70
1991	66
1990	65
1989	70
1988	92
1987	65
1987	33 Demi-bouteille
1986	103
1985	68
1984	50
1983	30 Demi-bouteille

SOUVERAIN

Cabernet Sauvignon

1991	50
1990	42
1989	40
1988	40
1986	38
1978	70
1977	43
1976	64
1974	103
1973	50
1971	46
1970	184
1969	250
1968	163
1967	104
1966	115
1965	138
1964	68
1963	137
1962	500

Merlot

1991	55
1990	50
1989	45
1984	50
1978	68

Cabernet Sauvignon Vintage Selection

1978	125
1976	81
1974	110

STAG'S LEAP

Cabernet Sauvignon

1991	100
1990	80
1989	88
1988	80
1987	82
1986	126

1985	141
1984	75
1983	100
1982	92
1981	83
1980	125
1979	175
1978	149
1977	150
1976	225
1975	115
1974	275
1973	750
1972	229

Cabernet Sauvignon Cask 23

1990	375
1987	375
1986	336
1985	715
1984	458
1983	183
1979	229
1978	687
1978	1 375 Magnum
1977	425
1974	596

Cabernet Sauvignon Vineyard

1988	110
1987	110
1985	218
1984	205
1983	78
1982	115
1979	175
1978	275
1977	176
1975	110
1974	275
1973	206

Chardonnay

1991	81
1990	88
1989	85
1988	95
1987	100
1986	90
1985	90
1984	127
1983	61
1978	68
1977	100

Merlot

1990	110
1986	80
1985	115
1984	60
1982	67
1979	100
1978	225
1977	78
1975	125

1973	114	
Petite Syrah		
1990	90	
1987	75	
1986	65	
1985	63	
1984	55	
1981	43	
1978	80	
1973	92	
1972	103	
Sauvignon		
1991	56	
1988	55	
1986	41	
1984	40	
1983	42	

STERLING
Cabernet Sauvignon

1990	75	
1989	74	
1988	70	
1987	70	
1986	70	
1985	72	
1984	90	
1982	150	Magnum
1980	92	
1979	50	
1978	177	
1977	200	
1976	174	Magnum
1976	75	
1975	68	
1974	100	
1974	321	Magnum
1973	103	
1972	72	
1971	73	
1970	104	
1969	149	
1967	110	

Cabernet Sauvignon Reserve

1987	210	
1986	195	
1985	150	
1984	134	
1983	100	
1982	250	
1981	68	
1980	150	
1979	150	
1978	172	
1977	115	
1976	92	
1975	300	
1974	275	
1974	660	Magnum
1973	92	

Chardonnay

1991	65	
1988	70	
1987	70	
1986	66	
1983	70	
1980	57	
1980	101	Magnum
1974	110	

Merlot

1991	75	
1990	75	
1989	65	
1988	75	
1987	75	
1986	70	
1985	67	
1983	145	Magnum
1980	55	
1979	78	
1978	68	
1976	58	
1975	60	
1974	250	
1973	250	
1972	87	
1969	163	

Sauvignon

1991	35	
1990	40	
1989	36	
1988	34	
1987	40	
1986	45	
1984	33	
1980	73	

STONEGATE
Cabernet Sauvignon

1986	64	
1980	103	
1980	275	Double magnum
1980	440	Jéroboam
1980	550	Impériale
1980	770	Salmanazar
1979	56	
1979	330	Double magnum
1979	770	Salmanazar
1977	60	
1977	330	Double magnum
1977	660	Impériale
1973	300	

STONY HILL
Chardonnay

1989	160	
1988	137	
1987	161	
1986	206	
1985	229	

1984	206
1983	195
1982	172
1981	195
1981	1 100 Magnum
1980	151
1979	218
1978	321
1977	625
1976	650
1975	675
1974	550
1973	458
1972	390
1971	378
1966	963
1965	1 375
1964	1 192
1961	1 512

Gewurztraminer

1990	60
1989	100
1988	92
1987	60
1986	60
1985	92
1984	92
1983	137
1982	103
1981	75
1978	113
1975	168

Pinot Chardonnay

1977	298
1974	330
1973	344
1971	412
1969	348
1968	550
1967	412
1966	963
1965	1 833
1964	1 925
1963	1 925
1962	2 017
1961	1 925
1958	1 650

Riesling

1990	60
1989	60
1986	68
1984	126
1983	68
1982	80
1980	81
1979	83
1978	92

Semillon de Soleil

1986	161
1982	57 Demi-bouteille
1980	92 Demi-bouteille

1975	124 Demi-bouteille
1974	174 Demi-bouteille
1972	137 Demi-bouteille
1971	183 Demi-bouteille

SUTTER HOME
Cabernet Sauvignon

1990	32
1989	20
1988	21
1987	25
1986	20
1984	23

Zinfandel Blanc

1992	17
1991	18
1990	16
1989	17
1988	25
1987	28

Zinfandel Rouge

1992	37
1990	20
1989	20
1987	20
1984	25
1980	46
1974	46
1972	28
1971	58

TREFETHEN
Cabernet Sauvignon

1986	67
1985	142 Magnum
1984	65
1983	46
1982	68
1981	58
1980	57
1979	103
1978	92
1977	103
1976	81
1975	437
1974	138

Chardonnay

1990	75
1988	87
1987	81
1986	83
1985	83
1984	46
1983	126
1982	145
1979	138
1976	105
1975	92

Pinot Noir

1986	56

1985	53
1981	51
1979	55
1977	49
1976	73

VILLA MT EDEN
Cabernet Sauvignon

1991	45
1990	40
1989	45
1987	36
1985	49
1983	41
1980	135
1979	46
1978	175
1977	69
1977	206 Magnum
1976	46
1975	80
1974	229

Cabernet Sauvignon Reserve

1989	62
1982	137
1980	115
1979	58
1978	172

Chardonnay

1991	40
1988	49
1987	40
1985	30
1979	150
1977	175

Zinfandel

1990	40
1988	48
1987	46
1986	40

ÉTAT DE NEW YORK

PUGLIESE
Cabernet Sauvignon

1989	53
1987	48

Chardonnay

1988	49
1986	43

WAGNER
Chardonnay

1989	54
1987	54

Seyval Blanc

1987	34
1986	27

WEIMER
Dry Riesling

1986	33
1985	32

Chardonnay

1986	55
1985	42

Johannisberg Vendanges Tardives

1986	53
1982	85

ÉTAT DE L'OREGON

ADELSHEIM
Pinot Gris

1991	48
1988	45
1985	46

Pinot Noir

1987	60
1986	77
1985	58
1984	59

Pinot Noir Reserve

1988	85
1986	80

EYRIE
Chardonnay

1989	70
1988	70
1987	70
1986	69
1985	60
1983	63

Pinot Gris

1991	62
1987	55
1985	39

Pinot Noir

1989	88
1988	110
1987	84
1986	75
1985	160

ÉTAT DE WASHINGTON

SAINTE MICHELLE
Cabernet Sauvignon

1990	50
1989	48
1988	48
1987	51
1984	40
1981	54
1979	75
1975	83

Cabernet Sauvignon Cold Creek

1987	91

1985	90
1983	175

Cabernet Sauvignon River Ridge

1987	80
1985	90
1975	46

Chardonnay

1992	55
1991	90
1990	45
1989	60
1988	50
1987	83

Chardonnay River Ridge

1988	45
1987	80

• CANADA

De gros efforts ont éte déployés au Canada pour l'obtention d'une production vinicole digne de ce nom. Si, dans le passé, les vins canadiens présentaient un caractère foxé désagréable bien particulier, de nouveaux produits apparaissent aujourd'hui sur le marché, tel le Château des Charmes, vins de qualité issus de cépages nobles. Le microclimat qui règne aux alentours des Chutes du Niagara permet la culture de la vigne dans cette région. Les résultats obtenus sont très encourageants.

CH. DES CHARMES

Pinot Noir

1993	52
1992	50
1991	49
1990	62
1989	60
1988	72
1987	70
1986	75
1985	92
1984	90
1983	80
1982	94
1981	125

Chardonnay

1993	55
1992	52
1991	52
1993	60
1989	60
1988	65
1987	72
1986	75
1985	88
1984	92

1983	94
1982	110

INNISBRILLIN

Brac Blanc

1991	44
1990	42
1989	45
1988	51
1987	55
1986	60
1985	65
1982	78
1980	84
1978	125

MARÉCHAL FOCH

Rouge

1988	57
1987	54
1986	60
1985	70
1984	65
1982	80
1980	65
1978	125

SEYVAL

Blanc

1987	55
1986	60
1985	70
1984	58
1983	58
1982	75
1981	75
1979	120

• MEXIQUE

PEDRO DOMECQ LOS REYES

32	Blanc
28	Rose
35	Rouge

• ARGENTINE

Les Argentins étant de gros consommateurs de vin, la production s'adapte aux besoins : les qualités varient suivant les régions de production. Les prix pratiqués pour la grande partie des vins de masse sont très bas, et on trouve souvent des emballages en carton « pack ». Il existe par ailleurs dans la région de Mendoza, près de la frontière chilienne, des productions beaucoup plus soignées, dans des cépages nobles d'origine française, donnant des vins de qualité. Certaines bouteilles de Merlot sont particulièrement intéressantes. Il semble que de gros efforts soient entrepris pour essayer de parvenir aux résultats chiliens.

ANDEAN
Cabernet Sauvignon

1992	20
1991	22
1990	22
1989	24
1988	26
1987	25
1986	27
1985	32
1984	35
1983	35
1982	40
1981	45
1980	55
1979	76
1978	110

ANDEAN
Chardonnay

1992	22
1991	25
1990	26
1989	28
1988	30
1987	30
1986	33
1985	35
1984	36
1983	40
1982	43
1981	46
1980	55
1979	78

• CHILI

Comme je l'annonçais dans ma précédente édition, ma prévision s'est trouvée largement confirmée. Le vignoble chilien connaît depuis quelques années un renouveau en développant, d'une part la production des raisins (plus 288 % en dix ans), et d'autre part, depuis quatre ans, une politique de qualité qui marque de nombreux points à l'exportation (plus 421 % en quatre ans !). Un terroir privilégié allié à des techniques maîtrisées en font un pays viticole riche de potentialités. Le développement des cépages européens, les investissements des producteurs, l'amélioration des techniques et le renouvellerment du materiel ont conduit les Chiliens à proposer des produits de qualité à des prix très compétitifs.

CONCHA Y TORO
Sauvignon

1989	36
1988	35
1985	32

Chardonnay

1991	30
1990	50
1986	30

Diablo

1991	40
1988	40
1986	40
1983	35

Cabernet Sauvignon

1989	30
1988	30
1987	30
1986	33
1985	20
1984	30
1983	36
1982	40
1980	47
1978	66
1977	85

Casillero del Diablo

1989	40
1986	40
1984	40
1983	29

Merlot

1990	25
1988	30
1988	20
1986	35
1985	30
1984	35
1983	38
1982	44
1980	53

LOS VASCOS

La famille Eyzaguirre possède ce domaine depuis plus de deux siècles. Conscients de la nouvelle dimension internationale du vin, ils ont décidé de s'associer au groupe Rothschild pour l'avenir de Vina Los Vascos, afin que ce vin devienne le « Premier des Premiers » au Chili. Pour cela ils n'ont pas hésité à engager de très importants investissements afin d'y introduire les techniques de vinification les plus récentes et les plus raffinées. Le vignoble de 200 hectares produit des vins rouges et blancs en appellation Colchagua. Les cépages nobles sont Cabernet Sauvignon (75 %), Sauvignon (20 %) et Chardonnay (5 %). En raison de sa situation dans l'hémisphère austral, les vendanges ont lieu en mars ; ce qui permet aux équipes du Domaine Rothschild d'apporter leur soutien technique. La volonté de haute qualité exigée présente une certitude de réussite dont on entendra parler dans les années qui viennent.

COLCHAGUA

1992	35
1991	45
1990	35
1989	35
1988	35
1987	25
1985	25
1984	23

COLCHAGUA RESERVE

1990	60
1989	55

VINS DIVERS

• AFRIQUE DU SUD

La production sud-africaine comprend beaucoup de variétés fort peu connues en France.

L'acclimatation de cépages français s'est effectuée dans de correctes conditions, et les vins produits sont de bonne qualité.

CLOS MALVERNE

1990	50	Pinotage
1989	100	Auret Stellenbosch
1989	80	Cabernet

DELHEIM

1990	80	Auret Stellenbosch
1989	85	Grande réserve
1989	50	Pinotage

GROOT

1992	65	Constantia Chardonnay
1990	60	Constantia Cabernet
1990	35	Constantia Rood
1990	40	Constantia Pinotage
1989	45	Constantia Syrah

SIMONSIG

1991	70	Stellenbosch Chardonnay
1989	70	Stellenbosch Cabernet
1989	55	Stellenbosch Pinotage

SPRINGBOK

1992	35	Costal Chardonnay
1992	30	Costal Sauvignon
1990	35	Costal Cabernet
1990	36	Costal Pinotage
1989	33	Costal Pinotage
1989	35	Costal Syrah

ZONNEBLOEM

1992	50	Stellenbosch Sauvignon
1992	60	Stellenbosch Chardonnay
1990	50	Stellenbosch Pinotage
1989	55	Stellenbosch Cabernet
1988	55	Stellenbosch Pinotage

• AUSTRALIE

Ce pays gigantesque développe de plus en plus sa production, et ses exportations augmentent régulièrement.

PENFOLDS
Cabernet Sauvignon

1990	118
1989	150
1988	190
1987	170
1986	160
1983	118
1982	168

PENFOLDS
Grange Hermitage

1988	495
1987	350
1986	375
1985	375
1984	400
1983	375
1982	329
1981	380
1980	269
1979	1 430
1977	200
1976	504
1975	446
1971	1 647

PENFOLDS
Hermitage BIN 95

1987	375
1985	596
1982	516
1981	291
1980	252
1979	413
1978	410
1977	440

PENFOLDS
Shiraz Magill Estate

1987	150
1986	150
1985	150
1984	150

TALTARNI
Cabernet Sauvignon Victoria

1988	60
1987	53
1985	48
1984	46
1982	46

1981	37
1980	34
1979	69
1978	55

TALTARNI

Shiraz Victoria

1990	65
1989	62
1988	70
1987	50
1986	50
1985	50
1984	47
1982	46
1980	75
1979	34
1978	73

• CHINE

La Chine est l'un des premiers pays à avoir produit du vin. Il existe, encore aujourd'hui, une société chinoise importante qui détient un vignoble de 100 hectares et emploie plus de 3 000 personnes. Avec la grande relance économique, les habitudes de consommation évoluent rapidement dans ce pays. Les produits de luxe, symbole de la réussite, ont la cote. Le cognac est déjà bien implanté et, depuis deux ans, les expéditions ont connu un véritable bond en avant malgré la concurrence d'autres spiritueux. De très importantes sociétés françaises comme Rémy-Martin et Pernod-Ricard ont conclu des accords avec des partenaires chinois et même acquis des vignobles pour exploitation. Le pouvoir d'achat des consommateurs ira s'accroissant et, de tout évidence, le marché chinois connaîtra une énorme expansion bien plus forte et rapide que celle des pays de l'Est.

• ISRAËL

Ce pays produit des vins très variés, dont la majeure partie est distribuée par la marque Carmel. De belles réussites, au plan de la qualité, méritent d'être signalées. Il faut également souligner l'existence de vins casher, qui répondent aux normes diététiques de la loi hébraïque.

CARMEL

1989	30 Chenin Galil
1986	38 Cabernet Samson

GAMLA

1990	55 Chardonnay Galil
1988	55 Chardonnay Galil
1988	45 Sauvignon Galil
1988	50 Chardonnay Réserve Galil
1988	50 Cabernet Sauvignon Galil
1988	70 Chardonnay V.T. Galil
1987	47 Cabernet Sauvignon Galil
1986	60 Cabernet Sauvignon Galil

GOLAN

1991	45 Sauvignon Galil
1990 Galil	60 Chardonnay
1988	40 Sauvignon Galil
1987	60 Cabernet Galil
1986	55 Cabernet Galil

YARDEN

1989	35 Mont Hermon rouge Galil
1989	30 Mont Hermon blanc Galil
1989	45 Sauvignon Galil
1989	50 Chardonnay Galil
1988	70 Merlot Galil
1986	70 Cabernet Galil
1986	60 Merlot Galil
1985	70 Cabernet Galil

• NOUVELLE-ZÉLANDE

Pays viticole modeste par sa taille et sa production, la Nouvelle-Zélande a obtenu en quelques années une notoriété indéniable sur les principaux marchés viti-vinicoles avec des produits de grande qualité. Le gouvernement néo-zélandais a pris conscience de l'intérêt grandissant de ce secteur pour son économie et a souhaité concrétiser les efforts de la profession en adhérant à l'Office international de la Vigne et du Vin. Sur 6 000 hectares de vignobles, répartis sur quatre régions principales, sont produits des vins de qualité, majoritairement en blanc, issus des cépages Chardonnay, Sauvignon, Gewurztraminer, Cabernet Sauvignon, Merlot, Cabernet Franc. Nul doute que dans les prochaines années, la crédibilité à l'échelle internationale des vins néo-zélandais se manifestera.

BABICH

1993	55	Sauvignon Marlborough
1993	50	Sauvignon Hawke's Bay
1992	48	Sauvignon Hawke's Bay
1992	55	Chardonnay Hawke's Bay
1992	100	Chardonnay Hawke's Irongate
1991	58	Chardonnay Hawke's Bay
1989	50	Cabernet Hawke's Bay
1989	60	Chardonnay Hawke's Bay
1989	85	Chardonnay Hawke's Irongate
1986	50	Chardonnay Henderson

COOPERS CREEK

1993	55	Chardonnay Gisborne
1993	50	Sauvignon Marlborough
1992	55	Chardonnay Gisborne
1992	50	Sauvignon Gisborne
1992	50	Sauvignon Marlborough
1991	60	Cabernet Huapai
1991	70	Chardonnay Hawke's Bay
1991	50	Sauvignon Marlborough
1990	60	Cabernet Huapai
1989	50	Cabernet Huapai
1989	70	Chardonnay Hawke's Bay

LONGRIDGE

1993	45	Chardonnay Hawke's Bay

1992	45	Cabernet Hawke's Bay
1992	50	Chardonnay Hawke's Bay
1991	50	Chardonnay Hawke's Bay
1991	50	Merlot Hawke's Bay
1990	45	Chardonnay Hawke's Bay
1989	50	Chardonnay Hawke's Bay
1987	50	Cabernet Hawke's Bay

MORTON

1992	55	Réserve Chardonnay Hawke's Bay
1991	125	Black Label Chardonnay Hawke's Bay
1991	75	White Label Chardonnay Hawke's Bay
1990	50	Chardonnay Hawke's Bay
1989	85	White Label Chardonnay Hawke's Bay
1988	65	Sélection Chardonnay Hawke's Bay
1986	60	Sélection Chardonnay Hawke's Bay
1986	190	Réserve Chardonnay Hawke's Bay

HOUSE OF NOBILO

1992	65	Chardonnay Gisborne
1991	130	Chardonnay Gisborne Dixon
1991	80	Chardonnay Marlborough
1990	75	Chardonnay Gisborne
1990	50	Sauvignon Marlborough
1989	90	Chardonnay Gisborne Réserve
1988	75	Pinotage Huapai

ALCOOLS

Une question d'âge

La vente et l'exportation des alcools français réputés ne font que croître, parfois d'une manière impressionnante, comme c'est le cas, par exemple, du calvados. L'interdiction de dater les divers alcools, à l'exception pour l'instant de l'armagnac, occasionne une flambée des prix des vieux alcools anciennement millésimés. De fait, nombre de bouteilles anciennes étant dégustées chaque année, l'offre se réduit sensiblement et les prix atteignent des sommets inimaginables.

De mon point de vue, l'achat d'un vieux calvados ou d'un vieux cognac millésimé constitue actuellement le meilleur placement envisageable. S'il est vrai qu'un jeune calvados se prête rarement à la dégustation, lorsqu'il a pris de l'âge, il possède des qualités surprenantes pour un produit de distillation de la pomme !

Comme on l'a souligné, l'armagnac est toujours millésimable et l'on trouve, sur le marché des bouteilles fort anciennes à des prix encore très abordables. Toutefois, on observe des différences sensibles selon le producteur. Compte tenu du fait que cet alcool s'exporte de plus en plus, on peut logiquement prévoir une hausse très nette du prix des bouteilles anciennes qui passent en vente publique.

• ARMAGNAC

Depuis quelques années, les armagnacs suscitent un intérêt grandissant, tant en France qu'à l'étranger, très probablement lié au fait que seuls les armagnacs sont toujours millésimables. A l'occasion d'un anniversaire, par exemple, il est encore possible d'offrir une bouteille dont l'âge correspond à celui d'un parent ou ami, voire d'un arrière-grand-père ! L'éventail des millésimes disponibles est très complet, et l'on peut acquérir des bouteilles d'armagnac qui portent des millésimes quasi inexistants dans les vins anciens. La saveur bien particulière de cet alcool à l'arrière-goût de pruneau se distingue aisément du cognac.

CASTARÈDE

1970	230
1968	330
1967	340
1966	350
1963	400
1961	430
1958	520
1957	590
1956	575
1949	800
1948	820
1947	940
1939	1 010
1938	1 070
1937	1 230
1934	1 440
1931	1 580
1926	1 750
1924	1 950
1920	2 040
1918	2 150
1914	2 250
1911	2 300
1904	2 400
1900	2 750
1893	3 000
1881	3 500

CHÂTEAU POMES

Ténarèze

1961	425	
1950	440	
1950	930	Magnum
1931	1 250	
1931	2 650	Magnum

DARROZE

La Brise

1954	700
1953	750
1950	820
1947	900
1945	1 080
1938	1 250
1924	2 300

DARROZE

Domaine La Brise

1955	600
1954	700
1953	800
1952	940
1924	2 350
1912	2 500
1904	2 620

DARROZE

Domaine de Cavaillon

1900	2 750
1893	3 320

DARROZE

Domaine au Duc

1949	830
1944	900
1942	980
1933	1 420

DARROZE

Domaine de Gaube

1932	1 400

DARROZE

Domaine de Gaude

1937	1 350
1929	1 810
1914	2 400

DARROZE

Domaine de Hourtica

1942	1 000
1939	1 120

DARROZE

Domaine de Lascourt

1928	2 240

DARROZE

Domaine Mahu

1945	1 050
1941	1 000
1939	1 040

DARROZE
Domaine Monturon
1952	710

DARROZE
Domaine Saint-Aubain
1 958	600
1957	630

DOMAINE DE PLÉCHAT
1970	220
1969	250
1965	280
1964	310
1962	345
1961	420
1950	600
1944	710
1942	770
1941	860
1937	1 100
1934	1 330
1928	1 650
1918	2 200
1915	2 620
1914	2 700
1888	3 550

DUPEYRON
Armagnac
1977	125
1977	270 Magnum
1977	410 Basquaise
1976	130
1976	275 Magnum
1976	420 Basquaise
1975	150
1975	320 Magnum
1975	470 Basquaise
1972	135
1972	280 Magnum
1972	425 Basquaise
1969	160
1969	325 Magnum
1969	520 Basquaise
1968	170
1968	365 Magnum
1968	550 Basquaise
1967	180
1967	370 Magnum
1967	560 Basquaise
1965	210
1965	440 Magnum
1965	660 Basquaise
1964	225
1964	455 Magnum
1964	685 Basquaise
1962	230

1962	470 Magnum
1962	710 Basquaise
1961	270
1961	550 Magnum
1961	840 Basquaise
1959	270
1959	550 Magnum
1959	830 Basquaise
1956	285
1956	590 Magnum
1956	890 Basquaise
1952	320
1952	660 Magnum
1952	970 Basquaise
1951	400
1951	820 Magnum
1951	1 250 Basquaise
1950	420
1950	890 Magnum
1950	1 350 Basquaise
1949	500
1949	1 050 Magnum
1949	1 600 Basquaise
1948	530
1948	1 080 Magnum
1948	1 630 Basquaise
1947	600
1947	1 280 Magnum
1947	1 920 Basquaise
1946	560
1946	1 140 Magnum
1946	1 750 Basquaise
1943	600
1943	1 220 Magnum
1943	1 900 Basquaise
1942	640
1942	1 350 Magnum
1942	2 050 Basquaise
1941	700
1941	1 520 Magnum
1941	2 330 Basquaise
1940	750
1940	1 540 Magnum
1940	2 350 Basquaise
1939	760
1939	1 630 Magnum
1939	2 460 Basquaise
1938	800
1938	1 625 Magnum
1938	2 500 Basquaise
1935	850
1935	1 750 Magnum
1935	2 650 Basquaise
1934	900
1934	1 830 Magnum
1934	2 800 Basquaise
1933	1 000
1933	2 100 Magnum
1933	3 200 Basquaise

1932	1 000
1932	2 100 Magnum
1932	3 200 Basquaise
1931	1 200
1931	2 500 Magnum
1931	3 750 Basquaise
1928	1 300
1928	2 740 Magnum
1928	4 150 Basquaise
1922	1 300
1922	2 750 Magnum
1922	4 200 Basquaise
1918	1 400
1918	2 850 Magnum
1918	4 300 Basquaise
1904	1 700
1904	3 500 Magnum
1904	5 500 Basquaise
1898	2 400
1898	4 900 Magnum
1898	7 400 Basquaise
1897	2 450
1897	4 950 Magnum
1897	7 500 Basquaise
1893	2 600
1893	5 300 Magnum
1893	8 000 Basquaise
1868	3 000
1868	6 200 Magnum
1868	9 500 Basquaise
1850	3 200
1850	6 500 Magnum
1850	10 430 Basquaise

DUPEYRON
Bas Armagnac

1974	150
1974	315 Magnum
1974	505 Basquaise
1973	155
1973	325 Magnum
1973	520 Basquaise
1963	200
1963	410 Magnum
1963	620 Basquaise
1960	240
1960	520 Magnum
1960	780 Basquaise
1958	260
1958	530 Magnum
1955	300
1955	625 Magnum
1955	1 000 Basquaise
1945	550
1945	1 120 Magnum
1945	1 730 Basquaise
1944	530
1944	1 080 Magnum

1944	1 650 Basquaise
1929	1 200
1929	2 450 Magnum
1929	3 750 Basquaise
1925	1 250
1925	2 550 Magnum
1925	4 020 Basquaise
1924	1 300
1924	2 620 Magnum
1924	4 000 Basquaise

DE LAMAESTRE

1966	230
1966	710 Basquaise
1962	240
1962	520 Magnum
1962	800 Basquaise
1956	300
1956	980 Basquaise
1950	380
1950	1 210 Basquaise
1893	2 650

• CALVADOS

Tous les produits figurant dans cet ouvrage sont issus de la vigne, à l'exception du rhum et du calvados, lequel résulte de la distillation des pommes de Normandie. Quelquefois, on le présente dans des cruchons. De vieilles bouteilles millésimées, de plus en plus rares, apparaissent encore en vente publique ; les prix qu'atteignent ces calvados très âgés sont comparables à ceux des cognacs les plus recherchés. En vieillissant, cet alcool acquiert toute sa finesse et ses arômes, pour le plus grand plaisir des connaisseurs.

CALVADOS

	50 40°
	70 3 Pommes 42°
	150 Magnum
	80 Réserve 42°
	185 Magnum
	140 Hors d'âge 42°
	300 Magnum
1973	360 41°
1973	750 Magnum
1972	370 41°
19 72	770 Magnum
1970	380 41°
1970	780 Magnum
19 65	420 43 °
1965	900 Magnum
1960	450
1947	1 100

1945	1 230
1928	2 550
1893	3 500
1865	3 700

PAYS D'AUGE

	75 3 Pommes 43°
	170 Magnum
	90 Vieille Réserve 43°
	210 Magnum
	160 Hors d'âge 42°
	350 Magnum
1974	380 41°
1974	810 Magnum
1971	370 41°
1971	760 Magnum
1970	400 41°
1970	820 Magnum
1969	420 43°
1969	850 Magnum
1950	500 43°
1950	1 150 Magnum

• COGNAC

L'éloge du cognac n'est plus à faire. Il connaît une très large diffusion, notamment en Extrême-Orient, et les chiffres à l'exportation progressent régulièrement. Il existe une échelle de qualité qui retient pour critère le nombre d'années durant lesquelles le cognac a vieilli en fûts. Les prix varient sensiblement d'une marque à l'autre. Les bouteilles millésimées deviennent de plus en plus rares et s'adjugent donc à des prix extrêmement élevés.

CAMUS

	75 Célébration
	165 Célébration Magnum
	215 Célébration Magnum Napoléon

DENIS MOUNIE

	70
	90 VSOP

DOM. DE CASTAIGNE

	80 Grande Fine
	85 VSOP
	150 Lafont Très Vieux 20 ans
	245 Lafont Extra Vieux 30 ans
1890	3 200 Grande Fine Champagne

DOM. DELAMAIN

	270 Grande Fine
	450 Très Vieux
1895	4 200

EXSHAW

1950	750
1935	1 200

FINE DE BOURGOGNE

199	1 625 Dom. Romanée Conti

GRANDE FINE CHAMPAGNE

1878	2 100
1865	1 850
1847	3 400
1811	4 500

HENNESSY

	110 Magnum
	92 VSOP
	250 XO
	1 050 Paradis

HINE

1935	1 000
1914	2 200

MARTELL

	85 VSOP
	100 Trois Étoiles Vieux
	140 Trois Étoiles Extra Vieux
	220 Cordon Bleu

PRINCE DE POLIGNAC

	75
	210 VSOP Magnum

RÉMY MARTIN

	105 VSOP

RÉSERVE TROISGROS

	350

SALAMENS

	520 Vieille Relique Basquaise

• RHUM

Le rhum est le produit de la distillation du jus de canne à sucre (Vesou) après fermentation. On obtient ainsi du rhum agricole de distillerie, qui se subdivise en rhum blanc agricole et en rhum vieux ayant séjourné au minimum trois ans en fûts de chêne. Il ne faut pas confondre le rhum vieux avec celui

ːtenu par coloration en brun du rhum
…dustriel, produit par distillation des
mélasses de sucre de canne. Seul le
rhum vieux est millésimé.

	35	Rhum blanc 50°
1986	60	Bally
1985	64	Bally
1982	65	Rhum vieux
1982	110	Bally
1980	83	Rhum vieux
1979	95	Rhum vieux
1975	140	Bally
1970	160	Bally
1969	170	Rhum vieux
1966	238	Bally
1950	395	Bally
1939	840	Bally
1929	1 220	Bally
1924	1 530	Bally
1826	4 600	George's Sons

• WHISKIES

SCOTCH WHISKY 5 ANS

72 Grant's
bouteille 70 cl
75 Clan Campbell
bouteille 70 cl
200 Clan Campbell
magnum 200 cl
70 William Lawson's
bouteille 70 cl
200 William Lawson's
magnum 200 cl
75 Long John
bouteille 70 cl
210 Long John
magnum 200 cl
85 Black and White
bouteille 70 cl
90 Ballantines
bouteille 70 cl
260 Ballantines
magnum 200 cl
100 J. & B. Rare
bouteille 70 cl
270 J. & B. Rare
magnum 200 cl

SCOTCH WHISKY 12 ANS

135 Clan Campbell
bouteille 70 cl
150 William Lawson's
bouteille 70 cl
170 Dimple
bouteille 70 cl

360 Chivas Regal
magnum 150 cl

SCOTCH WHISKY SINGLE MALT

130 Aberlour
Glenlivet 10 ans
bouteille 70 cl
138 Glenfiddich
bouteille 70 cl
155 The Glenlivet
12 ans
bouteille 70cl
175 Glen Deveron
12 ans
bouteille 70cl
195 Knockando
bouteille 70 cl
210 The Tormore
12 ans
bouteille 75cl
215 Glenmorangie
10 ans
bouteille 70cl
218 The Macallan
12 ans
bouteille 75cl

IRISH WHISKEY

90 Bushmills
bouteille 70 cl
80 Jameson
bouteille 70 cl
105 Black Bush
bouteille 70 cl
145 Bushmills Single
Malt 10 ans
bouteille 70 cl

CANADIAN WHISKY

80 Seagram's VO
bouteille 70 cl
90 Canadian Club
bouteille 70 cl
125 Crown Royal
bouteille 75 cl

BOURBON

75 Four Roses
8 ans
bouteille 70 cl
100 Ten High
bouteille 70 cl
105 Wild Turkey
bouteille 75 cl
140 Jack Daniel's
bouteille 70 cl

TABLE DES MATIÈRES

AVANT-PROPOS 5

LES MÉCONNUS 7

CAPACITÉS 8

BORDEAUX 9

BOURGOGNE 205

VALLÉE DU RHÔNE 275

ALSACE 285

VAL DE LOIRE 293

CHAMPAGNE 301

VINS D'EUROPE 309

VINS D'AMÉRIQUE 333

VINS DIVERS 355

ALCOOLS 359

Composition et mise en page : IN FOLIO

**Achevé d'imprimer en octobre 1995
dans les ateliers de Normandie Roto Impression s.a.
61250 Lonrai
N° d'imprimeur : I5-1807
Dépôt légal : octobre 1995**